新编21世纪远程教育精品教材

• 经济与管理系列 •

西方经济学

（第三版）

（微观经济学部分）

刘凤良　编著

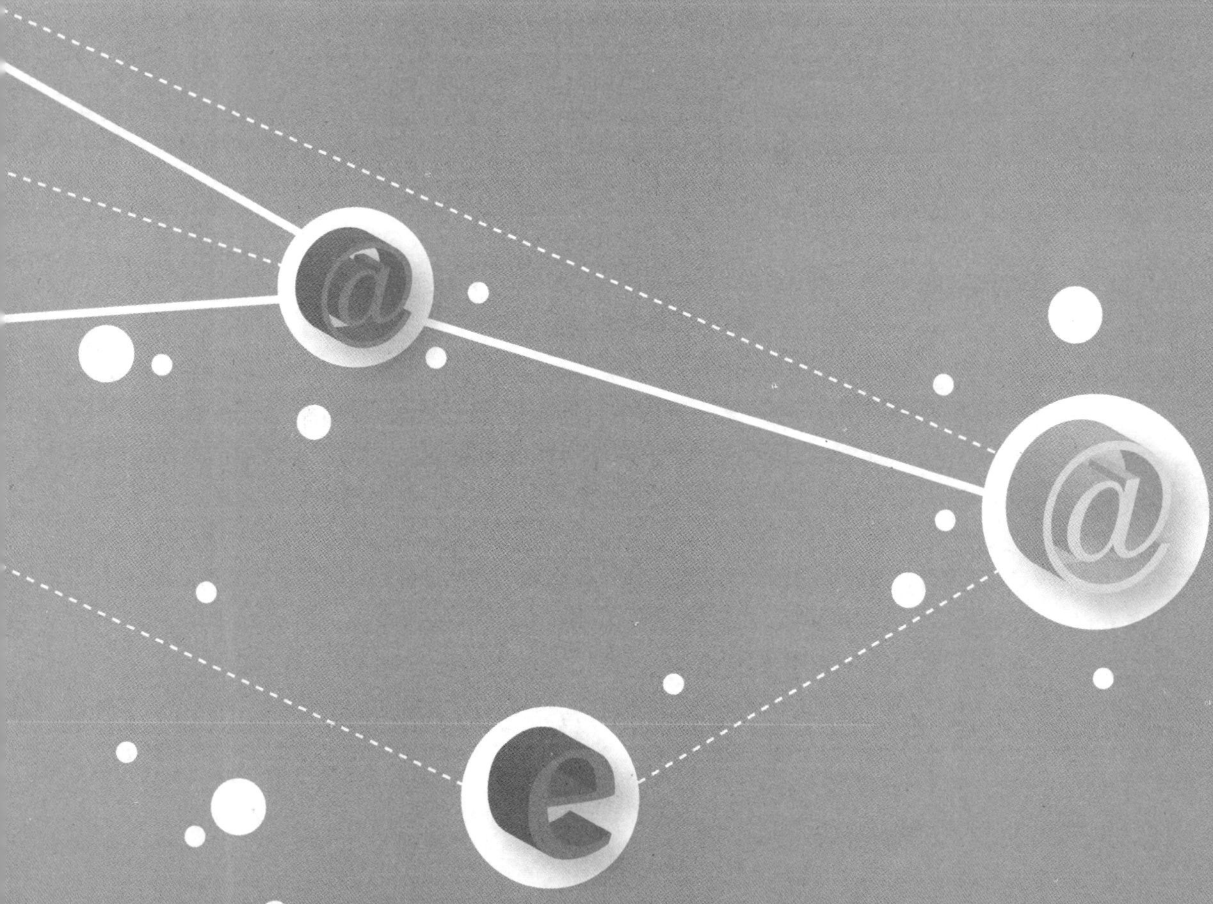

中国人民大学出版社

· 北京 ·

作者简介

刘凤良，经济学博士，中国人民大学经济学院教授，博士生导师，现任中国人民大学研究生院常务副院长，兼任中华外国经济学说研究会理事、副秘书长。长期从事西方经济学教学与研究工作，在国内一流学术期刊发表论文多篇，出版著作多部。曾荣获“北京市优秀教师”“北京市教育创新标兵”“宝钢教育基金优秀教师奖”等称号；入选教育部“新世纪优秀人才支持计划”、中宣部“四个一批”人才项目、国家“万人计划”哲学社会科学领军人才、中央“马工程”西方经济学学科专家，享受国务院特殊津贴。作为参与人，多次获得北京市高等教育教学成果奖。

内容简介

本书旨在全面、准确、简练地阐述西方经济学的基本原理和研究方法，使读者能详细了解现代市场经济运行的基本规律和经济运行主体的行为方式，认识政府在市场经济中的作用及其缺陷。在具体介绍西方经济学原理时，本书采取由简到繁、层层深入的分析方式，并辅以图解或数学模型。其目的在于加深读者对经济学原理的理解，体会西方经济学分析方法的逻辑和技巧；培养读者运用西方经济学的基本方法和分析工具来分析现实经济问题的能力，并为进一步学习其他应用经济学和管理学打下坚实的基础。

总　序

我们正处在教育史尤其是高等教育史上的一个重大的转型期。在全球范围内，包括在我们中华大地，以校园课堂面授为特征的工业化社会的近代学校教育体制，正在向基于校园课堂面授的学校教育与基于信息通信技术的远程教育相互补充、相互整合的现代终身教育体制发展。一次性学校教育的理念已经被持续性终身学习的理念所替代。在高等教育领域，从1088年欧洲创立博洛尼亚（Bologna）大学以来，21世纪以前的各国高等教育基本是沿着精英教育的路线发展的，这也包括自19世纪末创办京师大学堂以来我国高等教育短短一百多年的发展史。然而，自20世纪下半叶起，尤其在迈进21世纪时，以多媒体计算机和互联网为主要标志的电子信息通信技术正在引发教育界的一场深刻的革命。高等教育正在从精英教育走向大众化、普及化教育，学校教育体系正在向终身教育体系和学习型社会转变。在我国，党的十六大明确了全面建设小康社会的目标之一就是构建学习型社会，即要构建由国民教育体系和终身教育体系共同组成的有中国特色的现代教育体系。

教育史上的这次革命性转型绝不仅仅是科学技术进步推动的。诚然，以电子信息通信技术为主要代表的现代科学技术的进步，为实现从校园课堂面授向开放远程学习、从近代学校教育体制向现代终身教育体制和学习型社会的转型提供了物质技术基础。但是，教育形态演变的深层次原因在于人类社会经济发展和社会生活变革的需求。恰在这次世纪之交，人类社会开始进入基于知识经济的信息社会。知识创新与传播及应用、人力资源开发与人才培养已经成为各国提高经济实力、综合国力和国际竞争力的关键和基础。而这些仅仅依靠传统学校校园面授教育体制是无法满足的。此外，国际社会面临的能源、环境与生态危机，气候异常，数字鸿沟与文明冲突，对物种多样性与文化多样性的威胁等多重全球挑战，也只有依靠世界各国进一步深化教育改革与创新，促进人与自然的和谐发展才能得到解决。正因为如此，我国党和政府提出了“科教兴国”“可持续发展”“西部大开发”“缩小数字鸿沟”“人与自然和谐发展”等战略和思想。其中，对教育作为经济建设的重要战略地位和基础性、全局性、前瞻性产业的确认，对高等教育对于知识创新与传播及应用、人力资源开发与人才培养的重大意义的关注，以及对发展现代教育技术、现代远程教育和教育信息化并进而推动国民教育体系现代化，构建终身教育体系和学习型社会的决策更得到了教育界和全社会的共识。

在上述教育转型与变革时期，中国人民大学一直走在我国大学的前列。中国人民大学是一所以人文、社会科学和经济管理为主，兼有信息科学、环境科学等的综合性、研究型大学。长期以来，中国人民大学充分利用自身的教育资源优势，在办好全日制高等教育的同时，一直积极开展远程教育和继续教育。中国人民大学在我国首创函授高等教育。1952年，校长吴玉章和成仿吾创办函授教育的报告得到了刘少奇的批复，并于1953年率先招生授课，为新建的共和国培养了一大批急需的专门人才。在20世纪90年代末，中国人民大学成立了网络教育学院，成为我国首批现代远程教育试点高校之一。经过短短几年的探索和发展，中国人民大学网络教育学院创建的“网上人大”品牌，被远程教育界、媒体和社会誉为网络远程教育的“人大模式”，即“面向在职成人，利用网络学习资源和虚拟学习社区，支持分布式学习和协作学习的现代远程教育模式”。成立于1955年的中国人民大学出版社是新中国建立后最早成立的大学出版社之一，是教育部指定的全国高等学校文科教材出版中心。十多年前，中国人民大学出版社与中国人民大学网络教育学院合作，策划出版了国内第一套极富特色的“21世纪远程教育精品教材”。这些凝聚了中国人民大学、北京大学、北京师范大学等北京知名高校学者教授、教育技术专家、软件工程师、教学设计师和编辑们广博才智的精品课程系列教材，以印刷版、光盘版和网络版立体化教材的范式探索构建全新的远程学习优质教育资源，实现先进的教育教学理念与现代信息通信技术的有效结合。这些教材已经被国内其他高校和众多网络教育学院所选用。中国人民大学出版社基于“出教材学术精品，育人文社科英才”理念的努力探索及其初步成果已经得到了我国远程教育界的广泛认同，是值得肯定的。

2005年4月，我被邀请出席《中国远程教育》杂志与中国人民大学出版社联合主办的“远程教育教材的共建共享与一体化设计开发”研讨会并做主旨发言，会后受中国人民大学出版社的委托为“21世纪远程教育精品教材”撰写“总序”，这是我的荣幸。近几年来，我一直关注包括中国人民大学网络教育学院在内的我国高校现代远程教育试点工程。这次，更有机会全面了解和近距离接触中国人民大学出版社推出的系列教材及其编创人员。我想将我在上述研讨会上发言的主旨做进一步的发挥，并概括为若干原则作为我对包括中国人民大学出版社、中国人民大学网络教育学院在内的我国网络远程教育优质教育资源建设的期待和展望：

● 新编21世纪远程教育精品教材的教学内容要更加适应大众化高等教育面对在职成人、定位在应用型人才培养上的需要。

● 新编21世纪远程教育精品教材的教学设计要更加适应地域分散、特征多样的远程学生自主学习的需要，培养适应学习型社会的终身学习者。

● 在我国网络教学环境渐趋完善之前，印刷教材及其配套教学光盘依然是远程教材的主体，是多种媒体教材的基础和纽带，其教学设计应该给予充分的重视。要在印刷教材的显要部位对课程教学目标和要求做明确、具体、可操作的陈述，要清晰地指导远程学生如何利用多种媒体教材进行自主学习和协作学习。

● 应组织相关人员对多种媒体的远程教材进行一体化设计和开发，要注重发挥多种媒体教材各自独特的教学功能，实现优势互补。要特别注重对学生学习活动、教学交互、学习评价及其反馈的设计和实现。

● 要将对多种媒体远程教材的创作纳入对整个远程教育课程教学系统的一体化设计和开发中去，以便使优质的教材资源在优化的教学系统、平台和环境中，在有效的教学模式、学习策略和学习支助服务的支撑下获得最佳的学习成效。

● 要充分发挥现代远程教育工程试点高校各自的学科资源优势，积极探索网络远程教育优质教材资源共建共享的机制和途径。

中华人民共和国教育部远程教育专家顾问

丁兴富

目　录

上篇　微观经济学

引　言

在我国各高等院校中，“西方经济学”是经济类理论经济学、应用经济学各专业以及管理类各主要专业的必修课程、核心课程。在本书的开篇，我们首先就西方经济学的含义、历史形成过程以及学习西方经济学需要注意的一些问题等做出说明。

一、西方经济学的含义

在日常生活中，“西方”一词往往有多重含义。用于修饰经济学而得到的“西方经济学”也不例外。一般认为，西方经济学是流行于西方资本主义国家的经济学理论。学界通常从地域和意识形态两个角度来理解“西方经济学”。

从地域的角度理解，西方经济学可以指来自西方国家特别是西方发达国家的经济学理论与方法。在这个意义上，由西方国家发明并使用的企业管理方法、对行业运行的分析、有关西方经济制度和经济政策的分析以及经济理论的分析方法等所有与经济活动分析和经济理论有关的内容都可以归于西方经济学的范畴。概括起来包含下列三个层次的内容：第一，企业的管理方法和经验。例如，有关企业的技术管理、人事管理、市场开拓等方面的分析和理论可以归于这一层次。第二，行业和部门经济运行规律的分析和理论。这一方面的经济理论既注重一般经济规律，又强调某一行业或部门的特殊性。例如，农业经济学、石油经济学、资源经济学等。第三，对特定经济制度下经济运行特征和一般规律的分析。这一层次的西方经济学往往以西方国家特定的经济制度为背景，抽象地分析其经济活动的规律和经济运行的结果。例如，微观经济学和宏观经济学等。

不难看出，按上述方式理解，西方经济学涉及经济学理论的方方面面。上述粗略划分的三个层次，从分析方法上来看是从具体逐渐到抽象，从包含的内容来看则是从个别到一般。在经济学教学和研究中，通常把经济学限定于第三个层次，即在特定经济制度条件下对经济活动的抽象讨论。这样，西方经济学就是西方学者对资本主义制度运行的分析。

从意识形态的角度理解，西方经济学又是与西方资本主义经济制度相适应的经济理论。正如我们将在第一章看到的那样，在纯理论的意义上，西方经济学把经济学的研究对象界定为资本主义制度下资源配置及其效率。这一界定使得这些西方学者的理论有别于马克思主义的经济学：后者把经济学的研究对象界定为特定制度下的生产方式以及与其相适应的生产关系。由于二者在研究对象上的差异，同样是对西方资本主义制度所进行的分析，结论却有着本质上的区别。西方经济学得出的结论是资本主义经济以最有效率的方式促进了人们的福利，这在意识形态上宣传了资本主义制度的合理性和优越性。而马克思主义经济学则揭示了资本主义经济中存在着固有矛盾，而且其自身难以自发加以解决。作为特定经济制度下的一种意识形态，西方资本主义经济制度必然会选择前者作为自身的上层建筑。正是出于这个原因，西方经济学是用来表述指导西方资本主义制度的经济学理论。

基于上述理解，西方经济学不仅是指来自西方，而且是与西方经济制度相适应的主流经济学理论。

二、西方经济学的由来

通常，当今的西方经济学或者说现代西方经济学是指 20 世纪 30 年代以来流行于西方国家并成为这些国家制定经济政策的理论依据的经济学理论。正如我们在前面指出的那样，西方经济学是与资本主义经济制度相适应的经济学理论。而资本主义经济制度却随着经济条件的变动而逐步进行调整，这就决定了当今的西方经济学是逐渐演变而成的。

西方经济学从它产生一直发展到现在，大致经历了重商主义、古典经济学、新古典经济学和现代西方经济学四个主要阶段。

（一）重商主义

对资本主义生产方式做出最初考察的经济学理论是重商主义。重商主义是资本主义原始积累时期代表商业资本利益的经济学理论，它产生于西欧封建制度逐渐解体并逐渐向资本主义制度过渡的时期。从时间上看，是在 15—17 世纪。当时，经济发展较快的领域是商品流通领域，经济中最活跃的资本是商业资本。为适应当时资产阶级积累财富的需要，代表商业资本经济利益的重商主义者提出了一系列经济思想和政策主张。

重商主义的理论观点主要可以归纳为以下几个方面：第一，财富就是货币，货币就是金银，因而只有金银才是真正的财富；第二，一国的财富只来源于交换，而且是从顺差的对外贸易中来；第三，主张国家干预经济生活，特别是奖励出口、限制进口，以便增加财富。

背景资料

重商主义

产生于 15—17 世纪的重商主义经济学大体经历了两个主要发展阶段：早期重商主义和晚期重商主义。早期重商主义产生于 15—16 世纪，主要代表人物是法国的孟克列钦（1575—1622），其主要著作是《献给国王和王后的政治经济学》，该书最早使用了“政治经济学”这一概念，认为政治经济学要研究涉及整个国家的经济问题。在这部著作中，孟克列钦明确提出了商业地位十分重要的观点，认为商业活动是国家活动的基础，国家应该保护商人的利益，使他们能够增加对外国的出口贸易，增加本国的财富。他反对外国商人在法国进行商业活动，还提出了要保护法国自然资源的主张。晚期重商主义出现在 16 世纪下半叶到 17 世纪，它又被称做“贸易差额论”，主要代表是英国的托马斯·孟（1571—1641），其主要著作是《英国得自对外贸易的财富》，马克思把该书称为重商主义的“福音书”。与早期相比，晚期重商主义放弃了一个国家应该在国际贸易中只出口产品换回金银但禁止进口产品的狭隘观点，代之以贸易顺差的观点。托马斯·

孟明确提出输出货币和输出商品同样有利的观点，认为只要遵循“出口多于进口的原则”，贸易顺差就会使货币以现金形式流回本国。他还主张国家积极干预经济，实行保护关税政策，支持和发展本国的工业、运输业等产业，保护工商业在海外的利益，争夺海外市场。

（二）古典经济学

继重商主义之后，西方经济学经历了古典经济学时期。17 世纪中叶至 19 世纪初，以亚当·斯密（1723—1790）为代表的古典政治经济学产生、发展，并最终形成。在这一时期，西方资本主义经济活动的重心已经由商品流通转向生产，资本主义的工业生产开始占据主导地位。作为新兴工业资产阶级利益的代表，古典政治经济学通过对资本主义制度的探讨，试图说明这一制度与人的本性和自然的相互一致性。**古典经济学的主要观点**可以概括为：第一，财富并非产生于交换，而是来源于生产领域；第二，生产的扩大、积累和劳动生产率的提高是财富增加的源泉；第三，生产的扩大、积累和生产率水平的提高是借助于市场竞争实现的，因而国家应减少干预，让市场机制自发地发挥调节作用。

古典经济学不仅建立了完备的经济学理论体系，而且向人们传输了自由竞争、自由贸易和自由放任的理念。其代表人物亚当·斯密提出的“看不见的手”原理是这一理念的典型概括。

背景资料

亚当·斯密

亚当·斯密是英国经济学家，古典政治经济学的杰出代表，1723 年生于苏格兰的柯卡尔迪。斯密幼年聪慧，14 岁进入英国格拉斯哥大学，1740 年进入牛津大学学习，随后的教学、研究使得他成为哲学、政治学、经济学等许多领域内的一代宗师。

在斯密生活的时代，英国新兴的资产阶级在呢绒、造船、酿酒、造纸等行业都取得了很大的进展，工场手工业非常盛行，并开始向机器生产过渡。伴随着英国工业革命带来的机器轰鸣，斯密 1776 年出版了人类历史上第一部政治经济学巨著《国民财富的性质和原因的研究》（简称《国富论》）。《国富论》是西方经济学著作中最为经典的一部，此书建立了资产阶级政治经济学的第一个完整理论体系，在许多方面为随后西方经济学的发展奠定了基础。

斯密的经济理论观点可以概括为以下几个方面：

第一，区分商品的使用价值和交换价值，建立了三种存有矛盾的价值理论，即生产商品所耗费的劳动决定商品的价值，商品所能支配的劳动决定商品的价值，以及工资、利润和地租构成了商品的价值，分别为商品的劳动价值论、工资决定论、要素收入决定论奠定了基础。

第二，分析了工资、利润和地租的来源，初步建立了商品价值的分配理论。

第三，区分生产性劳动与非生产性劳动，建立起了社会再生产理论。

第四，从分工理论出发，指出促进财富积累即经济增长的方式是增加劳动投入量，以增加积累、扩大分工等方式提高劳动生产率等，为经济增长理论开辟了不同的发展路径。

第五，论证了自由的国内经济和贸易政策主张。

在论证上述理论的过程中，斯密坚信有一只“看不见的手”在发挥作用：“每个人都在力图应用他的资本，来使其生产的产品能得到最大的价值。一般地说，他并不企图增进公共福利，也不知道他所增进的公共福利有多少……他管理产业的方式目的在于使其生产物品的价值能达到最大，他所盘算的也只是他自己的利益。在这一场合，像其在其他许多场合一样，他受着一只看不见的手的引导，去尽力达到一个并非他本意想要达到的目的。也并不因为是非出于本意，就对社会有害。他追求自己的利益，往往使他能比在真正出于本意的情况下更有效地促进社会的利益。”这一“看不见的手”原理成为现代西方经济学必须论证的要点。

之后，大卫·李嘉图（1772—1823）吸收了斯密经济理论中的科学成分，在劳动价值论、货币数量论、分配论、贸易理论等若干方面极大地发展了斯密的政治经济学，特别是在劳动价值论和收入分配问题上弥补了斯密分析中的缺陷。

18世纪末19世纪初，与李嘉图同时代的马尔萨斯（1766—1834）、萨伊（1767—1832）、詹姆斯·穆勒（1773—1836）等人也从不同的角度对斯密的理论给出了诠释。例如，马尔萨斯继承了斯密购买到的劳动量作为商品价值的基础的观点，同时也从他的人口理论出发强调资本主义的危机；萨伊则从效用的角度论证商品的价值，而他的生产费用论、三位一体的要素分配论、销售论都对后来的西方经济学发展产生了重要影响。

伴随着资本主义制度在欧洲的确立，西方经济学在斯密、李嘉图的旗帜下开始了对资本主义经济制度下经济现象的描述。这一时期的西方经济学说把资本主义制度作为既定的条件，主要说明经济当事人的观念和行为规范，用供求论、生产费用论、要素分配论来描述资本主义运行的协调。应该说，这时的西方经济学已经与斯密、李嘉图为代表的侧重于制度分析的古典政治经济学有了本质的差异。为了对理论分歧进行协调，1848年约翰·穆勒（1806—1873）出版了《政治经济学原理》一书，实现了西方经济学上的第一次大综合。

背景资料

大卫·李嘉图、马尔萨斯和约翰·穆勒

李嘉图是英国金融界的知名人士、社会活动家，英国古典政治经济学的杰出代表和完成者。李嘉图出生在一个犹太人的富商家庭，其父是伦敦交易所的经纪人。他早年随父从事证券交易活动，25岁成为巨富，此后他转而对学术发生兴趣，致力于学习研究数学、物理学和化学等自然科学。1799年他阅读了亚当·斯密《国富论》一书，开始对政治经济学发生了兴趣。1817年发表了他的代表作《政治经济学及赋税原理》，形成了他的政治经济学理论体系。他以边沁的功利主义为思想基础，宣传经济自由主义。他坚持

和发展了生产过程中耗费的劳动决定价值的原理，并以此为基础论述了工资、利润、地租的来源。此外，李嘉图还阐述了货币理论、资本理论、国际贸易理论、财政税收理论等。

马尔萨斯是著名的人口理论家和经济学家。马尔萨斯出生于英国萨里郡的一个土地贵族家庭，1784 年进入剑桥大学，毕业后即返乡担任牧师，在此间他撰写了著名的《人口论》，名声大振。他认为，在无所妨碍时，人口以几何级数增长，生活资料却只以算术级数增长，这样人口超过生活资料的增长是必然的。因此，在资本主义制度中，人类社会失业和贫困等一切问题是不可避免的。之后，他将注意力转向政治经济学领域，他的突出论点是有效需求不足将会导致生产过剩，并以此来反对萨伊提出的“供给自行创造需求”的乐观论调。

约翰·穆勒是英国的经济学家和哲学家，19 世纪中叶英国最重要的经济学家。他出生于英国伦敦的一个经济学世家，是詹姆斯·穆勒的长子，自幼聪明好学，10 岁时就已经通晓世界历史和希腊、罗马文学，13 岁开始学习政治经济学。穆勒对经济理论的贡献主要体现在 1848 年出版的《政治经济学原理》一书。由于较为成功地综合了 19 世纪以来一些重要的经济学理论，在 1890 年马歇尔的《经济学原理》出版前，穆勒的《政治经济学原理》一书一直是西方经济学的权威著作，在几十年内被英国经济学界誉为“无可置辩的圣经”。

（三）新古典经济学

19 世纪中期以后，资本主义生产方式已经取得了统治地位，论证资本主义经济制度的合理性并确保资本主义经济顺利运行成为这一阶段西方经济学的主要任务。19 世纪 70 年代，西方经济学发生了一场“边际革命”：英国的杰文斯（1835—1882）、奥地利的门格尔（1840—1921）和法国的瓦尔拉斯（1834—1910）几乎同时提出了边际效用价值理论，从而向古典的劳动价值论和生产费用决定论提出了挑战。一反传统的分析，边际学派认为，决定商品价值的不是生产过程中投入的劳动数量或者生产商品的费用，而是消费者对商品的主观评价，是消费该商品最后一单位的效用满足。由于否定了传统的价值论，而用边际分析作为分析重要理论问题的基本方法，因而这一理论的出现被称为经济思想史上的**“边际学派革命”**。

背景资料

杰文斯、门格尔和瓦尔拉斯

杰文斯是英国著名经济学家和逻辑学家，生于英国的利物浦，先后在伦敦大学学习和工作，任政治经济学教授，1882 年游泳时不幸溺水身亡。作为边际效用价值论奠基者之一，他的《政治经济学理论》闻名于经济学界。杰文斯学说的特点是，以主观心理为出发点，以效用为基础，以数学分析为工具。他从主观心理的快乐与痛苦出发，系统阐述了一种以消费心理变动或者说边际效用为依据的效用价值论，从而为现代的西方经济学奠定了基础。

门格尔是奥地利经济学家，奥地利学派的创始人。他在1871年出版的《国民经济学原理》一书中系统阐述了自己的边际效用价值论。他总结前人的主观价值论和效用递减规律的观点，认为价值纯粹是一种主观心理现象，只表示某人对某物满足其欲望的感觉和判断，即人对物品效用的主观评价，而物品价值的大小取决于该物品所能满足的各种欲望中最不重要的欲望，即最后一种欲望的满足程度。

瓦尔拉斯是法国经济学家，数理学派中洛桑学派的创始人。瓦尔拉斯生于法国，其父是法国知名的经济学家。青年时期，瓦尔拉斯就读于巴黎大学，先后获得该校的文学和理学学士学位。在父亲的鼓励下，从1858年开始瓦尔拉斯用数学研究经济理论，1870年任洛桑大学经济学讲座教授，代表著作是《纯粹经济学要义》。在这部著作中，瓦尔拉斯运用数学方法明确给出边际效用的概念，并利用供求相等的基本思想建立了一般均衡模型，因而他在经济学说史上也被认为是一般均衡理论的创始人。

鉴于西方经济学界出现的分歧，英国剑桥大学教授马歇尔（1842—1924）综合古典学派和边际学派的理论，于1890年发表了著名的《经济学原理》一书。在这本西方经济学史上具有重大意义的著作中，马歇尔从需求和供给两个方面分析了商品的价值或价格，形成了均衡价格论。同时，马歇尔综合了供求论、边际效用论、生产费用论、边际生产率分配论等观点，形成了一个折中的理论体系。在西方学者看来，19世纪90年代以前的正统经济理论主要侧重于分析价格决定的供给方面，而边际效用论则为分析价格决定的需求方面提供了基础。因此，西方学者也把由马歇尔综合起来的理论体系称为新古典经济学，而把此前的主流经济学理论泛称为古典经济学。

以马歇尔为代表的新古典经济学，以资本主义制度下的完全竞争为理论前提，认为通过市场供给与需求的相互作用，资本主义制度可以自发地协调各种利益关系，使每个人得到最大的利益，也就不需要国家对经济活动的干预，从而证明了斯密“看不见的手”原理。这一理论体系被认为是继穆勒之后西方经济学第二次成功的重大综合，马歇尔的《经济学原理》也因此广泛地流行于西方经济学界。

背景资料

马歇尔与《经济学原理》

马歇尔是19世纪末20世纪初西方最著名的经济学家，出生于英国中产阶级家庭。马歇尔酷爱数学，1861年进入剑桥大学圣约翰学院学习数学，毕业后留校任研究员，转修物理，兼教数学，后将学术兴趣转移到经济学上。1885年任剑桥大学经济学教授直至1908年退休。他的最主要的著作《经济学原理》一书就是在此期间问世的。在这部著作中，马歇尔企图把客观的价值论和主观的价值论调和起来，建立由供求决定价值的理论体系。这部著作的出版，不仅使马歇尔本人名声显赫，而且连同他的门徒也因此备受青睐。由于马歇尔及其后继者先后长期在剑桥大学任教，故以马歇尔为代表的经济学流派被称为剑桥学派。马歇尔的《经济学原理》是继约翰·穆勒的《政治经济学原理》之后历史上第二本最畅销的教科书。西方学者把这本著作看做是与斯密的《国富论》、李嘉图的《政治经济学及赋税原理》齐名的划时代著作，是对古典经济学的继承、综合和发展，是新古典经济学的标志性成果，而马歇尔本人也被看做“新古典学派”的奠基人和主要代表。

（四）现代西方经济学

新古典理论一经出现就立即成为西方经济学的正统，这种状况一直持续到20世纪30年代。但随着历史条件的变迁，20世纪30年代发生在资本主义经济史和西方经济学说史上的重大事件改变了这种状况。首先，资本主义经济中垄断现象日益严重，而新古典经济学却常常把这种现象视为完全竞争理论的“例外”。1933年，美国的张伯伦（1899—1967）和英国的罗宾逊夫人（1903—1983）分别出版了《垄断竞争理论》和《不完全竞争经济学》，分析了垄断竞争问题，从而弥补了新古典理论对垄断分析的不足。其次，发生在20世纪30年代初的大危机严重地动摇了人们对新古典理论所颂扬的自由放任理念的信心。1936年，英国经济学家凯恩斯（1883—1946）出版了《就业、利息和货币通论》（简称《通论》），指出资本主义经济有可能出现失业状态，但国家采用适当的干预政策则可以使经济恢复到充分就业的状态。再次，是经济理论本身的需要。随着理论的发展和分析工具的改进，某些理论方法上的缺陷能够得到修正。1939年，英国经济学家希克斯（1904—1989）在《价值与资本》一书中利用无差异曲线重新表述了新古典理论体系中的价值论和一般均衡理论。

背景资料

张伯伦和罗宾逊

张伯伦是美国经济学家，垄断竞争理论的创始人之一，1927年获哈佛大学博士学位，毕业后留校任教。张伯伦一生致力于垄断竞争理论研究，1933年他在其博士论文的基础上，几乎与罗宾逊夫人出版《不完全竞争经济学》同时，出版了他的重要著作《垄断竞争理论》，对现代西方经济学做出了重大补充，对现代西方经济学产生了深远的影响。该书对产品差别进行了详细的考察，提出了“生产群”的概念，论述了在垄断竞争条件下厂商价格与产量的均衡决定。张伯伦还着重考察了寡头市场的厂商行为，提出了一个关于寡头厂商相互需求的模型。

罗宾逊夫人，英国著名的经济学家，也是女性中最伟大的经济学家之一。1903年生于英国，1921年进入剑桥大学学习经济学，后于剑桥大学任教。罗宾逊夫人一生著述颇多，其中1933年出版的《不完全竞争经济学》是垄断竞争理论的奠基性著作之一。在这部著作中，罗宾逊秉承马歇尔为代表的新古典经济学的传统，用“边际收益”和“边际成本”等概念考察了垄断竞争条件下厂商价格和产量的决定，因而使得边际分析方法被扩展到了垄断竞争情形之中。

罗宾逊夫人和张伯伦共同开创了垄断竞争（不完全竞争）理论，大大扩展了厂商理论，并为该领域后来的进一步研究和发展奠定了基础。当然，由于方法论、理论观点乃至为了各自派别的地位等种种原因，以罗宾逊夫人为首的英国剑桥学派与美国的张伯伦以及后来的萨缪尔森、索洛等人也不乏激烈的争论。

凯恩斯与《通论》

凯恩斯是英国著名经济学家，凯恩斯主义的创始人，现代宏观经济理论体系的奠基者。1881 年生于英国剑桥，其父为经济学家，其母曾任剑桥市市长。1902 年凯恩斯伊顿公学毕业后进入剑桥大学专修数学，1905 年毕业。毕业后，为了应付公务员考试，凯恩斯师从当时著名的经济学家马歇尔、庇古等人学习经济学。1906 年通过考试，进入英国印度事务部。1908 年回剑桥大学任教。1915 年，由于第一次世界大战，凯恩斯进入英国财政部，并在随后任职为英国财政部驻巴黎和会代表。但不久，凯恩斯因与他人就和约的意见不一致而辞职。之后，凯恩斯把大量的时间用于在伦敦进行新闻评论和金融投机，只在周末才到剑桥大学从事教学工作。凯恩斯不仅在学术界和政界名声显赫，而且在私人经营方面也积累了大量的财富，因而与李嘉图一起被认为是善于经营同时又获得成功的为数不多的著名经济学家。

《通论》是凯恩斯最重要也是影响最大的著作，发表于 1936 年。在《通论》中，凯恩斯用有效需求理论来说明失业的原因。他认为，资本主义社会由于边际消费倾向递减、投资的预期收益不足和对货币的流动偏好而导致有效需求的不足，从而会出现失业。资本主义社会的失业问题并不能由市场自发解决，必须由国家加以干预。《通论》的出版不仅对传统的经济理论产生了冲击，而且影响到了政府的政策决策，从而形成一场"凯恩斯革命"。围绕着《通论》的解释和推广，在随后的若干年中，西方世界出现了盛极一时的凯恩斯主义，凯恩斯本人也被认为是 20 世纪最有影响的经济学家之一。

希克斯与《价值与资本》

希克斯是英国著名经济学家，1972 年度诺贝尔经济学奖获得者之一。希克斯 1904 年生于英国的沃威克，曾任教于伦敦经济学院、剑桥大学和罗彻斯特大学，1952 年起任牛津大学经济学院教授直到 1971 年退休。1964 年被封为爵士。《价值与资本》是其主要著作，在该书中，希克斯综合了埃奇沃斯和帕累托的无差异曲线分析方法和序数效用的观点，全面、详细地阐述了以序数效用论为基础的需求理论的结构和内容。《价值与资本》出版以后，序数效用论逐渐代替了基数效用论而成为西方正统思想的一个组成部分。此外，该书的出版也对瓦尔拉斯的一般均衡论起到推广和普及作用，它在序数论和无差异曲线基础上建立了一个动态和静态的一般均衡模型。希克斯还把一般均衡运用于宏观分析领域，对 IS－LM 模型的形成作出了贡献。

第二次世界大战以后，凯恩斯主义理论和政策在西方国家盛行。然而，在经济理论方面传统的新古典经济学与新兴的凯恩斯主义之间尚没有形成一个完整的理论体系。同时，马歇尔之后经济学也有许多重要的发展需要进一步加以综合。鉴于此，一些西方经济学者尝试将新古典经济学与凯恩斯经济学进行综合。1948 年，美国经济学家萨缪尔森（1915—2009）出版的《经济学》标志着这种综合的形成。以萨缪尔森为代表的凯恩斯主义也被称为新古典综合派。该学派把经过了张伯伦和罗宾逊夫人以及希克斯修改和补充的新古典理论作为研究既定总量下个体决策实现资源配置的微观经济学，而把凯恩斯主义理论作为研究总量决定问题的宏观经济学，将微观经济学与宏观经济学共同纳入同一个体系之中，形成了一个在西方占主流地位的新古典综合理论体系。一经出现，新古典综合理论体系即成为西方经济学的正统。

背景资料

萨缪尔森与《经济学》

萨缪尔森是美国著名经济学家，1970 年诺贝尔经济学奖获得者，出生于美国印第安纳州加里城，先后就读于芝加哥大学和哈佛大学，1940 年获哈佛大学经济学博士学位。从 1940 年起，萨缪尔森一直执教于美国麻省理工学院。1948 年，萨缪尔森发表了首版的《经济学》教科书。该书被认为是继马歇尔《经济学原理》之后经济思想史上的第三次综合。除了萨缪尔森之外，新古典综合派的主要代表人物还有托宾、索洛、希克斯等。萨缪尔森的《经济学》也在西方经济学界长盛不衰，到 2009 年该书已修订到第 19 版，其影响之广已经超过了任何一本经济学教科书。

二战后，新古典综合派的理论体系在西方经济学界一直占据主流地位，它的政策主张也成为许多西方国家的政府所奉行的基本原则。新古典综合派的正统地位曾因 20 世纪 60 年代中期以后出现在西方国家的通货膨胀现象而被削弱，但这一理论仍居于主流。然而，70 年代以后在西方国家出现的失业和通货膨胀并存的“滞涨”现象对新古典综合派的打击却是致命的。因为依照该学派的理论，失业与通货膨胀之间存在着交替关系，在失业存在时，价格总水平不仅不会提高，反而会下降。这一理论与“滞涨”的现实显然是相左的。因此，70 年代中期以后，新古典综合派的理论面临着前所未有的困境。

新古典综合派面临的困境给许多非主流的经济学流派提供了契机，他们纷纷对新古典综合派进行抨击和责难，其中包括货币主义、供给学派、新剑桥学派、新奥地利学派、新制度学派和理性预期学派等。在理论和现实的夹击之下，新古典综合理论的地位已大不如前。它之所以没有被其他理论所代替，原因主要有两个方面：一方面，面对批评，新古典综合派已经放弃了“新古典综合”的旗号，不断吸纳其他非主流学派的观点，在更大程度上综合各派的观点，试图形成现代的主流经济学；另一方面，参与批评新古典综合派的经济学流派虽然能切中其要害，但还没有形成一个可以完全替代新古典综合体系的新的经济理论。因此，以新古典综合体系为核心的经济学理论仍然是主流西方经济学的重要代表，尤其是在基本原理方面。

20 世纪 90 年代以来，西方经济学又逐渐分化出两个分支：新凯恩斯主义和新古典主义（新古典宏观经济学），前者侧重于研究市场的缺陷，主张政府干预；而后者则强调市场的调节作用，主张减少政府干预。或许新的占主流地位的经济学有待于新的综合。

背景资料

新凯恩斯主义与新古典主义此消彼长

新古典主义是20世纪80年代在理性预期学派的基础上发展起来的经济学流派，该理论的主要特点是继续坚持理性预期假设，坚持市场出清，该学派的主要代表人物有卢卡斯、萨金特、巴罗等。新古典主义经济学以理性预期的概念来表述新古典经济学关于市场机制能保证充分就业均衡的观点，这个学派以理性预期的概念来改造宏观经济学，以预期问题为突破口，全盘否定了凯恩斯主义经济学，被称为宏观经济学中的理性革命，在西方经济理论界产生了很大的影响。

新凯恩斯主义是凯恩斯主义者在与自由主义学派的斗争中形成的，其主要特点是吸收理性预期假设，利用供给和价格黏性来解释凯恩斯理论。这一流派的主要代表人物有曼昆、布兰查德、斯蒂格利茨等。该流派强调市场缺乏效率的方面，主张政府应该在微观领域、总需求和总供给方面采取积极的干预政策。

新凯恩斯主义与新古典主义是当今西方经济学界两大最主要的流派。事实上，在不同的历史条件下，西方经济运行会出现不同的经济问题，而且冲突双方可以自由主义与干预主义来分析描述。伴随着经济社会历史条件的变化，自由主义和干预主义之间呈现出此消彼长的态势。

三、学习西方经济学应注意的问题

综上所述，西方经济学产生于西方国家，是适应于资本主义经济的发展和变化而对经济运行所进行的理论分析。作为西方主流的经济学理论，它不仅要对现行的资本主义制度的合理性做出解释，而且也要对诸如垄断、失业、通货膨胀等经济问题提出解决方案。这就决定了西方经济学对我们而言就有双重的特性：一方面，根植于西方资本主义制度的西方经济学要维护它赖以生存的制度，要宣扬西方的价值观和意识形态；另一方面，西方经济学要分析市场经济的合理状态，要对资本主义市场经济中出现的病症进行分析诊断，并提出相应的政策建议。这双重的特性决定了我们既不能照搬西方经济学，也不能简单地否定它。

首先，经济学有着强烈的意识形态色彩，所处的立场不同，研究者会对相同的经济现象做出不同的分析，得出截然不同的结论。正如罗宾逊夫人所言："重商主义者是海外贸易商的拥护者；重农主义者维护地主的利益；亚当·斯密和李嘉图相信资本家；马克思把它的观点倒转过来为工人辩护。"① 在我们建设有中国特色的社会主义市场经济的过程中，不可能照搬西方的意识形态。

不能照搬并不意味着我们要封闭自己。在当今日益开放的世界政治与经济环境中，我们需要了解西方的经济理论，因为这一理论不仅是现实西方经济运行状况的理论总

---

① ［英］琼·罗宾逊，约·伊特韦尔．现代经济学导论．北京：商务印书馆，1982：50.

结，而且也是经济单位采取经济行为的指导原则。

其次，西方经济学又是西方经济学家对资本主义市场经济运行的理论概述，它对资本主义市场经济问题的分析具有很强的实用性，这些分析有助于我们了解市场经济的运行规律。社会化大生产具有许多共性，市场在社会主义条件下也具有调节作用。因此，借鉴西方管理市场经济的经验和教训对我们是有利的。例如，垄断所造成的弊端及可能的对策、通货膨胀所产生的效应及逆转通货膨胀的政策等对我们都具有借鉴意义。毋庸置疑，对西方经济学的合理借鉴将会使我们少走弯路。

最后需要说明的是，经济学是特定历史条件下的产物，条件不复存在，结论也就会失去其存在的意义，西方经济学流派的更迭恰好说明了这一点。因此，在学习西方经济学的过程中，即使有用的结论和方法也要注意其移植后的土壤。

案例小品

为什么要学习经济学

对大多数人来说，学习经济学的一般理论是枯燥乏味的，但它却是有用的。

(1) 现实世界是一个经济世界，有许多问题的答案都与经济学相联系。为什么有些年份我们找工作容易，而有些年份则困难？扩大本科和研究生的招生，所有的人都会得到好处吗？物价持续低迷，人们并没有因为手中的钱更值钱去消费，而是进一步储蓄，为什么这种节俭的美德却使得政府如此焦虑？这些问题在经济学课程中都能够找到答案。

(2) 在你的日常生活中，你要做出许多经济决策。是上学还是工作？收入用来购买国债还是购买股票？作为企业的老板，你准备给你的雇员确定什么样工资？经济学会告诉你一些思考问题的过程和原则。学习经济学本身不会使你富有，但它将给你一些有助于致富的工具。

(3) 与政府在一个经济系统中共事，了解它做事的原则和能力是必需的。如果你有幸成为公众的代表对一项政策投票，你赞成或反对的理由是什么？国家赤字严重，我们是应该增加税收还是应该减少支出呢？这两项政策哪个会更有效？哪个对我们的不利影响会更大？这些问题的答案将有助于确定你的选票是否“物有所值”。

在当今经济社会中，经济学无处不在。无论你做什么工作，相信你都不会因为学习过经济学而后悔。

四、本书的篇章安排

本书主要介绍 20 世纪 30 年代以来，特别是二战以后西方主流经济学理论，分绪论、微观经济学和宏观经济学三个部分分别加以论述。绪论主要说明西方经济学的研究对象。微观经济学部分则说明西方经济学是如何分析个体经济单位的选择或决策的，指出这些选择对资源配置及其效率所产生的影响。宏观经济学则要论述国民收入决定、失业和通货膨胀等问题产生的原因及对策等。

不难看出，如此安排本书的内容是遵从了西方主流学派的经济学体系。但是，在西方经济学界对许多问题的分析也并非完全统一于主流学派，不同的理论观点之间存在着激烈的争论。由于经济社会系统的复杂性，有许多争论还没有一致的结论。特别是宏观经济问题，派别林立，观点纷杂。因此，我们将在主流西方经济学体系之外，单独说明这些争论的要点。类似地，正如我们在引言第二部分有关现代西方经济学来龙去脉的论述中指出的那样，西方经济学是对西方一些经济现象的抽象，同时也是对原有理论某种意义上的修正与发展。当我们在按现代西方经济学的体系结构安排教学内容时，在某种程度上就会损失掉了经济学变迁的过程。事实上，在某个重要理论观点和重要的经济学家背后都有着不同寻常的故事。为了弥补这方面的缺憾，我们将以背景资料的形式对正文做出补充。省略这些内容不会对西方经济学的总体结构产生影响。

最后需要指出，通常一本完整的西方经济学教科书的内容并不局限于微观经济学和宏观经济学两个部分，还包括国际经济学和国际贸易以及发展经济学等，但考虑到学时的限制，加之本科课程体系中也有相关课程，因此本书所叙述的重点是西方经济学的基本原理。

本书标 * 号的章节或部分可以作为选学内容。

第一章　绪　论

英语中的“economy（经济）”一词是从希腊文演变而来的，在原文中其含义是“家庭管理”，这或许是因为人类最早的经济活动就与家庭生产和消费联系在一起。的确，在家庭的日常生活中，我们时常会遇到各种各样的“经济”问题，比如由谁主要负责在外工作，养家糊口，是男主外女主内，还是相反？如何使用有限的收入，是购买住房，还是在孩子教育身上花费更多？上班路途遥远，乘坐公交车不但花费大量的时间，还不太舒服，那要不要购买一辆轿车呢？在如此多的品牌中，我们是选择一辆经济型轿车还是一辆中高档轿车呢？

与家庭一样，一个经济社会也会遇到类似的问题。代替公众行使职权的政府应该增加教育开支，还是增加军费开支？若农民收入偏低，政府是否应该向他们提供更多的补贴？为了解决失业，我们必须保持高增长率，但这能做到吗？凡此种种，都说明一个经济社会不得不做出选择。

经济社会之所以要进行选择，原因是可供我们使用的资源是稀缺的。一个家庭的收入有限，用于购买轿车或许就不得不在较小的房屋中居住。一个国家的财力有限，向农民提供补贴，就不得不取消为公务员加薪的计划。正因为这类问题具有普遍性，经济学家把这些问题及其解决方案看成是基本的研究对象。也就是说，经济学要研究面对稀缺的资源，经济社会或个人如何做出选择，这些选择如何影响资源配置的效率，我们能否通过适当的选择来使得可供我们支配的资源总量发生变动。本章中我们将详细说明西方经济学的研究对象和基本研究方法。

另外，尽管所有的经济社会都会面临着上述问题，但解决的方案却有所不同，这取决于经济制度。

第一节　稀缺性与选择

一、稀缺性和经济问题

正如我们前面提及的那样，生活在当今经济社会中的任何一个人、任何一个经济组织都会面临这样那样的问题。这源于我们在生活中普遍存在的欲望与可支配的资源之间的矛盾。**欲望**是指人们的需要，它是一种因缺少而不满足的感觉以及寻求满足的愿望。衣服、房子、家具、高档音响等都是我们大多数人想得到的。当我们需要这些物品但又得不到时，我们就对它们产生了欲望。欲望是人之常情，它之所以带来“问题”，是因为我们不能随时把这些物品都买下来以满足我们的欲望。退一步说，即使能得到这些物品，你也会发现这个采购单还在不断地加长。即使是一个富有的国王，恐怕也会为他的寿命担心。

背景资料

欲望的层次

人的欲望是无限的，但有不同的层次之分。美国著名的心理学家马斯洛（1908—1970）在《动机与人格》一书中把人的欲望分为五个层次。

第一个层次是人的基本生理需要，包括对衣食住行等基本生活条件的需要。这是人类最基本的欲望。

第二个层次是安全需要。主要是指对现在和未来生活安全感的需要。这种欲望实际上是生理需要的延伸。

第三个层次是归属和爱的需要。这是一种人作为社会的人的需要，主要指在自己的团体里求得一席之地，以及与别人建立友情。这种欲望产生于人的社会性。

第四个层次是尊重的需要。包括自尊和来自别人的尊重。自尊包括对获得信心、能力、本领、成就、独立和自由等的愿望。来自他人的尊重包括威望、承认、接受、关心、地位、名誉和赏识。这是人更高层次的社会需要。

第五个层次是自我实现的需要。这就是成长、发展、利用自己潜在能力的需要。这种需要包括对真、善、美的追求，以及实现自己理想与抱负的欲望。这是人类最高层次的欲望。

不难发现，人的欲望是无穷无尽的，又是有层次的，在较低的层次得到满足之后，又会产生更高层次的欲望。相对无穷无尽的欲望，我们在一定时期内用来满足欲望的手段却是有限的，这样就产生了如何满足欲望、先满足哪些欲望的问题。

举例来说，一个被邻居称为理财能手的家庭主妇，她管理自己家庭的任务是尽可能地把她所掌管的家庭收入合理地花费在不同的用途上，以便这个家庭中的成员能吃好、穿好、获得良好的教育等，总之她要使得家庭的需要尽可能地获得满足。她必须决定购买多少牛奶、多少大米、多少蔬菜和水果，花多少钱为孩子购买玩具和画册，花多少钱为自己购买时装，等等。不难发现，我们上面所提及的这几种商品都是家庭所需要的，这位主妇似乎都愿意多得到一些。但问题就出现在这里，家庭的收入是有限的，因而她可能会不得不比较家庭对不同商品的欲望程度以及这些商品的价格，从中选择最适合于自身家庭的商品及其相应的购买数量。

与这位家庭主妇一样，一个管理工厂的企业家也会遇到类似的问题。比如企业试图扩大规模，增加设备和工人，但又遇到了资金的限制。这时企业家就要决定生产什么样的产品，以何种生产技术进行生产，工厂的规模要多大，选择什么样的工人，数量要多少等。从表面看来，企业家面临的问题与那位家庭主妇可能有很大的不同，至少要复杂得多，但问题的性质却并无差异，那就是，面对自身的需要，获得满足的手段不足，二者之间存在着矛盾，即人们的欲望的相对无限性受到满足这种欲望手段的有限性的限制。正因为如此，人们只能在现有的条件下尽可能地满足自己的各种愿望。相应地，这些与“节约”“管理”等概念密切相连的问题也被称为经济问题。

经济问题是人类社会面临的普遍问题。在人类社会发展过程中，人的欲望和由此引起的对物品和劳务的需要是无限的，但用来生产或者是获得这些物品和劳务的资源是相对稀缺的。经济学中，生产资源的相对有限性被称为**资源的稀缺性**。

经济社会中的生产资源也叫生产要素，主要包括：(1) 劳动，即可以投入生产过程中的劳动力或劳动时间；(2) 土地、矿藏、森林、河流等自然资源；(3) 由这两种原始的生产要素生产出来并进一步投入生产过程的机器设备、厂房等资本品。不难看出，经济社会中的生产资源可以是会耗尽的不可再生资源，如地下矿藏，也可以是通过人们生产能够增加的可再生资源，如机器、厂房等。这就意味着生产资源的稀缺性是相对的，即在特定的时期内，与人们对生产出来的产品和劳务的需求相比较，生产这些产品和劳务所需要的资源是不足的。

资源稀缺性的存在，使得人们必须考虑如何使用有限的或相对稀缺的生产资源来满足无限多样化的需求。这正是我们上面所说的“经济问题”。西方经济学则试图对经济社会如何解决这些经济问题提供可能的答案。

二、生产可能性曲线

资源的稀缺性所产生的一系列经济问题可以通过下面的例子表示出来。

考虑一个经济社会，在现有生产技术条件下，用其全部的生产资源生产军用和民用两类商品，假设社会以全部的生产资源生产大炮和黄油。由于社会用于生产的资源数量是有限的，因而社会可以生产的大炮和黄油的数量都是有限的，并且多生产了大炮，可生产黄油的数量就会减少，反之同理。如表 1-1 所示，如果社会只生产大炮，它最多只能生产 10 万门；如果只生产黄油，它只能生产 4 万吨；如果社会生产 9 万门大炮，那它最多只能生产 1 万吨黄油；等等。

表 1-1　社会生产大炮和黄油的最大数量组合

可能的组合	A	B	C	D	E
大炮（万门）	10	9	7	4	0
黄油（万吨）	0	1	2	3	4

根据表 1-1，我们可以把大炮和黄油的数量组合描绘在图形上，从而得到图1-1，纵轴表示社会生产大炮的数量，横轴表示社会生产黄油的数量。A 点和 E 点表示社会仅生产其中一种产品的极端情况，而 B 点、C 点和 D 点是可以同时生产大炮和黄油的不同组合点。可以想象，图 1-1 中类似的点会有无数多个，把这些点连接起来可以得到一条曲线。这条曲线上的每一个点都表示在生产资源既定的条件下，社会生产大炮和黄油两种产品的最大数量组合。一般地，社会使用既定的生产资源所能生产商品的最大数量组合被称为**生产可能性曲线**。

生产可能性曲线反映了资源稀缺性的特征。如图 1-2 所示，生产可能性曲线把社会生产两种商品的能力表示了出来：在曲线内部的商品组合点，表示以现有的生产能力能

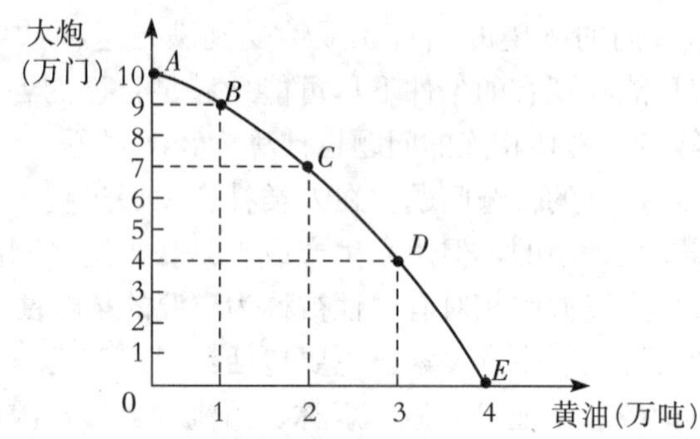

图 1-1　社会的生产可能性曲线

够实现，而且社会有进一步增加产量的能力；在曲线上的商品组合点，表示社会已经处于最大的生产状态，增加任何一种商品都必然会减少另外一种商品的数量；在曲线以外的商品组合点表示以现有的生产能力是没有办法实现的。可见，生产可能性曲线反映了资源稀缺对社会可以提供商品数量的限制。

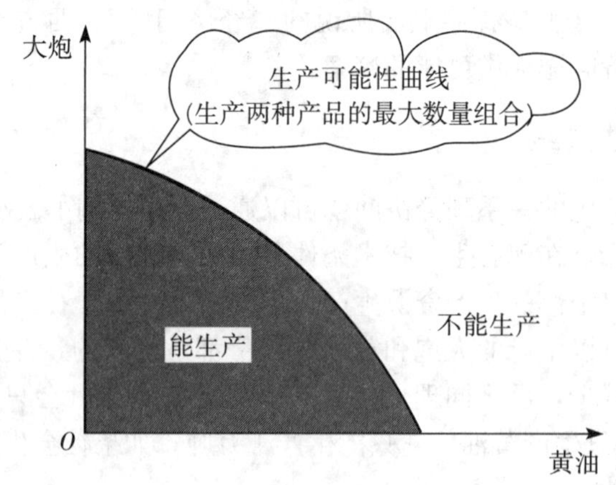

图 1-2　生产可能性曲线与资源的稀缺性

三、选择和机会成本

由于资源稀缺性的限制，在现有的生产技术水平条件下，经济社会最多只可能在生产可能性曲线上进行生产，比如在 B 点生产 9 万门大炮，1 万吨黄油。这就产生了另外一个问题：由于生产可能性曲线上有无数多个点，从而有许许多多个大炮和黄油的组合，那么社会就必须对提供何种组合做出选择，即是生产 9 万门大炮和 1 万吨黄油，还是生产 7 万门大炮和 2 万吨黄油。这就是说，社会不得不在是生产大炮还是生产黄油之间进行权衡。

资源的稀缺性使得社会不得不做出选择。选择之所以成为问题，是因为任何选择的结果不仅会带来某种好处，还会招致一定的成本。一定的资源可以用来生产不同的商品，如果较多的资源用于其中一种商品的生产，那么生产该商品的数量就会增加，这就是好处；但同时，多生产这些商品就必须放弃其他商品的生产，这就是代价。例如在上面的大炮和黄油的例子中，如果社会选择在 A 点而不是 B 点进行生产，即社会多生产 1

万门大炮，从而使得大炮的产量由 9 万门增加到 10 万门，那么社会就必须将黄油的产量由 1 万吨减少到零，即增加 1 万门大炮的产量就必须放弃 1 万吨黄油。这意味着选择是有代价的。经济学中，这种代价用机会成本加以衡量。

所谓**机会成本**，是指因选择而放弃其他机会所招致的成本。在经济学中，如果一项资源可以用于多种用途，那么该资源被用于某一种特定用途的机会成本是由该选择所放弃的其他最优用途的代价来衡量的。即一项资源被用于一种产品生产时的机会成本，是指这一资源用在其他用途上可以得到的最高价值。例如，与只生产大炮的 A 点相比，选择生产 1 万吨黄油的机会成本就是因此而放弃的 1 万门大炮的价值。又比如，如果一个专业管理人员在煤矿劳动的年薪是 1 万美元，而在机关工作的工资是 0.8 万美元，那么他选择放弃工作而就读于一所免费社会大学的机会成本就是 1 万美元。

当资源有不同的用途时，选择就是要权衡这些不同用途所带来的好处与成本。这样，经济问题的解决就被归结为如何使得选择的机会成本达到最低。经济学正是围绕着如何解决这个基本经济问题展开讨论的。

案例小品

上网聊天的经济学

在当今的网络世界中，上网聊天已经成为我们中许多人日常生活的一部分，这种状况在高等院校的学生中尤其普遍。根据统计，平均每个学生每天上网时间达到 2 小时，这大概相当于我们可以用于学习的时间的 1/5 左右。并且有调查表明，平常平均每人每天的上网时间为 3 小时左右，而在考试期间，上网的时间会明显减少，每天不足 1 小时。

另外一项调查表明，由于电脑显示器的强电磁波辐射，经常上网的同学得眼病的比率比不经常上网的同学要高出 5 个百分点，并且许多喜欢上网的学生放弃了大部分户外的娱乐活动，导致他们身体的发病率上升，身体素质下降。由于上网聊天和打游戏，同学之间的日常交流也明显减少。

我们并不想对上述现象中的统计来源进行辩论，我们感兴趣的是其中包含的经济学原理。首先，我们一天中的时间是有限的，这意味着时间这种资源是稀缺的，我们何尝不希望有更多的时间在网上聊天或玩玩游戏，但我们还有许多其他重要的事情要做。其次，时间的相对有限性迫使我们选择。或许我们在网上玩得兴起时可以不考虑时间，但从网上退出之后却往往会有一丝悔意，因为我们感觉到还有其他事情没有做。所以说，上网是有成本的，这种成本或许因为你能使用公共的校园网络资源而变得不很明显，但上网挤占了你学习或做其他事情的时间却是不争的事实，此外上网也会对眼睛造成损害，上网造成了锻炼时间减少、身体素质下降等，这些都构成了上网的机会成本。最后，机会成本与选择所获得收益之间的比较是你决策的依据。的确，上网可以给我们带来欢乐，这是收益，但同时我们又不得不考虑上网的机会成本。你在不断地调整你的上网时间，以便获得一种最佳组合，考试前上网时间缩短就是例证。经济学无非是将你的选择表述出来而已。

第二节　西方经济学的研究对象

一、经济学的定义

如上所述，资源的稀缺性产生了各种各样的经济问题，经济问题的解决是通过经济社会的选择来完成的。经济学要研究社会如何进行选择，而这些选择又怎样决定资源的配置。西方经济学正是围绕着这一研究对象展开的。因此，大多数西方经济学家把经济学定义为：经济学研究社会如何使用稀缺资源，以有效率的方式生产出有价值的商品，并把它们分配给不同的人。①

在上面的定义中最基本的思想有两点：一是资源是稀缺的，二是社会必须以有效率的方式使用它。面对稀缺的资源，个人、家庭、厂商、政府等做出各种各样的选择，这些选择共同决定了经济中的有限资源是如何使用的。经济学研究这些选择，即研究把资源转化为产出的过程，并说明这些选择的结果，即资源配置。随之而来的问题是，社会使用资源的效果如何。既然资源是稀缺的，那么相对于人们的需要而言，社会对资源的使用就应该是节约的或者是有效率的。因此，经济学也研究社会尽可能有效率地使用稀缺资源以满足人们需要的方式。这样，**经济学**可以被简单地定义为研究资源配置及其效率的一门学科。

背景资料

西方经济学家关于经济学的定义

现代西方经济学中有关经济学的定义大都遵循罗宾斯的提法。1932 年，英国经济学家罗宾斯在《经济科学的性质和意义》论文中，第一次正式把稀缺资源的合理配置规定为经济学的研究对象。他说："经济学是要研究作为目的的和具有不同用途的稀缺手段之间关系的人类行为的科学。"上述定义包含以下几个要点：经济学研究人的行为；人的行为的目的是满足需要，而需要是无限的；资源有各种不同的用途，但资源是稀缺的和有限的；一切社会的中心问题是无限的需要和有限的资源之间的冲突，即目的和手段之间的冲突；因此，经济学的任务就在于研究人类如何在可供选择的用途之间进行资源配置。

基于上述说法，许多西方学者给出了类似的定义。例如，E. 曼斯菲尔德在《经济学》一书中把经济学定义为："研究满足人们需要的在可供选择的用途之间配置资源的方式。"K.E. 凯斯、R.C. 费尔在《经济学原理》一书中说："经济学研究人们和社会怎样做出抉择来利用自然界和祖先提供的稀缺资源。"而 S. 费希尔、R. 多恩布什、R. 施

① P. SAMUELSON & W. NORDHAUS. Economics，NewYork：McGraw-Hill，Inc.，1995：4.

马伦西在《经济学》中则称："经济学研究社会如何把有限的、稀缺的资源用于生产什么、怎样生产和为谁生产。"

尽管这些定义不完全相同，但他们都把资源配置规定为经济学的研究对象，尤其强调两点，即资源是稀缺的，社会以有效率方式生产人们需要的产品。

二、经济学研究的基本问题

围绕着经济学的研究对象，经济学要研究与资源配置相关的一些基本问题。为了理解这些问题的来龙去脉，让我们再次考察图 1-1 给出的生产可能性曲线。由于资源的稀缺性，经济社会只能在生产可能性曲线所包含的范围内进行生产。只要社会选择在生产可能性曲线上而不是它的内部，那么就最大限度地利用了资源。但在生产可能性曲线上选择 A 点、B 点，还是 C 点，则成为问题。因此，经济学首先要研究经济社会在生产可能性曲线上的哪一点进行生产。其次，如果经济社会已经决定生产 A 点表示的产品数量组合，那么使用什么样的技术生产就成为接下来要考虑和解决的问题。最后，当产品被生产出来之后，如何分配也是一个问题。这些问题都是由资源配置所派生出来的基本问题。因此，经济学要研究的资源配置问题又可以归结为以下三个基本问题。

第一，**生产什么**，即社会利用总量为既定的生产资源生产哪些产品，产量有多大。这是一个任何社会都必须回答的问题，即使只有一个人生活在一个孤岛上的社会也是如此。如上所述，相对于人们的需要而言，生产资源是稀缺的。这一矛盾迫使人们必须在各种需要之间进行权衡比较，以确定每种产品的数量。在上一节有关大炮和黄油的例子中，社会必须决定是生产大炮还是生产黄油或者两种产品各生产多少。

第二，**如何生产**，即采用何种生产方法进行生产。对生产什么的回答确定了社会需要哪些商品及其相应的数量。对于特定的商品而言，生产方法可能是多种多样的。例如，棉纺织品可以用手工编织机生产，也可以在流水线上进行生产。手工编织需要使用较多的劳动，而流水线生产可以节省劳动，但需要价格昂贵的机器。

同样，在选择以何种生产方法生产既定数量的产品时，同样涉及效率问题，即如何最优地使用或者组合各种稀缺的生产资源。在技术可行的前提下，这再次与决策者的目标有关。一个常用的判别标准就是生产费用为最低。

第三，**为谁生产**，即生产出来的产品怎样在社会成员之间进行分配。在两个或两个以上的人构成的社会中都会存在产品或收入的分配问题。在一个社会中，人与人之间在生产过程中相互联系，总是在一定社会形式下进行劳动，即生产总是社会生产。而消费则是相互独立的。这样，社会就要决定每个人或群体在最终产品中所获得的份额。

上述三个方面的问题，即生产什么以及生产多少、怎样生产和为谁生产的问题，是现代社会面临的最基本的问题，从而也就成为以资源配置为研究对象的西方经济学首要解决的问题。

三、资源的使用效率及其变动

在解决上述三个基本问题的同时，经济学也关注社会总的生产资源是否被充分利用以及这一总量是否变动的问题。在这方面，经济学主要涉及下面三方面的内容。

第一，社会稀缺的资源是否得到充分使用。如果社会以有效率的方式解决了生产什么以及生产多少、如何生产和为谁生产的问题，那么社会稀缺资源就得到了充分使用。以第一节有关大炮和黄油的选择来说，社会在生产可能性曲线上选择了一个特定的点，如图 1-3 中的 C 点所示。但是，有时社会却不能达到生产可能性曲线的边缘，如图中的 D 点。在 D 点上，社会可以在不减少比如大炮产量的条件下，增加黄油的生产。这表明社会资源没有得到最充分的使用。现实中最典型的表现就是大量失业的存在。经济学研究这种现象出现的原因及其对策。

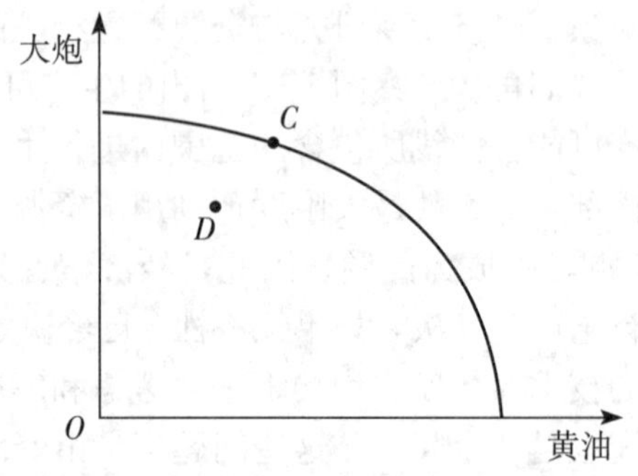

图 1-3　稀缺资源的使用缺乏效率

第二，社会资源总量的变动。在上述有关资源配置问题的研究中，通常认为社会的资源总量是既定不变的。但事实上，这些资源本身也是可以变动的，特别是当问题的分析涉及不同时期的情况时更是如此。图 1-4 说明了与此有关的选择问题。图 1-4（a）类似于我们的大炮和黄油的例子，它表明了社会用既定的资源生产资本品和消费品的情形。我们知道，在生产可能性曲线上的 A 点和 B 点都是以现有资源可以生产出来的产品组合，但与 A 点相比，社会选择 B 点将使得资本品的数量增加。结果，第二年的可供使用的资源总量增加，从而使得社会生产可能性曲线向外移动，社会可以在更大规模上生产，如图 1-4（b）所示。经济学研究这些变动的趋势及其原因。

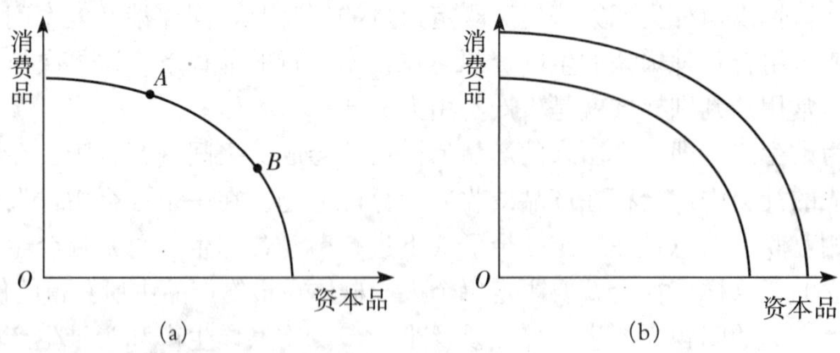

图 1-4　资源总量的变动

第三，货币的稳定性。在解决资源配置问题时，社会往往借助于货币作为媒介。因此，货币购买力是否保持不变，货币对于资源配置的影响如何也构成了经济学研究的一个重要问题。

这样，经济学不仅要研究经济社会面对稀缺资源如何做出有效的选择，以决定生产什么及生产多少、如何生产和为谁生产等基本问题，而且要研究这些稀缺资源是否得到充分使用、其总量变动趋势和货币的稳定性等问题。

第三节 经济制度与资源配置

对稀缺资源进行有效配置以及尽可能地增加资源总量是任何经济社会都必须面对的问题，但对如何实现资源的最有效率配置、促使社会资源总量增加等问题的解决方式各国却有很大的不同。基本经济问题的解决方式主要是由特定经济制度所决定的。就资源配置的方式而论，主要表现在进行选择的决策结构、动力机制和信息传递三个方面。依此作为划分标准，当今世界上不同国家的经济制度可以概括为三种形式，即自由放任的市场经济制度、中央集权的计划经济制度以及由它们结合而形成的混合经济制度。

一、自由放任的市场经济制度

在不同的经济制度中，一个极端的情形是自由放任的市场经济。**自由放任**是指完全没有政府干预而由经济社会中的个人自主行动；**市场经济**是指资源配置由市场供求所决定的经济。在这种经济制度中，每个人或者经济单位的基本经济活动不受政府的控制，为追逐自身的利益而做出选择并在市场上相互作用。各种经济当事人市场行为的最终结果决定资源配置及其有关问题，从而由经济社会解决其面临的基本经济问题。自由放任的市场经济有以下三个特征：

首先，从决策结构来看，自由放任的市场经济制度是分散决策。所有的单个决策单位自行选择最优方案。作为消费者，每个人或者家庭根据自身的收入决定购买哪些产品以及每种产品的数量，选择获取收入的方式及其数量；作为生产者，每个厂商决定生产什么产品以及生产数量，并根据这一数量选择使用各种投入的组合及其相应数量；消费者和生产者在自由交换的基础上进行交易。

其次，在自由放任的市场经济中，每个人或者经济单位都被赋予了追逐个人利益的动机。满足感或荣誉感、责任感、利润等都可能成为经济单位的动机或追求的目标。通常，个人或者家庭消费商品的动机是为了自身最大限度地满足，劳动的目的是获得收入；而生产者生产的目的则是赚取最高额的利润。在市场经济条件下，他们为了实现各自的目标进行选择。

为了能够使得经济单位可以达到自身追逐的目标或者说实现自身的动机，经济社会必须具备相应的制度规定。在自由放任条件下，经济制度必须能保证劳动者的收入和生产者的利润能全部或者部分地划归所有者，这就需要明确私人的产权权利，即私人产权。产权包括每个人按照他认为合适的方式使用或处置其财产并得到相应收益的权利，还要承担由此带来的损失。正是这种明确的规定使得财产所有人具有有效使用其财产的动机。

再次，在自由放任的市场经济中，有关资源稀缺程度的信息是借助于价格的涨落来传递的。社会中的每个经济单位都不得不关注有关的价格信息，因为某种商品价格上涨，对购买者而言意味着既定收入可购买的商品数量减少，对生产者而言则是更有利可图。同时，价格的涨落也反映了市场供求的变动。依照这种变动，消费者和生产者调整提供资源和生产产品的数量，使得资源配置发生变动。

总之，在自由放任的市场经济中，家庭或个人以自身的满足为动机，依照市场价格所提供的信息，自主决策，决定每种产品的购买量；生产者以利润为动机，根据市场价格决定生产的方式以及购买投入的数量；家庭和生产者的相互作用决定商品的价格和生产数量。通过这种制度，家庭需要借助于市场价格反映给生产者，由生产者以有效的方式向家庭提供他们需要的产品及其数量，即解决了生产什么和生产多少以及如何生产的问题。同时，生产者在市场上获得生产过程中所需要的投入，而供给这些投入的家庭购买到商品，最终决定了产品的归属，即解决了为谁生产的问题。

二、中央集权的计划经济制度

另一个极端的情形是中央集权的计划经济。在计划经济制度下，中央计划当局或机构决定生产什么产品及数量，确定生产目标和生产技术方式，并且指定分配规则。在这种制度下，决策是集中化的。这里，国家或者中央计划当局为了某种特定的目标，根据现有的资源，决定生产什么产品和相应的数量，由计划部门分级下达到生产单位，并为生产单位选择相应的生产技术设备，配备生产所需要的投入。当产品被生产出来之后，中央计划部门按一定的规则调拨生产单位的产品，并分配给不同的家庭。有时，中央计划当局也借助于价格制定和执行计划等手段，比如中央计划当局可以制定最终和中间产品的调拨价格以核算生产单位的业绩，也可以制定不同工资级别以决定最终产品的分配。

在以生产资料公有制为基础的中央集权的计划经济制度中，作为决策者的中央计划当局，其动机往往是社会当前或长远的利益。为了实现这些目标，中央集权的计划经济通常借助于法律的或行政的命令，迫使生产单位执行其生产计划。经济中的每个经济单位的动机主要是非经济的，比如理想或荣誉、上级单位的认可等，而经济动机发挥的作用较少。即使中央计划当局制定计划价格，经济单位特别是消费者也要根据自身的动机选择所需要的商品。

在中央集权的计划经济中，决策信息是人们的需求。计划价格是调节生产的标志：在特定的价格下，如果计划的生产量超过了人们的购买量，则计划当局降低计划产量；反之，则提高产量。

通过计划调节，中央集权的计划经济决定了社会生产什么产品和生产的数量、怎样生产以及产品的最终分配。

三、混合经济制度

纯粹形式的自由放任和集权经济在现实中并不存在，所有现实世界中的资源配置制度在某种意义上都是上述两种制度混合而成的。在这种经济制度中，决策结构既有分散又有集中；相应地，决策者的动机和激励机制可以是经济的，也可以是被动地接受上级指令；另外，整个经济制度中的信息传递同时通过价格和计划来进行。

在美国那样基本上是自由市场经济的制度中，以追逐自身利益为动机的决策是分散化的，而决策信息的来源都是市场价格。然而即使如此，美国经济中的政府活动也是多方面的。例如，政府的投资和政府采购大约占到总产量的 20%，而政府直接雇用的劳动者也占到劳动总人数的 18%。

同样，纯粹的计划经济也是不存在的。在以苏联为代表的计划经济制度中，决策是集中化的，每个决策者主要在行政命令的指导下从事经济活动，而决策制定则以计划执行情况为信息。但在所有的计划经济制度中，都存在着个体企业，而这些企业主要根据自身的需要做出相关决策。例如，在苏联，大约有 1/3 的农产品由私人农场直接向市场供给；南斯拉夫的经济决策更为分散，单个企业的经理对生产和成本具有更大的决策权，并可以根据利润的多少获得不同的收入。

由此可见，当今存在的经济制度都是混合经济制度，即政府和私人部门按照一定的原则制定决策的经济制度。在这种制度下，分散决策与集中决策相结合，既有分散的私人部门，又有集体集中决策的公共部门；决策单位的动力既可以是自身的经济利益，也可以是社会目标，相应的激励机制可能是经济利益，也可能是行政命令或法律制约；信息传递既有价格自发的波动，又有计划指令的反馈。从各国经济活动的实践来看，不同的国家都试图在自由放任的市场经济和中央集权的计划经济这两种极端的制度之间选择资源配置的最佳方式，只是市场或者计划对资源配置的影响程度不同而已。

需要指出，上述市场和计划两种经济制度是在资源配置方式而不是基本经济制度的意义上讨论的。然而，从以往市场经济和计划经济的实践来看，侧重于自由放任的市场经济是在私有制度下运行的，而传统的计划经济则建立在公有制基础之上，以至有许多学者论及市场经济时，把它等同于私有制为基础的资本主义经济制度，而把计划经济等同于以公有制为基础的社会主义经济制度。但随着资本主义经济的发展，尤其是在第二次世界大战以后，许多资本主义国家相继加大了政府进行集中决策的力度。同时，20 世纪七八十年代之后，社会主义国家为了改变传统计划经济的僵化而朝着市场化方向改革，增加了市场发挥作用的领域。因而，当今理论界通常把所有制作为区分资本主义和社会主义的基本标准，而在资源配置方式上讨论市场经济、计划经济和混合经济。

在特定的社会制度下，混合经济可以以分散决策为主，也可以以集中决策为主。产生于资本主义制度下的西方经济学则主要讨论资本主义制度下以市场机制为主、配合以国家干预的经济制度如何实现资源配置的问题。

四、混合经济中的资源配置

如上所述，市场和计划都是资源配置的基本方式，而混合经济制度却是现代经济的基本特征。现在我们考察以市场机制为主的混合经济中的资源配置问题。

以自由交换为特征的市场机制，就好像在一只“看不见的手”的指导下，自发地实现资源配置。只有当有利可图时，一种商品才会被生产并出售。而是否有利可图则要看是否有人购买。因此，既定资源被用于生产何种产品取决于消费者运用货币对不同商品所进行的投票。某种商品获得选票的多少，反映了该商品的稀缺程度，它以商品的价格表现出来。对应于特定的价格，生产者为了获得尽可能多的利润而以有效的方式使用社会的稀缺资源，并向资源的所有者支付相应的费用。而这些所有者们得到的收入又反过来制约着他们可支配选票的多少，从而决定了他们最终可以消费商品的数量。这样，社会资源被有效地配置到人们需要它们的地方。

然而，市场并不一定总能像人们期望的那样有效地实现资源配置，“看不见的手”有时并不能引导经济走上令人满意的道路。首先，市场机制的有效运转需要一定的外部条件，尤其是市场自由竞争的规则。市场运行本身并不能自发地产生这些规则并总能保证它们发挥作用。其次，由于市场经济中决策主体条件的限制以及分散决策本身的缺陷，使得个人的最优结果未必是社会的最优。例如，污染问题并不能在市场经济中很好地加以解决，国防之类社会需要的服务也未必能由单个生产者自愿供给。再次，市场竞争信奉能者生存，但人们在能力上的差异使得市场运行的结果可能在政治或社会道德上并不能令人满意。例如，有些人生活富足，而另一些人无家可归，这样一种状况也许不能得到社会认同。最后，自由选择必然带有一定的盲目性，从而使得市场机制有时会发生剧烈的震荡。失业和通货膨胀、增长缓慢等短期和长期波动通常被看做是自由放任经济的不良后果。

上述缺陷伴随着市场机制运行而出现。这时，人们自然需要寻求市场以外的实现资源配置的方式，即借助政府代为集体决策而对经济进行干预。在以市场为主的经济中，政府的职能除了制定经济活动的规则或者法律制度以外，其主要的作为被限于促进资源配置效率、增进社会平等和维护经济稳定和持续增长。有关促进效率的政府行为主要解决诸如垄断、污染和提供公共服务之类的问题。增进社会平等则是依靠税收之类的方案来反映穷人对经济问题的关注。稳定化的政策试图平抑周期性波动，减少失业，降低通货膨胀，并促进经济增长。

由此可见，在混合经济中，通过市场机制的自发作用，经济社会解决生产什么及生产多少、如何生产和为谁生产的基本问题，而在市场机制出现错误时，则通过政府干预以促进资源使用的效率、增进社会平等、维持经济稳定和增长。正因为如此，以考察经济社会面对稀缺资源如何做出有效选择以及稀缺资源是否得到充分使用、其总量决定及其变动趋势和稳定性等经济问题作为研究对象的西方经济学，要研究市场经济中的消费者、生产者和政府如何做出选择以及这些选择对资源配置的影响。总之，西方经济学要研究既定经济制度下，个人、厂商、政府和其他经济组织如何做出选择，以及这些选择如何决定社会资源的配置及其效率。

案例小品

政府与市场

政府与市场经济活动之间的关系历来都是经济学要考察的问题。在18世纪亚当·斯密生活的年代，以英国为代表的大多数西方国家，经济活动基本上是自由放任的。大约在19世纪后期，以自由竞争为主要特征的资本主义经济逐渐演变成垄断资本主义。为了为日益扩展的生产能力寻求市场，美国及西欧工业国纷纷放弃了完全自由放任的思想，政府被赋予越来越多的经济职能。

二战后，在政府指导下，西欧及北美经济蓬勃发展。此后到1980年前后，保守主义在许多国家抬头，各国政府又开始逐步放松经济管制。

无独有偶，以苏联为代表的东欧社会主义国家也改变了只注重中央计划与政府指令的做法，开始注重市场调节的作用。从20世纪80年代末90年代初开始，这些国家以各种方式开始了向市场经济的艰难过渡。

我国从20世纪70年代末开始进行经济体制改革，在坚持社会主义市场经济改革方向的前提下，逐步减少了政府对经济活动的直接干预，代之以经济决策的相对自由和经济利益的直接诱导，有效地促进了我国经济的健康发展。

第四节 微观经济学与宏观经济学

由以上分析可以看到，西方经济学研究整个经济制度中各种经济单位的选择行为及其对资源使用的影响。根据研究角度的不同，西方经济学的基本原理可以分为微观经济学和宏观经济学两大组成部分。

一、微观经济学

微观经济学中的“微观”是“micro”的译文，它由希腊文演变而来，表示“小”的意思。**微观经济学**以整个经济制度中的各个家庭和厂商的行为及其相互联系为研究对象，考察单个产品或投入的市场价格的形成，并由此说明社会如何解决资源配置问题。因此，微观经济学也被称为“个体经济学”。

以西方经济学总体的研究对象而论，微观经济学在稀缺资源既定的条件下探讨单个经济单位如何做出选择，以决定这些资源用于生产何种产品，产量分别为多少，产品是如何被生产出来的，以及为谁生产等问题。这主要涉及三个层次的研究内容：

第一，单个家庭或者个人做出选择，决定消费何种商品及其相应的消费数量，决定提供多少劳动以及其他生产要素的投入；单个厂商做出选择，决定生产何种产品及这些产品的生产数量，并根据这一数量决定相应的各种要素的投入数量。

第二，单个产品或某种投入要素的价格及其数量如何由需要和生产它的需求者和供给者们所决定。

第三，不同市场上的价格和数量相互联系和制约，决定既定资源被配置于何种产品或劳务的生产上。

对每种特定商品或要素而言，市场经济中的需求和供给相互作用决定相应的数量和价格，从而决定图1-3中所示的资源配置。微观经济学要对经济单位的决策过程及其供求相互作用产生的结果做出分析。在进行上述分析时，**微观经济学通常有两个假定前提**：一是假定经济当事人是经济上理性的，二是假定他们拥有完全信息。经济当事人理性假定意味着微观经济学中所讨论的个体单位都是“经济人”，即在既定的社会和经济条件下选择最能实现自身目标的行为。微观经济学假定经济当事人拥有完全信息，这一假定表明，参与经济活动的每个经济单位了解其决策所需要的足够信息，比如消费者知道特定商品的性能、价格以及消费既定商品数量所能获得的满足等。同样，生产者知晓投入与产出的各种技术、产品和投入的价格等。

二、宏观经济学

宏观经济学中的“宏观”是“macro”的译文，在希腊文中原义是指“大”。**宏观经济学**以整个经济的总体行为作为分析对象，考察经济总体的市场表现，说明社会的资源总量是如何决定的。因此，宏观经济学也被称为“总体经济学”。

与微观经济学相对应，宏观经济学侧重于研究资源总量的决定问题，探讨社会如何做出选择，以决定资源总量是否得到有效使用，以及资源总量变动规律等问题。它要研究的内容包括以下几个方面：

第一，作为消费者的家庭部门和作为生产者的厂商部门如何选择，以决定消费和投资数量，从而决定整个经济的总需求。

第二，家庭和厂商部门如何选择生产要素供给及投入量，以决定整个经济中的总供给。

第三，经济中的总需求和总供给决定资源总量和价格总水平。

第四，资源总量和价格总水平的长期变动趋势。

从整个经济系统的角度来看，家庭和厂商一方面是要素供给者和产品的生产者，它们的决策决定了对最终产品的供给；另一方面又是要素投入和产品的消费者，它们的决策决定了对最终产品的需求。因此，宏观经济学要考察整个经济系统中总需求和总供给的状况以及相互作用所能决定的资源总量的大小和价格总水平的高低。同时，正如图1-4表示的那样，由于家庭和厂商的决策会影响到未来，所以资源总量和价格总水平的长期变动趋势也是宏观经济学考察的范围。

在进行上述分析时，宏观经济学假定经济社会对资源的使用可以是不充分的，信息也可以是不完全的。宏观经济学要解释这些不完善的原因及其总体后果，并提出相应的对策。

三、微观经济学与宏观经济学之间的联系

微观经济学和宏观经济学在研究角度、解决的问题等方面都有不同，但它们又是相互补充的。

首先，微观经济学与宏观经济学是互为补充的。微观经济学是在资源总量既定的条件下研究各种资源的最优配置，而宏观经济学则是在配置方式既定的条件下研究这些资源总量的决定问题。这就是说，微观经济学与宏观经济学研究对方假定不变的东西。正像图1-3所示的那样，微观经济学要研究经济社会中的个体单位如何选择，最终决定既定资源置于生产可能性曲线上的那一点，而宏观经济学则要研究整个生产可能性曲线的变动。可以做一个恰当的比喻：微观经济学要考察森林中的一棵树，它只看树木不看森林；宏观经济学则考察由若干树木构成的森林，它只看森林而不看树木。

其次，微观经济学是宏观经济学的基础。从整个经济系统的构成来看，整体是由个体构成的，整体是个体表现的综合。宏观经济中的消费是单个消费者消费选择的结果，而投资也同样来源于单个厂商的选择。从理论分析的角度来看，对单个经济单位的分析可以推广到整个经济。

最后需要指出，宏观经济学并不是微观经济学的简单加总或重复。事实上，微观经济学中成立的结论在宏观经济学中未必成立。比如，单个厂商降低工资可以增加利润，但在整个经济中，工资下降可能导致家庭收入下降，从而消费减少，最终使得厂商的产品销售不畅，利润减少。由此可见，微观经济规律与宏观经济规律既有联系又有区别。正是由于二者之间相互联系又存在某些差异，不仅使得微观经济学和宏观经济学共同构成了西方经济学的整体，而且也使得有关二者之间关系的争论成为西方经济学的一大理论热点。

本书将以西方占主流地位的经济学的论述方式，分别介绍微观经济学和宏观经济学的基本原理。

本章小结

在本章中，我们指出了经济社会面临的基本问题，即资源稀缺性导致的选择和配置问题，探究了不同经济制度下解决资源配置问题的经济决策方式。特定制度的资源配置及其效率是西方经济学的研究对象和主要内容。

思考题

1. 举例说明什么是稀缺性以及由此产生的各种问题。

2. 经济学中经常以《鲁滨逊漂流记》中的鲁滨逊为例，他一个人漂流到孤岛上，不得不考虑管理由他自己构成的经济。据记载，鲁滨逊每天要用 10 小时来采集椰子和捕鱼。你能据此画出并说明鲁滨逊的生产可能性曲线吗？请用这一曲线说明鲁滨逊面临的经济问题。孤岛上的鲁滨逊会遇到资源总量变动的情况吗？请举例加以说明。

3. 当你选择上学时，你是如何考虑的？为什么要用机会成本来衡量你上学的成本？

4. 西方经济学研究的基本问题是什么？

5. 就资源配置而论，自由放任的市场经济制度与中央集权的计划经济制度各有哪些特点？请对它们的优劣进行比较。

6. 说明微观经济学的研究对象及要解决的基本问题。

7. 宏观经济学和微观经济学是什么关系？

上篇

微观经济学

在生活中，钻石不比水更有用，但是钻石的价格却远远高于水。我们希望能理解这种差异，并进一步说明这种差异对资源配置的影响。在探究两种产品或劳务市场价格差异的过程中，我们需要从决定产品或劳务价格的需求和供给两个方面进行考察。但与产品或劳务的需求和供给相联系的是消费者和生产者的决策。分析这些问题，正是微观经济学研究的内容。

在微观经济学部分中，我们将从单个经济当事人的行为开始，考察消费需求的产生原因和基本规律，分析企业决策机制，以及在竞争性经济中，价格与利润如何诱使生产者配置稀缺资源等问题。我们还将分析劳动、资本和土地等生产要素市场的价格决定，说明这些要素的所有者获得收入的多少，从而揭示市场经济中收入是如何分配的。

在对上述问题进行讨论时，我们通常集中于构成整个经济的单个市场的行为。不过，我们也会把所有的市场联系起来考察不同市场的相互影响，进而说明价格如何决定资源配置的效率。我们也将分析导致市场配置资源低效率的原因以及政府在微观经济领域内的作用。

第二章　供求分析概述

入夏以来，气温居高不下，空调销量大增，安装工人短缺；中东地区又生战事，部分石油设施遭到破坏，世界原油价格升高，高油耗的二手车销售不畅；住房限购，但房价并没有企稳下降，反而继续上涨；农民调整种植结构，改种植小麦为生产蔬菜，并由此尝到了甜头，但随着大棚技术在农村的推广，农民发现自家的收入并没有获得太多改善……所有的这一切都发生在我们身边，原因是什么呢？经济学家如何看待这些问题？他们又是如何把它们联系在一起的呢？

这些问题的产生是市场机制在发挥作用。为了揭开市场机制的奥秘，经济学家使用需求和供给的概念。需求和供给是市场经济中决定一种商品价格和销售数量的基本力量，而商品价格又是市场经济制度下引导资源流向的信号，所以，把既定资源条件下以市场机制发挥作用为主的经济如何实现资源配置作为基本研究对象的微观经济学，从界定需求和供给的概念、研究市场机制的作用机理出发，展开研究。为了能够像经济学家那样认识经济社会，我们也以此为出发点。

第一节　微观经济学概览

在学习微观经济学之前，我们有必要对它所涉及的主要内容做一鸟瞰，以便了解微观经济学理论体系的框架。我们知道，微观经济学要研究既定资源条件下的配置问题。在以市场机制发挥主要作用的经济社会中，解决这一基本问题的关键在于确定两种商品的价格，所以，微观经济学的核心是商品价格的决定问题。而决定商品价格的经济行为主体是买者和卖者，他们共同构成了一个经济系统。我们先从认识他们开始。

一、经济系统的构成

在一个以市场为资源配置方式的经济系统中，基本的决策单位是家庭和厂商。

家庭又被称为消费者，他们是经济社会的细胞。在现实经济社会中，家庭是千差万别、多种多样的，不同的家庭之间存在若干差异，比如家庭的规模、财富积累的数量、喜好等。但就一个特定的家庭而言，他们需要进行下面两个方面的决策：首先，为了生存，家庭需要消费一定数量的商品，这些商品可以是家庭自身拥有的，也可以是他人生产的，家庭需要作出决策，当一个家庭需要消费他人生产的产品时，这个家庭就成为一个购买者；其次，为了获得购买所需要的支付，家庭必须拥有可供支配的财富或者说是收入，随之而来的另一个决策是，家庭需要选择获得收入的方式和数量。很显然，在进行上述决策过程中，家庭所面临的价格或者要价是至关重要的，它们不仅决定了家庭消费商品的种类和相应的数量，也决定了家庭选择获取收入或者支配财富的方式和数量。

经济系统中另一个基本决策单位是厂商。**厂商**又被称为生产者，是指把投入转换为产出并在市场上进行销售的某一经济单位。厂商之间存在的差异是明显的：一些厂商生产或销售商品，比如食品加工厂生产食品，百货商店销售衣服；另一些厂商则生产劳务，比如律师事务所提供法律咨询。一些厂商的规模很大，而另一些则很小。但它们都要选择生产产品的种类和数量，并选择相应的投入。在进行上述决策时，厂商的目标必须预先得以确定。的确，不同的厂商可能具有不同的目标，一个厂商也可能有多个目标，但通常厂商并不是为生产而生产，它们生产的目的是赚取产出与投入之间的"差价"。因此，大多数厂商都把获取更多的"差价"即利润作为主要目标，厂商往往会在利润的驱使下进行生产决策。

除了家庭和厂商这两个基本的经济决策单位之外，在混合经济中还有一个决策单位是政府。经济学关注政府的经济行为。通常，政府通过拥有的各种资源和特殊的地位，进行直接生产或征收税收获得收入，同时选择用于国防、社会福利等方面的支出。尽管从决策目标到决策制定过程，政府与私人部门中的家庭和厂商都有着明显的不同，但就基本的决策原则而论，政府的消费选择类似家庭，而生产选择类似厂商。于是，当我们把注意力集中于市场配置资源的能力时，暂且把政府的经济行为等同于私人经济单位，即在基本的理论框架中不包含政府，直到我们需要政府的参与为止。

在一个只有家庭和厂商的经济系统中，借助于市场，家庭和厂商之间建立了密切的联系，如图 2-1 所示。一方面，出于生活需要，家庭到产品市场上购买他们所需要的商品和劳务。生产者为了自身的目的便利用这一机会向市场上供给相应的产品和劳务。家庭和厂商的行为在产品市场上表现出来，双方的讨价还价决定产品的价格。另一方面，家庭和厂商又都具有双重的身份：每个家庭不仅要消费商品和劳务，而且又不得不为了能够购买这些产品而出售他们所拥有的各种资源；厂商不仅要向产品市场上提供商品和劳务，而且为了能提供产品又需要购买生产所必需的各种投入。这样，家庭和厂商也会在要素市场[①]上建立起联系，只不过这时厂商是生产要素的买者，而家庭则变成生产要素的卖者。由此可见，产品市场和要素市场把家庭和厂商联系起来，构成了一个有机的经济系统。

在产品市场上，家庭购买产品或劳务，并向生产者支付费用。厂商利用消费者支付的费用购买生产所需要的各种投入，并且把这些投入以某种方式组合起来生产出市场所需要的产品。在要素市场上，厂商为了生产产品需要购买各种投入，并向这些投入的所有者支付报酬；同时，为了筹集消费所需要的支出，消费者也需要出卖他们所拥有的一定数量的资源。综观上述过程，逆时针来看图 2-1，家庭在产品市场上购买产品，从而使得收入经过产品市场转向厂商；厂商在要素市场上购买生产要素，从而使得收入经过要素市场转向家庭。顺时针来看图 2-1，厂商向产品市场提供产品，产品经过产品市场转向家庭；家庭向要素市场提供生产要素，生产要素通过要素市场转向厂商。由此可见，无论是逆时针的收入流转还是顺时针的产品和劳务的流转，经济系统会不断地完成

---

① 为了表述方便，本书有时将生产要素简称为要素，比如要素市场、要素需求、要素需求曲线等。

一个又一个循环过程并持续运转下去。

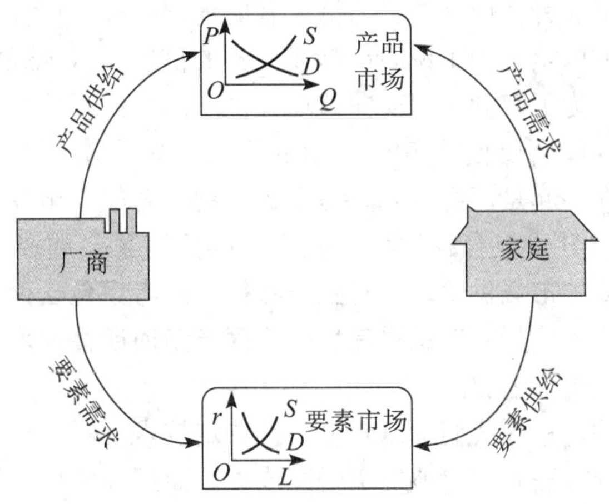

图 2-1　经济系统构成与运行

二、微观经济学的基本框架

以上我们把一个大千世界简化为一个不断循环往复的经济系统。在这一高度简化的经济系统中，微观经济学试图分析个体经济单位的行为如何决定社会既定稀缺资源的配置。正如第一章所言，资源配置问题就是要回答既定的稀缺资源被用于生产什么产品及其数量、如何生产和为谁生产等问题。从图 2-1 中我们可以看到，在一个经济社会中生产什么产品及其数量取决于消费者的需要，进而取决于家庭的行为；如何生产这些产品则取决于厂商的生产行为；为谁生产的问题事实上是谁购买了这些产品，这与消费者的支付能力密不可分，进而也就由家庭获得收入的多少所决定。因此，要揭开一个以市场机制为资源配置基本方式的经济社会如何解决基本经济问题的谜底，就需要考察个体经济单位的行为及其市场表现。

在以市场机制为主来配置资源的经济社会中，价格起到了至关重要的作用。价格提高，对生产者而言是增加生产的信号，从而导致社会资源向着这一产品的生产方面转移；相反，价格下降则会导致资源转出该产品的生产。因此，了解价格机制的运作是了解资源配置理论的开始。既然价格机制的运作是借助于价格的涨落来发挥作用的，而价格又是由商品供求双方的行为及其相互作用决定的，因而描述供求的基本概念以及市场机制运作的内容就成为微观经济学的出发点。

在图 2-1 的上半部分中我们注意到，市场上的任意一种商品的价格取决于两个方面：家庭对产品的购买和厂商对产品的供应。家庭一方为了自身的需要而对商品或劳务产生需求，并通过消费这种商品而获得满足。家庭对商品需求的高低对价格的决定起到了重要的作用。作为消费者的家庭，其需求行为又是如何决定的呢？在微观经济学中，对此进行研究的是效用理论。通过效用理论，西方经济学回答了追求效用最大化的家庭如何按市场价格把既定的收入用于不同商品的消费，从而决定消费者对一种商品的需求计划。因此，**效用理论构成了微观经济学基本框架中的第一部分内容**。

处于图 2-1 上半部分的另一方是厂商，它们在发现了来自消费者的需求之后，为了获利而愿意向市场上提供家庭所需要的产品或劳务。比如，市场上需要西红柿，只要有利可图，农场或农户就会种植西红柿。与消费者的需求一样，厂商对产品的供给是决定产品价格的另一方面的因素。为了说明产品或劳务的供给，微观经济学关注于提供这种商品的某一特定厂商。为了获利，厂商向市场提供产品，但在此之前他必须把产品生产出来。在生产过程中，厂商要使用各种有用的投入，如劳动、机器设备和厂房、土地等。把它们如何组合在一起是厂商首先要考虑的问题。对应于市场所需要的产品及其数量，厂商将采用适当的方式组合各种生产投入，以便用最低的成本把这一产品生产出来。因此，**在分析厂商的市场供给之前对生产者行为的考察包含两方面的内容：一是对厂商所使用的生产技术的分析，二是对其生产不同产量时所需成本的分析。它们共同构成了微观经济学的第二部分内容。**

在进行上述分析的过程中我们可以知道，在特定技术水平条件下，厂商对应于既定的产量选择生产产品的方法并相应地确定生产成本。而厂商的产量则是由市场的供求所决定的。厂商“携带”生产产品的方法和相应的成本计划来到市场上，与先前“怀揣”需求计划的消费者在产品或劳务市场上相遇。在市场上，消费者和厂商之间经过一个讨价还价的过程，最终决定每种产品的市场均衡价格和数量。**在微观经济学中，这一部分的内容被称为市场理论，它构成了微观经济学理论框架中的第三部分内容。**通过市场理论，我们建立起了图 2－1 上半部分的联系。

在考察了图 2－1 的上半部分之后，让我们再来考察其下半部分。正如我们在前文中指出的那样，经济系统中经济当事人的角色是双重的：作为消费者的家庭若想获取消费的商品就必须有可供支付的收入；厂商则在销售产品的同时必须购买生产所使用的各种投入。这样，在图 2－1 下半部分中的要素市场上，厂商是需求者，而家庭则是供给者。为了获利，厂商按最佳的方式购买各种投入要素，以便把市场所需要的产品及其数量生产出来。为了实现自身的最大满足，家庭向市场供给他们所拥有的各种生产要素，以便能获得收入。当厂商和家庭在要素市场上相遇后，二者相互作用，决定劳动、资本、土地等各种生产要素的市场均衡价格和数量。由于市场均衡价格和数量将决定着要素所有者获得收入的多少，从而决定他们获取商品的数量，因而也就决定了厂商所生产产品的分配，故在微观经济学中，**上述有关要素价格的决定理论又被称为收入分配理论，它构成了微观经济学理论框架中的第四部分内容。**

在完成了上述分析之后，图 2－1 中的市场和经济当事人被经济关系联结在一起，经济系统可以在相互联系中运转了。应该说，到此为止，微观经济学大致完成了对市场经济运行的描述。但从理论上来说，这种描述还是不完全的，因为在上述有关市场的均衡价格和数量的决定是就单一市场而论的，也就是说，我们所建立的上述联系是在两点之间完成的。事实上，在一个经济系统中，所有的市场及其经济行为都是相互影响的。比如，劳动市场决定劳动者的工资收入，而工资收入又决定了该劳动者对商品的需求，同时商品的需求又影响到厂商对劳动的需求，等等。其中任何一个环节的变动都会影响到全局，牵一发而动全身。因此，微观经济学要对所有市场同时均衡的可能性给出说明。一般均衡论就是要证明在特定的条件下所有市场同时处于均衡状态是存在的。在完成对市场经济运行的描述之后，**微观经济学还试图对一般均衡状态的好与坏给出一个价值判断，这属于福利经济学的内容。**

在对市场运行及其市场机制配置资源的状态做出一番描述和评价之后，西方经济学得出了基本结论：在完全竞争条件下，单个消费者和单个厂商各自追求自身经济利益最大化，使得市场竞争机制发挥作用，最终导致所有的产品和生产要素市场处于供求相等的均衡状态，这种状态使得每个经济单位实现自身的经济目标，资源以最优的方式被用于产品的生产，生产要素所有者根据各自对生产的贡献都得到了相应的报酬，社会由此得到最大的福利。总而言之，在市场机制充分发挥作用的前提条件下，社会运行状态可以是好的。然而，上述结论是在完全竞争条件下得到的，但由于资本主义经济运行的实际情况可能与这一前提不相一致，因而经济运行结果未必是最优的。如果经济系统本身无法克服这些缺陷，就需要借用政府的力量来加以矫正。**这就是所谓的市场失灵和微观经济政策**。

通过对图 2－1 的观察，我们得到了西方微观经济学的理论框架和基本脉络。基于这一粗略的轮廓，我们对微观经济学的论述以供求概念及其市场机制的运行作为开始，之后在第三章中将以效用理论为基础，分析消费者行为，试图从深层次上说明消费者对商品或劳务的需求。第四章论述生产，说明厂商如何组织生产要素的投入。在此基础上，我们将在第五章中论述厂商生产不同产量时的成本与利润，并说明厂商利润最大化的选择。第六章论述不同的市场结构条件下厂商进行利润最大化选择的结果，进而说明厂商对产品的市场供给。第七章是生产要素的价格决定理论，通过论述生产要素的供求以及要素价格决定，说明要素收入的分配问题。第八章介绍一般均衡和福利经济学的内容，说明西方微观经济学对竞争性经济均衡状态的描述及赞赏的理由，从而得出该理论的核心。最后在第九章中引入市场失灵的概念，探讨市场失灵的各种原因，并对政府可能矫正市场失灵的政策选择做出说明。

第二节　需　求

在日常生活中我们注意到，无论是在有形的市场上还是在无形的市场上，任何一种商品或者劳务都对应着一个特定的价格。由于市场机制是通过价格对资源配置发挥作用的，因而我们说明市场经济中资源配置的状况，就需要首先说明价格是如何决定的。

在市场经济中，消费者和生产者经济行为的相互联系表现为产品市场和要素市场上供求关系的相互作用，正是这种供求关系的相互作用形成了市场的价格。一方面，价格是说明该商品的消费者购买数量和厂商生产数量的关键，另一方面，价格又是由消费者（或买者）与生产者（或卖者）之间进行讨价还价的结果。因此，为了说明价格的决定，我们首先从考察单个买者和卖者的经济行为入手。本节说明消费者的需求及其变动规律。

一、需求的定义及表示

（一）需求的定义

一种商品的需求来源于消费者。消费者对一种商品的需求，是指在其他条件不变的情况下，某一特定时期内消费者在各种可能的价格下愿意而且能够购买的该商品的数量。

在上述有关需求的定义中，有三个方面值得注意。

首先，定义中要求除了价格和消费者的购买量以外，其他条件保持不变。这就是说，影响需求的其他因素不发生变化，我们只考虑需求的数量和价格之间的变动关系。

其次，消费者对一种商品的需求并不是一次市场购买行为或者说是某一个购买量，而是针对一系列可能的价格而制订的一个计划。

再次，就一个特定的时期而论，在其他条件不变的情况下，消费者对某种商品的需求必须具备两个特征：购买意愿和购买能力。在自由的不受控制的市场经济条件下，消费者对商品的需求是特定市场条件下消费者自愿的选择，不是被迫进行的决策。作为消费者，你或许会抱怨冬天里的西红柿价格太高，但你要购买的西红柿的数量却是你充分考虑家庭需要之后，根据这一价格选择的最优数量。此外，消费者对商品的需求是有购买能力的意愿。比如，目前对于一个普通家庭而言，拥有一辆跑车仍然是一个梦。当你说“如果我有一辆跑车该多好”时，这并不意味着你对该辆车有了需求。为了明确起见，通常把对应于某一特定价格下消费者愿意并且能够购买的商品数量称为**该消费者在这一价格下的需求量**。

在做出了上述界定之后，我们可以认为，**消费者对一种商品的需求**是指在其他条件不变的情况下，一个特定时期内相应于一系列可能的价格消费者关于需求量所制订的计划。

（二）需求的表示

根据上述有关需求的定义，消费者对某种商品的需求一般可以由需求表、需求曲线和需求函数表示出来。

商品的**需求表**是一张表示某种商品的各种价格与相应的该商品的需求数量之间关系的序列表。举例说明，邻居张太太刚刚聘用了一位保姆，细心的张太太唯恐这位新来的保姆出现差错，就叮嘱道：“如果今天西红柿的价格是 4 元/千克，你就买 1 千克；如果价格是 3 元/千克，就买 1.5 千克；如果价格是 2 元/千克，就买 3.5 千克；如果价格是 1 元/千克，要买 6 千克。”还不放心，张太太干脆把这些“命令”写在一张纸上，让保姆带上。那么，这位保姆所带的这张字条就是邻居张太太一家对西红柿的需求表。如表 2-1所示。

表 2-1　张太太一家对西红柿的需求表

价格 P（元/千克）	1	2	3	4
数量 Q（千克）	6	3.5	1.5	1
价格与需求量的组合点	A	B	C	F

从表 2-1 中可以清楚地看到在每一个可能的价格下张太太一家对西红柿的需求量，比如如果价格是 2 元/千克，这一家庭愿意并且能够购买的数量是 3.5 千克。但是需要注意，只有整个表格才是该家庭在这一时期对西红柿的需求。

需求也可以借助于曲线加以表示。商品的**需求曲线**是根据需求表中商品不同的价格与需求量的数量组合在平面坐标系中所描绘出的一条曲线，通常以英文字母 D（或 d）

加以标识。依据表 2-1，在一个以价格和需求量为坐标轴的平面上，一个价格与相应的需求量可以确定一个点。对应于所有可能的价格，所有价格与数量的组合点描绘出来的一条曲线，就是张太太一家对西红柿的需求曲线。如图 2-2 所示。

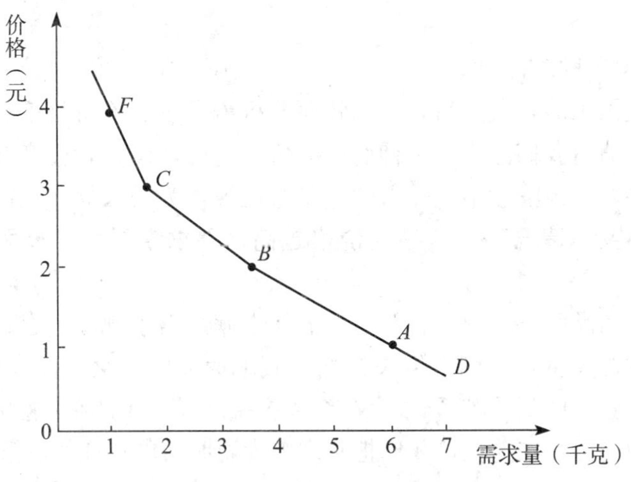

图 2-2　张太太一家对西红柿的需求曲线

我们知道，数表可以用图形表示，而图形又是一个特殊的数表，两者实质上是一样的。不难看出，用需求表表示需求形象直观，但缺点是它所表示的价格和数量组合点是有限的。在上面的例子中，即使再精明的家庭主妇也不会把价格按几分钱细分。因而，对于通常希望商品无限可分的理论分析而言，用需求表表示需求使用不便。与需求表相比，需求曲线不仅具有直观的特征，而且可以对价格和数量以任意小的计量单位加以考察，因而比较适合理论分析。

特别是，如果消费者对商品的需求量与商品的价格按固定比例变动，那么需求曲线就是一条直线。在理论分析中，如果只是为了揭示价格与需求量之间的对应关系，通常需求曲线可表示为一条直线。

对一种商品的需求更加一般的表示是需求函数。从有关需求的定义中我们注意到，无论是以需求表还是以需求曲线的形式加以表示，需求反映的都是商品价格与需求量之间的对应关系。于是，以 P 表示某一种商品的价格，以 Q^d 表示消费者对该商品的需求量①，则需求表或者是需求曲线所表示的消费者对商品的需求可以用下面的函数表示为：

$$Q^d=D(P) \tag{2.1}$$

这一函数表示了消费者对某种特定商品的需求，故称为**需求函数**。

进一步，如果需求曲线是一条直线，那么需求函数就可以用线性形式表示为：

$$Q^d=a-bP \tag{2.2}$$

通常我们把（2.2）式表示的需求函数称为**线性需求函数**，它表明，价格每提高一个单位，消费者对商品的需求量按固定的比率 b 反向发生改变。

---

① 在不引起误会的情况下，为了简单起见往往省略上标而直接用 Q 表示需求量。

以上三种表示需求的方式各有所长，在不同的场合均可以使用。本书多以需求曲线和需求函数的形式表示需求。

二、需求规律

（一）需求规律的含义

在了解了有关需求的含义之后，我们转而分析需求量随着价格变动的规律。一个来自实际观察的现象值得我们注意：一种商品的价格越高，消费者愿意并且能够购买该商品的数量越少。在西方经济学中，需求的这一特征被称为需求规律。**需求规律可以表述为：在其他条件不变的情况下，商品的价格越高，需求量越小；反之，商品的价格越低，需求量就越大。**

对一种特定的商品而言，消费者对商品的需求满足需求规律：在价格较高时，消费者就减少该商品的购买量，否则会损失掉购买其他商品的机会；而在商品价格较低时，他就可以多购买一些，做到了既省钱，又多“办事”。有关消费者这种行为更深层的解释，将在下一章中给出。在这里，我们把它理解为说明需求特征的一条先验规律。

如果一个消费者对一种特定商品的需求满足需求规律，则在价格轴与数量轴所表示的平面中，消费者的需求曲线向右下方倾斜，即消费者对商品的需求量与商品的价格之间呈反方向变动。换言之，需求规律意味着需求曲线的斜率为负值。

在以需求函数表示的一个消费者对某种商品需求的情形中，需求规律意味着，价格每增加一个单位，消费者对商品的需求量是减少的。以最简单的形式讨论，如果需求函数表示为（2.2）式给出的线性的形式，则需求函数中的系数 b 一定为正值。

（二）需求曲线的特例

需求规律意味着消费者对一种商品的需求曲线是向右下方倾斜的，那么是不是所有商品的需求曲线都是如此呢？事实上，各种规律的准确性是不一样的。比如在自然科学中，物质之间存在着引力是一条规律，但这一规律的作用却是不尽相同的，与引力定律相比，有关潮汐的规律就较为不精确。与自然科学的规律相类似，经济学中的规律“不过是一种多少是可靠的和明确的一般命题或倾向的叙述而已”①。需求规律也不例外。

需求规律给出了消费者对商品需求的基本特征，但这并不意味着所有消费者的行为都严格服从这一规则。下面的三种情况可以作为需求规律的特例：

第一，消费者对某种商品的需求量不受该商品价格的影响。此时，消费者的需求曲线是一条垂直于数量轴的直线，如图 2-3（a）所示。这表明，无论商品的价格有多高，消费者愿意并且能够购买的商品数量都保持不变。经常作为例子的是人们对火葬服务的需求。

第二，消费者对商品价格的变动极其敏感，以至于价格升高时消费者的需求量为零，而价格降低时需求量趋向于无穷大。此时，消费者的需求曲线是一条平行于数量轴的直线，如图 2-3（b）所示。比如，在一个出售鸡蛋的自由市场上，鸡蛋的产地相同、大小相近，销售商都按 4 元的价格出售，如果其中一个销售商按高价出售，消费者就不会购买他的产品，从而使得对其产品的需求量为零。但如果该销售商低于 4 元出售，则

---

① 马歇尔．经济学原理．北京：商务印书馆，1964：52.

他出售的鸡蛋就会被抢购一空。结果，对这一销售者而言，消费者的需求表现为一条直线。

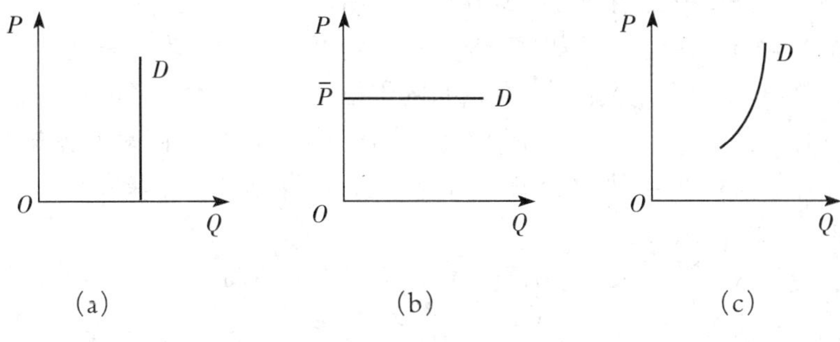

图 2-3　需求曲线的特例

第三，消费者的需求量随着商品价格的提高而增加。此时，消费者的需求曲线向右上方倾斜，如图 2-3（c）所示。对某些炫耀品比如名贵字画等，消费者在价格较高时的需求量会更大。抛开炫耀因素，即使在标准的定义下，有时某些商品的需求量也会呈现出与价格同方向变动的特征。最典型的就是吉芬商品。有关吉芬商品的形成原因，我们将在下一章中加以说明。

背景资料

吉芬商品

英国统计学家罗伯特·吉芬（1837—1910）发现，在 1845 年爱尔兰发生灾荒期间，土豆价格上升，但土豆的需求量却反而增加了。这一现象与经济理论中通行的需求规律相矛盾，因而被称为“吉芬难题”。随着经济学的发展，这一难题得到了解决。经济学家发现，这种商品是一种特殊的生活必需品，人们对它们的需求是需求规律的特例。由于源于吉芬的发现，这类需求量与价格呈同方向变动的特殊商品也就被称为**吉芬商品**。

由此可见，并不是所有消费者对所有商品的需求都满足需求规律。尽管如此，在经济学中通常认为，大多数商品的需求曲线具有向右下方倾斜的特征。

三、影响需求量的其他因素

在上述关于需求的定义中，一个隐含的假定是“其他条件不变”，消费者根据商品的价格决定需求量，其他因素不影响消费者愿意并且能够购买的商品数量。但是事实上，除了价格以外，其他许多因素都会对消费者的需求量产生影响。**这些因素主要包括消费者的偏好、消费者的收入水平、相关商品和劳务的价格以及消费者对收入和价格的预期等。**

第一，消费者的偏好影响消费者对商品的需求量。对于处境大体相同的不同消费者而言，对应于相同的商品价格，消费者对同一种商品的需求量会有所不同。比如，就服装而言，年轻女性喜欢款式新颖时尚，而中老年人则更喜欢穿着庄重。即使同一个消费者在不同的时期，对一种商品的需求量也会表现出差异。常吃大鱼大肉，偶尔吃一顿白菜感觉也不错。这其中就是消费者的偏好在起作用。

偏好是消费者对商品的喜好程度。偏好在消费者的市场行为中表现出来，它决定了消费者对商品的需求程度。很显然，在相同的价格水平下，消费者的偏好越强烈，需求量就越大；反之，需求量就越小。即消费者的偏好与需求量之间呈同方向变动。例如，一个喜欢吃甜点的女孩在意识到应该保持自己姣好的身材时，就降低对甜点的偏好，从而她对甜点的需求量就会减少。

偏好对决定消费者的需求是至关重要的，但对偏好进行一般性的数量讨论却存在较大的困难，原因主要有两个方面：第一，偏好时常会发生变化。例如，人们对香烟的需求量受到吸烟有害健康的宣传的影响；几年前喜欢通俗音乐的人们或许已经转向欣赏高雅音乐了。第二，偏好因人而异。有些人喜欢狗，而有些人会喜欢猫。正是因为如此，在对需求进行一般讨论时，通常假定消费者的偏好保持不变。

第二，消费者的收入对需求量会产生重要影响。一个家庭或一个消费者的收入是他在一定时期内所得到的工资、薪金、利息、租金等项目的总和。对于想要的商品而言，消费者的收入决定了他的支付能力。通常对于不同的商品而言，消费者收入水平的高低会对商品需求量产生不同的影响，消费者的收入增加并不导致他对商品的需求量必然增加，这取决于该商品是正常商品还是低档商品。

所谓**正常商品**，是指随着消费者收入水平的提高需求量增加的商品。我们消费的大多数商品或劳务都是正常商品，收入越高，消费者越倾向于增加这些商品的需求量。不过，并不是所有的商品都是正常商品，对另外一些商品而言，当消费者的收入水平提高时，需求量不仅不会增加，反而减少，这类商品就被称为**低档商品**①。

需要指出，正常商品和低档商品的区分是基于消费者的收入得到的。一方面，同一种商品对某些消费者而言可能是正常商品，而对另外一些消费者可能就是低档商品。另一方面，对同一个消费者来说，同一种商品在一定的收入水平上是正常商品，而在另一个收入水平上却可能是低档商品。比如，在20世纪80年代以前，大白菜可以说是我国北方地区冬季的当家菜，当时收入越高，家庭中贮存的数量就越多。但随着收入水平的提高，21世纪的今天，消费者对大白菜的需求量却在下降。

第三，相关商品和劳务的价格也影响消费者对既定商品的需求量。事实上，面对琳琅满目的商品，几乎没有任何一个消费者会孤立地决定一种商品需求量的大小。他们会根据当时所有商品的价格来决定不同商品的需求量。于是，当其他相关商品的价格发生变化时，一种商品本身的需求量也会随之发生变动。商品之间的相互关系将决定这种影响的方向。

以两种商品的情形为例，依照两者之间的关系，我们可以把相关商品与这种商品的关系分为替代关系和互补关系。如果两种商品可以满足消费者相同的需要，则这两种商品就是互为**替代品**。比如，白菜和茄子互为替代品；对于出行者来说，乘坐汽车和乘坐

---

① 低档商品的英文是“inferior goods”，也可译为劣质商品或劣等商品，不过其含义并不是质量不合格的商品，而是相对低一级的商品。

火车也互为替代品。对于互为替代的两种商品而言，如果一种商品的价格上升，消费者将减少该商品的需求量，同时为了满足自身的需要会对另一种商品产生需求，从而导致另一种商品需求量增加；反之，替代品价格的下降将导致原商品需求量减少。即在两种商品具有替代关系时，一种商品价格变动与另一种商品需求量之间呈同方向变动。白菜的价格上升导致白菜的需求量减少，那我们就用相对便宜的茄子来代替它，从而使得茄子的需求量增加。

如果两种商品相互补充，共同满足消费者的同一种需要，则称这两种商品为**互补品**。例如，网球与网球拍就是互补品；对想吃一份鸡蛋西红柿的人来说，鸡蛋和西红柿也有互补关系。对于互补的商品而言，一种商品的价格提高将导致该商品的需求量减少，同时使得购买其互补品的数量减少。这就是说，一种商品价格提高将会使得其互补品的需求量相应地下降；反之，商品价格下降会使得互补品的需求量随之增加。即一种商品的价格与其互补品的需求量之间呈反方向变动。如果网球的价格提高，我们将会减少网球的需求量，那么没有网球我们还购买球拍吗？这势必会造成人们对球拍的需求量减少。

第四，预期因素也影响到消费者对商品的需求量。以上我们讨论的影响需求量的因素是在静态条件下的。如果我们考虑时间先后，那么消费者对未来的预期也势必影响到商品的需求量。预期是消费者根据现有的条件对未来状况做出的估计。既然商品的价格、消费者的收入、其他商品的价格等因素影响到消费者的需求量，那么消费者对这些因素的预期也将会对需求量产生影响。

以商品的价格为例，消费者对某种商品的需求量取决于该商品的价格，但当消费者预期该商品的价格未来会上升时，他通常会增加对该商品的现期需求量。比如，抢购某种商品在很大程度上是因为预期该商品价格会上扬。同样地，消费者对未来收入的预期也会影响到对商品的需求。例如，当我们决定是否购买一辆汽车时，恐怕不仅要看现有收入是否能够购买得起，而且要考虑未来能否养得起。后一种考虑就是预期收入影响汽车需求量的例证。

第五，政策因素也会影响到消费者对商品的需求量。国家制定的某项政策往往会通过影响消费者的偏好、收入、相关商品价格以及预期等因素来影响消费者对某种商品的需求量。例如，国家加大对吸烟有害的宣传，那么我们将会在一定程度上降低对香烟的偏好，从而减少对香烟的需求量。如果国家提高个人所得税率，那么就会使消费者的实际收入减少，进而减少商品的需求量。政府宣布在来年降低汽车进口关税，那么今年对进口汽车的需求量势必会减少。类似地，政策因素对一种商品的价格和需求量产生影响，也会影响另外一种商品的需求量。提高燃油税对汽车的需求量产生负面影响就是这方面的例子。

综上所述，一种商品的需求量不仅仅取决于该商品的价格，它可以看成是所有影响该商品需求量因素的一个函数。用 P 表示该商品的价格，P^r 表示消费者的偏好，P_1、P_2、…分别表示其他相关商品的价格，m 表示消费者的收入，P^e 表示消费者对商品价格的预期，则需求函数可以表示为：

$$Q^d = D(P, P^r, P_1, P_2, \cdots, P^e, m) \tag{2.3}$$

很显然，（2.1）式只是以上需求函数在其他因素保持不变而只有价格变动条件下的一种特殊形式。

案例小品

汽油价格与汽车需求

市场上各种产品之间往往存在着紧密的联系，其中一种产品的需求或供给发生变化，不仅影响到产品本身的价格，而且会影响到其相关产品。一个典型的例子就是发生在 20 世纪 70 年代的石油危机以及与此相联系的汽车需求。

20 世纪 70 年代，曾经出现过两次石油危机。1973 年，为了反对美国支持以色列，当时石油输出国组织（OPEC）对美国采取石油禁运。1979 年，由于伊朗国王被推翻而导致该国石油供应瘫痪，石油供给急剧减少。受石油危机的冲击，美国的汽油价格从 1973 年的每加仑 0.27 美元猛增至 1981 年的每加仑 1.40 美元。石油价格的上升对美国经济所产生的影响是多方面的，对汽车的销售量的影响更是非常直接的。

统计资料显示，在第一次汽油价格上升之后，美国每年大约出售 250 万辆大型汽车、280 万辆中型汽车以及 230 万辆小型汽车。到了 1985 年，这三种汽车的销售量出现了明显变化，当年售出 150 万辆大型汽车、220 万辆中型汽车以及 370 万辆小型汽车。由此可见，大型汽车的销售自 70 年代以来迅速下降，反过来，小型汽车的销售却持续攀升，中型汽车大致保持了原有水平。

四、需求量的变动与需求变动

在引入影响需求量的其他因素之后，我们扩展了消费者的需求函数。这意味着，上述所有因素变动都将引起需求量的变动。但是，这一扩展也产生了一个副作用，即（2.3）式给出的需求函数很难以需求曲线的形式表示出来。事实上，在通常的分析中，我们经常特别关注于商品价格对需求量的影响，从而认为消费者是在偏好、收入、其他商品价格等因素变动之后并暂时保持不变的条件下决定对不同价格下愿意而且购买的数量，这样我们就很容易在以价格与需求量为坐标轴的平面中把需求曲线表示出来。在引入影响需求量的其他因素之后，我们仍可以用需求曲线表示这些因素对需求量的影响，不过我们有必要区分需求量的变动与需求变动。

让我们考察张太太一家在不同收入的情况下对西红柿的需求，如表 2－2 所示。表中的第一行和第二行给出的是张太太一家月收入为 2 000 元时对西红柿的消费计划，即在收入为 2 000 元及其他因素都保持不变的条件下，该家庭对西红柿的需求，它与表 2－1 表示的需求相同。在家庭的月收入提高到 2 500 元后，当价格为 1 元/千克时，张太太家愿意购买 8 千克西红柿，当价格为 2 元/千克时购买 5 千克，等等。即表中第一和第三行表示出了在收入为 2 500 元及其他因素保持不变的条件下张太太家对西红柿的需求。

表 2－2　不同收入下张太太一家对西红柿的需求表

价格（元/千克）	1	2	3	4
月收入为 2 000 元时的需求量（千克）	6	3.5	1.5	1
月收入为 2 500 元时的需求量（千克）	8	5	4.5	4

在表 2－2 中，需求量的变动可以从两个方面考察：一是在收入保持 2 000 元或者 2 500元不变的条件下，价格变动引起需求量的变动；二是在每一个可能的价格下，消费者收入的变动引起需求量的变动。在经济分析中，为了方便起见，把价格变动引起的消费者愿意并且能够购买数量的变动称为**需求量的变动**，而把其他因素引起的消费者在每一可能的价格下所对应的需求量的变动称为**需求的变动**。

需求量的变动与需求的变动之间的区别也可以通过需求曲线得到进一步的说明。图 2－4中的需求曲线分别表示张太太一家在不同收入条件下对西红柿的需求，其中 D_1 表示月收入为 2 000 元时的需求，而 D_2 表示月收入为 2 500 元时的需求。很显然，在特定的收入条件下，价格变动引起的需求量的变动表现为在同一条需求曲线上点的移动。例如，在收入为 2 000 元时，当价格由 $P_1=3$ 元/千克下降到 $P_2=2$ 元/千克时，张太太家对西红柿的需求量由 $Q_{11}=1.5$ 千克增加到 $Q_{12}=3.5$ 千克，即价格变动使得需求曲线 D_1 上的点由 A 变动到 C。如果收入发生了变动，则对应于某一特定的价格，消费者的需求量也会发生变动。例如，对应于收入由 2 000 元增加到 2 500 元，在价格为 $P_1=3$ 元/千克时，张太太对西红柿的需求量由 $Q_{11}=1.5$ 千克变动到 $Q_{21}=4.5$ 千克，即收入变动使得需求曲线 D_1 上的 A 点变动到 D_2 上的 B 点。对应于每一个可能的价格，收入变动所引起的需求量变动都会出现类似的结果，这就是说价格以外的因素变动导致的需求量的变动表现为需求曲线的移动，比如从 D_1 移动到 D_2。这样，根据上述区分，**价格引起的需求量的变动表现为在一条需求曲线上的变动，而价格以外的其他因素引起的需求变动表现为需求曲线的移动**。对应于需求变动，如果需求曲线因商品本身价格以外的因素而向右上方移动，则称消费者的需求增加，如需求由 D_1 移动到 D_2；反之，如果需求曲线向左下方移动，则称需求减少，如需求由 D_1 移动到 D_3。

以上我们分析了收入变动对需求的影响，类似的分析也可以就消费者的偏好、相关商品的价格、预期和政策因素等来进行。例如，消费者对某种商品偏好增加将会导致需

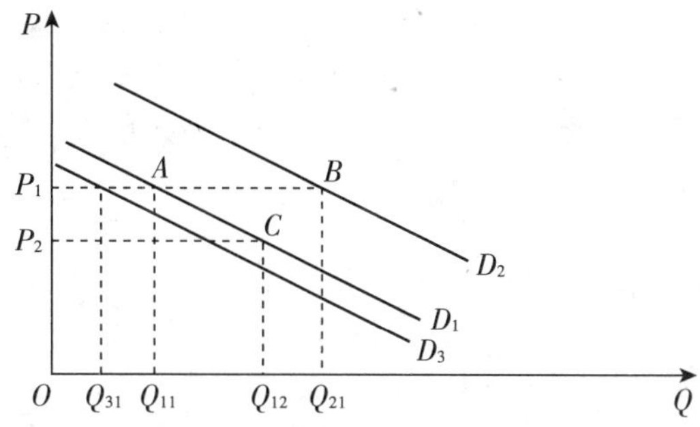

图 2－4　需求量的变动与需求的变动

求增加，从而使得需求曲线向右上方移动；一种商品的替代品价格降低将会导致该商品的需求减少，从而使得需求曲线向左下方移动。这里我们不再一一列举，请读者参照收入变动对需求的影响给出说明。

五、从单个家庭的需求到市场需求

以上我们讨论的有关需求的概念是就单个家庭或消费者而论的，但是，通过所有单个消费者的需求可以得到整个市场的需求。

一种商品的**市场需求**是某一特定时期所有家庭需求的总和，即在其他条件不变的情况下，所有需求同一种商品的消费者在各种可能的价格下愿意而且能够购买的该商品数量的总和。一种商品的市场需求可以通过加总单个消费者的需求而得到。下面的例子说明了这个求取的过程。

假设市场上只有张太太和李太太两个家庭准备购买西红柿。表 2-3 中的第二行和第三行代表了她们两家对西红柿的需求状况。于是，对应于特定的价格 P，张太太家的需求量为 Q_1，李太太家的需求量为 Q_2，则市场需求量为 $Q=Q_1+Q_2$。例如，当西红柿的价格为 1 元/千克时，张太太家的需求量为 6 千克，李太太家的需求量为 5 千克，这时的市场需求量为 11 千克；当价格为 2 元/千克时，张太太家的需求量为 3.5 千克，李太太家的需求量为 3 千克，则此时的市场需求量为 6.5 千克；如此等等。表中的第一行和第四行表示出了西红柿的市场需求。

表 2-3　　对西红柿的市场需求表

价格 P（元/千克）	1	2	3	4
张太太的需求量 Q_1（千克）	6	3.5	1.5	1
李太太的需求量 Q_2（千克）	5	3	2	1
市场需求量 Q（千克）	11	6.5	3.5	2

由单个消费者对商品的需求到市场需求的过程也可以借助于需求曲线得到一般说明，如图 2-5 所示。图（a）和图（b）分别表示两个家庭对西红柿的需求曲线。对应于某一特定的价格，比如 $P=P_1$，从图（a）中得到的张太太家的需求量为 Q_{11}，从图（b）中得到的李太太家的需求量为 Q_{21}，则市场需求量为 $Q_{11}+Q_{21}$，从而在图（c）中得出市场需求曲线 D 上的一点。以类似的方式可以得到整个市场需求曲线。不难发现，**一种商品的市场需求曲线是所有需要该商品的单个消费者的需求曲线沿数量轴的横向加总。**

如果需求同一种商品的消费者共有 n 个，每个消费者的需求函数为：

$$Q_i^d=D_i(P),i=1,2,\cdots,n \tag{2.4}$$

那么整个市场的需求函数为：

$$Q^D=D(P)=\sum_{i=1}^{n}Q_i^d=\sum_{i=1}^{n}D_i(P) \tag{2.5}$$

很显然，如果所有单个消费者的需求都满足需求规律，即单个需求曲线均向右下方倾斜，则市场需求曲线也向右下方倾斜。因此，在很多场合，我们得到的有关单个消费

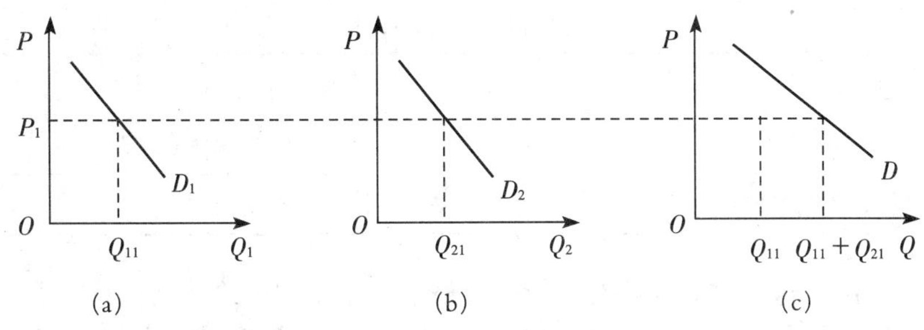

图 2-5　从单个需求曲线到市场需求曲线

者需求曲线特征的结论可以直接应用于市场需求曲线。

第三节　供　给

决定市场价格的因素是需求和供给两个方面，上一节我们讨论了需求，现在转而讨论供给。本节说明生产者供给的基本概念及其变动的规律。

一、供给的定义与表示

（一）供给的定义

一种商品的供给来源于生产者。生产者对一种商品的**供给**，是指在其他条件不变的情况下，某一特定时期内生产者在各种可能的价格下愿意而且能够提供出售的该商品的数量。对应于某一特定的价格，生产者愿意并且能够提供的商品数量称为**该价格下的供给量**。

与需求概念相类似，在有关供给的定义中，我们同样需要注意三个方面：第一，除了商品本身的价格以外，影响供给量的其他因素保持不变。第二，生产者对一种商品的供给是针对一系列可能的价格而制订的一个计划。第三，定义中所涉及的供给量是生产者在特定价格下具有供给意愿而且具备供给能力的数量。因此，供给也是在其他条件不变的情况下，对应于一系列可能价格，生产者按自身的意愿和供给能力所制订的一个计划。

（二）供给的表示

生产者对某种商品的供给也可以用供给表、供给曲线和供给函数三种形式加以表示。

生产者对一种商品的**供给表**是表示各种可能的价格与生产者相应的商品供给量之间关系的序列表。例如，一个承包土地的农场主会根据市场价格决定其供给小麦的数量。如果小麦的价格是 2 元/千克，农场的供给量为 5 吨；如果价格是 2.4 元/千克，则提供 6 吨小麦；如果价格上升到 2.8 元/千克，农场就会向市场上供给 7 吨小麦；如果价格是 3.2 元/千克，则农场会供给 8 吨小麦。于是，这家家庭农场的供给表可以用表 2-4 表示出来。

表 2－4　　农场对小麦的供给表

价格（元/千克）	2	2.4	2.8	3.2
供给量（吨）	5	6	7	8
价格与供给量的组合点	A	B	C	F

表 2－4 给出了这家农场在所有可能的价格下对小麦的供给计划，对应于每一个特定的价格农场确定其供给量，这些可能的价格与农场对小麦的供给量一起构成了该农场的小麦供给。

供给也可以借助于供给曲线来加以表示。**供给曲线**是根据所有可能的价格与相应于这些价格生产者的供给量二者的组合点，描绘出来的一条曲线。一个生产者的供给曲线，是该生产者对商品供给的图形表示，通常用英文字母 S（或 s）加以表示。图 2－6 反映了表 2－4 给出的农场对小麦的供给。

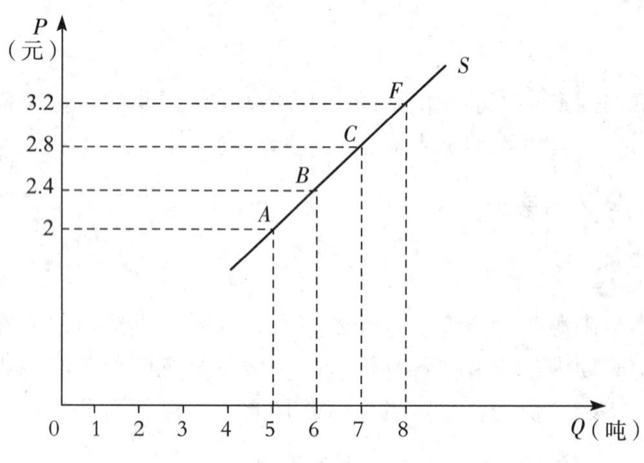

图 2－6　农场对小麦的供给曲线

表示商品的供给的第三种方式是供给函数。**供给函数**是表示生产者愿意并且能够提供的商品数量相应于商品价格变动而变动的函数关系。以 Q^s① 表示生产者对特定商品的供给量，继续以 P 表示商品的价格，则生产者对该商品的供给函数可以表示为：

$$Q^s = S(P) \tag{2.6}$$

如果供给曲线是直线，供给函数也可以用线性的形式加以表示：

$$Q^s = c + dP \tag{2.7}$$

（2.7）式给出的供给函数也被称为线性供给函数，它表明价格每增加一个单位，生产者对商品的供给量按固定的比率 d 发生改变。

与表示需求的方式一样，供给表、供给曲线和供给函数这三种表示供给的方式各有所长，在进行理论分析时本书多以供给曲线和供给函数的形式表示供给。

① 在不引起误会的情况下，为了简单起见往往省略上标而直接用 Q。

二、供给规律

（一）供给规律的含义

供给反映的价格与生产者愿意并且能够供给的数量之间的关系是有一定规律可循的。**一般说来，在其他条件不变的情况下，商品的价格越高，生产者的供给量就越大；反之，商品的价格越低，供给量越小。这一规律被称为供给规律。**

供给规律在直观上是容易理解的。在其他条件不变的情况下，一种商品比如小麦的价格提高，生产者就会增加劳动，使用更多和更昂贵的化肥，或者把生产大豆的土地转向生产小麦，从而小麦的供给量就会增加。至于供给规律背后所隐藏的更深层的原因，将在有关生产者行为理论中加以解释。

如果一个生产者对一种特定商品的供给满足供给规律，那么在其他条件不变的情况下，供给曲线向右上方倾斜，即生产者对商品的供给量与商品价格之间呈同方向变动的关系。换言之，供给规律意味着供给曲线的斜率为正值。在（2.7）式表示的线性供给函数形式下，供给规律意味着系数 d 为正值。

（二）供给曲线的特例

与需求规律一样，供给规律给出了生产者对商品供给的基本特征，但并不是所有生产者对所有商品或劳务的供给都服从这一规律。下面的三种情况可以看做供给规律的特例。

第一，供给曲线是一条垂直于数量轴的直线，如图 2－7（a）所示。这表明，无论商品的价格有多高，生产者供给既定数量的商品。通常，如果商品具有固定的数量，其供给曲线具有类似的形状。比如，一个城市中土地的供给就是一条垂直的直线。

第二，供给曲线是一条平行于数量轴的直线，如图 2－7（b）所示。这表明，在一个特定的价格下，生产者愿意供给任意数量的商品。比如，具有相当大生产能力但又必须按既定价格出售自来水的公司，其供给曲线就有这样的特征。

第三，供给曲线向右下方倾斜，如图 2－7（c）所示。这表明，随着商品价格的提高，生产者的供给量减少。经常作为这种情形例子的是，当工资上升到一定程度之后，劳动者对劳动的供给。这时，由于工资率已经很高，劳动者无须工作太多的时间就会得到很高的收入，因而工资率提高反而使得他们减少劳动时间。关于这一供给曲线形成的原因将在生产要素市场理论中进一步说明。

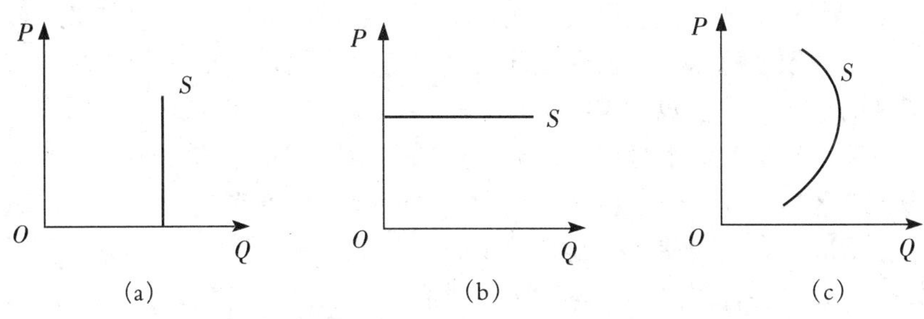

图 2－7　供给曲线的特例

以上三种特殊情形说明，与需求规律一样，供给规律也并不是对所有的生产者或所有者的供给都适用。不过经观察表明，对大多数商品而言，供给满足供给规律。

三、影响供给量的其他因素

为了表述严密，在分析价格对供给量的影响时我们在供给的定义中施加了“其他条件不变”这一假设。事实上，**除了受到商品本身的价格影响以外，一种商品的供给数量还受到其他多种因素的影响，这些因素主要包括生产者的目标、生产的技术水平、生产的成本、生产者所能生产的其他相关商品的价格、生产者对未来的预期以及政策因素等。**

第一，生产者的目标决定了既定价格下的生产者对商品的供给数量。在实际经济活动中，一个生产者的目标未必只有一个，不同生产者的目标也可能不尽相同。比如，有些生产者追求利润最大化，而另外的一些生产者则可能追求销售收入最大，同一生产者在不同的时期追求的目标也不相同。很显然，生产者的目标不同，在同一价格下所选择的供给量也会有所不同。在经济学中，通常假定生产者供给的目的是实现利润最大化。

第二，生产商品所采用的生产技术决定了在现有条件下既定的投入所能生产的商品数量，技术水平越高，相应的产出量就会越大。因此，在一般的情况下，随着技术水平的提高，生产者对产品的供给量就会越大。

第三，生产的成本影响生产者的供给量。生产要素价格是影响厂商生产成本的最重要的因素。在商品自身价格不变的条件下，投入品的价格提高等因素导致的生产成本上升会减少利润，追求利润的生产者因此会减少供给量；相反，生产成本下降，利润就会增加，生产者就愿意提供更多的商品，从而使得供给量增加。因此，生产成本增加导致供给量减少，生产成本降低导致供给量增加。

第四，生产者可以提供其他相关商品的价格也影响商品的供给量。以厂商生产两种产品的情况为例，如果生产者所能提供的产品在资源投入上相互竞争，则一种商品价格提高将会导致另一种商品供给量减少。比如服装厂提供儿童和成人两种成衣，如果成人的衣服价格提高，势必导致厂商把人力、物力转向生产成人衣服，从而使得儿童衣服的供给量减少。厂商生产两种产品的另外一种情况是，两种商品共享同一资源，是同一生产过程中得到的主副产品，比如原油经过加热会冶炼出汽油并得到沥青，那么在汽油价格不变的条件下，沥青价格的上升也会使生产者不得不增加汽油的供给量。这时，其他商品价格提高会导致该种商品供给量的增加。

第五，生产者对未来的预期也会影响现期的供给量。如果生产者对未来经济形势持乐观的态度，比如预期商品的价格会上涨，生产者就会增加产品的供给量。如果生产者对未来持悲观的预期，则会减少供给量。

第六，政府的经济政策也会通过影响上述因素而影响供给量。例如，政府建立经济开发区，为该地区的厂商提供了更多的便利，将会促使生产者增加供给量；政府向原材料征税就会提高成本，从而使得供给量减少等。

总之，生产者对一种商品的供给量不仅取决于该商品的价格，还受到厂商的生产目标、所采用的技术水平、所能生产的其他商品的价格、生产要素投入的价格、预期等若干其他因素的影响。如果用 P 表示商品的价格，T 表示生产技术水平，P_1，P_2，…表示其他相关商品的价格，r_1，r_2，…表示生产要素的价格，P^e 表示预期价格，则（2.6）式的供给函数可以更一般地表示为：

$$Q^s = S(P, T, P_1, P_2, \cdots, r_1, r_2, \cdots, P^e) \tag{2.8}$$

很显然，（2.6）式只是（2.8）式在其他因素不变只有价格发生变动的一个特例。

四、供给量的变动与供给变动

与对需求的分析一样，在引入了影响供给量的其他因素之后，我们有必要区分供给量的变动与供给的变动。

供给量的变动是指由于商品本身的价格发生变化而导致的商品供给量的变化。根据供给规律，在其他条件不变的情况下，较高的价格导致供给量的增加。但是，生产者的供给量也受到其他因素的影响。在商品本身的价格保持不变的条件下，生产技术水平、生产成本、相关商品价格等因素变动也会使得生产者的供给量变动。对应于每一个特定的价格，这些因素的变动将导致相应的供给量发生变动。与原有的价格与供给量之间的关系相比，当这些其他因素发生变动之后，商品本身的价格与供给量之间就会建立一个新的对应关系，即整个供给发生了变动。这种由其他因素的变动而引起的商品价格与供给量之间对应关系的变动被称为**供给的变动**。

供给量与供给变动之间的差异可以使用供给曲线加以说明。供给量的变动意味着，价格的变动使得供给量在供给曲线上发生移动。如图 2-8 所示，在其他条件不变的情况下，生产者的供给曲线为 S_1。如果价格由 P_1 下降到 P_2，则供给量由 Q_{11} 减少到 Q_{12}，这就是供给量的变动，在供给曲线上表现为沿着 S_1 从 A 点变动到 B 点。与供给量的变动有所不同，供给的变动是由价格以外的因素引起的变动，在一个特定价格下供给量会因此发生变动，从而使得原有的价格与供给量的组合点偏离原有的供给曲线。如果其他因素导致在每一个价格下，生产者的供给量增加，比如在价格为 P_1 时，供给量由 Q_{11} 增加到 Q_{21}，因而价格与供给量的组合点由 A 点变动到 C 点。考虑到任意价格下都会有类似的变动，因而供给的变动表现为供给曲线的移动。如果价格以外的其他因素导致供给曲线向右下方移动，比如供给曲线由 S_1 变动到 S_2，我们称该因素使得供给增加或简称为供给增加；反之，如果供给曲线向左上方移动，比如供给曲线由 S_1 变动 S_3，则称该因素使得供给减少或简称为供给减少。

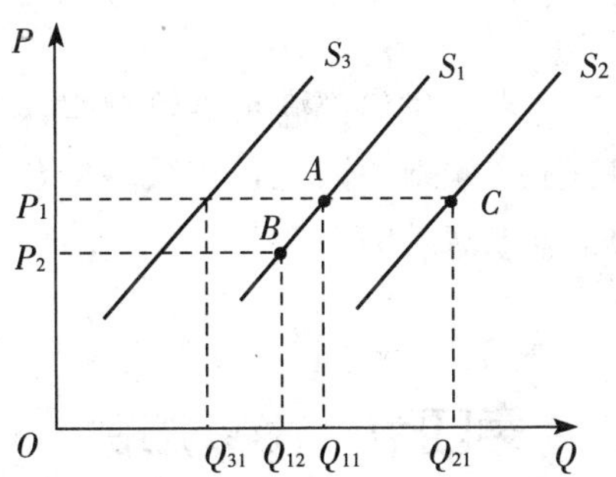

图 2-8　供给量的变动与供给的变动

这样，在综合影响供给量的其他因素之后，我们可以说，厂商的生产技术水平提高、成本降低，特别是投入的生产要素价格下降、所生产的竞争性产品的价格下降等因素导致生产者的供给增加，从而供给曲线会向右移动；反之，这些因素的反方向变动会导致供给减少，从而使得供给曲线向左移动。

五、从单个生产者的供给到市场供给

前面我们讨论的都是单个生产者的供给曲线，但我们可以在此基础上得出市场的供给曲线。与通过单个消费者的需求可以得出市场需求一样，一种商品的**市场供给**是所有生产者提供该商品的数量之和与商品价格之间的对应关系。

图 2-9 表示了从两个生产者的供给得到市场供给的过程。图（a）和图（b）分别表示两个生产者对同一种商品的供给曲线。对应于任意一个既定的价格，比如 P_1，第一个生产者的供给量为 Q_{11}，第二个生产者的供给量为 Q_{21}，则市场供给量为 $Q_{11}+Q_{21}$。这样，通过单个生产者的供给曲线沿数量轴的横向加总，可以得到该商品的市场供给曲线，如图 2-9（c）所示。

市场供给曲线的求取也可以通过供给函数得到更一般的说明。例如，供给同一种商品的生产者有 m 个，每个生产者的供给函数为：

$$Q_j^s=S_j(P),j=1,2,\cdots,m \tag{2.9}$$

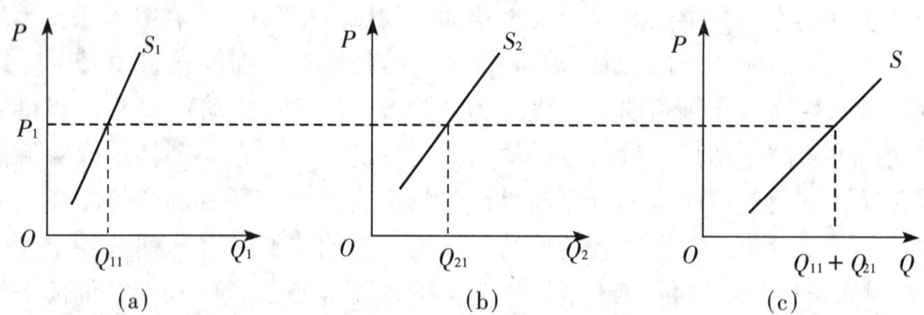

图 2-9　从单个供给曲线到市场供给曲线

那么整个市场的需求函数为：

$$Q^s=\sum_{j=1}^{m}=Q_j^s=\sum_{j=1}^{m}S_j(P) \tag{2.10}$$

很显然，如果所有单个生产者的供给都满足供给规律，即单个供给曲线均向右上方倾斜，则市场需求曲线也向右上方倾斜。因此，在很多场合，对市场供给曲线的研究都是在单个生产者供给曲线的基础上展开的。

第四节　市场均衡

以上我们分别讨论了消费者对商品的需求以及生产者对商品的供给，这意味着消费

者和生产者根据市场上可能出现的价格已经决定了其相应的需求量和供给量。带着各自的计划，消费者和生产者在商品或者劳务市场讨价还价，最终决定市场的均衡价格。本节我们要说明这一过程的细节，为此我们首先从了解“均衡”的含义入手。

一、“均衡”的含义

“均衡”是西方经济学引自物理学中的一个概念。在物理学中均衡是指一个物体在各种力量的作用下处于相对静止或匀速直线运动的一种状态。在经济学中，均衡的最一般的意义是指经济体系的一个特定载体或变量在一系列条件相互制约下所达到的一种相对静止并保持不变的状态。与物体的运动一样，经济体系中一个特定的经济载体也同样处在各种经济力量的相互作用之中。经济载体之所以能够处于这样一种静止状态，是由于在这样的状态中作用于这一载体的各方面的力量能够相互制约和相互抵消，也由于在这样的状态中有关各方的愿望都能得到满足。正因为如此，经济学的研究往往在于寻找一定条件下经济事物的变化最终趋于静止之点的均衡状态。

如果有关经济载体在来自各方面力量的相互作用之下处于一种相对静止的状态，并将保持这种状态不变，那么我们就称该经济事物处于**均衡状态**。例如，希望拥有或者消费更多的商品或者劳务是人之常情，这种原动力促使人们尽可能多地获得所需要的商品。但是，在市场经济中，人们获得商品需要以货币支付为代价，也就是说，在获得商品的同时就会损失掉一定的其他机会。因此，当我们站在商场货架前时，欲望使得我们在购物筐中添加商品，而收入限制又使得我们缩手缩脚。这两种相反的力量交织在一起，如果前者大于后者，购物筐中的商品自然会增加，如果后者大于前者，我们就会从购物筐中拿出一些商品。于是，当我们提着购物筐，既不增加也不减少商品时，我们就处于了一种均衡状态。

在一种商品或者劳务的市场上，需求和供给可以认为是两种相互对立的经济力量，因为买者希望价格降低，而卖者则希望在不影响销售量的情况下尽量要一个高价格。正是这种相互的作用使得一个市场处于均衡。

均衡是一种状态，对均衡状态所进行的分析简称为均衡分析。均衡和均衡状态可以按不同的方式加以分类。按照分析的范围，均衡可以划分为局部均衡和一般均衡。**局部均衡**是在其他条件不变的情况下，单个经济单位或者市场处于均衡的一种状态，对此所进行的分析就是局部均衡分析。**一般均衡**是一个经济社会中所有的经济单位和市场同时处于均衡的一种状态，对此所进行的分析就是一般均衡分析。依照分析中是否涉及时间因素，均衡可以划分为静态均衡和动态均衡。如果不考虑一个经济事物达到均衡状态的过程，而只考察均衡状态的性质以及实现均衡所要达到的条件等，那么这种分析就是**静态均衡分析**。在静态均衡分析中，如果决定均衡的因素发生了变动，经济事物将会处于一个新的均衡。对新旧均衡所进行的比较分析就是**比较静态分析**。如果在均衡分析中引入时间因素，考察经济事物所处的状态随着时间因素变动而变动的过程，而不是考察决定均衡状态的因素，那么这种分析就是**动态均衡分析**。例如，在上面购物的例子中，如果不理会我们第一次拿了多少商品，又从购物筐中取出了多少，而是只关注我们走出商场时购物筐中的状态，那么这一状态就可以理解为静态均衡，而对这一均衡状态的分析就是静态均衡分析。相应地，如果我们在领取了一笔奖金之后再来购物，比较此次均衡状态与前次均衡的差异，就是比较静态分析。类似地，如果在分析购物均衡时考察我们第一次拿取了一些什么商品、数量是多少，在计算了相应的支付之后第二次又增加或减少了多少等，直至均衡的过程，那么这种对均衡状态的分析就是动态均衡分析。

在以下的分析中，我们把注意力集中于静态均衡，即考察实现均衡所要求的基本条件，同时我们也关注决定均衡状态的因素发生变化对均衡所产生的影响，即比较静态分析。

背景资料

静态分析、比较静态分析和动态分析

以均衡价格决定模型为例说明静态分析、比较静态分析和动态分析。假定决定一种商品的需求量和供给量的因素只有价格，而收入、要素价格等其他因素都保持不变，则需求函数和供给函数可以简单地表示为：

$$Q^D = a - bP$$
$$Q^S = c + dP$$

其中，a、b、c 和 d 等参数由被假定为不变的因素决定，在这里我们令其为大于零的常数。于是，我们可以根据 $Q^D = Q^S$ 的均衡条件求解均衡价格 P_E：

$$a - bP_E = c + dP_E$$

从而得到：

$$P_E = (a-c)/(b+d)$$

由此得出的均衡价格就是静态的均衡价格，相应的分析方法就是静态分析。

在静态分析中，一个重要的方面是比较静态分析。如果上述被假定不变的因素发生了变动，市场需求或市场供给就会发生变动，从而使得均衡价格发生变动。例如，消费者的收入变动导致 a 增加，从而需求增加，那么根据均衡价格的决定条件 $P_E = (a-c)/(b+d)$ 可以知道，均衡价格 P_E 与 a 同方向变动，因而在 a 增加后，均衡价格 P_E 会提高。这种不考虑价格调整过程，只比较收入变动后均衡价格与原有均衡之间差异的分析就是比较静态分析。

如果我们记录第一天的价格为 P_1，第二天的价格为 P_2……而第 t 时的价格为 P_t，同时我们考察 P_t 随着时间 t 变动而变动的情况，那么这种分析就是动态分析。

二、均衡价格和均衡数量的决定

现在我们回到市场均衡分析上来。根据上述有关均衡的定义，在一种商品或劳务的市场趋向均衡的过程中，来自消费者的需求是促使商品价格下降的因素，而来自生产者的供给则是促使商品价格上升的因素。如果价格太高，消费者愿意并且能够购买的数量就会减少。相反，供给一方则尽可能地抬高价格，价格太低他们会减少愿意并且能够供给的商品或劳务的数量。因此，当供求力量相抵时，市场价格倾向于保持不变，此时市

场处于均衡状态。如图 2－10 所示。

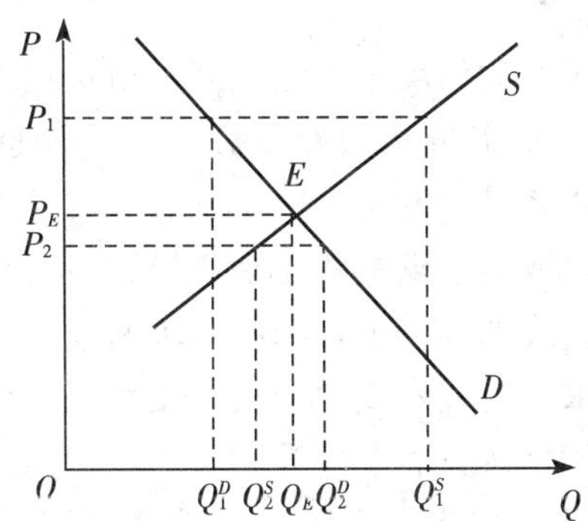

图 2－10　市场均衡及其均衡价格和均衡数量的决定

市场均衡是指市场供给等于市场需求的一种状态。当一种商品的市场处于均衡状态时，市场价格使得该商品的市场需求量等于市场供给量，这时的价格被称为该商品的**市场均衡价格**。在均衡价格水平下的相等的供求数量被称为**均衡数量**。

从图 2－10 中不难看出，一种商品的市场均衡出现在该商品的市场需求曲线和市场供给曲线相交的交点上，该交点被称为**均衡点**，如图中的 E 点。均衡点对应的价格就是均衡价格，如图中的 P_E，所对应的数量就是均衡数量，如图中的 Q_E。

在图 2－10 中，需求曲线 D 和供给曲线 S 反映了决定均衡价格和均衡数量的两种经济力量。假如最初市场价格处于 P_1 点，它高于均衡价格 P_E，那么由此决定的消费者愿意并且能够购买的商品数量为 Q_1^D，它小于生产者愿意并且能够销售的商品数量 Q_1^S，结果供给量大于需求量，市场上出现超额的供给。这就是说，在现行价格 P_1 下，市场上出现了供大于求的现象，有些生产者的产品就会卖不掉，从而他们就不能实现其愿意的销售量。在这种情况下，某些生产者就会降价出售，从而导致整个市场上的价格下降。随着商品价格下降，消费者的需求量增加，而生产者的供给量减少。但是，只要新的市场价格仍使得供给量大于需求量，市场价格就会继续降低，直到出现使得供求相等的价格 P_E 为止。

相反，如果最初市场价格处于低于均衡价格的 P_2 点，那么消费者愿意并且能够购买的商品数量 Q_2^D 大于生产者愿意并且能够销售的商品数量 Q_2^S，即供小于求，市场出现超额的需求。这就意味着某些消费者在现行的市场价格下不能实现自身愿意购买的数量。结果，这些消费者就会以更高的价格购买商品，从而导致市场价格升高。随着市场价格的提高，生产者的供给量逐渐增加，消费者的需求量下降。但只要市场价格仍低于均衡价格，市场上就会存在着超额需求，从而导致市场价格继续升高，直到处于供求相等的价格 P_E 为止。

总之，一种商品的均衡价格是商品市场上需求和供给这两种相反的力量共同作用的结果。当市场价格偏离均衡价格时，市场上会出现需求量和供给量不相等的非均衡状态。一般说来，在市场机制的作用下，这种供求不相等的非均衡状态会逐步消失，偏离的市场价格会自动地恢复到均衡价格水平，进而决定均衡数量。

三、均衡价格和均衡数量的变动

以上我们说明了需求和供给如何决定市场均衡，市场均衡又如何决定商品的均衡价格和均衡数量的过程。不过，均衡价格和均衡数量的决定是以特定需求和供给为条件的。如果某些事件导致需求或者供给发生变动，则意味着原有的市场均衡被打破，新的均衡又会逐渐形成。市场需求或市场供给的变动将导致市场均衡价格的变动。如果把需求和供给用需求曲线和供给曲线加以表示，则由需求曲线与供给曲线的交点所决定的均衡价格和均衡数量会因为需求曲线或者供给曲线的变动而发生改变。对变动前后市场均衡状况的差异进行比较分析就是比较静态分析。

对市场均衡进行比较静态分析需要三步：第一，确定事件对需求还是对供给产生影响；第二，确定需求曲线或供给曲线的移动方向；第三，用供求分析的图形说明这一事件如何影响均衡，即均衡价格和均衡数量如何变动。下面具体说明需求曲线和供给曲线的变动对均衡的影响。

（一）需求变动对市场均衡的影响

我们知道，如果商品价格以外的因素影响消费者对该商品的需求量，那么该商品的需求就会发生变动。比如，消费者的偏好、收入或者其他相关商品的价格等因素发生变动，将可能引起整个市场需求的变动。这种变动将最终影响到市场均衡价格和均衡数量的变动。

在供给不变的情况下，需求增加，会使需求曲线向右平移，从而使得均衡价格和均衡数量都增加，如图 2-11 所示。在图中，一种商品比如咖啡的市场需求 D_1 和市场供给 S，它们决定的市场均衡处于 E_1 点，此时市场均衡价格为 P_1，而均衡数量为 $Q_1$①。此后，供给保持不变，但由于某种原因，比如人们发现咖啡具有新的药用价值，使得市场对咖啡的需求增加，则市场需求曲线由 D_1 向右上方移动到 D_2。那么，新的市场需求 D_2 与原有的市场供给 S 将会在交点 E_2 处实现新的均衡，所对应的均衡价格和均衡数量分别为 P_2 和 Q_2。不难看出，在供给保持不变的条件下，与原有的均衡相比，需求增加导致均衡价格上升，均衡数量增加。

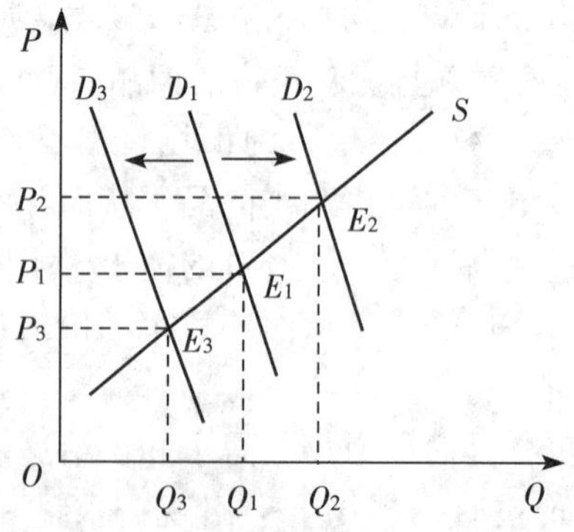

图 2-11　需求变动对市场均衡的影响

① 这里，为了书写方便，我们省略了表示均衡的下标 E。

反之，在供给不变的条件下，如果由于某种原因，比如人们发现喝咖啡导致精神紧张，使得咖啡的市场需求减少，那么市场需求曲线就会向左下方移动。从而，均衡价格下降，均衡数量减少。在图 2－11 中，需求由 D_1 下降到 D_3，均衡价格由 P_1 下降到 P_3，均衡数量由 Q_1 减少到 Q_3。

（二）供给变动对市场均衡的影响

我们知道，生产技术水平、生产成本、预期等因素都会导致生产者的供给发生变动，从而使得市场供给变动。在需求不变的条件下，供给变动也将使得均衡价格和均衡数量发生变动。

在需求不变的情况下，供给增加会使供给曲线向右平移，从而导致均衡价格下降，均衡数量增加，如图 2－12 所示。在图中，一种商品比如原油的市场需求曲线 D 和市场供给曲线 S_1 所决定的市场均衡在 E_1 处达到，所决定的均衡价格为 P_1，均衡数量为 Q_1。假定由于某种原因，比如发现新的油田、采油技术水平提高等，使得市场供给增加，即市场供给曲线由 S_1 向右下方移动到 S_2。那么，当市场需求 D 与新的市场供给 S_2 相等时，原油市场再次处于均衡状态，如图中的 E_2 点，新的均衡价格和均衡数量分别为 P_2 和 Q_2。与原有的均衡相比，在需求保持不变的条件下，供给增加导致均衡价格下降，均衡数量增加。

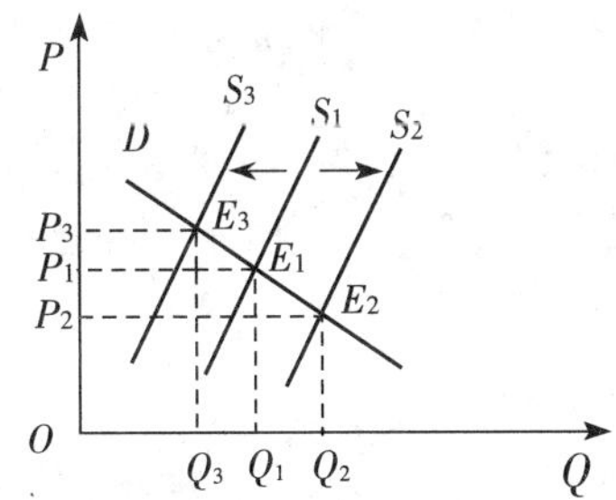

图 2－12　供给变动对市场均衡的影响

反之，如果某些因素，比如地震导致市场供给减少，那么市场供给曲线就会向左上方移动，从而导致均衡价格上升，均衡数量减少。在图 2－12 中，市场供给由 S_1 减少到 S_3，均衡价格由 P_1 提高到 P_3，均衡数量由 Q_1 减少到 Q_3。

（三）需求和供给都发生变动对均衡的影响

以上我们分别讨论了需求或供给之一变动使得均衡变动的情形。如果一个事件同时影响到需求和供给或者分别影响需求和供给的因素同时发生，那么均衡也会发生改变，只是情况更为复杂而已。

假设影响供求的某一因素导致需求增加。如果这一因素也导致供给增加，则均衡数量增加，但均衡价格是否上升却难以确定，这取决于需求和供给状况的变动大小，如图 2－13所示。在该图中，市场需求由 D_1 增加到 D_2，同时市场供给也从 S_1 增加到 S_2，相应地均衡点由 E_1 变动到 E_2。很显然，均衡数量由 Q_1 增加到 Q_2，但均衡价格的变动方向却难以确定。

如果某一因素在导致需求增加的同时使得供给减少，则均衡价格会随之升高，但均衡数量的变动无法确定。如图 2－14 所示，市场需求由 D_1 增加到 D_2，市场供给从 S_1

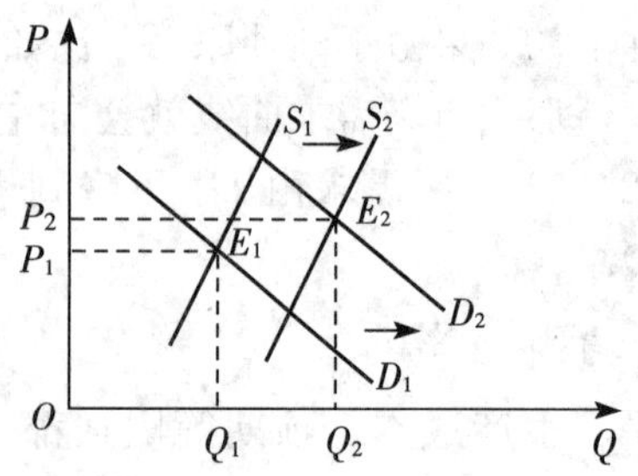

图 2-13　需求和供给同时增加对均衡的影响

减少到 S_2，相应地均衡点由 E_1 变动到 E_2，则均衡价格由 P_1 提高到 P_2，但均衡数量的变动无法确定。

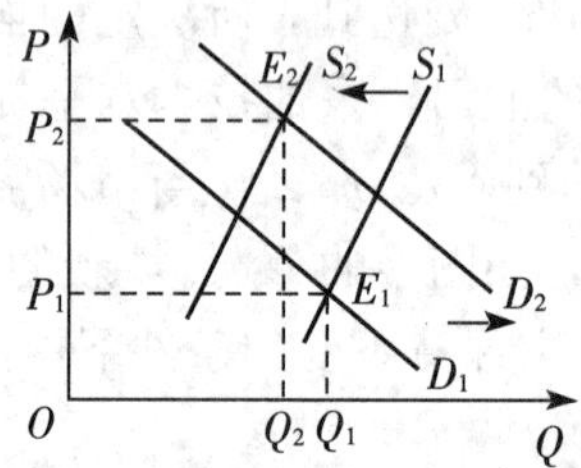

图 2-14　需求增加而供给减少对均衡的影响

假设某一因素导致市场需求减少，同时却使得供给增加，那么市场均衡价格一定降低，但均衡数量的变动无法确定，如图 2-15 所示。在这种情况下，市场均衡价格由 P_1 下降到 P_2。

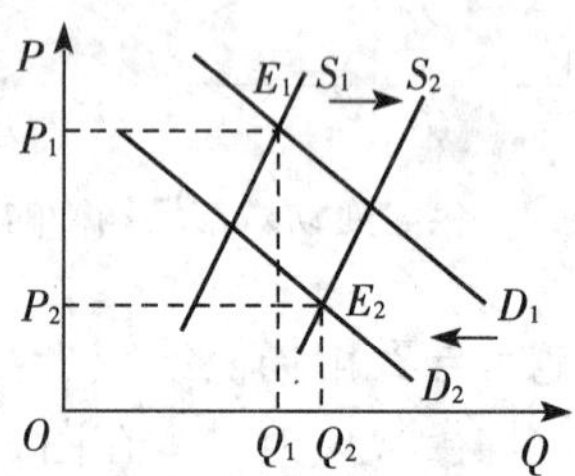

图 2-15　需求减少而供给增加对均衡的影响

反之，如果同一因素在导致市场需求减少的同时使得供给也相应地减少，则市场均衡数量减少，但均衡价格的变动无法确定。如图 2-16 所示，在这种情况下，市场均衡数量由 Q_1 减少到 Q_2。

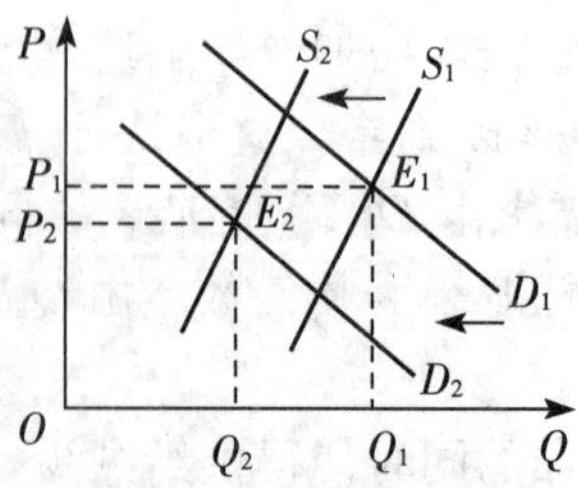

图 2-16　需求和供给同时减少对均衡的影响

（四）供求规律

供求变动对市场均衡的影响时常被概括为下面的供求规律。第一，在供给不变的条件下，需求增加使得均衡价格提高，均衡数量增加；反之，需求减少使得均衡价格下降，均衡数量减少。第二，在需求不变的条件下，供给增加使得均衡价格下降，均衡数量增加；供给减少使得均衡价格提高，均衡数量减少。第三，在需求增加的条件下，供给增加使得均衡数量增加，但均衡价格的变动方向难以确定；反之，供给减少使得均衡价格提高，但均衡数量的变动方向难以确定。第四，在需求减少的条件下，供给增加使得均衡价格降低，但均衡数量的变动方向难以确定；反之，供给减少使得均衡数量减少，但均衡价格的变动方向难以确定。

需要说明，与需求规律和供给规律一样，供求规律也只是就大多数商品而言的，当需求或者供给出现某些特殊情况时，供求变动导致均衡变动的情况也可能出现某些特例。比如，如果供给曲线向右下方倾斜，那么需求增加在使得均衡价格提高的同时有可能导致均衡数量减少。某种特殊的劳动市场就可能出现类似的情况，即需求增加使得工资率提高，但未必使得均衡的劳动数量增加。请读者试着画图说明这一现象。

第五节　弹性理论

在以上几节中，我们分析时涉及了影响需求量或供给量的若干因素以及它们如何最终影响均衡价格和数量，这说明，当一个经济量发生变动时，其他经济量也会随之变动。但这些分析也存在着一定的缺陷，即只说了相关经济量之间的影响，并没有论及它们相互影响的程度。为了弥补这一缺憾，我们将在本节中通过弹性的概念来考察相应于一个经济量的变动，另一个经济量变动的敏感程度。

一、弹性的概念

所谓相互影响，是指一个经济量发生变动时，另一个经济量也会随之变动。当经济变量之间存在相互影响关系时，西方经济学通常用弹性来表示一个经济量相应于另一个经济量变动的反应程度。下面我们举例说明弹性概念的由来及含义。

例如，一种商品的价格发生变动，消费者对这种商品的需求量会相应地做出调整。那么，消费者做出调整的幅度到底有多大呢？或许我们会想，如果价格变动一个单位，需求量变动的幅度越大，我们就认为消费者做出调整的幅度越大。于是，一个最直接的度量标准似乎是，每单位价格变动所引起的需求量变动的大小，即用需求量的改变量除以价格的改变量这一指标衡量价格对需求量的影响程度。然而，当我们真正使用这一指标度量时，会遇到一些困难。以下两方面是经济学家弃用这一指标的主要原因。

首先，价格和需求量变动的数量单位不甚明确。很显然，对应于价格提高 1 分钱和提高 1 元钱，消费者对同一种商品需求量的调整会有所不同。例如，夏天西瓜的价格是 2 元/千克，如果每千克提高 1 分钱，对需求量的影响不会太大，但如果每千克提高 1 元，即价格达到 3 元/千克，那么需求量会大幅度下降。所以，如果用单位价格变动所引起的需求量的改变量作为度量指标，那么这一指标就应有特定计量单位。然而，随之而来的问题是，如果我们说价格每千克提高 1 元导致西瓜的需求量减少 5 千克，同时又说布匹的价格每米提高 1 元导致需求量减少 0.1 米，那么我们又如何来比较这二者的大小呢？因为它们根本就没有共同的计量单位。

其次，商品最初的价格也会影响到消费者对需求量的调整幅度。比如，同样是西瓜，在夏季价格从 1 元/千克上涨到 2 元/千克，我们很可能会大幅度地减少西瓜的消费量；而在冬季，西瓜的价格由 5 元/千克上涨到 6 元/千克，同样是每千克上涨 1 元，我们很有可能不会因此把原本打算购买的半个西瓜减少到 1/4 个。

基于上述两个方面的原因，特别是经济学家对无单位计量指标的偏爱，经济学中用弹性作为衡量一个经济量相应于另一个经济量变动的敏感程度。**弹性指标**用一个经济量变动的百分比相应于另一个经济量变动的百分比来反映经济量之间变动的敏感程度。比如，如果一个经济量 x 对另一个经济量 y 产生影响，那么 x 对 y 的影响程度可以由弹性系数加以衡量，表示为：

$$\text{弹性系数}=\frac{y\text{ 变动的百分比}}{x\text{ 变动的百分比}}$$

运用上述弹性系数定义，既可以消除经济量计量单位的影响，又可以考虑到这些经济量在变动之前本身的大小。顺便指出，严格说来，弹性是考察经济变量 y 在 x 某一特定值上的敏感程度，这也注定了弹性概念应建立在局部意义上，因而在实际应用中 x 变动的百分比不易过大。

下面我们利用这一概念分析有关需求和供给的几个重要弹性，而在其中重点考察需求的价格弹性。

二、需求的价格弹性

（一）需求价格弹性的定义

需求的价格弹性又简称为价格弹性或需求弹性，它表示在特定时期内一种商品需求量相对变动相应于该商品价格相对变动的反应程度，通常用弹性系数加以衡量。**需求的价格弹性系数**是指需求量变动百分比与价格变动百分比之间的比率，即

$$\text{需求的价格弹性系数}=\frac{\text{需求量变动的百分比}}{\text{价格变动的百分比}}$$

价格弹性系数衡量了价格每变动一个百分点需求量变动的百分比。

需求的价格弹性也可以用符号加以表示。假定以 Q 表示某一种商品的需求量，P 表示该商品的价格，E_P 表示该商品需求的价格弹性系数，则根据上述定义，我们可以把需求的价格弹性系数 E_P 表示为：

$$E_P=-\frac{\Delta Q/Q}{\Delta P/P} \tag{2.11}$$

式中，ΔP 表示商品价格的改变量，ΔQ 表示由价格变动引起的需求量的改变量，其中正号表示增加，负号表示减少。

对于（2.11）式我们有两点需要注意：第一，弹性公式前面有一个负号，它表示商品的需求量和价格呈反方向变动，为了保证弹性值为正，在其公式前面加上一个负号。事实上，如果消费者对商品的需求行为满足需求规律，即价格升高，需求量减少，那么 ΔP 与 ΔQ 的符号必然相反。由于大多数商品的需求都遵循需求规律，因而在实际应用中在需求的价格弹性系数前加一个负号或者以绝对值表示出来。第二，在公式中，$\Delta Q/Q$表示需求量变动的百分比，而 $\Delta P/P$ 是价格变动的百分比，因此需求的价格弹性是需求量的变化率与价格的变化率之比，而非改变量之比 $\Delta Q/\Delta P$。所以，弹性系数不仅与每单位价格变动所引起的需求量的变动有关，而且与价格及需求量的初始状态 P/Q 有关。

（二）需求价格弹性的分类

通过对需求价格弹性系数符号的约定，对绝大多数商品而言，需求的价格弹性系数最小为零，最大则可以是无穷大，即 $0\leqslant E_p\leqslant+\infty$。这样，根据价格弹性系数的大小，我们可以把它划分为以下五种类型：

第一，$E_p=0$，需求完全无弹性。如果一种商品需求的价格弹性系数 $E_p=0$，则称消费者对该商品的需求完全无弹性，或简称为**需求无弹性**。对于完全无弹性的商品而言，无论商品价格变动多少，消费者的需求量都不发生改变。这种商品通常对消费者而言绝对必需，此时他们对商品的需求曲线是一条垂直于数量轴的直线，见图 2－17（a）。

第二，$0<E_p<1$，需求缺乏弹性。如果需求的价格弹性系数在 0 和 1 之间，则称消费者对该商品的需求缺乏弹性，或简称为**需求缺乏弹性**。当需求缺乏弹性时，商品价格变动一个百分点，需求量变动小于一个百分点。这表明，消费者需求量的相对变动对于价格的相对变动不敏感，见图 2－17（b）。

第三，$E_p=1$，需求为单位弹性。如果需求的价格弹性系数 $E_p=1$，则称需求为**单位弹性**。此时，价格每变动一个百分点，需求量将会随之变动一个百分点，见图 2－17（c）。

第四，$1<E_p<+\infty$，需求富有弹性。如果需求的价格弹性系数为大于 1 的有限数值，则称消费者对该商品的需求富有弹性，或简称为**需求富有弹性**。它表明，如果商品价格变动百分之一，需求量的变动会超过百分之一，即需求量的变动相应于价格的变动更为明显，见图 2－17（d）。

第五，$E_p=+\infty$，需求具有完全弹性。如果需求的价格弹性系数为无限大的数值，则称需求为**无限弹性**。在这种情况下，价格的轻微变动就会导致需求量急剧变动。此时，商品的需求曲线是一条垂直于价格轴的直线，见图 2－17（e）。

一般而论，商品需求的价格弹性是上述五种情况之一。据此，在一个特定时期内可以根据消费者对商品需求的价格弹性系数而把对商品划分为五个类型，并相应地称这些商品为完全无弹性、缺乏弹性、单位弹性、富有弹性和无限弹性的商品。由于完全无弹性、单位弹性和无限弹性的商品属于特殊情形，因而一般地商品可以被粗略地划分为缺乏弹性和富有弹性两种类型。

（三）影响需求价格弹性的因素

既然每一种商品需求的价格弹性都有可能不同，即使是同一种商品，在不同价格时的需求弹性值也未必相同，那么一种商品的价格弹性系数是如何决定的？它受哪些因素

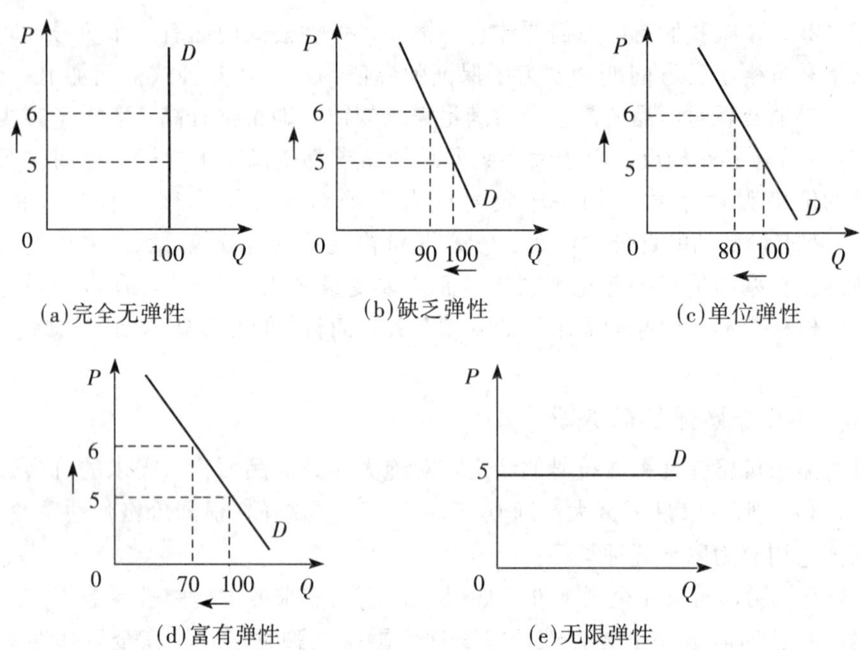

图 2－17　需求价格弹性的五种情况

影响呢？

作为衡量消费者的需求量相应于价格变动做出反应程度大小的一种尺度，需求的价格弹性大小取决于消费者的偏好和选择这些商品时所受到的制约。其中，下面的几个因素对需求的价格弹性有重要影响：

第一，商品对消费者生活的重要程度。对消费者而言，不同的商品可能处于不同的需求层次上。一般说来，生活必需品的需求弹性较小，奢侈品的需求弹性较大。例如，我们对粮食①、看病的需求价格弹性较小，对食盐需求的价格弹性甚至接近于零，而对乘坐游艇、观看球赛的需求弹性就大。

第二，商品可替代的程度。一般说来，一种商品的可替代品越多，相近程度越高，则该商品的需求弹性往往就越大。当一种商品的价格提高时，消费者可以很容易地转向消费其他商品。因此，商品的可替代程度越大，商品的需求价格弹性就越大。反之，商品的可替代程度越低，需求的价格弹性就越小。例如，黄瓜因为替代品多而富有弹性，而胡椒粉的价格弹性相对较小。

第三，商品用途的广泛性。如果一种商品的用途广泛，当商品的价格升高之后，消费者在各种用途上可以适当地减少需求量，从而使得需求量的改变量较大。因此，商品的用途越广泛，需求的价格弹性就越大。反之，用途越狭窄，商品需求的价格弹性就可能越小。

第四，商品的消费支出在消费者预算支出中所占的比重。当一种商品在消费者预算支出中占有很小的一部分时，消费者可能不太会注意这种商品的价格变动。比如，当你

---

①　请注意，粮食只是在总称的意义上才是缺乏弹性的。如果就一种粮食比如小麦而论，因其具有较多的替代品，则可能具有较大的需求弹性。

到超市购物时，偶尔购买一袋口香糖，你或许并没有意识到这种口香糖已经从 2 元/袋涨到了 3 元/袋，因为这种价格的变动对你的生活并无多大影响。因此，某种商品在消费支出中所占的比重越小，该商品的需求价格弹性就越小。相反，商品在消费支出中所占的比重越大，该商品的需求价格弹性可能越大。如果一台彩电由4 000元涨到6 000元，尽管此时价格也上涨了 50%，但恐怕你要比购买口香糖时要在意得多。

第五，与消费者做出调整的时间有关。相应于价格变动，允许消费者对需求量进行调整的时间也是一个重要因素。一般说来，消费者调整时间越短，需求价格弹性就越小；相反，调整时间越长，需求价格弹性越大。例如，原油价格上升，消费者在短期内很难相应地调整需求量，所以价格弹性就小。但如果给消费者更多的时间，他们会开发新的能源或者运用新的节能设备。因此，相应于同样的价格变动，如果消费者在短期内对需求量调整得少，需求的价格弹性就小；反之，价格弹性就大。

上述关于影响需求的价格弹性因素的分析并不是孤立的，这些因素往往会共同发挥作用，决定一种商品需求价格弹性的数值。

（四）需求价格弹性系数的计算：弧弹性和点弹性

以上我们在一般意义上讨论了需求的价格弹性，在这里，需求的价格弹性被定义为相应于每单位价格百分比的变动消费者需求量变动的百分比。但在计算弹性值的过程中，我们经常会遇到这样一种情况：在特定的价格下，相应于价格提高和价格下降，消费者需求量变动的百分比会有所不同，按上述定义给出的弹性值也会有所不同。为了得到弹性值的大小，经济学家通常使用弧弹性和点弹性来对需求的价格弹性系数加以估计或计算。

考虑下面的问题，一个购买冰激凌的消费者，在价格为每个 3 元时他每周对冰激凌的需求量为 8 个，当价格为每个 4 元时，他的需求量下降到 6 个。那么该消费者对冰激凌需求的价格弹性是多少呢?

很显然，如果我们假设价格由每个 3 元变动到 4 元，则 $P=3$，$\Delta P=4-3=1$，$Q=8$，$\Delta Q=6-8=-2$。于是，弹性系数为：

$$E_P=\frac{2/8}{1/3}=6/8$$

对于同一个消费者而言，如果价格从每个 4 元降低到 3 元，则需求量就会从 6 个上升到 8 个。类似地，我们得出弹性系数为：

$$E_P=\frac{2/6}{1/4}=8/6$$

比较上述计算过程不难看出，同一个消费者对同一种商品的两个弹性系数值有较大的差异。出现这一现象的原因在于价格变动的初始点。为了避免这一问题，最简单的方法是用中点方法来计算弹性。

取价格变动前后价格与需求量的中间值代替原来的初始价格和需求量。一般地，假设价格由 P_1 变动到 P_2，相应地需求量由 Q_1 变动到 Q_2。我们令 $P=(P_1+P_2)/2$，$Q=(Q_1+Q_2)/2$，并且继续有 $\Delta P=P_2-P_1$，$\Delta Q=Q_2-Q_1$，则弹性系数可以是：

$$E_P=-\frac{\Delta Q/Q}{\Delta P/P}=-\frac{\dfrac{Q_2-Q_1}{Q_2+Q_1}}{\dfrac{P_2-P_1}{P_2+P_1}}$$

由于上述弹性系数只与价格变动的起点和终点的特征有关，它反映了需求曲线上两点之间的弹性，因而也被称为**弧弹性**，相应地上述公式也记成为：

$$\text{弧 } E_P=-\frac{\dfrac{Q_2-Q_1}{Q_2+Q_1}}{\dfrac{P_2-P_1}{P_2+P_1}} \tag{2.12}$$

为了巩固弧弹性的计算，让我们考察图 2－18 给出的一条线性需求曲线上的弧弹性值。利用公式（2.12）可以很容易地得出不同的弧弹性值，计算结果见表 2－5。

表 2－5　　需求曲线上的弧弹性值

价格（元/单位数）	数量（单位数）	弹性	弹性程度
0	14		
1	12	0.1	缺乏弹性
2	10	0.3	缺乏弹性
3	8	0.6	缺乏弹性
4	6	1.0	单位弹性
5	4	1.8	富有弹性
6	2	3.7	富有弹性
7	0	13.0	富有弹性

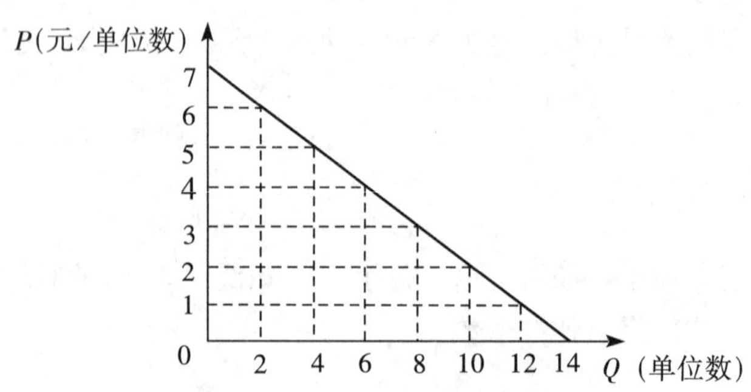

图 2－18　一条线性需求曲线

观察这些计算结果后可以看出，在一条线性需求曲线上，不同价格变动范围内的弧弹性是不同的。如图 2－19 所示，在价格较高时，弹性值较大，价格较低时弹性值较小。这再次验证了我们在弹性概念中特别说明的问题，即需求曲线的倾斜程度是决定需求价格弹性值大小的一个重要因素，但不是唯一因素，弹性值还与价格高低有关。

通过弧弹性的计算公式（2.12）可以很容易地计算出需求的价格弹性，但这种计算方法也存在着一个显而易见的问题。由于弧弹性值只与需求曲线上两个点有关，经过相

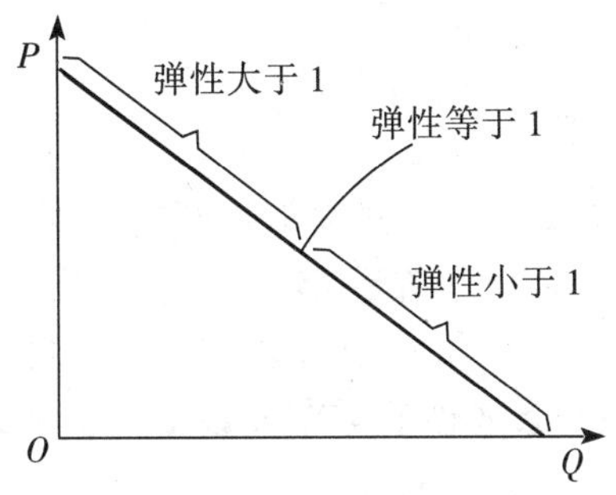

图 2-19　需求曲线上的不同弹性值

同两点的不同需求曲线会有相同的弹性值，因而价格变动前后的差额越大，弹性值与实际需求情况差距也就可能越大。

为了消除这一问题，我们希望价格变动“充分地小”，即借助点弹性描述需求的价格弹性。**需求价格的点弹性**衡量了在需求曲线某一点上相应于价格的无穷小的变动率，需求量变动率的反应程度。需求价格的点弹性是以需求曲线上的某一点为基础而得到的，它表示了需求曲线上某一点的价格弹性。

根据（2.11）式关于价格弹性系数的定义，对应于一个特定的价格 P 和相应的需求量 Q，当价格改变量 ΔP 充分小时，需求量的改变量 ΔQ 相应地做出调整，此时需求的价格弹性系数可以表示为：

$$E_P = -\lim_{\Delta P \to 0} \frac{\Delta Q / Q}{\Delta P / P}$$

由于价格 P 和需求量 Q 是既定的，因而上述极限可以表示为：

$$E_P = -\frac{\mathrm{d}Q}{\mathrm{d}P} \cdot \frac{P}{Q}$$

我们注意到，上式右边 $\mathrm{d}Q/\mathrm{d}P$ 恰好是需求量关于价格的导数，即需求曲线的斜率，而 P 和 Q 既定，所以上述弹性系数只与需求曲线上的一个点及相应点上需求曲线的斜率有关，故被称为需求价格的点弹性，表示为：

$$\text{点 } E_P = -\frac{\mathrm{d}Q}{\mathrm{d}P} \cdot \frac{P}{Q} \tag{2.13}$$

与弧弹性相比，对于特定需求而言，点弹性可以精确地反映出需求曲线上特定点的弹性值。

借助（2.13）给出的点弹性计算公式，我们可以更容易地看出需求的价格弹性与需求曲线的倾斜程度的联系与区别。在一个特定点上，即 P 和 Q 给定，需求曲线斜率的绝对值 $\mathrm{d}Q/\mathrm{d}P$ 越大，**即需求曲线相对于价格轴越陡、相对于数量轴越平缓，则价格弹性值就越大；反之，需求曲线相对于价格轴越平缓、相对于数量轴越陡，需求的价格弹性越小。**这适用于对过同一点的两条需求曲线的弹性进行比较。

但是，在同一条需求曲线上，弹性值不仅取决于需求曲线的斜率，而且与需求曲线上的特定点有关系。特别是，即使在一条倾斜程度相同的线性需求曲线上，需求的价格弹性也不相同。例如，假定需求函数为：

$$Q=10-2P$$

则在需求曲线的每一点上，曲线的倾斜程度都相同的，反映倾斜程度的斜率 $dQ/dP=-2$。但是，当价格等于1时，需求量等于8，则需求价格的点弹性为1/4，而当价格等于4时，需求量等于2，则需求价格的点弹性为4。这再次反映出我们在表2-5和图2-19中给出的结论，**即在一条线性的需求曲线上，价格越高，弹性值越大，价格越低，则弹性值越小。**

三、其他需求弹性

除了需求的价格弹性以外，我们还可以描述其他的需求弹性。其中较为重要的是需求的收入弹性和交叉弹性。

（一）需求的收入弹性

需求的收入弹性简称为收入弹性，它表示在一定时期内，消费者对某种商品的需求数量的相对变动对于消费者收入量的相对变动的反应程度。与需求的价格弹性一样，收入弹性的大小由弹性系数表示，它被定义为消费者对商品需求量变动的百分比与消费者收入变动百分比的比率，用公式表示为：

$$\text{需求的收入弹性系数}=\frac{\text{需求量变动的百分比}}{\text{收入变动的百分比}}$$

如果用 E_m 表示需求的收入弹性系数，继续以 Q 表示消费者对商品的需求量，m 表示消费者的收入，ΔQ 表示需求量的改变量，Δm 表示收入的改变量，则需求的收入弹性公式表示为：

$$E_m=\frac{\Delta Q/Q}{\Delta m/m}=\frac{\Delta Q}{\Delta m}\cdot\frac{m}{Q} \tag{2.14}$$

一种商品收入弹性系数的符号取决于需求量相对于收入变动而变动的方向。如果消费者的收入与其对商品的需求量呈同方向变动，那么收入弹性系数为正值；相反，收入弹性系数为负值。正如我们在本章第二节中指出的那样，对于正常商品而言，随着收入的增加，消费者对商品的需求量增加，因此正常商品需求的收入弹性系数 $E_m>0$。如果商品为低档商品，则随着收入的增加，消费者会逐渐减少对这些商品的需求量，因此低档商品的收入弹性系数 $E_m<0$。

反之，我们利用收入弹性系数的大小也可以对商品进行分类。首先，如果商品的收入弹性系数 $E_m>0$，则该商品是正常商品；如果 $E_m<0$，则表明该商品是低档商品。其次，对于正常物品而言，如果 $E_m>1$，那么表明随着消费者收入的增加，需求量增加的百分比超过收入增加的百分比，因而该商品是**奢侈品**；反之，如果 $E_m<1$，则需求量增加的百分比低于消费者收入增加的百分比，因而该商品是非奢侈品，或者说是一种**普通的正常品**。

与需求的价格弹性一样，需求的收入弹性也可以由弧弹性和点弹性加以估计或计算。**收入的弧弹性**是以变动前后消费者收入与需求量为基础计算出来的收入弹性。假定

消费者的收入由 m_1 变动到 m_2，而他对某种商品的需求量也随之由 Q_1 变动到 Q_2，那么类似于（2.12）式，消费者对该商品需求收入的弧弹性系数为：

$$弧\ E_m=\frac{Q_2-Q_1}{m_2-m_1}\cdot\frac{m_2+m_1}{Q_2+Q_1}=\frac{Q_2-Q_1}{m_2-m_1}\Big/\frac{Q_2+Q_1}{m_2+m_1} \tag{2.15}$$

类似于价格的点弹性，**收入的点弹性**衡量了相应于收入的无穷小的变动率，需求量变动率的反应程度。对应于消费者的收入 m 和相应的需求量 Q，收入的点弹性可以表示为：

$$点\ E_m=\lim_{\Delta m\to 0}\frac{\Delta Q}{\Delta m}\cdot\frac{m}{Q}=\frac{\mathrm{d}Q}{\mathrm{d}m}\cdot\frac{m}{Q} \tag{2.16}$$

即收入的点弹性系数是需求量关于收入的导数乘以收入与需求量之比，它度量了消费者在特定的收入水平上对某种商品需求的收入弹性值。

（二）需求的交叉弹性

需求的交叉弹性简称为交叉弹性，它表示在一定时期内，相对于相关商品价格的相对变动，一种商品的需求量的相对变动的敏感程度。交叉弹性的大小由弹性系数加以衡量。交叉弹性系数被定义为消费者对商品需求量变动的百分比与相关商品价格变动百分比的比率，即

$$需求的交叉弹性系数=\frac{需求量变动的百分比}{相关商品价格变动的百分比}$$

假定我们考察 A 商品需求量相应于 B 商品价格变动的交叉弹性，即考察 A 商品需求量相应于 B 商品价格变动做出反应的敏感程度。以 Q_A 表示消费者对 A 商品的需求量，P_B 表示其相关商品 B 的价格，E_C 表示需求的交叉弹性系数，则交叉弹性可以表示为：

$$E_C=\frac{\Delta Q_A/Q_A}{\Delta P_B/P_B}=\frac{\Delta Q_A}{\Delta P_B}\cdot\frac{P_B}{Q_A} \tag{2.17}$$

式中，ΔQ_A 表示 A 商品需求量的改变量，ΔP_B 表示 B 商品价格的改变量。

一种商品关于另外一种商品价格的交叉弹性系数的符号取决于所考察的两种商品的相关关系。商品之间的关系可以分为替代和互补两种。如果 A 和 B 两种商品之间存在替代关系，那么 B 商品需求量的减少将会导致 A 商品需求量的增加。这就是说，如果 A 和 B 两种商品是替代关系，则 A 商品需求关于 B 商品价格的交叉弹性系数 $E_C>0$。相反，如果 A 和 B 商品之间是互补关系，则 B 商品需求量的减少将会导致 A 商品需求量随之减少。因此，在 A 和 B 两种商品是互补关系时，$E_C<0$。同样，如果一种商品关于另外一种商品的交叉弹性系数大于零，即 $E_C>0$，则二者之间是替代关系；反之，如果 $E_C<0$，则二者之间是互补关系。参见表 2-6。

表 2-6　交叉弹性系数与两种商品之间的关系

替代	$P_B\uparrow$	（据需求规律）$Q_B\downarrow$	（$P_B\uparrow$ 导致 $Q_A\uparrow$）$E_C>0$
	$P_B\downarrow$	$Q_A\uparrow$	
互补	$P_B\uparrow$	（据需求规律）$Q_B\downarrow$	（$P_B\uparrow$ 导致 $Q_A\downarrow$）$E_C<0$
	$P_B\uparrow$	$Q_A\downarrow$	

与需求的其他弹性系数一样，需求的交叉弹性也可以由弧弹性和点弹性加以估算。**交叉弹性的弧弹性值**是基于相关商品的价格和消费者对商品需求量变动前后数值计算出来的。假定对 A 商品的需求量产生影响的相关商品 B 的价格由 P_{B1}变动到 P_{B2}，消费者对 A 商品的需求量则因此由 Q_{A1}变动到 Q_{A2}，那么 A 商品需求关于商品 B 价格的交叉弹性的弧弹性系数为：

$$弧\ E_C=\frac{Q_{A2}-Q_{A1}}{P_{B2}-P_{B1}}\cdot\frac{P_{B2}+P_{B1}}{Q_{A2}+Q_{A1}}=\frac{Q_{A2}-Q_{A1}}{P_{B2}-P_{B1}}\Big/\frac{Q_{A2}+Q_{A1}}{P_{B2}+P_{B1}} \tag{2.18}$$

交叉弹性的点弹性衡量了相应于相关商品价格的无穷小的变动率，一种商品的需求量变动率的变动程度。当 A 商品的相关 B 商品的价格为 P_B 时，消费者对 A 商品的需求量为 Q_A，交叉弹性的点弹性系数可以表示为：

$$E_C=\frac{dQ_A}{dP_B}\cdot\frac{P_B}{Q_A} \tag{2.19}$$

四、供给弹性

类似于需求弹性，相应于影响供给量的因素我们也可以考察各种有关供给的弹性问题。如同需求的各种弹性概念一样，根据影响供给量的因素，也可以定义各种供给弹性，例如供给的价格弹性、供给的交叉弹性等。我们在这里考察供给的价格弹性。

（一）供给价格弹性的定义

供给的价格弹性又简称为供给弹性，它表示在一定时期内相应于商品价格的相对变动，一种商品供给量相对变动的反应程度。供给价格弹性的数量表示是弹性系数，它被定义为商品供给量变动的百分比与价格变动百分比之间的比率，即

$$供给的价格弹性系数=\frac{供给量变动的百分比}{价格变动的百分比}$$

用 Q^S 表示某一种商品的供给量，P 表示该商品的价格，E_S 表示供给的价格弹性系数，则供给的价格弹性可以定义为：

$$E_S=\frac{\Delta Q^S/Q^S}{\Delta P/P}=\frac{\Delta Q^S}{\Delta P}\cdot\frac{P}{Q^S} \tag{2.20}$$

式中，ΔQ^S 和 ΔP 分别表示该商品的供给量和价格的变动数值。

我们注意到，如果生产者对商品的供给通常满足供给规律，那么价格越高，商品的供给量就越大，因而供给量的改变量 ΔQ^S 和价格改变量 ΔP 之间符号相同。这表明，供给弹性系数通常为正值。

（二）供给价格弹性的分类

与需求价格弹性的分类类似，依照于供给价格弹性系数的大小，也可以把生产者对商品的供给划分为五种类型：

第一，$E_S=0$，供给完全无弹性。如果一种商品供给的价格弹性系数 $E_S=0$，则称生产者对该商品的供给完全无弹性，或简称为**供给无弹性**。对于供给完全无弹性的商品

而言，价格变动不会引起商品供给量的变动，因而其供给曲线是一条垂直于数量轴的直线，如图 2-20（a）所示。

第二，$0<E_S<1$，供给缺乏弹性。如果供给的价格弹性系数在 0 和 1 之间，即$0<E_S<1$，则称生产者对该商品的供给缺乏弹性，或简称为**供给缺乏弹性**。对供给缺乏弹性的商品而言，价格每变动一个百分点，供给量的变动小于一个百分点，即商品供给量的相对变动对于价格的相对变动不敏感，如图 2-20（b）所示。

第三，$E_S=1$，供给为单位弹性。如果供给的价格弹性系数 $E_S=1$，则称供给为**单位弹性**。此时，价格每变动一个百分点，供给量将会随之变动一个百分点。如果商品的供给曲线是一条过原点的向右上方倾斜的直线，那么供给具有单位弹性，如图 2-20（c）所示。

第四，$1<E_S<+\infty$，供给富有弹性。如果供给的价格弹性系数为大于 1 的有限数值，即$1<E_S<+\infty$，则称生产者对该商品的供给富有弹性，或简称为**供给富有弹性**。它表明，如果商品价格变动百分之一，供给量的变动会超过百分之一，即相应于价格的变动，供给量的变动更为敏感，如图 2-20（d）所示。

第五，$E_S=+\infty$，供给具有完全弹性。如果供给的价格弹性系数 $E_S=+\infty$，则称供给为**无限弹性**。在这种情况下，价格的轻微变动就会导致供给量急剧变动。此时，商品的供给曲线是一条垂直于价格轴的直线，如图 2-20（e）所示。

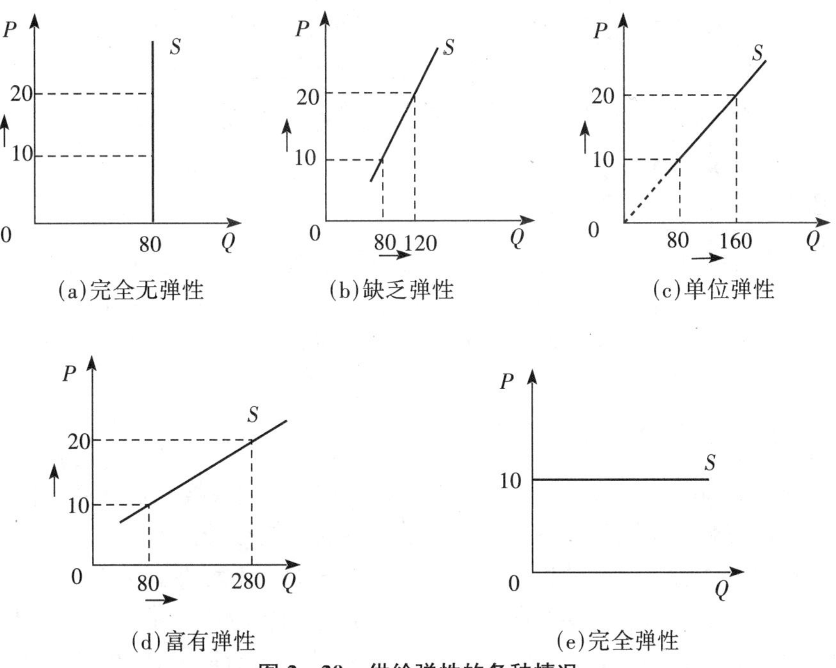

图 2-20　供给弹性的各种情况

与对需求价格弹性的讨论一样，在一个特定时期内生产者对一种特定商品的供给相应地会出现上述五种情况之一，因而商品也可以根据供给弹性值的大小进行分类。

（三）影响供给价格弹性的因素

影响供给价格弹性的因素也是多种多样的，概括起来主要有以下几个方面：

第一，相应于价格变动生产者调整供给量的时间。在供给价格弹性大小的决定因素中，时间是至关重要的。当商品的价格发生变化时，生产者对供给量进行调整总需要一定的时间。时间越短，生产者越来不及对供给量做出调整。因此，在其他条件不变的情况下，时间越短，供给弹性越小。例如，如果在半年之内考察我国北方小麦的供给，则它很可能是缺乏弹性的，因为小麦只能是库存。但如果在几年或更长的时间内考察，则小麦的供给弹性就会更大，因为农业种植结构是可以调整的。

第二，生产者使用的生产技术类型。生产者所使用的生产技术类型会影响到供给弹性的大小。一般而论，生产技术越复杂、越先进，机器设备占用越多，生产周期越长，供给的弹性越小。如果生产者使用先进的复杂技术，各种生产投入之间就不容易替换和调整。例如，一个小贩要比一个使用资本密集型技术的大型企业对价格做出的反应更迅速，从而供给弹性就会更大。

第三，现有生产能力的利用程度。对于使用相同技术的生产者而言，拥有多余生产能力的生产者，其供给弹性会更大，因为在价格变动特别是价格升高时他们更容易调整产量。

同样，这些因素并不是孤立的，它们会共同决定一种商品的供给弹性值的大小。

（四）供给的弧弹性和点弹性

与需求弹性的计算一样，供给的价格弹性也可以借助弧弹性和点弹性加以计算，因而供给的价格弹性系数也有弧弹性和点弹性之分。

一种商品供给价格弹性的弧弹性系数是基于价格变动前后以及相应的供给量变动前后的数值计算的，它反映了供给曲线上两点之间的弹性值。如果已知生产者在价格 P_1 时的供给量为 Q_1^S，而在价格为 P_2 时的供给量为 Q_2^S，那么供给价格弹性的弧弹性系数定义为：

$$\text{弧 } E_S=\frac{Q_2^S-Q_1^S}{P_2-P_1}\bigg/\frac{Q_2^S+Q_1^S}{P_2+P_1} \tag{2.21}$$

类似地，供给价格弹性的点弹性系数是在供给曲线某一点上衡量的相应于价格无穷小的变动率，供给量变动率的反应程度。对应于供给曲线上的一个特定的价格 P 和相应的供给量 Q^S，供给的点弹性系数定义为：

$$\text{点 } E_S=\frac{\mathrm{d}Q^S}{\mathrm{d}P}\cdot\frac{P}{Q^S} \tag{2.22}$$

式中，$\mathrm{d}Q^S/\mathrm{d}P$ 是商品的供给量关于价格的导数，它是供给曲线在这一点的斜率。因此，供给价格弹性的点弹性系数只与一个特定点上的供给性质有关。

最后同样需要注意，供给的价格弹性与供给曲线的倾斜程度有关，但并不是唯一的决定因素。尽管我们时常说，供给曲线越陡，即 $\mathrm{d}Q^S/\mathrm{d}P$ 越小，供给弹性越小；供给曲线越平缓，即 $\mathrm{d}Q^S/\mathrm{d}P$ 越大，供给弹性越大，但这是对一个特定点而言的。供给的价格弹性还取决于点在供给曲线上的位置。

背景资料

弹性概念的推广

事实上，不仅需求和供给可以定义相应的弹性值，而且任意两个有关系的经济量之间都可以定义弹性值。一般地，如果一个经济量 x 对另外一个经济量 y 产生影响，则可以定义 y 关于 x 的弹性系数为：

$$E_{y,x}=\frac{y\text{ 变动的百分比}}{x\text{ 变动的百分比}}$$

类似地，我们也可以用弧弹性和点弹性加以计算。

弹性的概念在经济分析中被广泛使用。例如，一个国家的能源消费量受到国民收入的影响，因而在考察二者之间的数量关系时，我们可以利用能源消费关于国民收入的弹性系数。

但是需要说明，两个经济量之间可以定义弹性并不说明这二者之间就必然具有相互影响关系。一个有意思的反例是，如果从数量上看，一个家庭中孩子从 1 岁到 18 岁的身高与国内生产总值之间存在着良好数量关系，当然也可以定义它们二者之间的弹性值。但这并不能说明孩子的身高就受到了国内生产总值的影响，因为二者之间几乎不存在多大的关系，定义二者之间的弹性值也就没有意义。因此，在定义一个弹性值之前，需要从理论上考察它们之间的关系。

第六节　供求分析的简单应用

需求和供给及供求均衡概念不仅形象地描绘出了市场运行机制，而且也为我们更好地认识和分析经济现象提供了一个便捷的工具。围绕着后一个问题，我们探讨几个有关供求分析的应用例子。

一、计算均衡价格和均衡数量

应用供求分析最直接的例子是计算一种商品的均衡价格和均衡数量。作为管理的一部分，我们经常需要预测某个市场上的价格和数量。例如对全国粮食的市场价格和数量做出预测，指导农业部门制订科学的计划，避免损失。

计算均衡价格和均衡数量的理论模型就是我们在第四节所分析的市场均衡理论。假设市场需求函数为 $Q^D=D(P)$，市场供给函数为 $Q^S=S(P)$，则市场均衡价格可由市场均衡条件 $Q^D=Q^S$ 求得。实践中，人们经常借助于线性的需求函数和供给函数得出市场均衡价格的数量的近似值。

供求分析框架不仅从理论上说明了均衡价格和均衡数量，也有助于我们解释与供求均衡相关的其他现象，例如“钻石与水的悖论”。

背景资料

钻石与水的悖论

水对人的生存非常重要，价格却很低；钻石只是装饰品，它对我们来说并不是非需要不可，但它的价格却非常昂贵。这似乎是一个悖论：为什么不是越有用的商品价格越高呢？这一点可以用供求规律予以解释。由于人们在生活中需要水，他们愿意为水支付很高的价格，但是由于水的供给非常丰富，所以其供给曲线和需求曲线的交点非常低，即水的均衡价格很低；而对钻石来说，由于钻石开采比较困难，供给非常有限，所以其供给曲线和需求曲线的交点很高，也就是说，钻石的均衡价格很高。而现在，由于钻石开采技术的提高，其价格趋于降低，也正说明了这一点。

二、政策分析

市场均衡分析提供了对自发市场调节的一个预测，即在其他条件不变的情况下，市场倾向于处于供求相等的均衡状态。然而，这种均衡状态未必是令人满意的。有时，政府出于某种考虑也可能对市场进行调节。支持价格和限制价格是政府对价格进行限定的两种形式，利用供求分析可以对这种政策的后果给出说明。另外，政府征税对消费者和生产者所增加的负担也是供求分析的一个重要例子。

（一）支持价格和限制价格

支持价格又称最低限价，是指政府为了支持某一产品的生产而对该产品规定的一个高于均衡价格的最低价格。政府制定支持价格往往是出于保护生产者收入的目的。如果某行业的供给波动性较大，那么将会造成价格严重波动，从而影响生产者的收入。为了阻止低价格造成的生产者收入下降，政府往往制定保护价格，采用支持价格政策。

支持价格对市场所产生的影响可以由图 2－21 加以说明。市场供给等于市场需求所决定的均衡状态由 E 点表示，此时市场均衡价格为 P_E，均衡数量为 Q_E。这就是说，如果任由市场自发波动，该商品的市场倾向于稳定在 E 点附近。假设政府为了扶持该行业的发展，规定该产品的最低价格为 P_1，它高于市场均衡价格 P_E。结果，在 P_1 的水平上，需求量和供给量分别由该价格水平与需求曲线和供给曲线的交点 A 和 B 所决定。由于支持价格高于市场均衡价格，因而 A 点所对应的需求量 Q_1^D 小于 B 点所对应的供给量 Q_1^S，即市场上出现供大于求的情况，其差额为 $Q_1^S-Q_1^D$。

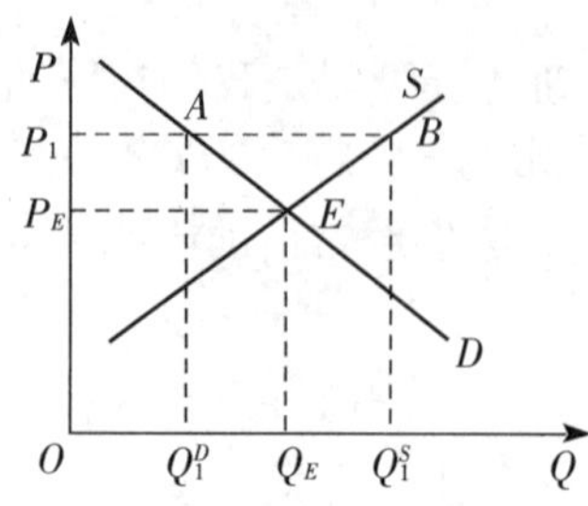

图 2－21　支持价格的影响

在支持价格的作用下，市场出现超额供给现象。在市场供求力量的自发作用下，市场价格存在下降的趋势。因此，政府在规定支持价格的同时，必须采取相应的对策，以保证支持价格能够维持下去。制定相应对策的基本思想是人为地增加需求量，比如由政府收购过剩的供给或者增加对国外的出口，其数量为 $Q_1^S-Q_1^D$。这些手段的目的是促使需求增加，使得需求曲线向右上方移动，以便需求与供给所决定的均衡点由现在的 E 点移动到 B 点。否则，支持价格就难以维持。

支持价格政策经常被用于农产品市场。农产品是一种生活必需品，但这类产品生产周期较长，同时又极容易受到自然因素的影响。为了减缓经济波动对农产品生产的冲击，避免自然因素引起的农产品价格大幅度波动以及由此引起的农民收入的大幅度波动，政府往往对主要农产品制定高于市场均衡价格的支持价格，以稳定市场和农民收入。

政府对市场价格进行直接干预的另一种方式是制定限制价格。**限制价格**又称最高限价，是指政府为了防止某种商品的价格上升而规定的低于市场均衡价格的最高价格。比如在战争时期或出现严重的饥荒时，为了使得大多数人能够维持最基本的生活需要，保证社会的稳定，政府往往会对一些生活必需品制定最高限价。在 20 世纪我国改革的初期，政府也曾经在春节前后对鸡蛋、肉类等基本生活必需品制定最高限制价格。

限制价格所产生的影响见图 2－22。市场均衡价格为 P_E，均衡数量为 Q_E。假设政府规定该产品的最高价格为 P_2，它低于市场均衡价格 P_E。结果，在 P_2 的水平上，需求量和供给量分别由该价格水平与需求曲线和供给曲线的交点 G 和 H 所决定。由于限制价格低于市场均衡价格，因而 G 点所对应的需求量 Q_2^D 大于 H 点所对应的供给量 Q_2^S，市场出现供小于求的现象，差额为 $Q_2^D-Q_2^S$。

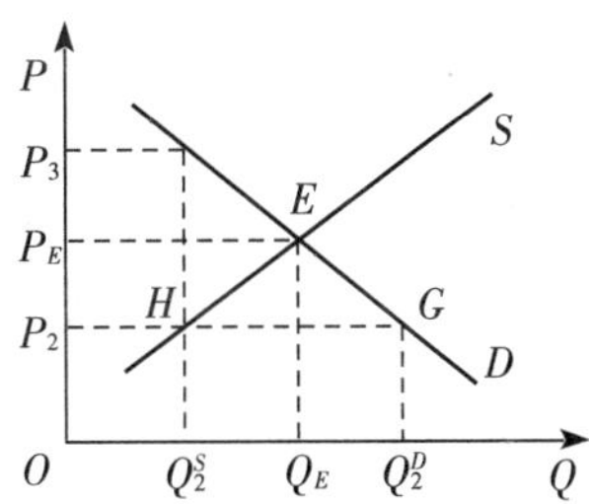

图 2－22　限制价格的影响

与支持价格的情况类似，如果任由市场机制自发地发挥作用，市场价格则会逐渐上升，并趋向于均衡价格 P_E。因此，为了维持限制价格的有效性，政府必须采取相应的措施。这些措施主要包括：排队购买，先到先得，比如按年龄或工龄排队分配住房等；抽取彩票，运气好者先得；凭票供应等。然而，在限制价格下，由于需求得不到满足，往往会出现某种形式的黑市交易。黑市可以是对该商品的交易，也可能是对该商品衍生物的交易。比如，过去为了使居民以低价购买到粮食、自行车，政府会发行粮票、自行车票。结果以某种方式得到这种票证的居民都可以按一定的价格在黑市上出售票证。20 世纪 80 年代末，生活在城市中的人大都有用粮票换鸡蛋的经历。与此类似，外汇市场实行的限制价格也往往伴随着黑市倒卖外汇现象。一般而论，黑市的价格不仅会高于限制价格，而且会高于市场均衡价格，这一点通过图 2－22 很容易理解。限制价格使得市场供给量只有 Q_2^S，而消费者在这一数量下愿意支付的最高价格却可以达到该数量在需求曲线上对应的价格 P_3，因而黑市价格最高可达 P_3。结果，消费者用较高的价格只能获得较少的消费数量。鉴于此，经济学家并不赞成经常使用限制价格。

（二）税收负担分析

供求分析还可应用于税收负担的分析。这里我们以政府征收消费税为例说明消费者和生产者的税收负担情况。消费税通常是以商品价格加价的形式征收的。政府可以按价格的一个比例征收，也可以按固定值征收。为了简单起见，我们假设无论价格有多高，政府都在该价格上增加固定的数额作为消费税。

直观的感觉似乎是，如果在厂家销售的价格之上再增加一定的税收，那么这笔税收的承担者自然是购买该商品的消费者。然而，结果却不尽然。为了理解这一点，让我们考察图 2－23。无论税收是向消费者征收还是向生产者征收，消费者最终支付的价格与生产者供给时的价格之间存在着一个差额，这一差额即为政府征收的消费税的数额。假定政府每单位商品征收的消费税为 T，没有征税时生产者的供给曲线用 S 表示，而消费者看到的供给曲线为 S'，S' 与 S 之间的差额即为税收 T。

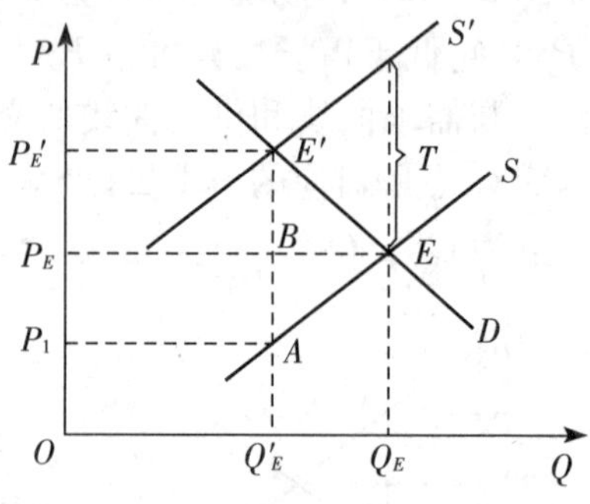

图 2－23　消费税的分担

假定消费者的偏好不会因为政府征收消费税而改变，影响需求量的其他因素保持不变，消费者原有的需求曲线 D 不会因政府征收消费税而发生变动。这时，需求曲线与两条供给曲线 S 和 S' 分别相交。假定市场需求曲线 D 与供给曲线 S 的交点为 E，它是在政府没有征税的条件下的市场均衡点；D 与供给曲线 S' 的交点为 E'，它是政府征税之后的市场均衡点。对应市场均衡点 E，均衡价格为 P_E，均衡数量为 Q_E；对应市场均衡点 E'，均衡价格为 P'_E，均衡数量为 Q'_E。对应 Q'_E，假定供给曲线 S 上的点 A 所对应的价格为 P_1。

比较征税前后的市场均衡我们发现，一方面，在征税前消费者按价格 P_E 购买数量为 Q_E 的商品，而在征税后消费者按价格 P'_E 购买数量为 Q'_E 的商品。结果，消费者以较高的价格消费较少的商品数量。另一方面，从生产者的角度来看，因为政府征税而使得生产者的价格由 P_E 下降到 P_1，因此，每单位商品征收的税收 T 中，消费者负担的数额为 P'_E-P_E，而生产者负担的数额为 P_E-P_1。正如我们在图 2－23 中看到的那样，单位商品的税收总额为线段 AB 与 BE' 之和，消费者和生产者共同负担了这笔消费税。从税收总量上来看，由于最终的均衡数量为 Q'_E，所以政府获得的消费税总额为 $T\times Q'_E$，即图中长方形 $P_1P'_EE'A$ 的面积，其中消费者负担的总额为 $P_EP'_EE'B$ 的面积，生产者负担的部分为 P_1P_EBA 的面积。

很显然，对既定的定量税而言，消费者和生产者负担的比例与需求曲线和供给曲线的形状有直接关系。我们以需求具有不同弹性的情形说明这一点。

如图 2－24 所示，与需求 D 相比，需求 D_1 更缺乏弹性。假定在两种情况下政府征收相同的定量消费税 T。需求越缺乏弹性，需求曲线就越陡峭；需求越富有弹性，需求曲线就越平缓。对应需求曲线 D，消费者支付的单位税收量为 BE'；对应于 D_1，消费者支付的单位税收量为$B'E'_1$。因此，需求越缺乏弹性，需求曲线就越陡峭，消费者的税负在税收 T 中所占的比重相对于富有弹性的需求而言就越大。特别是，如果需求曲线是一条垂直于数量轴的直线，那么 BE'就等于 T。这表明，全部的税收都由消费者承担了。相反从生产者的角度来看，需求越富有弹性，需求曲线就越平缓，生产者的税负在税收 T 中所占比重相对于缺乏弹性的需求而言就越大。

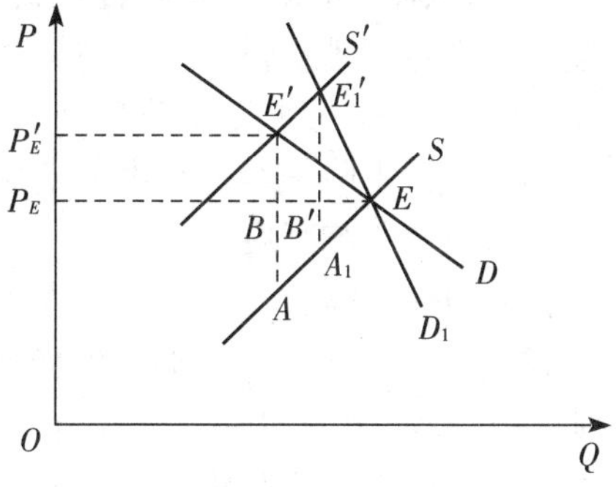

图 2－24　需求弹性与税负分摊

类似的分析也可以应用于生产者的供给具有不同弹性时的情形。如图 2－25 所示，假设有两种商品的供给曲线 S 和 S_1，前者比后者更富有弹性，因而也更平缓。如果政府征收定量税收 T，那么 S 将会移动到 S'，S_1 移动到 S'_1。为了便于比较，我们假设两者的需求相同，均为 D，并且最初所处的均衡点都是 E 点。这样，征税后 S'和 S'_1与需求 D 所决定的新的均衡点分别为E'和E'_1。由于 S 比 S_1 更为平缓，因而征税后新的均衡点 E'高于E'_1。由于 P'_E-P_E 大于 $P'_{1E}-P_E$，这意味着，与向 S_1 征税相比，向 S 征税消费者负担税收更多。因此，相对于其他供给而言，一种商品的供给越有弹性，消费者承担的税收就越多，相应地生产者承担的份额就越小。

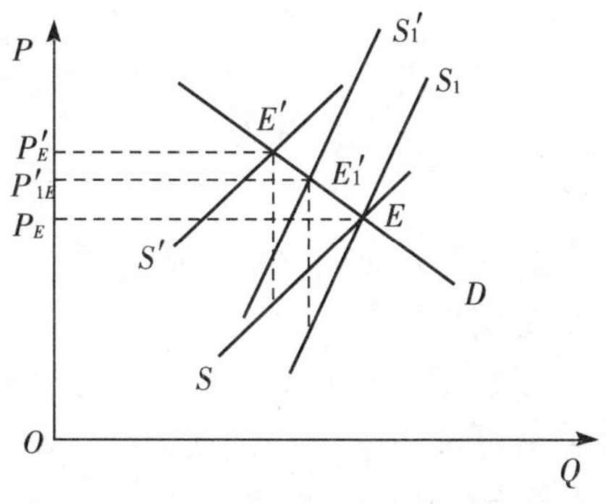

图 2－25　供给弹性与税负分摊

三、需求弹性和销售收入

以上应用供求分析考察政府征税的后果时我们已经涉及弹性概念的应用了。事实上，弹性概念对单个经济单位也有一定的应用价值，生产者利用需求弹性制定价格策略就是其中一例。

在日常生活中，作为营销策略，商家时常打出“薄利多销”的招牌：通过降低价格，促使销售收入提高。那么，降价真的能做到这一点吗？它适用于所有的商家吗？在这里，我们以最简单的情况说明这一点。

我们知道，厂家的销售收入等于商品的价格乘以商品的销售量。在特定的价格下，商家的销售量受到消费者需求量的限制。在此假定，商品的销售量等于消费者的需求量。一方面，商家降低价格使得需求量即销售量增加，结果有利于销售收入增加。但另一方面，价格降低也会使销售收入减少。因此，商家的降价行为是否能使销售收入增加，取决于价格降低所造成的销售收入下降是否能够由需求量的增加带来的收入增加得到弥补。这取决于价格下降对需求量的影响程度。

价格变动对需求量的影响恰好可以由需求的价格弹性大小反映出来。根据需求价格弹性的定义，如果需求是富有弹性的，即 $E_P>1$，那么价格每降低百分之一，需求量的增加就会超过百分之一。因此，需求量的增加可以弥补价格降低对销售收入的负面影响。这说明，在需求富有弹性时，商品的价格与销售收入呈反方向的变动，从而薄利可以多销，即降价会使得销售收入增加。

如果需求缺乏弹性，即 $E_P<1$，那么商家降低价格所引起的需求量增加的比率小于价格下降的比率，从而需求量增加所带来的销售收入增加量并不能全部抵消价格下降所造成的销售收入的减少量。结果，在这种情况下，降价最终使销售收入减少。相反，如果在这种情况下商家提价，结果却会使得销售收入增加。

介于二者之间的情况是需求为单位弹性，即 $E_P=1$。如果需求为单位弹性，那么价格下降一个百分点，需求量也相应地增加一个百分点，商家降价销售增加的需求量所带来的销售收入的增加恰好弥补因价格下降而导致的销售收入的下降。因此，在需求为单位弹性时，降低价格对销售收入没有影响。同样，商家提高价格对销售收入也没有影响。

案例小品

谷贱伤农

谷贱伤农是我国流传已久的一句谚语，它描述的是这样一种经济现象：在丰收的年份，农民的收入不但不增加反而减少了。

接下来发生的情况似乎更糟，没有其他技能或者不愿意离开土地的农民会尽量增加产量以便在不利的市场竞争面前能有一个好一点的收入。然而，这种努力最终并没有带来多大回报，在解决了温饱之后试图使生活得到更大改善的农民处于这种恶性循环之中。

由以上分析可以看出，薄利多销，即通过降低价格而促使销售收入增加的手段并不是在所有的情况下都适用。只有在需求富有弹性时，薄利才能多销。一个直接的推论是，如果商家是以销售收入最大化为目标的，那么商家的价格调整策略是，在需求富有弹性的价格水平上，降低价格；在需求缺乏弹性时，提高价格。因此，以销售收入最大化为目标的厂家最优的价格应当恰好使得需求弹性等于1。

案例小品

方大超市对纸巾的最优定价

位于×市城北枫叶园的方大超市对其所在小区平均每天对纸巾的需求做出了预测，如表2-7第一列和第二列所示。在刚刚立足枫叶园之际，方大超市的目标是尽快增加销售额。那么，方大的目标价位应该是多少呢？

利用我们学到的弧弹性计算公式可以很容易地得出不同价格上的价格弹性系数，如表2-7第四列所示。可以看到，在缺乏弹性时，提高价格，销售收入增加，但在富有弹性时，提高价格却使得销售收入下降。例如，价格由每包1元提高到2元，方大每天销售纸巾的收入从120元增加到200元，此时需求的弧弹性系数等于0.1。当价格由每包5元提高到6元时，方大每天销售纸巾的收入从200元下降到120元，此时需求的弧弹性系数为1.8。考察表2-7我们可以得出结论，方大最优的价格定位应该在4元左右。

表2-7　方大超市对纸巾的销售状况预测

价格（元/包）	数量（包）	总收入（元）	弹性	弹性程度
0	140	0		
1	120	120	0.1	缺乏弹性
2	100	200	0.3	缺乏弹性
3	80	240	0.6	缺乏弹性
4	60	240	1.0	单位弹性
5	40	200	1.8	富有弹性
6	20	120	3.7	富有弹性
7	0	0	13.0	富有弹性

顺便指出，由于消费者的支出就是生产者的销售收入，因而上述说明也建立了价格变动和需求的价格弹性系数与消费者的消费支出之间的联系。

本章小结

在本章中，我们首先在第一节中一般性地概述了微观经济学的基本框架和主要内容，发现了供求分析在整个西方经济学理论框架中的地位；本章第二节和第三节分别说明了经济学中需求和供给的准确含义以及它们的变动规律；第四节分析了市场机制的基本状况，说明市场供求的相互作用是如何决定市场均衡价格和数量的；第五节我们引入弹性概念，从数量上说明若干因素对供求数量的影响；最后，我们在第六节中应用供求分析这一工具说明了一些经济现象。

思考题

1. 请你画出一个月中你对麦当劳公司生产的汉堡的需求曲线。列出影响你消费汉堡的因素。如果这些因素有所改变，你的汉堡需求曲线是否会移动？

2. 什么是需求规律？它有没有特例？谈谈你对经济学中经济规律的看法。

3. 需求变动的含义是什么？下列事件对产品 A 的需求会产生什么影响？

（1）产品 A 逐渐流行；

（2）产品 A 的替代品 B 降价；

（3）居民收入下降；

（4）国家控制该产品进口。

4. 简要说明下列一段话的对错："1970 年一台计算器卖 150 元。到 1975 年，同样的计算器只卖 50 元，但销售量却增加了 3 倍。可见，降低价格不一定会使供给量下降。这显然是供给规律的例外。"

5. 下列事件对产品 A 的供给有何影响？

（1）生产 A 的技术有重大革新；

（2）产品 A 的行业中企业增加；

（3）生产 A 所用的原料价格上升；

（4）对 A 的需求增加。

6. 有这样一个推理："供给增加引起价格下降，价格下降引起需求增加，需求增加引起价格上升，价格上升又会进一步引起供给增加……"也就是说，一次偶然的供给增加会引起一轮又一轮的供给增加。请对这一推理做出评论。

7. 均衡价格是如何决定的？根据均衡价格理论，供给变动或需求变动与价格变动的关系如何？这些关系是否与供给规律或需求规律描述的关系相一致？为什么？

8. 你能举出一些有用但价格并不高的商品吗？请用你所学到的经济学知识说明这种现象出现的原因。

9. "需求曲线越陡，其价格弹性就越小；需求曲线越平缓，其价格弹性就越高。"这句话对吗？请谈谈你的观点。

10. 供给价格弹性受哪些因素影响？请加以说明。

11. 什么是支持价格？它在农产品市场上是如何加以运用的？

12. 政府准备对汽车征收每辆 1 000 美元消费税，请问向购买者和向销售者征收的后果是否相同？请画图加以说明。

13. 一场干旱使得农作物减产一半，这对农民是好事还是坏事？如果是好事情，为什么农民不在没有发生干旱时自己毁坏一半的农作物？

14. 微观经济学基本结构中各部分的主要内容和研究目的是什么？

第三章　消费者行为理论

在特定的价格下，如果消费者打算购买某种商品，他就对商品具有了需求。这也预示着，在特定的价格下，消费者会购买一定数量的该商品。那么，这一数量又是如何决定的呢？我们都有去超市购物的经历，往往会购买面包、牛奶、牛肉、西红柿、洗衣液等一揽子商品。或许你只注意到了这一购物过程，但是否考虑过为什么你不是购买 1 个面包和 10 斤牛肉，而是购买了 3 个面包和 2 斤牛肉呢？你的答案或许是这只是注意营养搭配而已，但是在购买一辆高性能的特斯拉轿车还是一辆普通电动轿车之间，你可能就要考虑自己的收入了。也就是说，一个精打细算的家庭是如何把现有的收入用到不同商品上的呢？

上一章我们已经讨论了需求和供给的基本概念，了解了表示需求的需求曲线和表示供给的供给曲线及其特征。但是，我们对需求和供给的分析是粗糙的。我们了解了需求量或供给量随着价格变动而变动的规律，但未必了解这些规律背后的“故事”，我们只知道一种商品的需求和供给分别来源于消费者和生产者，但不知道这些经济决策者在市场经济中的行为如何，他们的行为又如何决定了商品的需求和供给。

本章我们考察决定市场需求的消费者行为。我们分析消费者面对着商品的价格如何做出选择，这种选择如何决定购买商品的数量，并从中推导出消费者的需求曲线，探究需求规律背后隐藏的消费者的行为基础。在西方经济学中，对消费者行为的分析通常借用效用理论加以表述，故消费者行为理论也被称为效用论。

根据对消费者行为的不同假设，效用论又可以划分为基数效用论和序数效用论。不过，尽管二者的表述有所不同，但其实质并无太大的不同。因此，本章在概述基数效用论之后，主要以序数效用论作为主要的分析方法，阐述消费者行为及其理论结果。

第一节　消费者行为理论概述

消费者又称为居民户或家庭，是指能做出统一消费决策的经济单位。消费者可以是指一个人，也可以是由一定的社会关系组成的家庭，但无论规模如何，我们都认为消费者是一个统一的整体，就一个问题他只做出一个决策。在现实生活中，消费者的行为是多种多样的，在这里我们关注他们的经济行为。正如第一章第四节所假定的那样，经济学一般认为消费者是追求自身利益的一个经济单位。

消费者的经济行为体现为消费者在一定的外在条件下根据自身的目标做出选择的过程。在这一过程中，消费者会受到两种相反力量的促动和制约：一方面，他为了自身的满足，尽可能地占有或消费商品；另一方面，消费者的收入或者获取收入的手段又是有限的。因此，消费者的选择就是要把有限的收入合理地用于不同的用途。基于这一点，有关消费者行为的理论考察消费者获取商品的动机、收入约束以及二者的相互作用。

一、欲望和效用的概念

我们知道，消费者之所以要消费商品，是因为商品能够满足他的各种欲望。正如我们在第一章中指出的那样，在一个经济社会中，欲望是经济系统运转的点火器，是我们研究消费者行为的出发点。**欲望**是指一个人想要得到而没有得到某种东西的一种心理感觉。对一个消费者而言，欲望因不足而起源，同时它又是消费者想要得到这种东西的一种愿望。人的欲望是多种多样的，一种欲望得到满足，更高一级的欲望就会产生。这里，人的欲望表现为无限性，至少相对于获取满足欲望的手段来说如此。但对特定的商品而言，人的欲望又是有限的。随着个人不断地增加一种特定的商品，人们的不足之感和求足之愿的强烈程度就会越来越弱。

人们的欲望借助于消费商品而获得满足，因而商品具有满足消费者欲望的功效。消费者消费商品或劳务时所获得的满足程度被称为**效用**。一种商品或劳务给消费者带来效用的大小，取决于消费者对这种商品或劳务所产生的欲望的强度。在不同的条件下同一种商品满足同一个消费者欲望的能力有所不同，相同条件下同一种商品满足不同消费者的能力也会不同。因此，对特定商品或劳务而言，效用是消费者在一定条件下对这种商品或劳务满足其自身欲望能力的一种主观心理评价。于是，消费者在选择消费商品时总试图寻求最大的效用满足。

二、基数效用和序数效用

既然效用表示消费者消费商品或劳务时获得的满足程度，而消费者在选择消费商品或劳务时又试图使得这种满足程度为最大，那么我们分析消费者选择过程首先遇到的一个问题就是效用或者消费者满足程度的度量问题。在这一问题上，西方经济学家先后提出了基数效用论和序数效用论两种理论。

（一）基数效用论

基数效用论和序数效用论都是说明消费者选择的理论，二者之间的关键差别是商品给消费者带来的满足即效用是否可度量。

首先，基数效用论假定，消费者消费商品或劳务所获得的满足程度即效用可以用1、2、3等基数加以表示。正如长度可以用“米”作为单位、重量可以用“千克”作为单位一样，消费者消费不同商品或者数量获得的效用满足也是可以用一个特定的单位加以度量的。有些信奉基数效用论的经济学家甚至为效用的计量单位设计了“尤特尔”（英文util的音译）这一名称。这样，消费者拥有商品的效用就可以确定地表示出来。比如，一个人吃一块巧克力的效用是2个尤特尔，而听一场音乐会的效用是30个尤特尔，如果一个消费者边吃巧克力边欣赏音乐会，那他的效用满足就是32个尤特尔。因此，消费者消费一定商品或劳务获得的效用是所有这些商品效用之和。而且他们认为不同消费者获得的效用具有共同的计量单位，因而不同消费者的效用可以进行加总和相互比较。

其次，基数效用论又假定随着消费者消费一种商品或劳务数量的增加，消费者每增加一单位该商品或劳务的消费所获得的满足程度的增加量逐渐下降。基于这一假定，基数效用论对商品的总效用和边际效用概念进行了区分，前者对应着效用总额，后者对应着增加的效用。这样，在收入既定的条件下，消费者会权衡这些收入的不同用途可以产生的效用，不断地调整各种商品和劳务的组合。在现有条件下如果花费同样的费用，多消费一种商品比多消费另一种商品获得更多的效用，则增加第一种商品的消费，同时减少另外一种商品的消费。例如，同样是花费 5 元钱，如果你觉得吃草莓冰激凌的效用为 10，而吃巧克力冰激凌的效用只有 8，那么你当然就会买草莓冰激凌而不会买巧克力冰激凌。显然，消费者在进行这一调整的过程中损失掉的效用小于得到的效用，因而寻求效用最大化的消费者就会不断地进行调整，直到获得最大效用为止。这种利用增加商品消费量从而增加效用来分析消费者选择的方法就是边际效用分析方法。利用边际效用分析法，基数效用论得出了消费者选择的最优条件，从而得到了消费者的需求曲线，并证明了需求规律。本节第三小节中将会进一步说明基数效用论对消费者行为给出的解释。

（二）序数效用论

序数效用论是为了弥补基数效用论的缺陷而提出来的另一种研究消费者行为的理论。基数效用论中一个基本假设是，商品的效用可以计量和加总。但是序数效用论却认为，商品的效用是消费者对商品满足其欲望的一种心理评价，因而很难准确地加以衡量，更难对不同消费者的效用进行比较和加总。于是，序数效用论并不是准确地计算消费者从消费商品获得的满足程度的数值，而是对消费不同商品或数量获得的效用满足按第一、第二、第三……的顺序进行排序。序数效用论认为，消费者只要能对带来满足程度的大小进行排序，就可以选择效用最大的商品组合。比如，同样是花费一元钱，如果消费一块巧克力带来的满足超过消费一个包子带来的满足，消费者自然会选择购买巧克力而不是包子。为了说明消费者的选择过程，序数效用论通常借用无差异曲线进行分析。消费者根据不同商品或不同商品组合的效用满足程度进行排序，在收入允许的范围内选择效用等级最高的商品组合。利用上述分析，序数效用论同样得出了消费者选择最优商品数量组合的条件，并由此得出了消费者的需求曲线。

序数效用论避免了用基数来度量效用的假定，对消费者行为的限制更少，但它并没有从本质上否定基数效用论。在这一意义上，本书并不过分强调基数效用论和序数效用论的区别，并在不涉及不同个人比较时使用基数效用。

三、边际效用分析方法与消费者均衡

下面我们利用基数效用论来分析消费者选择的过程。

（一）边际效用递减规律

根据上面的说明，基数效用论有两个基本假定：第一，消费者消费商品或劳务所获得的满足程度即效用可以用 1、2、3 等基数加以计量；第二，随着消费者消费商品或劳务数量的增加，满足程度或效用总量一般是增加的，但消费者每增加一单位商品或劳务的消费所获得的满足程度逐渐下降。基于这些假定，基数效用论区分商品的总效用和边际效用的概念。

总效用是指在一定时间内消费者从消费商品或劳务中所获得的满足程度的总量，用 TU 表示。**边际效用**是指在一定时间内消费者从增加一单位商品或劳务的消费中所得到的效用增加量，用 MU 表示。总效用是消费者在这一时间内消费的每一单位商品或劳务

得到的效用总和。对特定消费者而言，总效用取决于消费者消费商品的数量。边际效用是新增加一单位商品带来的效用，它也与消费商品的数量有关。总效用和边际效用的概念可以借助表 3-1 加以理解。

表 3-1　张明消费巧克力的总效用和边际效用

张明消费巧克力的数量（块）	总效用 TU	边际效用 MU
0	0	—
1	12	12
2	22	10
3	28	6
4	32	4
5	34	2
6	34	0
7	33	−1

表 3-1 给出了张明消费不同数量的巧克力时获得的总效用和边际效用。第一栏是张明连续消费巧克力的数量，第二栏是张明消费这些巧克力相应地获得的效用总量，第三栏则是他因多消费一块巧克力而增加的效用。例如，当张明消费 1 块巧克力时，他获得的总效用是 12 个单位，同时与原来没有消费巧克力时相比，这块巧克力的边际效用也是 12 个单位。当张明消费 3 块巧克力时，其获得的总效用是 3 块巧克力“联合”给他带来的效用值，共计 28 个单位，而第三块巧克力给他带来的效用是 6 个单位，它等于消费 3 块巧克力与消费 2 块巧克力时获得的总效用之间的差额，即 28－22＝6 个单位。

从表 3-1 中可以看到，消费者消费商品或劳务获得的总效用与消费者消费商品的数量有关，而边际效用与既定消费数量下总效用的改变量有关。假定消费者消费一种商品或劳务的数量为 Q，则可以把总效用和边际效用分别以函数的形式表示为：

$$TU=U(Q) \tag{3.1}$$

和

$$MU=\frac{\Delta TU}{\Delta Q}=MU(Q) \tag{3.2}$$

并相应地称之为消费者消费商品的总效用函数和边际效用函数。与（3.1）式相比，（3.2）式更难于理解。式中，ΔQ 表示消费者在消费商品的数量 Q 之后所增加的该商品的消费量，而 ΔTU 则表示因增加 ΔQ 所带来的效用增加量，因此一种商品的边际效用与此前消费者已经消费的商品数量有密切的关系。①

① 正因为如此，边际效用是在某一特定消费数量上定义的。严格说来，边际效用函数是总效用函数在 Q 点的导数值，即

$$MU=\lim_{\Delta Q\to 0}\frac{\Delta TU}{\Delta Q}=MU(Q)$$

但为了便于解释，我们仍采用增量形式来定义边际效用。在消费者消费 Q，比如 5 个单位的商品之后再增加 1 单位商品的消费所获得的边际效用，尽管有不准确之嫌，但我们习惯上称它为第 6 单位商品的边际效用而不是第 5 单位商品的边际效用。

从表 3－1 中还可以看出，随着消费巧克力数量由零不断增加到 5 块，张明从消费巧克力中所获得的总效用是逐渐增加的，但他所获得的边际效用却是逐渐减少的。事实上，这与基数效用论的第二点假设是一致的。这就是所谓的**边际效用递减规律**，是指在一定时间内，在其他商品或劳务的消费数量不变的条件下，随着消费者不断增加某种商品或劳务的消费，消费者从增加的一单位该商品或劳务的消费中所获得的效用增加量是逐渐递减的。简言之，边际效用递减规律表明，在其他条件不变的情况下，一种商品或劳务的边际效用随着该商品消费数量的增加而逐渐递减。

张明连续吃巧克力获得的边际效用服从递减规律的例子表明：当他消费第一块巧克力时，由于长期没有吃到巧克力了，故获得的满足感很大，巧克力的效用有 12 个单位之多；在吃完一块以后，再拿第二块，尽管没有吃第一块时那样好了，但毕竟两块也不算多，故这第二块巧克力给张明带来的效用是 10 个单位，两块巧克力的总效用则达到 22 个单位。随着消费巧克力数量的增加，这种感觉会持续一段，但当他吃到第五块时，情况略微有所变化，吃巧克力的感觉确实不错，但张明也意识到多吃无益，在他吃下第六块巧克力时并没有再增加效用满足感。如果张明还要继续吃，可能会有些后悔，从而使得吃 7 块巧克力的总效用下降，此时第七块带来的边际效用就可能出现负数值。张明消费巧克力获得的边际效用在图 3－1 中以曲线的形式表示了出来。在边际效用递减规律的作用下，边际效用曲线向右下方倾斜，甚至可能为负数值。

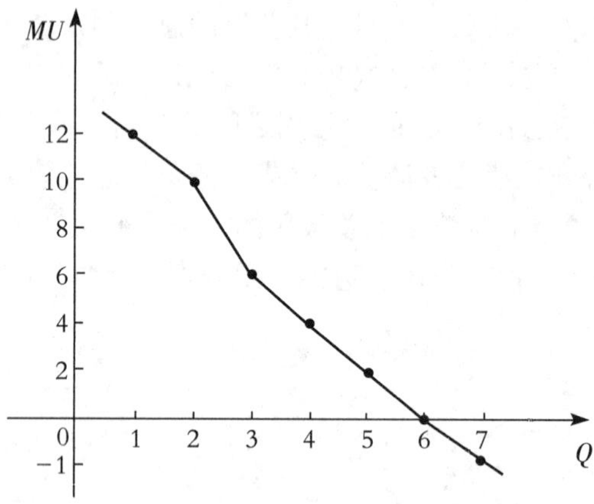

图 3－1　边际效用递减曲线

对于边际效用递减规律产生的原因，基数效用论给出了两个方面的解释：一方面，从消费者的角度来看，商品被优先用于满足最重要的需要，故最先消费的商品边际效用就大；另一方面，从商品本身对消费者所产生的重复刺激来看，随着一种商品消费数量的连续增加，消费者接受的刺激的程度越来越弱。因此，边际效用服从递减规律。

对于边际效用递减规律，我们首先需要指出的是，尽管这两个方面的原因都有一定的说服力，但许多经济学家仍然认为，边际效用递减是一种心理规律，它只能通过心理感觉才能得到验证，因而，经济学中通常把它看成是一条先验的规律。其次，尽管对绝大多数消费者以及他们消费的绝大多数商品或劳务而言，边际效用服从递减规律，但同一个消费者在消费不同数量的商品或劳务时边际效用递减的速度并不一定相同。例如，购买同一款式时装的女士，最初两套的边际效用可能是递减的，但边际效用的数值是大于零的，但第三、第四套服装的边际效用可能保持为零。同样，不同的消费者消费同一种商品时边际效用递减的速度更会所有不同。例如，就吃包子的边际效用递减而言，饭量大的人比饭量小的人要慢。再次，货币这一特殊的商品给消费者带来的边际效用递减速度一般会较慢，因而在理论分析和实际应用中有时我们把货币的边际效用视为一个常数。

现在假设商品的边际效用服从递减规律。于是，借助于上面的例子可以很容易得出总效用与边际效用变动规律之间的关系。为了表述方便起见，我们把总效用和边际效用随着消费数量变动而变动的规律一般性地描绘在图 3－2 中。在图 3－2 中，边际效用曲线随着商品数量的增加而递减，而总效用曲线则呈现出先递增后下降的趋势。以张明消费巧克力的情况为例，一方面，由于边际效用递减规律成立，张明所获得的边际效用随着巧克力数量的增加而递减；另一方面，由于总效用是每单位巧克力获得效用的加总，即这些单位的边际效用之和，比如消费 3 块巧克力的总效用为第一、第二和第三块巧克力的边际效用之和，因而只要边际效用大于零，总效用就会增加。从我们的例子中知道，张明在消费第 6 块巧克力之前，每单位巧克力的边际效用都大于零，因此总效用是逐渐增加的。并且，当张明消费巧克力的边际效用为零时，他获得的总效用不再增加，即达到最大值。当他消费第七块时，边际效用出现负数值，从而总效用递减。这表明，在边际效用大于零时总效用递增，边际效用小于 0 时总效用递减，在边际效用为零时总效用达到最大。

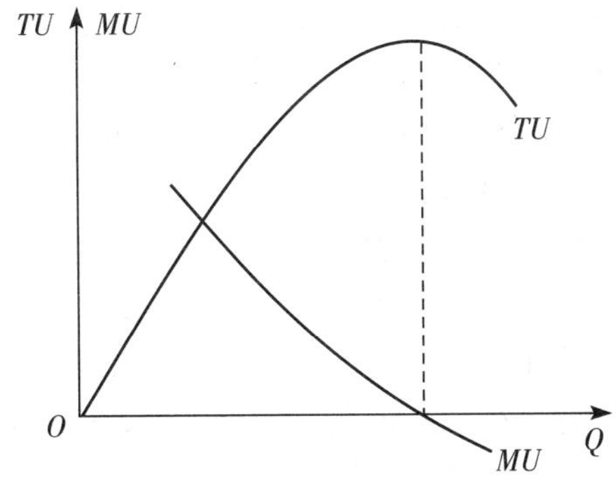

图 3－2 总效用和边际效用曲线

需要指出，当边际效用出现负数值的时候，意味着消费者消费商品的数量过度。从经济决策的角度分析，理性的消费者不会把消费数量选择在边际效用为负数值的地方。因此，在理论分析中我们常认为边际效用非负，从而总效用曲线是向右上方倾斜的。

（二）消费者均衡

消费者追求自身的最大满足，同时也会受到收入条件的限制。经济学中，把消费者使用既定的收入实现了最大效用并保持这种情形不变的状态称为**消费者均衡**。在均衡状态下，消费者消费一定数量的各种商品的组合，是他现有的收入条件下所能达到的最优组合，因此他既不想再增加也不想减少任何一种商品的消费数量。

为了得到消费者均衡的实现条件，基数效用论通常假定：第一，消费者的偏好保持不变，即消费者消费一种商品的总效用和边际效用是给定的；第二，消费者的收入保持不变；第三，消费者所消费商品的价格保持不变。

在上述条件下，基数效用论得到的消费者实现效用最大化的均衡条件是：**在既定的收入约束条件下，消费者购买各种商品获得的边际效用与价格之比相等，并且都等于货币的边际效用。**以消费者只消费两种商品为例，假定消费者的收入为 m，货币的边际效用为 λ，他消费价格为 P_1 和 P_2 的两种商品，则该消费者消费两种商品的最优数量 Q_1 和 Q_2 应该满足如下条件：

$$\begin{cases}\dfrac{MU_1}{P_1}=\dfrac{MU_2}{P_2}=\lambda \\ P_1Q_1+P_2Q_2=m\end{cases} \tag{3.3}$$

式中，MU_1 和 MU_2 分别是消费者消费两种商品的边际效用。

（3.3）式中的第二个等式容易理解，它表示消费者用于两种商品的支出之和不能超过总收入。为了更好地理解（3.3）中第一式给出的消费者均衡条件，我们还是从表 3－1 给出的张明消费巧克力的例子入手。如果张明是在免费品尝某公司的巧克力，那么他会吃几块呢？假定张明经济上是理性的，那么答案是明确的，即他会选择品尝 6 块，因为再增加消费他就会感到有些吃多了。如果现在巧克力的价格是每块 3 元，这时张明还会消费 6 块吗？答案很可能是否定的。那么他又会选择消费几块巧克力呢？

为了方便分析后一个问题，我们假定张明消费巧克力不会出现财政问题，即收入不对张明的选择构成约束，同时假定每单位货币的边际效用保持不变，比如 $\lambda=2$。在这种情况下，如果张明选择消费一块巧克力，他可以获得 12 个单位的效用满足。但与此同时，他必须支付这一块巧克力的费用，即 3 元钱。由于货币的边际效用为 2 个单位，因此张明消费这块巧克力损失掉的效用是 6（$=2\times3$）个单位。消费巧克力的所得与付出的代价相比，张明会选择消费这块巧克力。在吃掉第一块之后，张明需要考虑是否购买第二块巧克力。由于已经消费掉了第一块巧克力，所以消费第二块可以带来的效用是 10 个单位。这时，张明购买这一块巧克力时仍按 3 元支付费用，因而继续损失 6 个单位的效用。结果与第一块巧克力一样，他购买了这一单位巧克力。以同样的方式，张明不断地决定是否购买下一块巧克力。在购买第三块巧克力时，张明似乎有些犹豫，因为这时他消费第三块巧克力将获得 6 个单位的效用，但同时他也将为这一单位的巧克力支付货币，也会损失 6 个单位的效用。

假设张明消费了 3 块巧克力。之后，如果张明继续购买第四块巧克力，那么他所得到的效用是 4 个单位，而为了这一单位支付的 3 元钱所损失掉的效用仍是 6 个单位，得不偿失，因而他不会继续购买第四块巧克力。这表明，张明选择消费 3 块巧克力后已经不可能再增加自身的效用了，因而其最优的消费数量是 3 块。不难发现，张明所选择的最优消费量应当满足的条件是：6＝6，即

$$MU_1=\lambda P_1$$

或者

$$\frac{MU_1}{P_1}=\lambda \tag{3.4}$$

式中，P_1 为巧克力的价格，MU_1 为张明消费巧克力所获得的边际效用。很显然，(3.4) 式是 (3.3) 式的一个特殊情况。

如果消费者不止选择一种商品，而是同时选择两种商品，消费者的选择过程与上述选择一种商品的情形类似，他会按照 (3.3) 式进行选择。首先假定消费者把所有的收入都用来购买这两种商品，则该消费者消费两种商品的数量 Q_1 和 Q_2 满足条件：

$$P_1Q_1+P_2Q_2=m$$

在这一等式得到满足的条件下，若有$\frac{MU_1}{P_1}>\frac{MU_2}{P_2}$，则意味着花费一元钱购买第一种商品获得的边际效用大于同样用一元钱购买第二种商品所能得到的边际效用。这时，如果消费者把用于购买第二种商品的一元钱转而购买第一种商品，仍不会突破收入的限制，但结果比原来要好。因为，将用于购买第二种商品的一元钱转向购买第一种商品会损失掉第二种商品带来的效用$\frac{MU_2}{P_2}$，但同时通过增加第一种商品的消费所能增加的效用为$\frac{MU_1}{P_1}$，后者大于前者。因此，消费者会因为这种调整而使自身获得的效用增加。

随着第一种商品消费数量的增加，由于边际效用递减规律的作用，$\frac{MU_1}{P_1}$会逐渐下降，同时随着第二种商品数量的减少，$\frac{MU_2}{P_2}$逐渐增加，从而消费者的上述调整将会使二者相等。消费者一旦将其购买商品的组合调整到$\frac{MU_1}{P_1}=\frac{MU_2}{P_2}$时，他就获得了最大的效用。

相反，如果有$\frac{MU_1}{P_1}<\frac{MU_2}{P_2}$，则消费者会通过减少第一种商品的消费同时增加第二种商品的消费来使得总效用增加。因此，只有当二者相等时，消费者才会获得最大效用。所以，消费者实现效用最大化的均衡条件是 (3.3) 式成立，即每单位货币购买两种商品中的任何一种商品所能获得的边际效用都相等。

推而广之，如果消费者消费价格分别为 P_1，P_2，…，P_n 的 n 种商品，那么他选择的 n 种商品最优的消费数量 Q_1，Q_2，…，Q_n 满足如下条件：

$$\begin{cases}\frac{MU_1}{P_1}=\cdots=\frac{MU_n}{P_n}=\lambda \\ P_1Q_1+\cdots+P_nQ_n=m\end{cases} \tag{3.5}$$

式中，MU_1，MU_2，…，MU_n 分别是 n 种商品给消费者带来的边际效用，为货币的边际效用。上式表明，在满足收入约束的条件下，消费者用一单位货币购买每一种商品所得到的边际效用都相等，并且均等于货币的边际效用。

四、消费者需求曲线

（一）消费者需求曲线的推导

从理论上讲，分析消费者行为的目的在于得到消费者的需求曲线，从而揭示需求曲线背后的问题。基数效用论在分析消费者均衡条件的基础上推导出了消费者的需求曲线。

以消费者只消费一种商品的最简单的情形为例。① 这时，消费者实现效用最大化的均衡条件由（3.4）式给出，即对应于商品某一特定的价格，消费者按每单位货币购买到的商品所获得的边际效用等于货币的边际效用来选择消费商品的数量。这一条件是以商品的价格保持不变为前提的。现在假定商家不断变更价格，那么消费者也会相应地根据这一价格按（3.4）式决定最优的消费量。

继续以张明消费巧克力的情形为例。如前所述，当价格为零时，即巧克力免费品尝，张明经济上最合理的消费量是 6 块；如果巧克力的价格是每块 3 元，则张明最优的消费数量是 3 块。利用同样的分析，如果巧克力的价格是每块 1 元，则在货币的边际效用为 2 个单位的条件下，每购买一块，张明损失掉的货币带来的效用为 2 个单位。只要购买一块巧克力获得的效用满足能超过或补偿货币带来的损失，那么张明就会购买它们。因此，在巧克力价格为每块 1 元时，张明选择的消费数量为 5 块。当巧克力价格为每块 2 元时，张明选择消费 4 块。以此类推，如表 3-2 所示。

表 3-2　　张明对巧克力的需求表

消费巧克力的数量 Q（块）	获得的总效用 TU	边际效用 MU	货币的边际效用 λ	巧克力的价格 P（元/块）
0	0	—	2	>6
1	12	12	2	6
2	22	10	2	5
3	28	6	2	3
4	32	4	2	2
5	34	2	2	1
6	34	0	2	0
7	33	−1	2	—

从表 3-2 可以看到，在其他条件不变的情况下，随着巧克力价格的变动，张明所选择的巧克力的消费数量也随之变动。例如，当价格是每块 1 元时，选择消费 5 块；当价格为每块 2 元时，消费 4 块；价格为每块 3 元时，消费 3 块。不难发现，表中的第一栏和第五栏恰好相互对应。同时注意到，消费者选择的消费数量是收入约束条件下实现效用最大化的商品购买量，即愿意并且能够购买的数量。因此，表中第一栏和第五栏构成了一个需求表。利用这一表格，可以得到张明对巧克力的需求曲线，如图 3-3 所示。

对应于一个特定的价格，比如 $P=3$ 元/块，消费者选择的消费数量 $Q=3$ 块，这一数量是通过下列方式得到的，即这一单位商品的边际效用与价格之比恰好等于货币的效用。因此，商品价格与需求量之间的对应关系由（3.4）式决定。由此可以推导出消费者需求函数的一般表示，即

① 事实上，消费者消费一种商品的情形仍然可以看做消费两种商品，只是其中一种商品是货币而已。

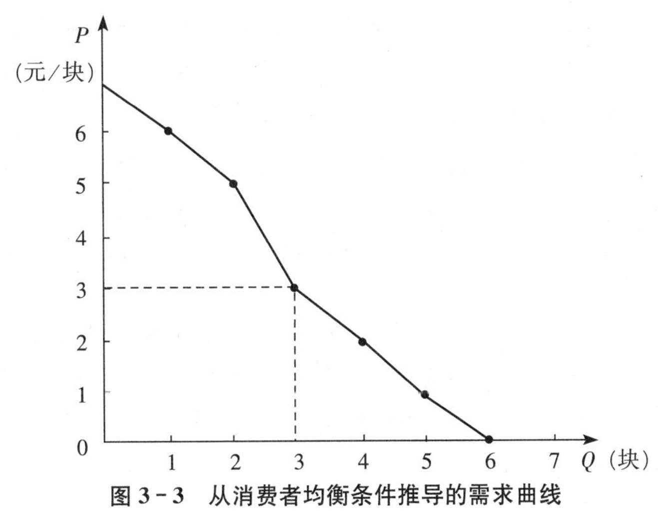

图 3-3　从消费者均衡条件推导的需求曲线

$$\frac{MU}{P}=\lambda$$

同样道理，当消费者同时选择多种商品时，在其他条件不变的情况下，消费者均衡条件所决定的一种商品的价格与该商品的最优消费数量之间的关系即为消费者需求函数。例如，对两种商品而言，在消费者的收入 m 和第二种商品的价格 P_2 不变的条件下，消费者对第一种商品的需求函数由下列条件所决定：

$$\begin{cases}\dfrac{MU_1}{P_1}=\dfrac{MU_2}{P_2}\\ P_1Q_1+P_2Q_2=m\end{cases}$$

从中消去第二种商品的需求量 Q_2，即得到消费者对第一种商品的需求函数。

（二）边际效用递减规律与需求曲线的形状

以上我们从对消费者行为的分析中得到了消费者需求曲线。不难看出，在基数效用论意义下，消费者的需求曲线恰好是消费不同商品数量的边际效用。因此，需求曲线体现了消费者的支付愿望：消费数量越大，边际效用越低，从而愿意支付的价格就越低。这表明，消费者需求曲线向右下方倾斜。

换一个角度从消费者均衡条件来理解，对应于商品的任一特定价格，消费者愿意并且能够购买的商品数量是消费者在既定收入约束条件下实现效用最大化的数量，即消费者消费最后一单位商品所得的边际效用与该价格之比恰好等于货币的边际效用。根据这一条件不难发现，如果提高商品的价格，在货币的边际效用既定的条件下，消费者增加一单位商品的购买需要支付的货币数量增加，从而损失掉的效用随之增加。为了能够弥补这一损失，消费者需要从该单位商品的消费中获得更多的边际效用。由于消费商品获得的边际效用服从递减规律，因而消费者只能选择更少的消费量，才能使得到的边际效用足以补偿较高价格所造成的边际效用损失。也就是说，由于消费者的支付愿望随着购买数量的增加而递减，因而对应于商品较高的价格，消费者只愿意为较少的商品数量支付货币，即需求量相应地减少。

由此可见，正是由于边际效用递减规律，消费者需求曲线才向右下方倾斜。也就是说，在基数效用论意义下，边际效用递减规律保证了需求规律成立。

（三）从单个消费者的需求曲线到市场需求曲线

以上借助于基数效用论给出的消费者均衡条件得出了单个消费者的需求曲线。在边际效用递减规律的作用下，单个消费者对商品的需求曲线向右下方倾斜。根据第二章第二节的说明，通过分析、加总所有单个消费者对商品的需求曲线，可以得到该商品的市场需求曲线。参见图2－5。

由于在其他条件不变的情况下所有消费者消费商品所获得的效用满足边际效用递减规律，因而随着商品价格下降，所有消费者对该商品的需求量增加，从而商品的市场需求量增加。这就是说，商品的市场需求曲线也向右下方倾斜。

五、基数效用论的缺陷

虽然基数效用论推导出了消费者对商品的需求曲线，并且很容易地证明了需求定理，但是这一理论也存在若干缺陷，主要表现为以下几个方面：

第一，基数效用论认为，效用可以用“效用单位”加以衡量，但是，由于效用是一个心理概念，因而基数效用论无法回答“效用单位”的标准。因此，效用的可计量性受到怀疑。

第二，边际效用递减规律是基数效用论分析需求曲线形状的最重要的根据，但是，这个规律取决于人们的心理感受，很难得到验证。基数效用论给出的解释依靠消费者“内省”的方式加以验证，这显然并不是一个理想的方案。

第三，既然市场需求曲线是所有单个消费者需求曲线的横向加总，而每个消费者的需求曲线又是边际效用，因而基数效用论得出的市场需求曲线背后其实隐含了人们的效用之间可以互相比较这一假设。如果说可以比较单个消费者对消费不同数量的商品获得的效用，那么按统一的标准比较两个不同的消费者消费某种商品获得的效用就过于牵强了。

第四，与基数效用论隐含的社会政策相联系，基数效用论隐含着收入分配的平均化。由于效用可以计量，那么从全社会的角度来看，全社会的福利水平自然就可以表示为所有单个社会成员的效用水平之和。然而，由于每个社会成员消费商品所获得的边际效用是递减的，即单个成员拥有的社会财富越多，边际效用就越低，因而如果将一单位财富从高收入者转向低收入者，那么高收入者的损失必然会小于低收入者的所得。因此，按照基数效用论，收入的平均化一定是社会福利最大化的政策选择。但这显然与资本主义制度的基本原则相矛盾。

正是为了克服上述的缺陷，西方经济学试图用序数效用论分析消费者的行为，得出需求规律。

第二节　无差异曲线及其特点

上一节我们运用边际分析方法考察了消费者的行为，最终得到了消费者需求曲线。

但在分析过程中，基数效用论也对消费者的选择行为规定了一系列假设。这些假定给有关分析带来了极大的便利，但也产生了若干缺陷。为了弥补基数效用论的不足，西方经济学又采用序数效用论的无差异曲线分析方法来考察消费者行为。

一、序数效用论概述

序数效用论对基数效用论的改进可以用一个与我们的论题似乎不相关的例子加以说明。假设我们的教学班共有 30 个人，我们希望知道班级中最高的人是谁。于是，基数效用论说，只要准确地测量出每个人的身高，自然能找到我们班中身高最高的人。序数效用论则认为，这种方案可以达到我们的目的，但并不是必需的。如果不能准确测量每个人的身高（或许是因为我们没有测量工具），我们也照样能找到最高者。序数效用论的方案是，把班中的 30 个人排队或者是两两相比，比他人都高的人就是班中最高者。

上述例子体现了序数效用论的基本思想。既然消费者行为分析的目的是得出获得最大满足的商品数量或者不同商品的数量组合，而不是要考察这一商品数量或组合的满足程度大小，那么也就不需要假定效用可计量，只要消费者能对不同商品组合进行排序即可。序数效用论认为，消费者消费一定数量的商品获得的效用满足是一个类似于香、臭、美、丑那样模糊的概念，效用的大小是无法准确衡量的，但消费者可以对获得满足程度的大小进行比较并加以排序，即效用之间的比较可以通过顺序或等级来表示。借助于效用之间的比较，序数效用论也可以说明消费者的选择。

序数效用论使用偏好的概念，用来表示消费者对商品或商品组合的喜好程度。关于消费者对商品组合的偏好，序数效用论提出了以下三个基本的假设条件：

第一，消费者对任意两个商品组合都可以进行排序。例如对于任意两个商品组合 A 和 B，消费者可以断定，要么对 A 的偏好大于对 B，要么对 A 的偏好小于对 B，要么对 A 和 B 的偏好无差异。

第二，消费者的偏好满足递推性质。例如对于任何三个商品组合 A、B 和 C 而言，如果消费者对 A 的偏好不比对 B 的偏好差，而对 B 的偏好又不比对 C 的偏好差，那么，该消费者对 A 的偏好一定不会比对 C 的偏好差。

第三，在其他商品数量相同的条件下，消费者更偏好于一种商品数量大的商品组合。

假设条件一是说，尽管消费者不能准确地说出两个面包与一根火腿肠以及两个包子与一碗粥这两个商品组合的效用值，但可以比较这两个组合哪个更好，或者两个组合一样好。假设条件二表明，消费者只要能够对任意两个商品组合进行排序，那么他就可以通过两两排序在所有的商品组合中找到他最为偏好的商品组合。假设条件三则意味着，消费者对每一种商品的消费尚处于未饱和状态，即商品还没有多到令人讨厌的程度，或者说，到目前为止消费者选择的商品都是“好”商品。

与基数效用论的基本假定相比，上述三个假设条件对大多数消费者而言并不过分严格，因此，这些假设在分析消费者行为时经常被用到。

二、无差异曲线及其特点

在上述假定的基础上，可以运用无差异曲线表示消费者对商品组合的偏好。

无差异曲线是能够给消费者带来相同满足程度的不同数量的商品组合描绘出来的曲线。例如，某一消费者选择消费巧克力和游戏光盘。比如，$A=(15, 10)$ 表示消费者可以得到 15 块巧克力和 10 张光盘，$B=(13, 12)$ 表示 13 块巧克力和 12 张光盘的组合。消费者认为，与 A 相比，B 中尽管巧克力的数量减少了，但光盘数量的增加却可以弥补这一缺憾。因而在他看来，巧克力和光盘的这两种组合具有相同的吸引力，或者说二者无差异。这时，尽管该消费者可能不能准确地说明这两个组合给他带来效用的具体数值，但当被问及是更喜欢 15 块巧克力和 10 张光盘的组合，还是更喜欢 13 块巧克力和 12 张光盘的组合时，他的回答是无所谓。

我们把类似的点描绘出来，就是该消费者的无差异曲线，如图 3-4 所示。图中的无差异曲线表示了这一消费者对巧克力和光盘组合的偏好。由于消费者对 $A=(15, 10)$ 和 $B=(13, 12)$ 所表示的巧克力光盘组合无差异，即二者能给消费者带来相同的满足，因而对于这一消费者而言，B 与 A 位于一条无差异曲线上。同样，把所有与 A 具有相同满足程度的巧克力和光盘组合点 C、D 等描绘出来，并连成曲线，那么该曲线就是一条无差异曲线。

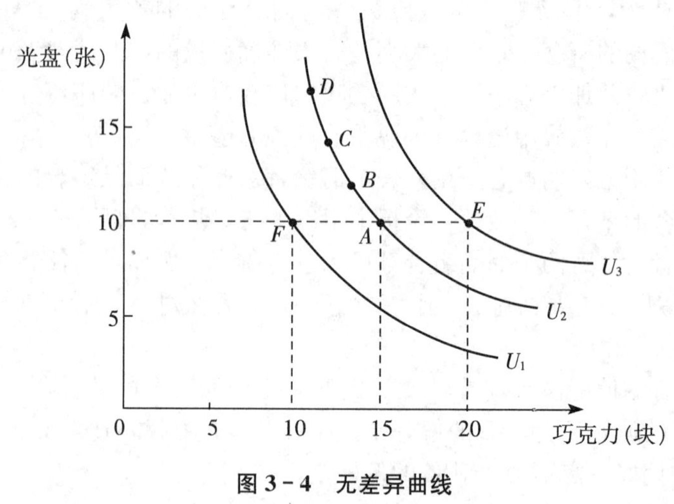

图 3-4　无差异曲线

很显然，如果把最初的巧克力与光盘的组合选定为 $E=(20, 10)$，类似于上述方式，可以得到另外一条无差异曲线。因此，无差异曲线有无数多条，图 3-4 给出了其中的三条。

无差异曲线具有以下特点：

第一，无差异曲线有无数多条，每一条代表着消费者消费商品组合的一个效用水平，并且离原点越远，无差异曲线代表的效用水平就越高。这是因为，只要可供消费者选择的商品数量是无限的，而消费者更偏好于数量大的商品组合，那么数量大的商品组合就可以给消费者带来更大的满足，从而处于更高的效用等级。如图 3-4 中 E 点所在的无差异曲线比 A 点所在的无差异曲线代表更高的效用水平。

第二，任意两条无差异曲线不会相交。如图 3-5 所示，如果两条无差异曲线相交于 A 点，而 B 和 C 又分别处于这两条不同的无差异曲线上，则根据无差异曲线的定义，商品组合 B 与 A 具有相同的效用水平，C 与 A 具有相同的效用水平，从而 A、B 和 C 三者处于相同的效用等级。但是，C 中所包含的两种商品的数量均大于 B 中包含的两种商品的数量，从而根据消费者更偏好于数量大的商品组合这一基本假设，C 给消费者带来的效用满足程度大于 B。这在逻辑上就出现了错误。因此，任意两条不同的无差异曲线不可能相交。

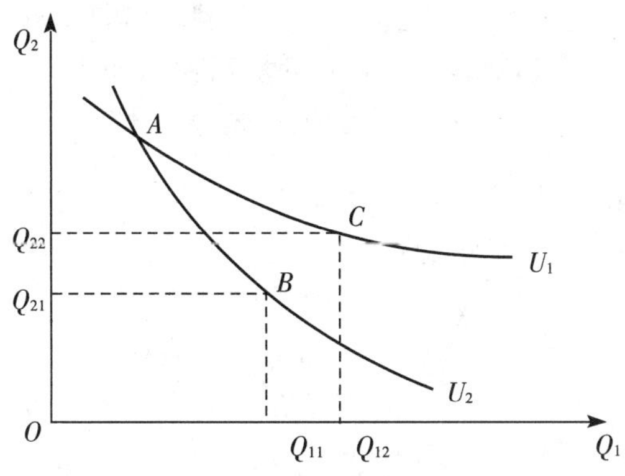

图 3-5 无差异曲线不能相交

第三，无差异曲线向右下方倾斜，并且凸向原点。在图 3-4 中，每一条无差异曲线都是一条向右下方倾斜并且凸向原点的曲线，这并不是偶然的。无差异曲线向右下方倾斜意味着，随着增加一种商品的数量，减少另一种商品的数量，消费者也可以获得与原来相同的满足程度。换一句话说，在效用水平保持不变的条件下，一种商品数量的减少可以通过增加另一种商品的消费数量而得到弥补。如果一条无差异曲线向右上方倾斜，那么处于这条曲线右上方的商品组合点包含的商品数量更大，从而根据消费者行为的基本假设，消费者就会更加偏好这一组合。这一结果与无差异曲线的定义相矛盾。因此，无差异曲线向右下方倾斜。

无差异曲线向右下方倾斜的另一种表述是其斜率为负数值。至于无差异曲线凸向原点则需要借用无差异曲线斜率的变动加以说明，下面我们专门讨论这一点。

三、边际替代率及其递减规律

（一）边际替代率

正如前文所言，在一条无差异曲线上，消费者因一种商品数量的减少而造成的损失可以由另外一种商品增加而得到弥补。这说明，在既定的效用水平保持不变的条件下，消费者可以用一种商品代替另外的商品。在西方经济学中，一种商品对另外商品的替代能力由边际替代率来度量。

一种商品对另外一种商品的**边际替代率**定义为：在效用水平或满足程度保持不变的条件下，消费者增加一单位一种商品的消费可以代替的另一种商品的消费数量，简称边际替代率。假定消费者消费两种商品，其消费数量分别为 Q_1 和 Q_2，此时消费者对第一种商品的改变量（比如增加量）为 ΔQ_1，它可代替的第二种商品的数量为 ΔQ_2。以 $RCS_{1,2}$代表第一种商品对第二种商品的边际替代率，则边际替代率可以用公式表示为：

$$RCS_{1,2}=-\frac{\Delta Q_2}{\Delta Q_1}\bigg|_{U不变} \tag{3.6}$$

式中负号表示在效用水平保持不变的条件下，第一种商品数量增加，则第二种商品数量减少。同时，增加一个负号可以使得边际替代率可以为正数值。

继续以消费者选择巧克力和游戏光盘的情况为例，如图 3-6 所示。对于该消费者而言，由于他认为 13 块巧克力和 12 张光盘与 15 块巧克力和 10 张光盘可以带来相同的满足程度，因此若增加 2 块巧克力，该消费者愿意放弃 2 张光盘。这时，巧克力对光盘的边际替代率为：

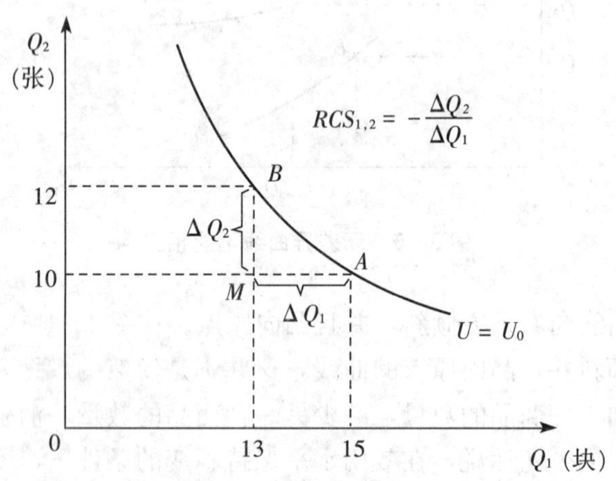

图 3-6　商品的边际替代率

$$RCS_{1,2}=-\frac{\Delta Q_2}{\Delta Q_1}=-\frac{-2}{2}=1$$

即对该消费者而言，巧克力对光盘的边际替代率为 1。

商品的边际替代率度量了增加第一种商品的一单位可以代替的第二种商品的数量：数量越大，第一种商品对第二种商品的替代能力越强；数量越小，第一种商品对第二种商品的替代能力越弱。

从图 3-6 也可以看出，商品的边际替代率是无差异曲线斜率的绝对值。无差异曲线越平缓，第一种商品对另一种商品的边际替代率越小；相反，无差异曲线越陡峭，第一种商品对另一种商品的边际替代率越大。

背景资料

曲线的斜率

商品的边际替代率事实上是无差异曲线的斜率。为了理解这一概念，我们有必要说明曲线的斜率。

严格说来，一条曲线的斜率是曲线上某一点的斜率，即曲线在该点切线的斜率。假设用函数 $y=f(x)$ 表示这条曲线，则其在（x_0，y_0）处的斜率 k 可以用 y 的变化量除

以 x 的变化量表示，即

$$k=\frac{\Delta y}{\Delta x}$$

当 x 的变化量极小，即 $\Delta x\to 0$ 时，可以得到极限形式的曲线斜率，以曲线在该点的导数表示：

$$y'=f'(x)=\frac{\mathrm{d}y}{\mathrm{d}x}=\lim_{\Delta x\to 0}\frac{\Delta y}{\Delta x}=\lim_{\Delta x\to 0}\frac{f(x_0+\Delta x)-f(x_0)}{\Delta x}$$

这样，一条曲线上任意一点的斜率就对应着函数在该点的导数。

于是，在上边的边际替代率公式中，假定商品数量的变化量趋于无穷小，即当 $\Delta Q_1\to 0$时，则商品的边际替代率公式可以写为：

$$RCS_{1,2}=\lim_{\Delta Q_1\to 0}-\frac{\Delta Q_2}{\Delta Q_1}=-\frac{\mathrm{d}Q_2}{\mathrm{d}Q_1}$$

（二）边际替代率递减规律

商品的边际替代率反映消费者增加一单位一种商品而愿意放弃的另外一种商品的数量。很显然，商品的边际替代率与消费者拥有的该商品及其可以替代的另一种商品的数量有关。商品的边际替代率与消费商品数量之间的关系可以概括为商品边际代替率递减规律。

商品**边际替代率递减规律**是指：在保持效用水平或满足程度不变的条件下，随着一种商品消费数量的增加，消费者增加一单位该商品而愿意放弃的另一种商品的消费数量是逐渐减少的，即随着一种商品数量的增加，它对另一种商品的边际替代率递减。例如，在图 3－4 中，消费者由 D 点经 C、B 到 A，消费者为多得 1 块巧克力而愿意放弃的光盘的数量会越来越少。

商品边际替代率递减的原因是容易理解的。在保持消费者效用水平不变的前提条件下，消费者增加一种商品的消费，则可以减少第二种商品的消费数量。随着第一种商品消费量的增加，第二种商品消费量减少，结果第一种商品相对充裕，第二种商品相对稀缺，因而消费者就会更偏爱第二种商品。这时，只有得到更多的第一种商品，消费者才愿意放弃相对稀缺的第二种商品。在上面巧克力与光盘的例子中，如果消费者已经拥有了很多的巧克力而光盘的数量很少，那么消费者宁愿要多一点的光盘，从而只有较多的巧克力才能换取他的一张光盘，即单位巧克力对光盘的替代能力越来越小。

借用效用和边际效用递减规律，商品的边际替代率递减规律可以得到进一步的解释。事实上，在保持效用水平不变的条件下，消费者增加第一种商品的消费量所增加的效用恰好弥补第二种商品消费量降低所减少的效用。假定第一种商品改变 ΔQ_1，则消费者的效用改变量为 $MU_1\cdot\Delta Q_1$，由此引起的第二种商品数量改变 ΔQ_2 对效用的影响为 $MU_2\cdot\Delta Q_2$。保持效用水平不变，二者必然抵消，于是有：

$$MU_1\cdot\Delta Q_1+MU_2\cdot\Delta Q_2=0 \tag{3.7}$$

从中得到：

$$RCS_{1,2}=-\frac{\Delta Q_2}{\Delta Q_1}=\frac{MU_1}{MU_2} \tag{3.8}$$

（3.8）式表明第一种商品对第二种商品的边际替代率与第一种商品的边际效用成正比，与第二种商品的边际效用成反比。如果消费者消费商品获得的满足程度服从边际效用递减规律，那么随着第一种商品数量的增加，消费者每增加一单位该商品消费获得的满足程度增加量就越小，从而这一单位商品对另一商品的替代数量就越小；同样地，随着第二种商品数量的减少，消费者越偏好该商品，增加一单位该商品所获得的满足程度越大，该商品就越不容易被其他商品所替代，从而第一种商品对第二种商品的替代数量越小。因此，商品的边际替代率递减。

背景资料

边际替代率与边际效用

序数效用论者运用替代率来分析消费者行为，而基数效用论者运用边际效用来分析消费者行为，但二者并不是对立的，它们的本质是相同的。边际替代率与边际效用之间的关系说明了这一点。

假设效用函数为 $U=U(Q_1, Q_2)$，则 $U=U(Q_1, Q_2)=U_0$（常数）代表一条特定的无差异曲线。在等式两边取全微分，有：

$$\frac{\partial U}{\partial Q_1}\mathrm{d}Q_1+\frac{\partial U}{\partial Q_1}\mathrm{d}Q_2=0$$

由于效用函数的偏导数即为商品的边际效用，则上式可以改写为：

$$MU_1\mathrm{d}Q_1+MU_2\mathrm{d}Q_2=0$$

即

$$-\frac{\mathrm{d}Q_2}{\mathrm{d}Q_1}=\frac{MU_1}{MU_2}$$

从而：

$$RCS_{1,2}=-\frac{\mathrm{d}Q_2}{\mathrm{d}Q_1}=\frac{MU_1}{MU_2}$$

这说明，第一种商品对第二种商品的边际替代率，与第一种商品的边际效用成正比，与另外一种商品的边际替代率成反比。

上述公式说明了边际替代率递减与边际效用递减之间的关系：在通常情况下，边际效用递减规律保证了边际替代率递减规律的成立。事实上，随着第一种商品对第二种商品的替代，Q_1 逐渐增加，Q_2 逐渐减少。在边际效用递减规律的作用下，当 Q_1 逐渐增加时，MU_1 逐渐降低（忽略 Q_2 减少对 MU_1 的影响）；与此同时，Q_2 逐渐减少，导致

MU_2 逐渐增加（同样忽略 Q_1 增加对 MU_2 的影响）。① 这就使得边际替代率递减。

既然商品的边际替代率是递减的，而边际替代率又是无差异曲线斜率的绝对值，因此无差异曲线斜率的绝对值是逐渐递减的。这表明，随着第一种商品数量的增加，无差异曲线越来越平缓，从图形上来看就是无差异线凸向原点。这说明无差异曲线的第三个性质由商品的边际替代率递减规律得到保证。

需要指出，在一般情况下，商品的边际替代率逐渐递减，无差异曲线凸向原点，但也有边际替代率为零、常数和无穷大三种特殊的情形。当边际替代率为零时，无差异曲线为一条水平的直线；当边际替代率为一个正常数时，无差异曲线是一条向右下方倾斜的直线；当边际替代率是无穷大时，无差异曲线是垂直的直线。图 3－7 中两幅图表示出了这三种特殊情况。

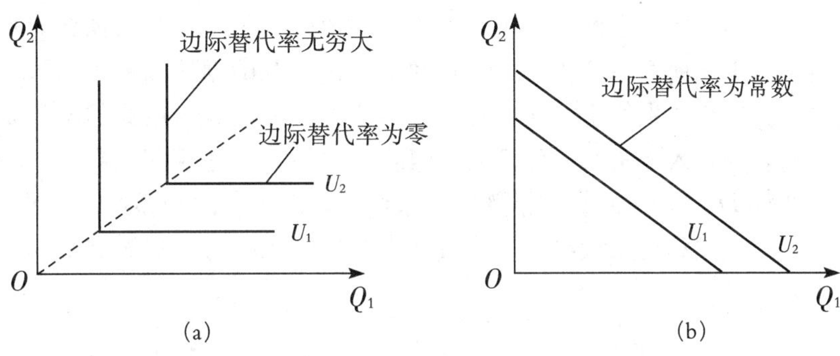

图 3－7　无差异曲线的特殊情况

图 3－7（a）表示了两种商品完全互补或者完全不能替代的情况。比如，如果认为镜框和镜片可以作为两种商品的话，则消费眼镜的人描绘的无差异曲线具有（a）图所示的形状，此时一副眼镜框与两个眼镜片相搭配，可以给消费者带来一定的满足。但是，两个镜片配上三副镜框也只能起一副眼镜的作用。图 3－7（b）则是两种商品完全替代的情况。例如，一个对雪碧和可乐口味极不挑剔的人就会认为一听雪碧与一听可乐一样，即雪碧对可乐的边际替代率等于 1。

尽管无差异曲线有上述的特殊情况，但在理论分析中，通常认为它们具有图 3－4 描绘的特征。

第三节　消费者的预算约束线

消费者选择行为一方面被其偏好所左右，另一方面又要受到收入水平的限制。在讨论了消费者的偏好之后，我们本节说明既定收入对消费者行为的限制。

① 简单地说，这要忽略一种商品数量变动对另外一种商品边际效用的影响或者要求 $\partial MU_i/\partial Q_j \geqslant 0$，$i \neq j$。有兴趣的读者可参见中级微观经济学教材。

一、预算约束线

预算约束线又简称为约束线，它表示在消费者收入和商品价格既定的条件下，消费者的全部收入所能购买到的各种商品不同数量的组合。

继续以消费者消费两种商品为例。假定消费者的收入为 m，消费者面对的两种商品的价格分别为 P_1 和 P_2，它们都是既定的。如果消费者选择消费商品的数量分别为 Q_1 和 Q_2，那么消费者用于第一种商品的支出为 P_1Q_1，用于第二种商品的支出为 P_2Q_2，因此收入对消费者购买两种商品的数量 Q_1 和 Q_2 的限制可以表示为：

$$P_1Q_1+P_2Q_2=m \tag{3.9}$$

即为消费者的预算约束线。

如图 3－8 所示。在消费者的收入和商品价格既定的条件下，消费者的预算约束线是一条向右下方倾斜的直线。在图中，坐标平面第一象限表示出了可供消费者选择的两种商品的数量组合范围，而由 AB 构成的预算线 I 把这一范围划分为三个区域：预算约束线与坐标轴之间、预算约束线上以及预算约束线之外。在预算约束线与坐标轴之间的范围内，消费者的全部收入购买其中任意商品组合点比如 C 点之后仍有剩余。而在预算约束线 I 之外，比如 D 点，在商品价格既定的条件下，消费者的全部收入不足以购买这些数量的商品。因此，预算约束线给出了消费者在既定收入下可以购买到的两种商品“最大”的数量组合。

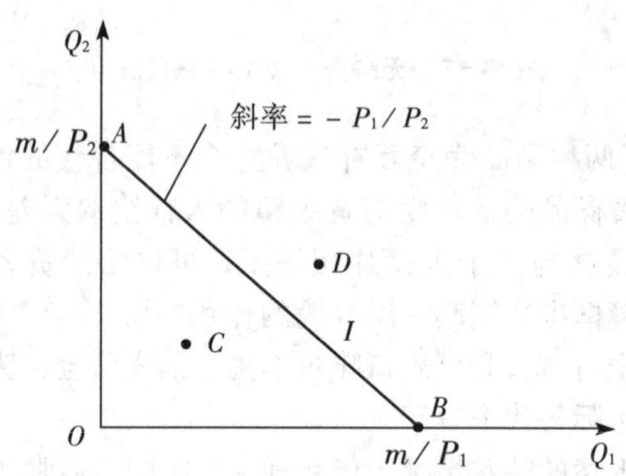

图 3－8　消费者的预算约束线

根据预算约束线的方程式（3.9）式可以知道，预算约束线与横轴的交点 B 决定的第一种商品的数量为（m/P_1），它表示消费者将全部收入用来购买第一种商品可以得到的最大数量；预算约束线与纵轴的交点 A 表示消费者收入全部用来购买第二种商品可以得到的最大数量（m/P_2）。通过这两个交点，我们还可以得到消费者预算约束线的斜率为（$-P_1/P_2$），即预算约束线的斜率绝对值是两种商品价格之比。

二、预算约束线的变动

由上述分析可以看出，消费者的预算约束线是以消费者的收入和商品价格既定为条件的。因此，当消费者的收入和商品的价格发生变动时，消费者的预算约束线也会随之变动。下面我们区分不同的情况分析预算约束线的变动。

第一种情况是，在两种商品的价格保持不变的条件下，如果消费者的收入发生变化，那么消费者的预算约束线将会平行移动。具体来说，在商品价格保持不变的条件下，如果消费者的收入增加，则消费者的预算约束线向右上方平行移动；如果消费者的收入减少，则预算约束线向左下方平行移动。这是因为，消费者的收入增加，消费者可购买商品的范围扩大，消费者的收入减少，消费者可购买商品的范围减少。但同时，由于商品的价格不变，则预算约束线的斜率（$-P_1/P_2$）不变。因而，消费者的收入变化只能引起预算约束线的截距（m/P_1 和 m/P_2）的变化，即预算约束线平行移动。如图 3-9（a）所示，消费者收入增加，预算约束线由 I 平移到 I_1；消费者收入减少，预算约束线由 I 平移到 I_2。

第二种情况是，在消费者的收入和一种商品的价格保持不变的条件下，另一种商品价格的变动将会使得预算约束线旋转。假定消费者的收入 m 和第二种商品的价格 P_2 保持不变，那么预算约束线与纵轴的交点（m/P_2）不会发生改变，但 P_1 变动将使得预算约束线与横轴的交点（m/P_1）发生变动。于是，如果第一种商品的价格降低，预算约束线将会以其与纵轴的交点为中心向右上方旋转；反之，第一种商品的价格提高，预算约束线将会以这一交点为中心向左下方旋转。如图 3-9（b）所示，在消费者收入和第二种商品的价格保持不变的条件下，第一种商品价格下降将使得预算约束线由 I 移动到 I_1；反之，第一种商品价格下降将使得预算约束线由 I 移动到 I_2。

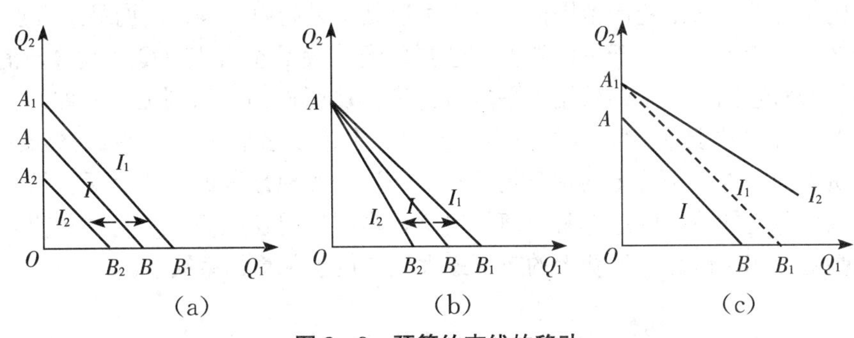

图 3-9　预算约束线的移动

第三种情况是，如果所有商品的价格以及消费者的收入按同一比例发生变动，那么消费者的预算约束线位置不发生变动；如果商品价格以及消费者收入发生相对变化，那么预算约束线的位置发生的变动可以分解为上述第一和第二种情况。如图 3-9（c）所示。一条直线的变动可以一般性地表示为由 I 变动到 I_2，此时预算约束线的斜率和截距都发生了变动。对应于这种情况，我们可以做出一条辅助的预算约束线 I_1，使得它与预算约束线 I 平行，并且与 I_2 在纵轴的交点重合。于是，商品价格和消费者收入的变动引起预算约束线由 I 移动到 I_2 可以理解为，首先是在价格不变的条件下收入变动使得预算约束线由 I 平移到 I_1，然后是在收入和一种商品价格不变的条件下另一种商品价格变动使得预算约束线再由 I_1 移动到 I_2。

基于上述分析，当下文中涉及收入或商品价格变动对消费者预算约束线影响的时候，我们通常以第一和第二种情况为例加以说明，即分别考察商品价格保持不变而只有收入变动以及收入和一种商品价格不变而另一种商品价格变动这两种情形，并且在后一种情形中，通常认为只有第一种商品的价格发生变动。

第四节　消费者均衡

任何一个经济上理性的消费者的选择行为都是在效用满足的驱使和收入限制两种相反力量的作用下进行的。消费者在收入和商品价格既定的条件下选择特定的商品组合，目的是从中获得尽可能大的效用满足。在消费者的收入和商品的价格既定的条件下，当消费者选择商品组合获得了最大的效用满足并将保持这种状态不变时，我们称消费者处于均衡状态，简称为**消费者均衡**。本节考察消费者均衡的条件及其均衡点的变动情况。

一、消费者均衡条件

在消费者的收入和商品价格既定的条件下，消费者试图使得自身的效用为最大。既定的收入和商品价格决定了消费者的预算约束线，它限定了可供消费者选择的范围，而消费者对这些商品的偏好又可以由无差异曲线表示出来。因此，消费者均衡表现为，在一条既定的预算约束线限定的范围内，寻求可以处于最高效用等级的商品组合点。

如图 3-10 所示，对应于可供消费者选择的所有商品组合点（Q_1，Q_2），消费者根据自身的偏好对它们所产生的效用水平进行排序，从而得到一系列无差异曲线。图中的 U_1、U_0 和 U_2 是其中具有代表性的三条。同时，在消费者收入和商品价格既定的条件下，该消费者面临着一条特定的预算约束线 I。为了实现最大的效用满足，消费者将会在预算约束线限定的范围内选择某一商品组合，力图使得这一组合点远离原点，以便获得尽可能高的效用。因此，消费者的效用最大化点位于预算约束线上。

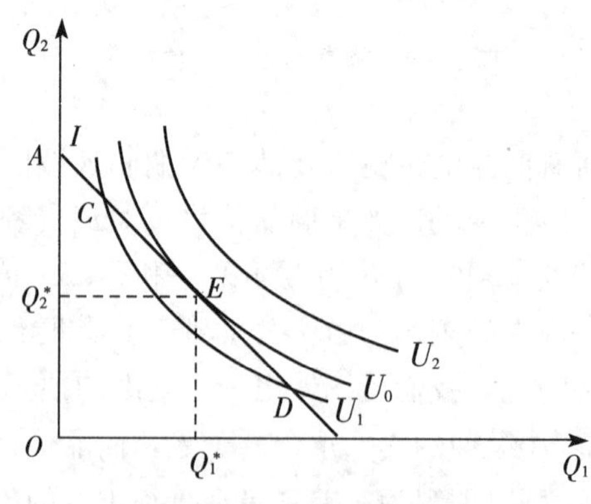

图 3-10　消费者均衡

对于预算约束线 I 上的任意一点 C，它给消费者带来的效用满足水平的等级由过这一点的一条无差异曲线表示出来。不妨假定，过 C 的一条无差异曲线就是 U_1，它与预算约束线还有另外的交点一个交点 D。这说明，若消费者购买 C 或者 D 表示的商品组合，将花费其全部的收入，并达到U_1表示的效用水平。但是，如果任由消费者在预算约束线上自由地选择商品组合，他不会选择消费C或者D，因为在预算约束线上C和D之间的任何一个点都是消费者可以获得更高效用并且仍能买得起的商品组合点。

于是，消费者沿着预算约束线不断地调整商品组合点，直到这一点所处的无差异曲线与预算约束线只有一个交点，即二者相切为止。如图3-10中的无差异曲线U_0与预算约束线I的切点E。E点是现有收入条件下可以购买到的效用水平最高的商品组合点，因为它在消费者的预算约束线上，同时这一点又是现有条件下能给消费者带来最大效用满足水平的商品组合，因为任意比U_0更高的效用水平比如U_2与预算约束线没有交点，是消费者无法购买到的商品组合。因此，E点是消费者的均衡点，此时消费者选择的两种商品的数量分别为（Q_1^*，Q_2^*）。

消费者均衡点E有两个显著的特征：一是位于既定收入和商品所决定的预算约束线上；二是由预算约束线与一条无差异曲线的切点所决定。假设消费者的收入为m，消费者面对的两种商品的价格分别为P_1和P_2。于是，均衡点E的第一个特征意味着，这一点所对应的商品数量（Q_1^*，Q_2^*）满足（3.9）式：

$$P_1Q_1+P_2Q_2=m$$

同时，两条曲线相切意味着两条曲线在切点处的斜率相等。因此，E点的第二个特征表明，在这一点上预算约束线的斜率与无差异曲线的斜率相等。根据第二节和第三节的分析，预算约束线的斜率为（$-P_1/P_2$），而无差异曲线的斜率为商品边际替代率的负数（$-RCS_{1,2}$）。因此，E点的第二个特征意味着，它所对应的商品数量（Q_1^*，Q_2^*）满足：

$$RCS_{1,2}=\frac{P_1}{P_2}$$

综合上述两点，我们可以得到，消费者实现均衡时选择的消费数量满足下列条件：

$$\begin{cases}RCS_{1,2}=\dfrac{P_1}{P_2}\\ P_1Q_1+P_2Q_2=m\end{cases}\tag{3.10}$$

（3.10）式被称为**消费者均衡条件**。它表示，在一定的收入约束条件下，为了得到最大的效用满足，消费者所选择的最佳商品数量组合应该使得两种商品的边际替代率等于这两种商品的价格之比。换句话说，在消费者均衡点上，消费者愿意用一单位某种商品代替的另一种商品的数量等于市场上这一单位商品可以换取的另一种商品的数量。

（3.10）式中的预算约束条件是容易理解的，但边际替代率等于价格比的条件需要进一步加以说明。举例来说，小张购买西红柿和黄瓜两种商品。假定一千克西红柿为6元（$P_1=6$），一千克黄瓜为3元（$P_2=3$），但小张认为这两种商品的边际替代率为$RCS_{1,2}=1$，此时$RCS_{1,2}<P_1/P_2$。小张减少1千克西红柿而多购买1千克黄瓜不会对效用满足产生任何影响，而且可以省下3元钱。很显然，他用这3元钱再买点黄瓜或西红柿会更好。这说明，只要两种商品的边际替代率不等于这两种商品相应的价格之比，消费者就可以通过改变商品的消费组合实现更大的效用满足，因此只有当二者相等时，

消费者才获得最大满足从而才处于均衡状态。

如果消费者消费商品组合所带来的效用可以用基数加以衡量，那么借用（3.8）式给出的条件，消费者均衡条件（3.10）式具有与（3.3）式相同的意义。根据（3.8）式说明的理由，消费者的两种商品的边际替代率 $RCS_{1,2}$ 等于两种商品的边际效用之比，即

$$RCS_{1,2}=\frac{MU_1}{MU_2}$$

把上述等式代入到（3.10）式之中，可以得到消费者均衡点对应的商品消费数量应满足的条件为：

$$\begin{cases}\dfrac{MU_1}{MU_2}=\dfrac{P_1}{P_2}\\ P_1Q_1+P_2Q_2=m\end{cases}$$

即

$$\begin{cases}\dfrac{MU_1}{P_1}=\dfrac{MU_2}{P_2}\\ P_1Q_1+P_2Q_2=m\end{cases}$$

这再次得到了（3.3）式给出的结论，即在满足预算约束的条件下，消费者用每单位货币购买任何商品所得到的边际效用都相等。

由此可见，虽然基数效用论和序数效用论的假设条件和分析方法有所不同，但二者得出的消费者效用最大化的均衡条件，实质却是相同的。

二、消费者均衡点的变动

以上得到的消费者均衡是在消费者的收入和商品的价格既定的条件下得到的。如果这些因素发生变动，消费者的均衡点也会随之变动。下面考察这些因素变动对均衡的影响。

（一）收入-消费扩展线

收入-消费扩展线又称收入-消费曲线，简称为收入扩展线。它表示，在商品的价格保持不变的条件下，随着消费者收入水平的变动，消费者均衡点变动的轨迹。

图 3-11 说明了消费者收入-消费扩展线的形成过程。在两种商品的价格都不发生变动的条件下，随着消费者收入的变动，比如增加，消费者面临的预算约束线将会向右上方平行移动。对应于每一条特定的预算约束线，消费者在这一预算约束线上选择效用最大化的商品组合，即选择预算约束线与无差异曲线相切的点。由这些均衡点 E_1、E_2、…描述出来的曲线 OM 即为该消费者的收入-消费扩展线。

消费者的收入-消费扩展线表示：随着消费者收入的增加，消费者扩张其消费的最优路径，它反映出消费者所选择的商品数量如何随着其收入的变动而变动的趋势。图 3-12 给出了收入-消费扩展线的三种情况。

在图 3-12（a）中，消费者的收入-消费扩展线 OM 是一条向右上方倾斜的直线。这表明，消费者消费的两种商品都是正常品，而且随着收入的增加，消费者同比例扩大两种商品的消费量。在图 3-12（b）中，收入-消费扩展线 OM 随着收入的增加而向右

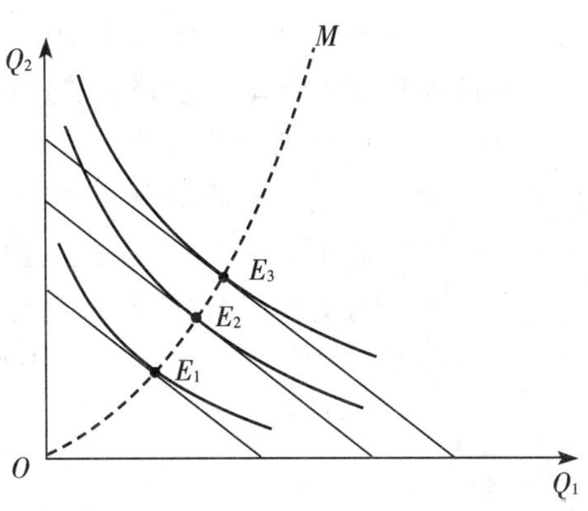

图 3-11　消费者的收入-消费扩展线

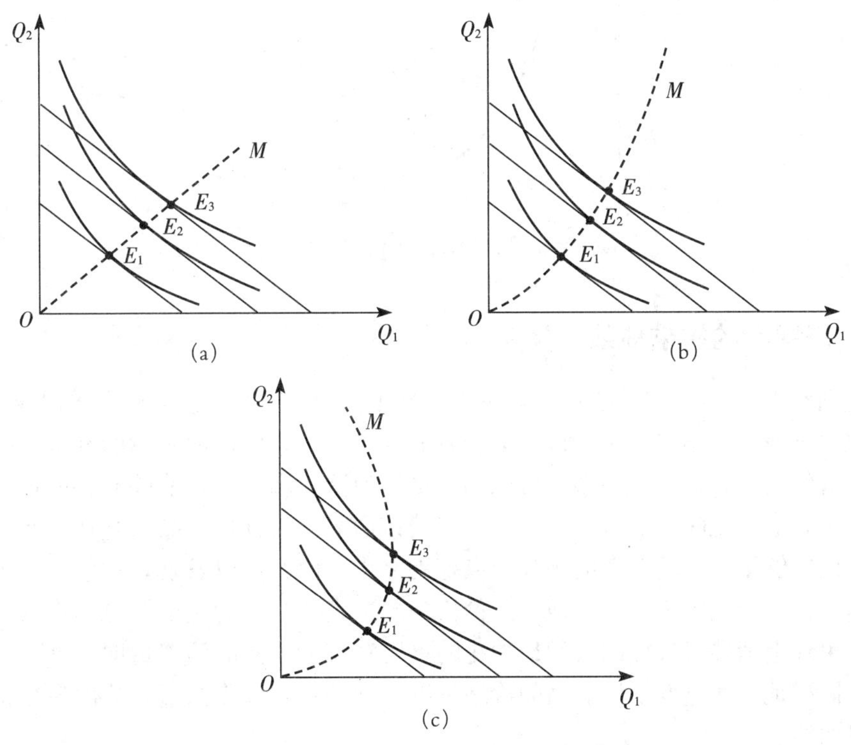

图 3-12　不同形状的消费者的收入-消费扩展线

上方倾斜，并且第二种商品的数量增加超过第一种商品数量的增加。这表明，消费者所消费的两种商品都是正常品，但随着收入的增加，一种商品比另一种商品增加速度更快，因而相对而言前者是奢侈品，后者则是普通正常品。在图 3-12（c）中，消费者的收入-消费扩展线 OM 呈现向后弯曲的形状。这说明，当消费者的收入增加到一定程度之后，随着收入的继续增加，第一种商品不仅不增加反而会减少。根据第二章的说明，我们知道，这时第一种商品是一种低档品。

（二）价格-消费扩展线

价格-消费扩展线简称为价格扩展线。它表示，在消费者的收入和一种商品的价格保持不变的条件下，随着另一种商品价格的变动，消费者均衡点变动的轨迹。

图 3-13 给出了随着第一种商品价格的变动，消费者的价格-消费扩展线。根据本章第三节的分析，在消费者的收入和其他商品的价格保持不变的条件下，随着一种商品价格的变动，比如第一种商品价格下降，消费者面临的预算约束线将围绕着它与纵轴的交点向右上方旋转。同样，对应于价格变动后所决定的一条新的预算约束线，消费者在这一预算线上选择效用最大化的商品组合，即选择新的预算约束线与无差异曲线相切的点。由这些均衡点 E_1、E_2、…所描述出来的曲线 PC 即为该消费者的价格-消费扩展线。

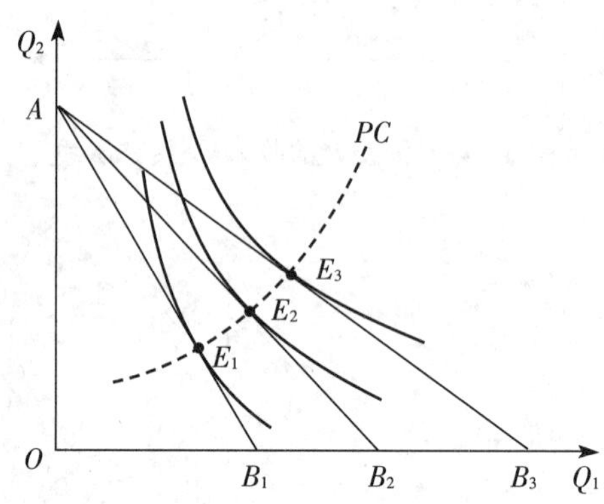

图 3-13　消费者的价格-消费扩展线

三、消费者的需求曲线

通过消费者的价格-消费扩展曲线可以推导出消费者对一种商品的需求曲线。

回想一下我们在第二章中给出的消费者需求的含义，所谓消费者的需求是指在其他条件不变的情况下，对应于一系列可能的价格，消费者愿意并且能够购买的该商品的数量。在这里，愿意意味着消费者可以通过消费该商品（与其他商品组合在一起）获得最大满足，而能够则是在消费者的预算约束范围之内。由此可以发现，对应于一种商品的价格，这一价格与假定不变的其他商品价格一起决定了一条特定的预算约束线。在这一条预算约束线上消费者选择的效用最大化的点所对应的该商品消费量即为这一价格下的需求量。同样地，通过变动该商品的价格可以得到一系列的需求量，从而最终得到消费者的需求曲线。

继续以第一种商品价格变动为例。假定消费者的收入 m 和第二种商品的价格 P_2 保持不变。如图 3-14 所示，消费者面对的第一种商品的价格为 P_{11} 时决定的预算约束线为 I_1，其方程式为 $P_{11}Q_1+P_2Q_2=m$。相应于预算约束线 I_1，消费者在无差异曲线与该预算线相切的点 E_1 上选择的第一种商品消费量为 Q_{11}。变动第一种商品的价格，比如价格由 P_{11} 下降到 P_{12}，类似地将决定一条新的预算约束线 I_2。消费者将同样会按照 I_2 确定自身的效用最大化点 E_2，并相应地决定第一种商品的消费量 Q_{12}。

换句话说，通过消费者的价格-消费扩展线可以得到消费者对第一种商品的需求量，如图 3-14（a）所示。对应图 3-14（a），把所有价格与相应的需求量描绘在图 3-14（b）上，即得到消费者对第一种商品的需求曲线。根据上述说明，当价格为 P_{11} 时，消费者选择 Q_{11}，当价格为 P_{12} 时，消费者选择 Q_{12}，因而（P_{11}，Q_{11}）和（P_{12}，Q_{12}）是这

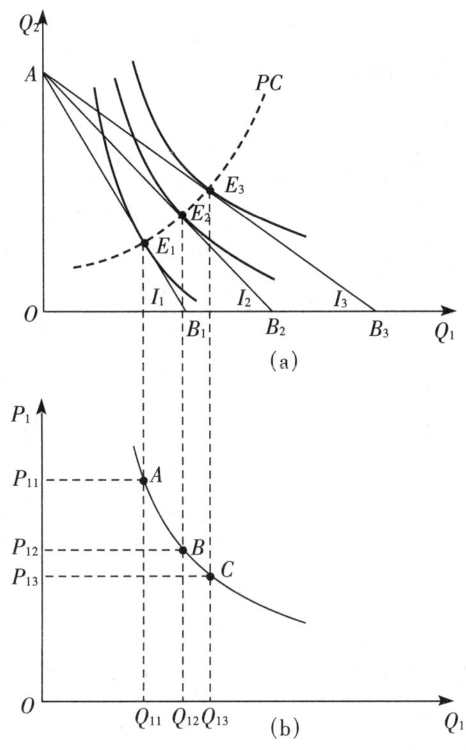

图 3-14 从消费者的价格-消费扩展线到需求曲线

一需求曲线上具有代表性的两个点。

四、消费者需求曲线的形状

通过对消费者均衡的分析我们得到了消费者对一种商品的需求曲线，但我们并不能像本章第一节所阐述的基数效用论那样直接得出需求曲线向右下方倾斜。

一般而论，对消费两种商品的消费者而言，一方面，当第一种商品的价格下降后，消费者倾向于用便宜的商品替代另一种商品，即增加第一种商品的购买，同时减少第二种商品的购买；另一方面，在消费者的收入和第二种商品价格保持不变的前提下，第一种商品价格下降也意味着同样的收入可以购买到更多的商品。因此，价格下降一般会导致消费者的需求量增加，即需求曲线向右下方倾斜。

有关序数效用论对需求曲线形状的详细说明我们将在下一节完成。

第五节 替代效应和收入效应

一种商品价格的变动会引起该商品需求量的变动，这种变动是否与价格变动方向相反我们还不能完全确定。为了分析这一问题，西方经济学把价格变动对需求量的影响分解为替代效应和收入效应两个部分。本节解释替代效应和收入效应的概念并说明它们与需求曲线形状之间的关系。

一、替代效应和收入效应的含义

在消费者收入和其他商品价格不变的条件下，一种商品的价格变动，会对消费者产生两方面的影响：一是使得商品之间的相对价格发生变动；二是使消费者的收入相对于以前发生变动。由于一种商品价格变动引起商品的相对价格发生变动，从而导致的消费者对商品需求量的改变，被称为价格变动的**替代效应**；由于一种商品价格变动引起消费者实际收入变动，从而导致的消费者对商品需求量的改变，被称为价格变动的**收入效应**。

例如，准备用 20 元钱购买西红柿和黄瓜的消费者，在西红柿价格为每千克 4 元、黄瓜价格为每千克 2 元时，分别购买 3 千克西红柿和 4 千克黄瓜。如果市场上西红柿的价格下降到每千克 3 元，则西红柿相对便宜，而黄瓜相对昂贵。基于两种商品价格的相对变动，为了维持基本的蔬菜需要，这一消费者会多购买一点西红柿，比如 4 千克，而少买一点黄瓜，比如只买 3 千克。这时，他尚有 2 元的收入。用这 2 元的收入，他还可以多买一些西红柿和黄瓜。大致说来，前一种影响就是西红柿价格下降的替代效应，后一种则是西红柿价格下降的收入效应。

一种商品价格变动的替代效应取决于消费者所消费的两种商品之间可替代的程度，可替代的程度越大，价格变动的替代效应就越大。价格变动的收入效应则取决于商品收入弹性的大小，收入弹性越大，价格变动引起的收入效应对需求量的影响就越大。

根据上述分析，一种商品价格变动对商品需求量的总效应，即最终引起的该商品需求量的变动，可以分解为替代效应和收入效应两个部分：总效应＝替代效应＋收入效应。

二、替代效应和收入效应的图形说明

价格变动的替代效应和收入效应可以用无差异曲线分析方法得到进一步的说明。为了简单起见，我们主要考察第一种商品价格下降对其本身需求量的影响。

如图 3－15 所示，假定消费者只消费两种商品，并且其收入 m 和第二种商品的价格 P_2 保持不变。我们知道，消费者对商品组合的偏好由无差异曲线表示出来。但同时，消费者又面临着既定收入条件下的预算约束。最初，当第一种商品的价格 P_1 等于 P_{11} 时所决定的预算约束线在图中由 I_1 表示出来。对应于这一预算约束线，消费者的均衡点 E_1 是无差异曲线 U_1 与该预算约束线的切点，即在预算约束得到满足条件下的效用最大化点。由此决定两种商品的最优消费量，其中，第一种商品最优消费数量为 Q_{11}。

现在假定由于某种原因导致第一种商品的市场价格发生变动，比如由原来的 P_{11} 下降到 P_{12}。这时，新的价格与原有的收入 m 及第二种商品的价格 P_2 一起决定一条新的预算约束线。根据本章第三节对预算约束线变动情况的分析，这条新的预算约束线将会是 I_1 围绕着其与纵轴的交点向右上方旋转，如图 3－15 中的 I_2 所示。对应于预算约束线 I_2，消费者在无差异曲线 U_2 与该预算约束线的切点 E_2 上实现均衡，并相应地决定两种商品的最优消费量，第一种商品最优消费数量为 Q_{12}。

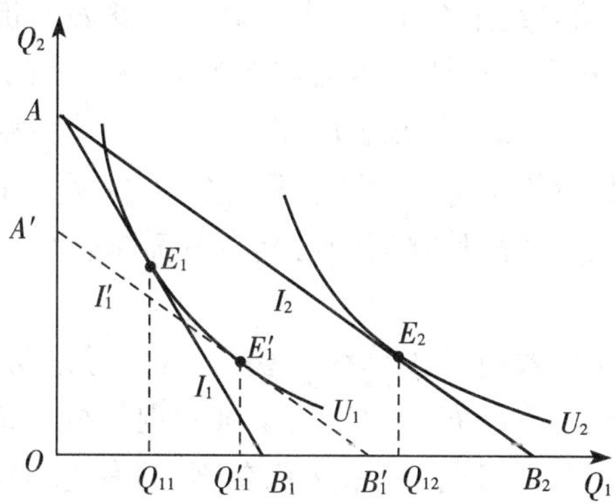

图 3-15 价格变动的替代效应和收入效应

根据替代效应和收入效应的含义我们可以知道，第一种商品的价格由 P_{11} 下降到 P_{12}，所产生的总效应是使得消费者均衡由 E_1 变动到 E_2。从消费者对第一种商品的需求量来看，价格变动使得消费量由 Q_{11} 变动到 Q_{12}，即（$Q_{12}-Q_{11}$）度量了价格变动对第一种商品需求量所产生的总效应。现在我们将把这一总效应分解成替代效应和收入效应。为此，我们首先按如下方式做一条辅助的预算约束线 I_1'，I_1' 与 I_2 平行，并且与 U_1 相切。这条辅助的预算约束线的含义是明确的，它表示了按变动以后的价格购买商品组合达到原有的效用水平所需要的收入。西方经济学中把这一辅助预算约束线称为**补偿的预算约束线**。假定补偿的预算约束线对应的消费者均衡点为 E_1'，它对应的第一种商品的消费数量为 Q_{11}'。

比较均衡点 E_1 与 E_1'，这种变动可以理解为，由于第一种商品价格下降，消费者欲实现原有的效用水平，按新的价格调整商品组合，从而用相对便宜的第一种商品代替第二种商品。因此，由 E_1 变动到 E_1'，正是第一种商品价格下降所产生的替代效应的结果。特别地，（$Q_{11}'-Q_{11}$）度量了价格变动的替代效应对第一种商品需求量的影响程度。

比较均衡点 E_1' 与 E_2，它们是消费者在预算约束线由 I_1' 平行移动到 I_2 后相应选择的商品的最优组合点。由于平行移动是收入变动的结果，因而消费者将消费组合由 E_1 与 E_1' 调整到 E_2 是收入效应的结果。同样地，（$Q_{12}-Q_{11}'$）度量了价格变动的收入效应对第一种商品需求量的影响程度。

由此可见，第一种商品价格下降所生产的总效应使得消费者均衡点由 E_1 移动到 E_2，其中替代效应使得均衡点由 E_1 移动到 E_1'，收入效应使得均衡点由 E_1' 移动到 E_2。具体到对第一种商品所产生的总效应，我们可以把它分解为替代效应和收入效应。用需求量的变动可以表示为：

$$Q_{12}-Q_{11}=(Q_{11}'-Q_{11})+(Q_{12}-Q_{11}') \tag{3.11}$$

三、正常品和低档品的替代效应和收入效应

再次考察由图 3-15 表示的第一种商品价格下降对该商品的需求量所产生的替代效应和收入效应。

首先考察替代效应。在图 3－15 中，由 E_1 变动到 E'_1是替代效应的结果。注意到I'_1与 I_2 平行，因而与原有的预算约束线 I_1 相比，第一种商品的价格变动后对应的预算约束线 I'_1更为平缓。同时，由于无差异曲线向右下方倾斜并且凸向原点，因而 I'_1与无差异曲线 U_1 的切点 E'_1位于 I_1 与 U_1 的切点 E_1 的右下方，从而第一种商品的消费数量增加。这意味着，第一种商品价格下降对第一种商品需求量所产生的替代效应($Q'_{11}-Q_{11}$）为正数值，或者更一般地说，商品价格变动对其本身需求量所产生的替代效应与价格变动的方向相反。

现在考察收入效应。收入效应是预算约束线由 I'_1平行移动到 I_2 的结果，相应的均衡点分别为 E'_1和 E_2。比较均衡点 E'_1和 E_2 后不难发现，尽管价格下降的收入效应导致预算约束线向外平行移动，但均衡点 E_2 未必总在 E'_1的右边。这说明，第一种商品价格下降对其本身需求量产生的收入效应（$Q_{12}-Q'_{11}$）可以是正数值，也可以是负数值。

但是我们知道，收入效应源于价格带来的收入变动对需求量的影响，因此收入效应作用的方向与收入对需求量的影响有直接关系。回想第二章有关正常品和低档品的概念：对正常品而言，收入越高，需求量越大，收入越低，需求量越小，即收入与需求量同方向变动；对低档品而言，收入则与需求量反方向变动。因此，如果第一种商品是正常品，那么该商品价格下降所产生的收入效应是正数值；否则，如果第一种商品是低档品，那么该商品价格下降所产生的收入效应就是负数值。

前面用来说明替代效应和收入效应的图 3－15 描绘了第一种商品是正常品的情形。在图 3－15 中，当第一种商品价格下降时，消费者的收入相对增加。由于第一种商品是正常品，因而在收入增加后，消费者会增加该商品的消费，即均衡点 E_2 在 E'_1的右边。因此，对正常品而言，该商品价格下降所产生的收入效应（$Q_{12}-Q'_{11}$）是正数值。

当商品是低档品时，其价格下降导致消费者的收入增加，从而使得消费者减少该商品的购买。因此，均衡点 E_2 在 E'_1的左边。图 3－16 给出了收入效应为负数值的两种情形。在图 3－16（a）中，收入效应使得第一种商品需求量减少，但其减少的幅度仍小于替代效应导致的需求量的增加。在图（b）中，收入效应使得该商品需求量减少并超过了替代效应的作用。这说明，低档商品的收入效应又可能出现两种不同的情况：如果替代效应大于收入效应的绝对值，则价格下降的总效应仍为正；如果替代效应小于收入效应的绝对值，则价格下降的总效应为负。

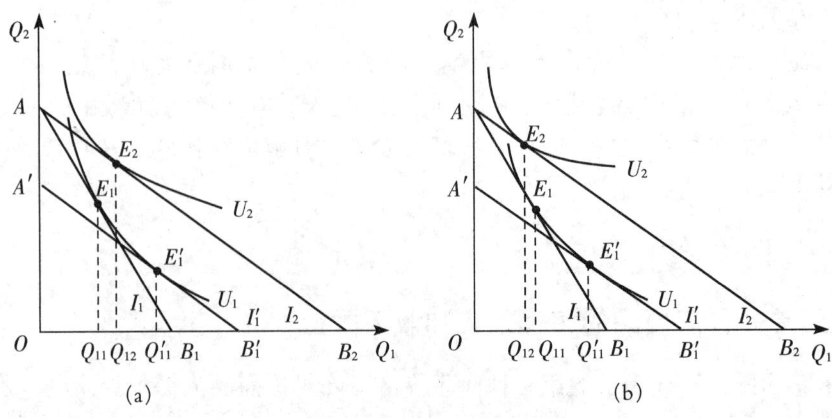

图 3－16　低档品的替代效应和收入效应

四、替代效应和收入效应与消费者需求曲线

现在可以利用替代效应和收入效应解决消费者需求曲线的形状问题了。事实上，在其他条件不变的情况下，如果一种商品的价格下降所产生的总效应使得该商品的消费数量增加，那么需求曲线向右下方倾斜；反之，需求曲线向右上方倾斜。

根据上一节的分析，通过价格-消费扩展曲线可以得到消费者对商品的需求曲线。随着一种商品价格升高，如果消费者效用最大化的均衡所对应的该商品的数量增加，那么消费者对该商品的需求曲线向右下方倾斜；反之，需求曲线向右上方倾斜。一种商品价格升高是否导致消费者选择的该商品的最优数量增加，取决于价格下降所产生的替代效应和收入效应的符号及其大小。

由于一种商品价格下降对该商品需求量所产生的替代效应为正数值，因而若收入效应也为正数值，那么价格下降的总效应一定为正数值。我们知道，正常品价格下降所产生的替代效应和收入效应均为正数值，因而随着一种正常品的价格下降，消费者对该商品的需求量增加。换句话说，正常品的需求曲线向右下方倾斜，如图 3－17 所示。

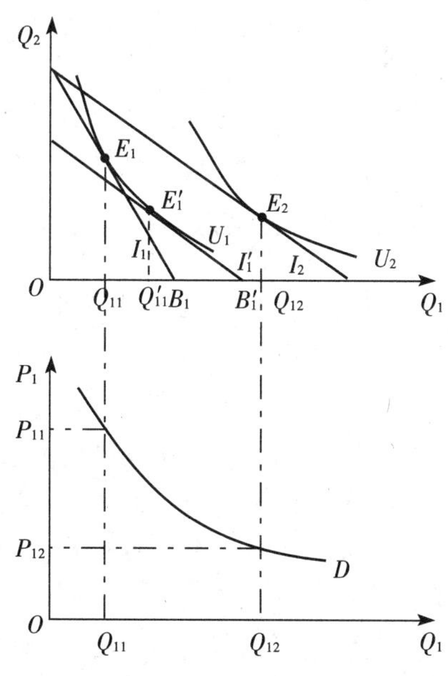

图 3－17　正常品的需求曲线

对于低档品而言，价格下降的收入效应为负数值。但这并不意味着消费者对该商品的需求曲线就一定向右上方倾斜，这要视价格下降的总效应而定。如果价格下降对该商品需求量所产生的收入效应为负数值，而且其绝对值小于替代效应的大小，那么总效应将使得消费者增加对该商品的购买，如图 3－16（a）所示。这时，消费者对该商品的需求曲线向右下方倾斜。如果价格下降对该商品需求量所产生的收入效应为负数值，并且其绝对值大于替代效应，那么总效应将使得消费者减少对该商品的购买。这时，消费者对该商品的需求曲线向右上方倾斜，如图 3－18 所示。

综上所述，消费者对商品需求曲线的形状取决于该商品价格变动所产生的替代效应和收入效应的方向及大小。对于正常品而言，该商品价格下降所产生的替代效应和收入

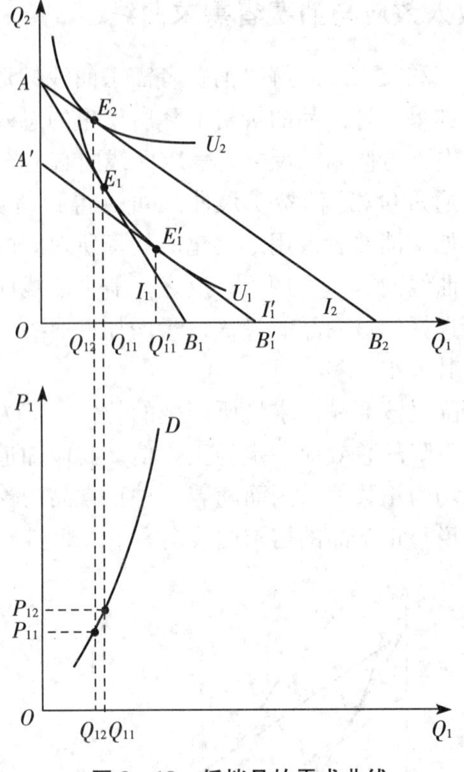

图 3-18 低档品的需求曲线

效应均为正数值，因而消费者对该商品的需求曲线一定向右下方倾斜。对于低档品而言，该商品价格下降所产生的替代效应为正数值，而收入效应则为负数值，但如果收入效应的绝对值小于替代效应，那么消费者对该商品的需求曲线继续向右下方倾斜；如果收入效应的绝对值大于替代效应，那么消费者对该商品的需求曲线则会向右上方倾斜。

上述最后一种情况也给出了有关吉芬商品需求曲线形状的一个解释。对吉芬商品而言，如果该商品的价格下降，一方面，消费者会用这种相对便宜的商品代替其他商品的消费，从而增加该商品的消费，即替代效应为正数值；但另一方面，该商品又是那么低档，致使消费者在价格下降导致相对富裕的条件下会“大幅度地”减少该商品的购买，并超过替代效应。因而，吉芬商品的需求曲线向右上方倾斜。

背景资料

对“吉芬难题”的解答

在吉芬发现 1845—1848 年爱尔兰土豆价格上升导致土豆需求量增加这一现象之后，很长时间人们把它看成是一道“难题”。许多经济学家都试图给出“吉芬难题”的答案。马歇尔在《经济学原理》中提到这一问题时指出：“正如吉芬先生指出的那样，当面包的价格上升时，贫困家庭的资产耗费很大，从而使他们的货币的边际效用大幅度提高，以至于穷人们不得不减少肉类及其他较贵的淀粉食物的消费量，而面包仍是他们愿意而且能够购买的最便宜的食物，因此他们消费的面包更多了，而不是更少了。”这就是说，由于土豆（或马歇尔提到的面包）在穷人的食物中占有相当大的比重，当土豆价格上升时，他们将无力购买肉类，因此将会购买更多的土豆。这正是价格变动的替代效应和收入效应所导致的结果。

吉芬商品是一种特殊的低档品。作为低档品，吉芬商品的替代效应与价格成反向的变动，收入效应则与价格呈同方向的变动。吉芬商品的特殊性就在于：它的收入效应很大，以至于超过了替代效应，从而使得总效应与价格呈同方向的变动。这就使得吉芬商品的需求曲线呈现出向右上方倾斜的特殊形式。

总之，除了吉芬商品之外，消费者对大多数商品的需求曲线向右下方倾斜，进一步，我们知道，通过单个消费者对一种商品的需求曲线沿横向加总可以得到商品的市场需求曲线，因此，大多数商品的市场需求曲线向右下方倾斜。基于这种分析，西方经济学中通常认为商品的市场需求曲线向右下方倾斜。这就说明了需求规律，进而完成了本章开始时规定的任务。

本章小结

第一节概述了消费者行为理论，说明效用的基本概念，浅析基数效用论和序数效用论的主要思想，着重用基数效用论的边际分析说明消费者的选择行为。从第二节开始，我们把重点转向了序数效用论，利用无差异曲线说明消费者选择的偏好。第三节说明消费者的预算约束线。第四节论述消费者在既定收入条件下的最优选择，以便确定消费者达到均衡的条件，由此得出消费者的需求曲线。第五节是对消费者均衡及其变动的更深入的探讨，我们运用了替代效应和收入效应说明需求曲线的形状，从而最终说明需求规律。

思考题

1. 基数效用论有哪些基本的假设？这些假设在消费者行为分析过程中的作用是什么？
2. 简要说明总效用和边际效用之间的关系。
3. 为什么需求曲线向右下方倾斜？试用基数效用论加以简要说明。
4. 你认为基数效用论有哪些缺陷？
5. 无差异曲线具有哪些特点？你能解释这些特点的经济意义吗？
6. 什么是商品的边际替代率？它的经济含义是什么？
7. “边际效用递减规律”和“边际替代率递减规律”这二者之间的关系是什么？
8. 假设某一消费者消费西红柿（用 Q_1 表示）和黄瓜（用 Q_2 表示）两种商品，根据下面的情况画出该消费者的预算约束线，并思考商品价格和收入变动对消费者预算约束线的影响。

（1）该消费者的预算约束线方程为 $100=2Q_1+3Q_2$；

（2）西红柿的价格变为 2.5 元而黄瓜的价格不变；

（3）西红柿价格变为 3 元，而黄瓜价格变为 2 元；

（4）西红柿和黄瓜的价格都不变，消费者的收入变为 150 元。

9. 什么是消费者均衡？分别从基数效用论和序数效用论出发，得出的均衡条件有什么联系和区别？

10. 消费者的收入-消费扩展曲线是如何得到的？

11. 序数效用论是如何得到需求曲线的？

12. 替代效应和收入效应的含义是什么？请举例加以说明。

13. 对正常品而言，为什么消费者的需求曲线向右下方倾斜？请运用收入效应和替代效应加以说明。

14. 什么是吉芬商品？其需求曲线形状如何？试利用收入效应和替代效应加以说明。

15. 简要说明边际效用分析法和无差异曲线分析法的异同。

第四章　生产理论

在对消费者的选择行为进行了详细的分析之后，从本章开始，我们把注意力转向生产者的行为。在经济学中，生产者亦称厂商或企业，是指能够做出统一生产和供给决策的单个经济单位。在第二章的分析中，我们用供给曲线及其供给规律概括了厂商的所有行为。这种概括给我们带来了极大的便利，但也掩盖了许多重要信息。事实上，我们生活的经济社会中有成千上万家企业，大到石油化工集团、跨国联合的汽车公司，小到个体的出租汽车公司、合作注册的事务所以及坐落在小区内的杂货店，它们采取行动所遵循的原则并不像看起来那样差别明显。“商人嘛，大同小异。”那么，在雇佣劳动、添置设备时这些生产者是如何考虑的？他们的生产成本是由什么因素决定的？他们在决定供给时要考虑哪些方面因素？总之，我们将要揭示供给曲线背后所隐藏的生产者行为的一般规律。

图 4－1 再现了图 2－1 所描述的经济运行状况。处于经济循环过程中的厂商按合乎理性的方式采取行动。就产品的供给而言，如图形的上半部分所示，对应于既定的市场需求，为了实现自身的目标，厂商向市场提供消费者需要的产品。正是在供给产品的过程中，厂商表现出价格越高供给量就越大的特征。不过，厂商要向市场上供给产品，就必须把产品生产出来。在生产过程中，厂商在特定的生产技术条件下组织各种生产要素的投入。因此，我们有必要首先从分析厂商的生产技术和组织要素投入的原则入手。

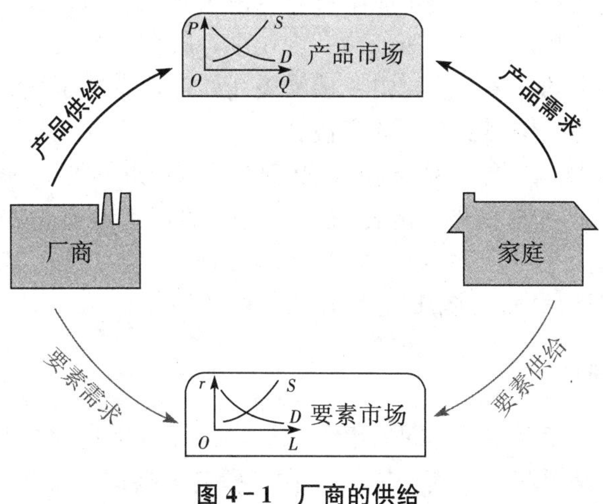

图 4－1　厂商的供给

第一节　厂商及其经营目标

一、厂商的法定形式

与消费者一样，厂商是市场经济活动中的基本经济单位。厂商既包括提供各种有形产品的企业，例如农场、汽车制造厂，也包括提供各种服务的企业，如律师事务所、投资咨询公司等。按基本的法定形式区分，厂商主要包括个体企业、合伙制企业和公司三种类型。

个体企业是单个人所有的企业。例如，大多数杂货店、私人诊所等。在个体独资企业中，无论是业主自己经营，还是雇用他人经营，业主承担与生产投入有关的成本以及各种税费等经营所需要的成本，并获取全部的收入，而且对企业负债承担无限责任。

合伙制企业，是指由两个或两个以上的人共同分担经营责任的企业。尽管组成这类企业并不需要经过特定的法律程序，但大多数合资企业都会以协议的形式规定合资人的责任和权益。合资企业的经营者可以是出资人，也可以是聘用的人。同独资企业一样，合资企业的合伙人对企业的负债承担无限的责任。

公司是以法律程序建立的法定实体，其特点是企业与创办者和所有人相分离。一家公司成立之后就发行股票，股票可以出售或转让。所有者以股东的身份出现。股东推举一些人作为董事，组成董事会以代表股东的利益。董事会成员可以是股东也可以不是。董事会只负责公司重大事件的决定，日常经营授权经理进行管理。股东对企业负债承担有限责任，其数额以购买的股票为限。

与个体和合伙制企业相比，公司制企业有利于筹集大量的资金。由于股票分散在不同的股东手中，风险相对分散。由于股票可以自由买卖或馈赠，公司通常不会受到个别股东是否持有股票的影响。不过，在公司制企业中，股东往往委托经营，因而所有者与经营者存在很大程度上的分离，同时由于接受委托的经营者更了解企业的情况，从而也就更容易使企业不能完全体现所有人的利益。

在西方主要国家中，以上三种企业组织都以不同的形式存在着。通常，从数量上看，个体和合伙制企业占有相当大的比重，但它们的销售量所占的比重并不很高。相反，公司在社会销售总额中所占的比重却很大，因而也就在社会经济中起到决定性作用。因此，在西方经济学中，时常以公司作为厂商的例子。

二、厂商的目标

在经济社会中，厂商又具有不同的组织形式，因而厂商的目标也有一定的差异。但厂商经营的基本目标是盈利。厂商向市场提供消费者需要的产品或劳务并非出自本能，而是为了借助销售一定数量的商品，获得尽可能多的剩余。在经济学中，厂商追求尽可能多的盈利被称为利润最大化目标。

利润等于总收益与总成本之间的差额。收益是厂商销售产品获得的收入，而成本则是指生产过程中投入的各种资源的费用或支出。**利润最大化目标**是指，厂商从事生产活动的目标是能以比生产产品所花费的成本更高的收入，获取收益与成本之间的差额，并力图使这一差额为最大。实际上，由于厂商获得收益和支付成本的在时间上往往是不一致的，因而厂商的利润最大化目标通常是指长期利润最大化，尤其强调厂商使得利润为最大的意向和趋势。

经济学中假定了厂商的目标是利润最大化，但在实际经营活动中，厂商的目标却可能不是利润最大化。比如，厂商可能只追求一个满意的利润，也可能是为了获取最大限度的销售收入等。现代公司中主要经营者与企业的所有者（即股东）实现分离，或许更有理由相信，在很大程度上控制着企业日常经营的公司目标不是利润最大化。尽管如此，不能否认，利润是一个企业长期生存与发展的必要条件。基于这一原因，同时也是为了简化分析，经济学把利润最大化作为厂商追求的唯一目标。

背景资料

有关厂商经营目标的其他理论

为了分析厂商的行为，必须明确厂商的经营目标。广义上说，厂商在经济运行中有多方面的目标：首先是对社会的目标，即满足市场需求，提供合格产品，尊重消费者权益，还要遵纪守法，照章纳税；其次是对职工的目标，即职工的收入和福利不断地提高；最后，也是最根本的就是企业对自身的目标，即实现企业的利润和自身的长期发展。在这些目标中，传统的厂商理论认为厂商进行经济活动的唯一目的就是“利润最大化”，所以在微观经济理论中，厂商的利润最大化被认为是一个基本假设。

传统厂商理论关于厂商以利润最大化为目标的假设也招致了许多批评。批评主要集中在两个方面：第一，由于种种原因厂商难以实现利润最大化；第二，厂商的目标不是利润最大化而是其他的目标。

厂商追求利润最大化是贯穿在决策过程中的一个原则，但是决策往往是事先的，因而厂商不可能并确切地知道自己的成本和收益，尤其难以预计产品生产出来以后需求的变化情况。此外，厂商的利润最大化也要考虑时间因素，即在什么时间范围内获得最大利润。例如，在一年中获得最大利润，厂商或许能够实现，但是以后可能会亏损。短期的利润最大化有可能危及未来的利润。所以，利润最大化是一个答案很不确定的问题。

除了对利润最大化实现难度的责难以外，有些经济学家也提出了这样一种疑问：厂商的动机真的总是利润最大化吗？在现实中我们很容易看到一些厂商的行为或表现似乎并不是有钱必赚、有利必图，他们的某些行为看起来很不像一个生意人。这是为什么呢？

这个问题涉及厂商的组织结构。经济社会中的厂商有多种形式：小型的家庭企业、合伙制企业、股份制有限责任公司、国有企业等。在某种意义上拍卖行、会计师事务所、律师事务所、慈善机构、学校等也都是厂商。严格地讲，厂商不是经济社会中“自然人”意义上的决策单位，而是“组织”或“机构”意义上的决策单位。“人”和“组织”毕竟不是相同的概念。个人利益最大化的动机并不必然保证厂商作为一个组织的行为动机也是利润最大化。这主要取决于厂商的实际决策者同厂商的利益关系是什么。只有当厂商的实际决策者的利益同公司利益完全一致时，个人追求最大利益的动机才完全转化为公司追求最大利润的动机。严格地讲，这种情况只适合于所有者与经营者合一的小型企业。

但是，在现代经济社会中占主导地位的是股份制公司。现代股份公司实质上是各种利益关系的集合：股东与经理、经理与员工等，他们是权利和义务的关系。在权利义务关系中，权利一方又被称为“委托人”，义务一方被称为“代理人”。在委托-代理关系中，委托人的权利主要取决于代理人为履行义务而采取的行动，但是代理人的行动动机是自己的利益最大化，而不一定是委托人的利益最大化。这就产生了委托人需要“激励”代理人的问题，通过激励代理人，委托人实现企业的目标。然而，问题并没有得到彻底解决，信息不对称的问题时常存在，因为代理人远比委托人更专业，也更具有“欺骗”动机。因此，企业的经营目标在很大程度上取决于作为代理人的经营者的动机以及作为委托人的股东对代理人的激励和监督的有效性。

正是企业委托-代理关系的复杂性，厂商的经营目标未必总是短期利润的最大化。在理论分析及实践中，可以作为厂商行为动机的目标还包括长期利润最大化、短期销售收益最大化以及增长最大化。

厂商以长期利润最大化为目标似乎是一个合理的假设。例如，厂商投入巨额广告费用或降低价格虽然增加了市场份额，却减少了利润。对厂商这种行为合理的解释是，厂商追求的是长期利润，这些活动能使厂商在长期中获得更大的利润。当厂商对现行的价格、产量以及投资进行决策时，长期利润最大化促使厂商试图判断一下这些决策对新的进入者、消费者需求以及未来成本的影响，要试图避免与长期利润冲突的决策。

作为替代的另一个目标是短期销售收益最大化。在很多情况下，判定一个经理是否成功的标志常常是销售额，销售额也是一个标志厂商健康状态的晴雨表，经理的薪水、权力和声誉大都直接取决于销售额。这样，销售收益最大化就可能超越了利润最大化而成为厂商占统治地位的目标。

管理者的目标也可以是长期中企业规模的最大增长。企业增长最大化理论认为管理者寻求的是销售收益或厂商资本价值在一定时间中的最大增长。在一个扩张的组织中提升的机会更大，因为会出现新的位置；更大的厂商会支付更高的薪水，管理者可以获得更大的权力。厂商实现企业增长的具体目标可能有所不同，例如，厂商希望在2～3年中实现销售收入翻一番，这往往可以通过内部扩张和外部兼并来实现。

总之，厂商的目标可能是多样化的。

三、生产者行为理论的基本内容

在假定厂商生产的目标是获取最大利润之后，我们知道，要考察生产者的行为，就必须分析厂商的利润，正是对利润的说明，构成了生产者行为理论的主要内容。

根据定义，厂商的利润等于总收益与总成本之间的差额，即

利润＝总收益－总成本

其中，总收益是厂商的销售收入，它等于销售产品的价格与销售数量的乘积，而总成本则是厂商生产过程中的各种有形的与无形的支出。为了分析方便起见，西方经济学通常对以上有关的经济量做出相应的约定。

首先，关于商品的价格。尽管在消费者可接受的范围内，商品的价格可以由厂商任意确定，但经济学中通常假定厂商索要可以要到的最高价格。这样，对应于特定的销售数量，厂商面对的价格就是消费者在这一数量下愿意支付的最高价格，即对应于这一数量的消费者需求曲线上的价格。或者换句话说，对应于特定的价格，厂商的销售数量等于这一价格下的市场需求量。

其次，关于销售数量。通常，在一定时期内，厂商销售产品的数量与生产数量是不一致的。但为了简单起见，经济学中通常假定厂商的销售量等于生产量，即忽略实际生产过程中库存调整等问题。

再次，关于成本。厂商的成本可能与多种因素有关，但经济学中假定它只取决于生产的数量。此外，厂商生产既定数量的产品不仅会给生产者带来成本，而且有可能对交易以外的他人带来成本，比如释放污染会给附近居民带来影响等。不过在这里，我们只关注于厂商本身因生产而需要支付的成本，至于生产对第三方带来的成本我们将在第九章中涉及。

这样，为了分析特定价格下厂商的供给数量，我们需要分析利润，而分析利润又需要说明收益和成本。首先是成本。厂商的成本与厂商选择的生产技术和投入数量有关系，所以我们必须分析厂商的生产，并在此基础上说明厂商生产不同产量时的成本。其次是收益。除了产量是厂商的决策量以外，厂商销售产品时的价格由厂商所处的市场条件所决定。这样，分析厂商行为需要说明：厂商的生产技术即投入与产出之间的技术关系，说明厂商如何选择投入量；厂商选择的产量如何决定生产成本；在特定的市场状况下，厂商比较收益和成本如何决定产量。这些内容分别对应着生产理论、成本与收益以及市场理论。

基于上述考虑，本章论述厂商使用的各种投入与产出量之间的关系，下一章说明按这种生产技术，厂商生产不同产量时所对应的成本。这是生产论和成本论涉及的内容。第六章则侧重于分析在不同的市场结构条件下厂商如何选择利润最大化的产量。

第二节 生产函数

一、生产与生产函数

尽管不同的厂商所采用的生产技术有很大的不同，但它们有一个共同的特征，那就是把投入转化为产出。因此，生产是把各种投入转换为产出的过程。把投入和产出联系在一起的是生产技术。例如，一个面包房，在工人的操作下，通过一定的烤制技术把一定数量的面粉和其他辅料烤制成面包。

通常，西方经济学中把生产过程中的投入称为生产要素。生产要素一般可以划分为劳动、资本、土地和企业家才能这四种类型。**劳动**指人们在生产过程中以体力和脑力的形式提供的各种劳务；**资本**是指生产过程中投入的物品和货币资金等，比如厂房、机器设备、动力燃料和流动资金等；**土地**不仅指土地本身，还包括地上的河流、森林，地下的矿藏等，即泛指一切自然资源；**企业家才能**指建立、组织和经营企业人员表现出来的才能。厂商通过把这些要素组合在一起，生产出有形或无形的产品。

通常，生产一种产品的生产技术方式不止一种，比如面包房可以采用劳动密集型或资本密集型的生产技术烤制面包。但对应于一个特定的生产技术而言，把投入转化为产出的过程表现为生产过程中的生产要素投入量与产出量之间的数量关系。这种数量关系可以由生产函数加以表示。

生产函数表示，在技术水平不变的情况下，一定时期内厂商生产过程中所使用的各种生产要素的数量与它们所能生产的最大产量之间的关系。生产函数反映了厂商所使用的生产技术，因而它是以一定时期内生产技术水平保持不变为条件的。同时，为了防止一定的投入数量可能对应不同的产量数值，生产函数中的函数值是现有技术条件下这些投入所能生产的最大产量，以便一个生产技术由一个唯一的生产函数加以表示。

假定生产过程中投入的劳动、资本、土地等生产要素的数量分别由 L、K、N 等符号所表示，而这些要素数量组合在一起所能生产的最大产出数量为 Q，那么相应的生产函数可以写成：

$$Q=f(L,K,N,\cdots)$$

不失一般性，经济学分析中通常假定生产过程中只使用劳动和资本两种生产要素，因而一个特定的生产函数可以表示为：

$$Q=f(L,K) \tag{4.1}$$

对于一个特定的生产厂商而言，尽管精确地写出投入与产出的数量关系可能是困难的，有时甚至是不可能的，但生产函数关系却是普遍存在的。生产函数不仅存在于工厂中，也存在于商店或学校中。它反映的只是一个特定的生产过程中投入与产出之间的技术关系。

二、短期与长期生产函数

在生产技术水平不变的条件下，既定生产要素投入的数量组合所能生产的产出量与考察时间的长短有直接的关系。这主要是因为，在不同时间范围内厂商调整生产要素的数量会受到不同的限制。例如，如果我们在某一特定年份的 1 月到 6 月间考察天津大港种植冬小麦的生产函数，那么种植面积恐怕就不在农场的调整范围内，但如果我们是在一年或更长的时间范围内考察农场的生产决策，那么冬小麦的种植面积就是可以变动的数量。正是基于这种考虑，西方经济学中把生产理论区分为短期生产理论和长期生产理论。

经济学中所说的**短期**是指生产者来不及调整全部生产要素的数量、至少有一种生产要素的数量固定不变的时期；**长期**则是指生产者可以调整全部生产要素的数量的时期。相应于短期，生产要素可以划分为不变要素投入和可变要素投入。在短期内，生产者无法调整的那些生产要素投入是不变要素投入，如机器设备、厂房以及具有特殊技能的工人或管理者等，而短期内可以调整的那些生产要素投入就是可变要素投入，如劳动、原材料等。在长期内，生产者可以调整全部的要素投入，故所有的投入都是可变投入。例如，生产者可以根据需要增加或减少厂房的数量，甚至可以进入其他行业或退出现有行业的经营。

需要指出，尽管短期和长期与时间密不可分，但经济学中涉及的短期生产和长期生产的概念并没有一个严格的时间范围。区分短期和长期的标准是生产者能否对全部要素投入进行调整。一个特定的时间比如 3 年对一个厂商而言已经处于生产过程的长期了，但对另外一些厂商而言可能还是处于短期。例如，对一个街头摊位而言，大于 1 个月就是处于生产的长期了，但对一个大型超市而言，则可能需要 3 年。

于是，我们在考察短期内厂商的生产行为时，假定厂商所使用的某些生产要素的投入数量保持不变，而在长期分析中，则假定所有的生产要素数量都可以变动。

三、常见的生产函数

作为例子，在这里，我们简要说明经济分析中经常使用到的两个生产函数。

（一）固定投入比例生产函数

固定投入比例生产函数表示，生产要素投入数量以一个固定不变的比例进行生产。假定生产过程中只使用劳动 L 和资本 K 两种要素，而每单位产出所需要劳动和资本的投入量分别为 a 和 b，它们在生产过程中始终保持不变。如果产出的数量为 Q，则固定投入比例生产函数最简单的形式可以一般地表示为：

$$Q=A\min\left\{\frac{L}{a},\frac{K}{b}\right\} \tag{4.2}$$

式中，A 代表生产技术水平，a/b 给出了生产过程中劳动与资本之间的固定不变的比例。

在实际中，近似于固定比例的生产是很常见的。例如，利用人力抬筐来运送肥料的生产过程就接近于这种情况。假设每两人抬一个筐为一种组合，在一个标准的劳动日内，一个小组可以运送肥料 100 筐，那么这一生产函数可以表示为：

$$Q=100\min\left\{\frac{L}{2},\frac{K}{1}\right\}$$

固定投入比例不变的生产函数典型的特征是，两种（或多种）生产要素投入之间是不能相互替代的，其数量之间的比例保持不变。比如在上面运送肥料的生产中，当劳动为 2 个人时，多于 1 个筐所能运送的肥料的数量都是 100 筐；同样地，若只投入一个筐，那么无论是 2 个人，还是 10 个人，产量也只有 100 筐。

（二）柯布-道格拉斯生产函数

1928 年，美国数学家柯布和经济学家道格拉斯为了分析美国的经济状况一起构造了一个生产函数，它的一般形式为：

$$Q=f(L,K)=AL^{\alpha}K^{\beta} \tag{4.3}$$

式中，Q 代表产量，L 和 K 分别代表劳动和资本投入量，A、α 和 β 为三个正的参数，

并且通常 $0<\alpha$、$\beta<1$。为了纪念柯布和道格拉斯开创性的工作，（4.3）式给出的生产函数形式被经济学者取名为柯布-道格拉斯生产函数。

柯布-道格拉斯生产函数在经济理论应用研究中被认为是一种很有用的生产函数，这主要是因为，该函数不仅简单而且具备经济学家所关心的一些性质。

首先，柯布-道格拉斯生产函数是一个指数函数形式，这类函数形式简单，很容易被线性化。①

其次，函数中的参数 A、α 和 β 具有明显的经济含义。A 可以看成一个用来表示技术水平状况的技术系数，A 的数值越大，既定投入数量所能生产的产量也就越大。α 和 β 分别代表增加 1%的劳动和资本时产量增加的百分比，它们反映了劳动和资本在生产过程中的相对重要程度。例如，柯布和道格拉斯对美国 1899—1922 年有关经济资料进行分析和估算后，得到 α 约等于 0.75，β 约等于 0.25。这表明，这期间美国劳动每增加 1%，产量会增长 0.75%，而资本每增加 1%，产量增长 0.25%。

基于这些特征，理论经济学家和计量经济学家们通常把柯布-道格拉斯生产函数作为经验分析的基本模型，并设法对相关参数进行估算，力图较准确地描绘经济现象。

背景资料

柯布-道格拉斯生产函数

由（4.3）式表示的柯布-道格拉斯生产函数具有一些重要的特征：

第一，它是一个指数函数形式，这类函数在数学上比较容易处理。对柯布-道格拉斯生产函数的两边取对数可以得到下面的函数形式：

$$\log Q=\log A+\alpha\log L+\beta\log K$$

如果令 $Y=\log Q$，$\gamma=\log A$，$X_1=\log L$，$X_2=\log K$，则柯布-道格拉斯生产函数可以变成如下的线性方程：

$$Y=\gamma+\alpha X_1+\beta X_2$$

这样，就有可能用回归分析法对参数 A、α、β 进行估计，进而得到某一生产函数的经验估计。

第二，它属于齐次生产函数。将这个方程中的 K、L 都乘以 m 倍，我们可以把 m 作为公因子分解出来，即

$$f(mL,mK)=Am^{\alpha+\beta}L^{\alpha}K^{\beta}$$

这意味着，如果劳动和资本投入同比例扩大 m 倍，则产出就会扩大 $m^{\alpha+\beta}$ 倍。这一特征将在分析生产的规模收益状况时得到运用。

第三，函数中变量 L 和 K 的指数 α、β 正好分别是 L 和 K 的产量弹性。这一点借助于柯布-道格拉斯生产函数的对数形式很容易知道。我们对其对数形式求 $\log Q$ 关于 $\log L$

① 如果对柯布-道格拉斯生产函数的两边取对数，可以很容易地将其线性化，参见相关背景资料。

的导数可以知道：

$$\alpha=\frac{\partial \log Q}{\partial \log L}=\frac{\partial Q/Q}{\partial L/L}=\frac{\partial Q}{\partial L}\cdot\frac{L}{Q}$$

上式表明，α 是产出关于劳动投入量的弹性系数，即如果 L 增长 1%，产量将增长 α%；同样地，β 是产出关于资本投入量的弹性系数。这样，只要把参数 α、β 估计出来，就能很容易地根据 K 和 L 的变化来测算 Q 的变化。

第四，利用柯布-道格拉斯生产函数的对数形式可以得到另外一个重要结果。我们对对数形式的柯布-道格拉斯生产函数两边求微分可以得到：

$$\mathrm{d}\log Q=\mathrm{d}\log A+\alpha\,\mathrm{d}\log L+\beta\,\mathrm{d}\log K$$

即

$$\frac{\mathrm{d}Q}{Q}=\frac{\mathrm{d}A}{A}+\alpha\frac{\mathrm{d}L}{L}+\beta\frac{\mathrm{d}K}{K}$$

上式是产出增长率的分解式，这表明，产出的增长率 $\mathrm{d}Q/Q$ 可以看成是技术进步率 $\mathrm{d}A/A$、劳动增长率 $\mathrm{d}L/L$ 以及 $\mathrm{d}K/K$ 的共同贡献。更重要的是，由于产出、劳动和资本的增长率很容易得到，而参数 α 和 β 可以借助统计估计得到，因而产出增长率的分解事实上给出了估算技术进步率的公式：

$$\frac{\mathrm{d}A}{A}=\frac{\mathrm{d}Q}{Q}-\alpha\frac{\mathrm{d}L}{L}-\beta\frac{\mathrm{d}K}{K}$$

正因为柯布-道格拉斯生产函数具有以上重要特征，所以，这一生产函数在经济学中得到了广泛的应用。

以上仅是表示生产函数的两个例子，不同的生产可能有不同的生产函数。在应用研究中，经济学家也使用其他一些例子，我们这里就不一一列举了。

背景资料

CES 生产函数

CES 生产函数的形式是 $Q=(a_1L^{\rho}+a_2K^{\rho})^{\frac{1}{\rho}}$，它是一种规模报酬不变的生产函数。根据参数 ρ 的值，CES 生产函数包含着好几个著名的生产函数作为它的特例，上面所提到的固定比例的生产函数、柯布-道格拉斯生产函数都是它的特例。

（1）当 $\rho=1$ 时，CES 生产函数将变为线性生产函数，简单替换后得到：$Q=a_1L+a_2K$。

（2）当 ρ 趋于 0 时，CES 生产函数将变为柯布-道格拉斯生产函数。

（3）当 ρ 趋于∞时，CES 生产函数将变为固定比例的生产函数。

第三节　一种可变生产要素的生产函数

现在我们转向对生产函数的一般性分析，本节以只有一种生产要素可变的情形为例考察短期的生产函数。

一、只有一种可变生产要素的生产函数

假定厂商处于生产的短期。这时，厂商所使用的某些生产要素投入量是固定不变的。为了简单起见，假定厂商只使用劳动和资本两种投入，劳动的投入量是可变的，即厂商可以根据生产的需要随时调整劳动的投入数量，但该时期内资本的投入数量无法调整，因而生产过程中的资本投入量保持不变。这时，厂商的生产函数反映了既定资本投入量下，某一劳动投入量与其所能生产的最大产量之间的对应关系。

假定生产过程中资本的投入量保持不变，比如 $K=\overline{K}$，则（4.1）式给出的生产函数可以一般地表示为：

$$Q=f(L,\overline{K}) \tag{4.4}$$

上式即为只有一种可变生产要素投入变动的短期生产函数。

根据一个变动投入与相应的产出量之间的对应关系，经济学中通常定义总产量、平均产量和边际产量的概念。我们以劳动为例说明这些概念。

劳动的**总产量**是指一定的劳动投入量可以生产出来的最大产量。以 TP_L 表示劳动的总产量。如果把劳动理解为生产过程中唯一的变动投入，则总产量事实上是（4.4）式给出的生产函数：

$$TP_L=f(L,\overline{K}) \tag{4.5}$$

劳动的**平均产量**是每单位劳动所生产出来的产量，通常记成 AP_L。用公式表示，平均产量可以定义为：

$$AP_L=\frac{TP_L}{L} \tag{4.6}$$

劳动的**边际产量**是指增加一单位的劳动投入量所增加的产量，记成 MP_L。边际产量[①]也可以用公式定义为：

$$MP_L=\frac{\Delta TP_L}{\Delta L} \tag{4.7}$$

---

① 与边际效用一样，严格说来，边际产量是在特定的劳动投入量附近定义的：

$$MP_L=\lim_{\Delta L\to 0}\frac{\Delta TP_L}{\Delta L}=\frac{\mathrm{d}Q}{\mathrm{d}L}$$

在这里，我们常以改变量来近似地表示微分。

需要指出，上述定义并不局限于劳动。事实上，依照（4.5）、（4.6）和（4.7）式，可以对任意要素投入量定义总产量、平均产量和边际产量，比如资本的总产量 TP_K、平均产量 AP_K 和边际产量 MP_K 等。这里不再赘述，请读者自行给出有关它们定义的具体形式。

作为一个例子，我们考虑一个小型面包作坊的生产，其劳动投入量与产出之间的关系在表 4-1 的第一列和第二列中给出。利用公式（4.6）和（4.7）我们很容易计算出相应的平均产量和边际产量，如表中的第三列和第四列。

表 4-1　　面包坊投入的劳动与总产量、平均产量和边际产量的关系

劳动投入量 L	总产量 Q	平均产量 AP_L	边际产量 MP_L
0	0	—	—
1	10	10.0	10
2	25	12.5	15
3	35	11.7	10
4	40	10.0	5
5	42	8.4	2
6	42	7.0	0
7	41	5.9	−1

二、边际收益递减规律

在其他要素投入数量不变只有一种生产要素变动的生产中，边际收益递减是一条重要的规律。

边际收益递减规律又称为边际产量递减规律①，它是指，在技术水平保持不变的条件下，当把一种可变的生产要素连同其他一种或几种不变的生产要素投入到生产过程之中，随着这种可变的生产要素投入量的增加，最初每增加一单位该要素所带来的产量增加量是递增的；但当这种可变要素的投入量增加到一定程度之后，增加一单位该要素的投入数量所带来的产量增加量是递减的，即在投入增加到一定程度之后，边际产量是递减的。

理解边际收益递减规律需要注意以下三点：

第一，边际收益递减规律发挥作用的条件是生产技术水平保持不变。这要求生产过程中所使用的技术没有发生重大的变革。在当今经济生活中，技术进步速度很快，但就理论分析的范围而论，当厂商选择一个特定生产技术之后，如果只有一种生产要素数量可以调整，那就意味着生产处于短期，这时生产技术水平不变的假设是能够成立的。

第二，边际收益递减规律只有在其他投入数量保持不变的条件下才可能成立。如果连同可变的生产要素一起增加其他生产要素，那么这一规律就不成立了。

第三，边际产量递减发生在变动投入增加到一定程度之后。这就是说，最初可变投入的边际产量很可能是递增的，只有当这种投入超出一定范围之后才有边际产量递减。

① 严格说来，收益并不等同于产量，但当把价格视为不变的常数或者把产量视为投入品的报酬时，边际收益与边际产量的变动规律相同。此外，边际收益递减规律也被译成边际报酬递减规律。

对应于不同的生产，出现边际产量递减倾向时可变投入的数量也可能不一样。

在上述限制条件下，边际产量递减规律是很容易理解的。任何产品的生产需要把可变生产要素与固定不变的生产要素组合在一起。在可变要素数量很小时，相对于不变的生产要素而言，可变的生产要素投入量不足，增加一单位可变生产要素可以使得固定不变的生产要素更好地发挥作用，因而所增加的产量也会增加。但随着这种可变生产要素的不断增加，不变的生产要素开始变得相对不足，从而对发挥可变生产要素的作用形成制约。这时，增加一单位可变生产要素的投入量所增加的产量就会越来越小，因此出现边际产量递减趋势。

在上述条件得到满足时，边际收益递减规律就会发挥作用，这将迫使厂商寻求可变生产要素的合理投入范围。在下面的一小节中，我们将分析可变生产要素投入数量的合理范围。

三、产量曲线与生产要素合理投入区

（一）总产量、平均产量和边际产量曲线

边际收益递减规律决定了总产量、平均产量和边际产量随着可变生产要素投入增加而变动的趋势。

如表 4－1 所示，在边际收益递减规律的作用下，面包加工厂的总产量、平均产量和边际产量呈现出一定的变动趋势。根据相关趋势，我们可以把总产量、平均产量和边际产量曲线绘制在图 4－2 之中。

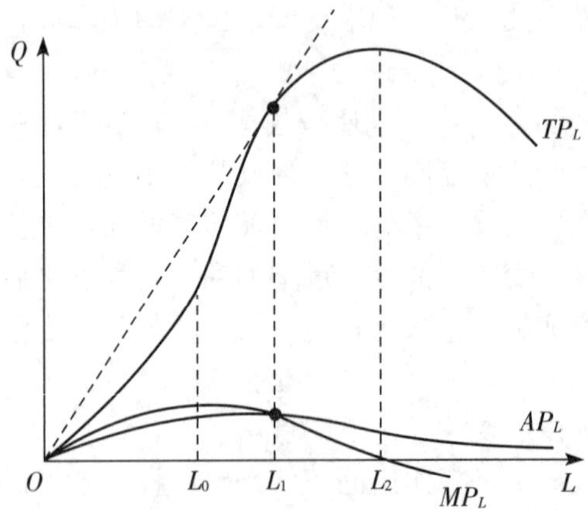

图 4－2　总产量、平均产量和边际产量曲线

在图 4－2 中，横轴表示可变生产要素劳动的投入数量 L，纵轴表示产量 Q，特定劳动投入量所对应的总产量（TP_L）、平均产量（AP_L）和边际产量（MP_L）的变动趋势分别描绘在图中。考察这三条曲线不难发现，它们都具有先增加后递减的趋势。出现这种趋势的原因是边际收益递减规律在发挥作用。同时，这三条曲线也存在密切的联系。

首先，在边际收益递减规律的作用下，劳动的边际产量曲线呈现先增加后递减的趋势。在图中，当劳动的投入数量超过 L_0 之后，劳动的边际产量呈递减趋势；当劳动增加到 L_2 时，边际产量为零；这之后，劳动的边际产量为负数值，这时增加 1 单位劳动不仅不能增加总产量，反而还会使得总产量下降。

其次，相应于先增加后递减的边际产量，总产量曲线也呈现出先增加后递减的趋势。这是因为，在边际产量大于零时，增加 1 单位劳动使得产量增加，因而总产量会随着这一单位劳动加入生产而增加；相反，若边际产量小于零，增加 1 单位的劳动将使得总产量减少。这样，在劳动投入从零到 L_2 之间，边际产量大于零，因而在这段区间内，总产量递增；当劳动投入量超过 L_2 之后，总产量曲线向右下方倾斜。顺便我们可以得到一个结论，即边际产量等于零的点对应的总产量为最大。

同时，边际产量也反映了总产量变动的速度。在边际产量为正并且递增的阶段，随着劳动投入量的增加，总产量增加的速度越来越快；当边际产量递减时，总产量增加的速度越来越慢。在图 4-2 中，劳动投入量 L_0 为其分界点。

最后，对应于先增加后递减的总产量曲线，劳动的平均产量曲线也是先递增后递减的。并且，只要总产量大于零，平均产量就会为正数值，从而边际产量曲线与平均产量曲线相交。我们注意到，当边际产量大于平均产量时，增加一单位劳动所增加的产量超过平均水平，因而增加该单位劳动将使得平均产量增加；相反，如果边际产量小于平均产量，增加一单位劳动将使得平均产量趋于减少。因此，平均产量曲线与边际产量曲线一定相交于平均产量曲线的最大值点上，即图 4-2 中劳动量 L_1 的对应点。

（二）生产要素的合理投入区

综观总产量曲线、平均产量曲线和边际产量曲线及其相互关系，可以确定劳动这一可变生产要素投入量的合理区域。

如图 4-3 所示，劳动投入量 L_1 对应着边际产量与平均产量曲线的交点，L_2 对应着边际产量等于零或者说是总产量最大的点。这样，劳动的投入量被分成为三个区域：从零到 L_1 为第一阶段Ⅰ；L_1 到 L_2 为第二阶段Ⅱ；超过 L_2 之后为第三阶段Ⅲ。

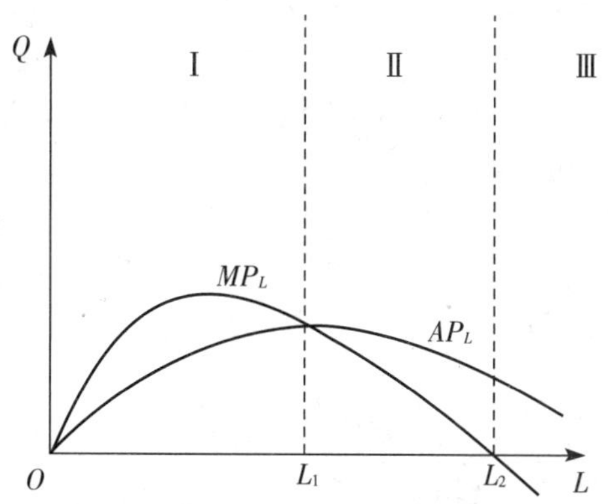

图 4-3 一种可变生产要素的合理投入区

在劳动投入量的第一阶段Ⅰ内，平均产量呈上升趋势，劳动的边际产量大于劳动的平均产量。这意味着，劳动的边际水平超过平均水平，即新增加的 1 单位劳动比现有劳动的平均水平要高，因而理性的厂商不会把劳动投入量确定在这一领域。

与第一阶段Ⅰ相对应的是劳动投入的第三阶段Ⅲ，在这一阶段内，可变生产要素劳动的边际产量小于零，即增加投入不仅不增加产量，反而会促使产量下降，因而理性的厂商也不会把投入确定在这一阶段上。因此，理性的生产者只会把劳动量的投入选择在第二阶段Ⅱ上。

在第二阶段Ⅱ，劳动的投入大于平均产量与边际产量曲线的交点所对应的劳动量 L_1，但又没有到达边际产量等于零时对应的劳动投入量 L_2，这一区域被称为可变生产要素的合理投入区。

需要说明，生产要素的合理投入区只给出了可变要素的投入范围，但并没有确定可变生产要素的投入数量。事实上，可变要素投入数量的确定还与要素的价格等因素有关。直观上，劳动的工资越低，劳动投入量就越接近于 L_2，但不会超过这一点。关于生产要素投入数量的确定，我们将在以后的章节中涉及。

案例小品

农场经营者的经济学

我国北方农业生产越来越趋向于集约经营。为此，让我们来关注北方农场生产小麦的经验。北方农场的投入主要是土地和劳动两种要素。根据历年的经验，农场小麦产量和要素投入的关系大致可以表示为：

$$Q=0.5L^{\frac{1}{2}}K^{\frac{1}{2}}$$

式中，Q 表示小麦的产量，单位吨；L 表示劳动投入量，以人数计量；K 表示土地的投入量，单位亩。

最初农场租用 25 亩土地，在第一年雇用了 4 个人。实际耕种过程中，农场经营者发现人手非常紧张，以至于有很多土地上麦苗长得不齐，并且锄草也不是很好，所以第二年他决定增加人手，雇用了 9 个人。不过，一年下来农场经营者仍觉得还没有做到精耕细作，决定继续增加人手，第三年雇用人数增加到 16 个人。

根据经验生产函数和相关数据我们可以知道，第二年农场劳动的平均产量为 0.83，第三年劳动的平均产量为 0.625。显然，劳动的平均产量在递减。这时，农场经营者担心：雇用 16 个人是不是多了？

那么，你能给农场经营者什么咨询意见呢？请试一试。答案或许不是确定的，你需要考虑小麦的价格和劳动者的工资率。

第四节　两种可变生产要素的生产函数

上一节分析了一种可变生产要素投入量与产量之间的关系，并确定了可变生产要素的合理投入区。本节我们以两种生产要素可变的情形为例考察长期生产要素的投入量与产量之间的关系，并探讨厂商生产要素数量的最优组合是如何确定的。

一、两种可变生产要素的生产函数

假定厂商进行长期生产。这时，厂商可以调整所使用的所有生产要素投入量。作为长期生产函数的例子，假定厂商只使用劳动和资本两种生产要素投入，而这两种生产要素的投入量都是可变的。这时，劳动与资本之间的任意一个组合，都对应着某个产出数量，这些投入组合与它们所能生产的最大产量之间的对应关系就是这里要考察的长期生产函数。

继续使用（4.1）式表示的两种生产要素投入变动的生产函数：

$$Q=f(L,K)$$

生产函数反映了一个特定投入组合的总产量。对应于特定的劳动和资本投入量，我们也可以如上一节那样，定义相应于劳动或者资本投入量的平均产量和边际产量。

下面直接进入对长期生产函数本身的考察。

二、等产量曲线

考察长期生产函数的一种便捷的方式是用等产量曲线把生产函数转化为特定产出所需要的投入组合。

等产量曲线表示在技术水平不变的条件下，可以生产相同产量的两种生产要素不同组合所描述出来的轨迹。假定某些生产要素的组合（L，K）可以生产既定的产量 Q_0，与这一产量相对应的等产量曲线可以用函数表示为：

$$f(L,K)=Q_0 \tag{4.8}$$

举例来说，假设有一个雇佣劳动使用简单机器进行生产的制衣公司，计划每天生产50件成衣。为了完成生产计划，该厂商可以选择雇用较多的工人，也可以选择用较少的雇员来操作较多的机器。具体数字见表4-2。

表4-2　制衣公司生产50件成衣的要素投入

要素组合	劳动投入量（L）	资本投入量（K）	总产量（Q）
A	1	5	50
B	3	4	50
C	4	3	50
D	6	1	50

对应于表4-2，在劳动（L）和资本（K）所构成的坐标平面中，把 A、B、C 和 D 点连成一条曲线，该曲线表示了可以生产50件成衣的等产量曲线，如图4-4中 Q_0 所示。

如果厂商计划生产其他的产量比如 Q_1，那么类似于上述生产产量 Q_0 的情况，我们可以得出另外的一些等产量曲线。不难发现，等产量曲线通常具有下列特征：

第一，等产量曲线有无数多条，其中每一条代表着一个产量值，离原点越远的等产量曲线代表的产量越大；

第二，任意两条等产量曲线不相交；

第三，等产量曲线向右下方倾斜；

第四，等产量曲线凸向原点。

第一个特征表明，在投入组合可以任意改变的条件下，可以画出无数条等产量曲

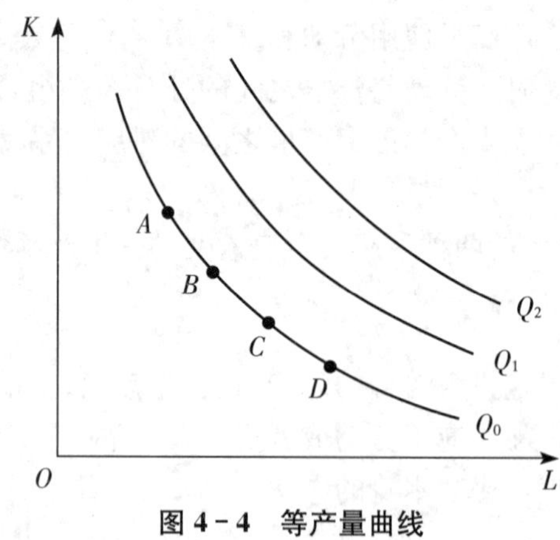

图 4-4　等产量曲线

线。在这些等产量曲线中，离原点越远，生产过程中所投入的劳动和资本的数量越多，从而它们所能生产的产量也就越大。

第二个特征表明，在生产技术水平既定的条件下，一个特定的生产要素组合点所生产的最大产量只能有一个数值，因而过这一点的等产量曲线也只能有一条。

第三个特征显示，随着一种生产要素投入数量的增加，另外一种生产要素投入量减少。这意味着，两种要素之间存在着替代的关系。至于第四个特征，则涉及等产量曲线的斜率。有关这两个特征的进一步说明我们将在下面的两个小节中进行。

三、两种可变生产要素的合理投入区

类似于一种可变生产要素的合理投入区，两种可变生产要素变动也有其合理的投入区域。与等产量曲线的第三个特征相联系，两种可变生产要素的合理投入区为等产量曲线向右下方倾斜的区域。

如图 4-5 所示。不妨假定在某一条等产量曲线上存在递增的阶段，比如图 4-5 中的 Q_4 上由 A 点到 C 点的区域。这意味着，随着劳动投入数量的增加，生产相同的产量所需要的资本数量也必须增加。假如生产要素都具有正的价格，那么经济上理性的厂商在计划生产 Q_4 时不会把投入选择在 C 点，因为 A 点所需要的劳动和资本投入都比 C 点要少，从而经济上更为节约。

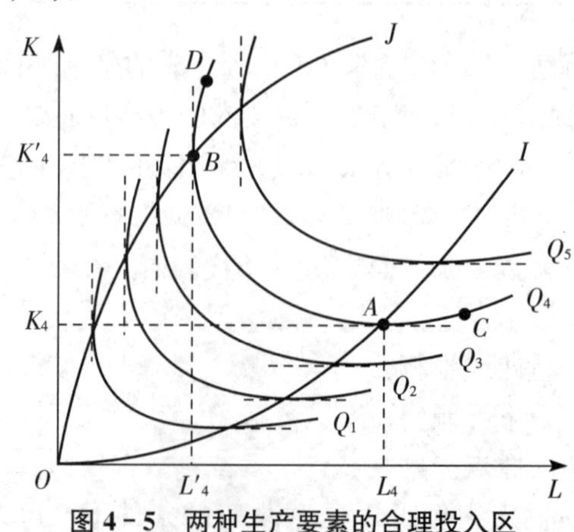

图 4-5　两种生产要素的合理投入区

基于上述分析，理性的厂商经济上合理的投入区域是等产量曲线递减的阶段。特别是，合理的劳动最大投入量位于等产量曲线最低点上，即等产量曲线的切线平行于横轴的点，此时等产量曲线的斜率为零，如 Q_4 上的 A 点；类似地，资本的最大投入量为等产量曲线的切线垂直于横轴的点，此时等产量曲线的斜率为无穷大，如 Q_4 上的 B 点。

在每条等产量曲线上，两种生产要素投入量都有一个最大值点，把所有这些点连成曲线则把经济上合理的两种生产要素投入的区域限定出来。在图 4－5 中，这两条曲线分别由 OI 和 OJ 表示，位于 OI 和 OJ 之间的生产要素的投入组合即为两种生产要素的合理投入区。

当我们假定等产量曲线具有第三个特征时，隐含着假定厂商会把两种生产要素投入量选择在经济上合理的区域之中。

四、边际技术替代率

（一）边际技术替代率的含义

即使假设要素投入处于合理区域之中，即等产量曲线向右下方倾斜，也不能保证等产量曲线的第四个特征得到满足，这需要借助于等产量曲线的斜率来说明。经济学中，等产量曲线的斜率对应着边际技术替代率的概念。

边际技术替代率表示，在保持产量水平不变的条件下，增加一个单位的某种生产要素投入量可以代替的另一种生产要素的投入量，用 $RTS_{1,2}$ 来表示。例如，劳动 L 对于资本 K 的边际技术替代率表示在生产相同产量的前提下，增加一单位的劳动可以代替的资本的数量，用公式表示为：

$$RTS_{L,K}=-\frac{\Delta K}{\Delta L}\Big|_{Q\text{不变}} \tag{4.9}$$

式中，ΔL 表示劳动投入的改变量，ΔK 表示相应于劳动的改变，在产量保持不变的条件下资本的改变量。通常，生产要素的投入位于合理区域之中，从而随着劳动数量的增加，资本数量会减少，即 ΔL 和 ΔK 的符号相反，因此公式中加一负号是为了使得边际技术替代率 RTS 为正数值。

从几何意义上看，边际技术替代率是等产量曲线上某一点斜率的绝对值。如图 4－6 所示，在一条等产量曲线上，当劳动投入量增加 ΔL 时，资本的数量相应地减少 ΔK。此时，生产要素的投入组合由 A 点移动到 B 点。不难发现，由于 A 和 B 位于一条等产量曲线上，边际技术替代率（近似地）反映了该条等产量曲线在 A 点附近斜率的绝对值。

（二）边际技术替代率与生产要素边际产量之间的关系

一种生产要素投入对另外一种生产要素投入的边际技术替代率的大小与两种生产要素的边际产量存在密切的关系。继续以图 4－6 加以说明。

在图 4－6 中，当投入组合由 A 点变动到 B 点后，劳动和资本数量分别变动 ΔL 和 ΔK。设想，厂商把生产要素由 A 调整 B 的过程是先从 A 到 C，再由 C 调整到 B。生产要素投入量由 A 到 C 表明，劳动的投入量保持不变，而资本的投入量变动 ΔK。由于每单位资本的改变量对产量的影响由资本的边际产量表示，则资本投入改变 ΔK 对总产量

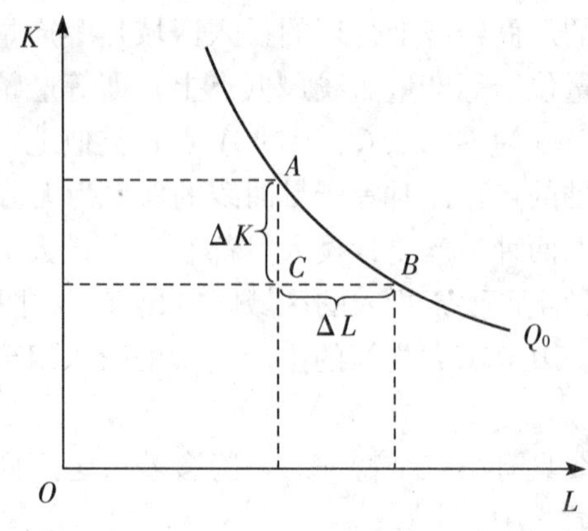

图 4-6　边际技术替代率

的影响为 $MP_K\Delta K$。同样地，当生产要素投入量由 C 变动 B 时，资本的投入量保持不变，劳动的投入量变动 ΔL。劳动改变量 ΔL 对总产量产生的影响为 $MP_L\Delta L$。同时，投入组合由 A 点变动到 C 点最终移动到 B 点，总产量并没有变动，这意味着劳动投入的变动对产量的影响被资本变动对产量产生的影响所抵消，即

$$MP_L \cdot \Delta L + MP_K \cdot \Delta K = 0$$

从而得到：

$$RTS_{L,K} = -\frac{\Delta K}{\Delta L} = \frac{MP_L}{MP_K} \tag{4.10}$$

(4.10) 式表明，一种生产要素对另一种生产要素的边际替代率与其本身的边际产量成正比，而与另一种要素的边际产量成反比。在我们的例子中，劳动对资本的边际技术替代率与劳动的边际产量成正比，劳动的边际产量越大，劳动对资本的替代能力就越大，增加一单位代替的资本数量就越多；劳动对资本的边际技术替代率与资本的边际产量成反比，资本的边际产量越大，劳动就越难以替代资本，增加一单位劳动所代替的资本数量就越少。

通过边际技术替代率与生产要素的边际产量之间的关系式 (4.10) 也可以进一步加深对两种生产要素合理投入区的理解。如图 4-7 所示。事实上，在等产量曲线斜率为零时，劳动的边际产量为零，如图中的 A 点所示。这恰好是单一生产要素变动时，合理的劳动投入量的最大值点。超过这一点之后，随着劳动投入量的增加，劳动的边际产量为负数值，因而为了生产与 A 点相同的产量，就需要进一步增加资本的投入量，以便弥补这一产量上的损失，从而超过这一点之后，等产量曲线开始向右上方倾斜。同样，对应于等产量曲线斜率为无穷大的点，比如图 4-7 中的 B 点，资本投入量使得资本的边际产量为零，资本的投入量超过这一点，资本的边际产量为负数值。由此可见，两种生产要素的合理投入区只是把那些边际产量为负数值的要素组合点排除在外。

（三）边际技术替代率递减规律

边际技术替代率递减规律是指在保持产量不变的条件下，随着一种生产要素数量的增加，每增加一单位该生产要素所替代的另一种生产要素的数量是逐渐减少的，即一种

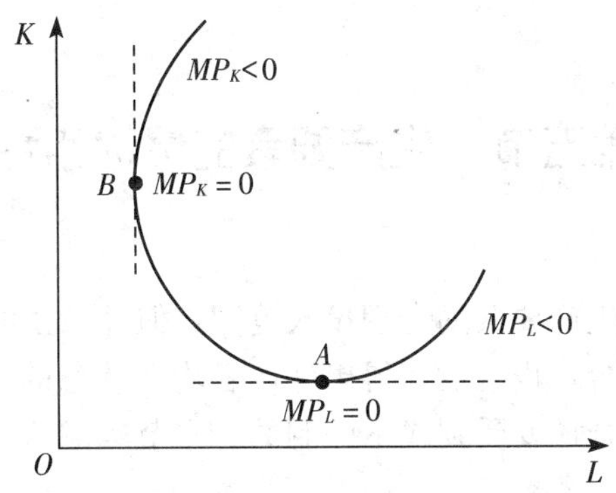

图 4-7 生产要素的边际产量与合理投入区

生产要素对另一种生产要素的边际技术替代率随着该生产要素增加而递减。

边际技术替代率与两种生产要素边际产量之间的关系式（4.10）给出了边际技术替代率递减的解释。假定厂商处于生产要素的合理投入区内，则无差异曲线向右下方倾斜，从而随着劳动投入量的增加，在保持相同产量的条件下，资本的投入量随之减少。同时，由于生产要素的边际产量服从递减规律，因而随着劳动投入量的增加，劳动的边际产量是递减的，即（4.10）式中的分子是递减的；同时，随着这一过程中资本投入量的逐渐减少，资本的边际产量递增，即（4.10）式的分母是递增的。也就是说，随着劳动投入量增加，每增加一单位劳动所增加的边际产量越来越小，从而它所代替的资本的数量就会越来越少；同时，随着劳动对资本的替代，资本投入量越来越少，其边际产量越来越大，从而越不容易被劳动所替代。因此，劳动对资本的边际技术替代率随着劳动投入量的增加而递减。

由于边际技术替代率为等产量曲线斜率的绝对值，因而边际技术替代率递减规律决定了等产量曲线凸向原点。

最后需要指出，边际技术替代率递减规律发生在两种生产要素之间存在替代而且不完全替代的情形中。如果两种生产要素按相同的比例相互替代，则等产量曲线是一条向右下方倾斜的直线，如图 4-8（a）所示，此时两种商品的边际技术替代率保持不变；如果两种生产要素不能相互替代，则等产量曲线要么平行于横轴，要么平行于纵轴，如图 4-8（b）所示，此时边际技术替代率为零或者是无穷大。不过，这些情况通常被看做是等产量曲线的特例。

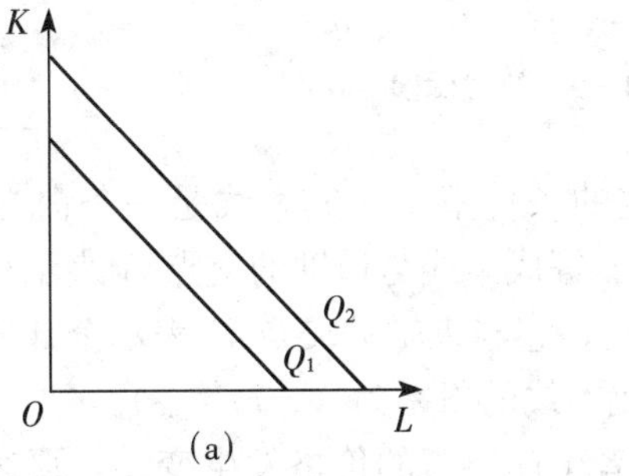

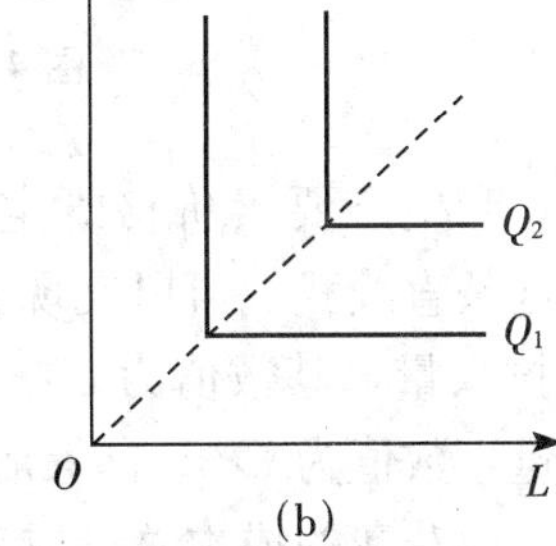

图 4-8 等产量曲线的特例

第五节　生产要素的最优组合

以上分析了厂商使用生产要素的合理投入范围，但并未说明厂商使用生产要素的数量及其相互之间的数量组合，也就没有得出生产者均衡状态的条件。事实上，厂商选择的生产要素使用量及其组合还要受到成本的制约。本节考虑这一问题，并说明生产者的均衡状态。

一、等成本方程

厂商使用生产要素的数量与成本之间的关系可以由等成本方程加以表示。**等成本方程**表示，在生产要素的价格既定的条件下，厂商花费相同的成本可以购买到的两种生产要素的不同数量组合。

假定劳动和资本的价格分别为 r_L 和 r_K，则厂商花费相同的成本 C 购买劳动和资本两种生产要素数量的组合用公式表示为：

$$C=r_L L+r_K K \tag{4.11}$$

在（4.11）式中，厂商可以使用不同的生产要素投入，但花费的成本是相同的，因而该式被称为厂商的等成本方程。

在劳动和资本构成的坐标平面上，等成本方程可以表示为等成本线，如图 4-9 所示。

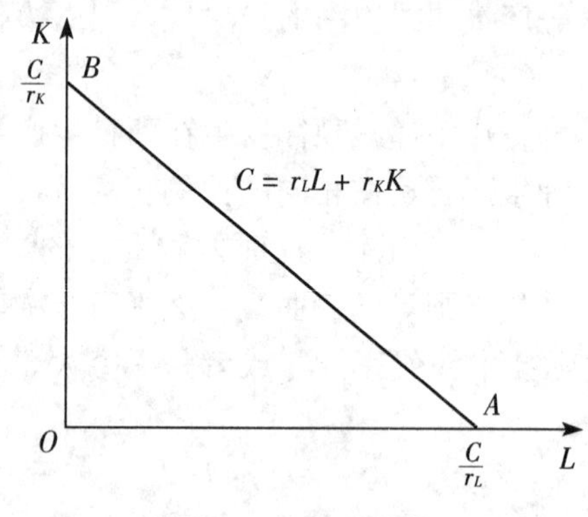

图 4-9　等成本线

首先，在成本和生产要素价格既定的条件下，等成本线是一条向右下方倾斜的直线。进一步观察这条直线我们可以发现，等成本线与横轴的交点 A 表示全部成本可以购买到的最大劳动投入量，其数值为 C/r_L；它与纵轴的交点 B 表示全部成本全部用于购买资本的最大数量，数值为 C/r_K；等成本线的斜率为（$-r_L/r_K$）。

其次，如果厂商花费的成本总量或者生产要素的价格发生变动，那么等成本线也会相应地变动。成本总量增加，厂商的等成本线向右上方平行移动；成本总量减少，等成本线向左下方平行移动。如果厂商使用的生产要素价格发生变动，厂商的等成本线将会发生旋转。例如，在成本总量和资本价格保持不变的条件下，劳动的价格下降，等成本线以 B 点为中心向右上方旋转；劳动的价格提高，等成本线以 B 点为中心向左下方旋转。

不难发现，有关厂商等成本线的讨论非常类似于我们在第三章第三节中对预算约束线的分析，这里从略。

二、生产要素的最优组合

一个经济上理性的厂商不仅要考虑生产要素对产量的影响，而且要考虑使用生产要素的费用，厂商总试图把生产要素数量选择在最优的组合点上。

厂商寻求生产要素使用上的最优组合可能会遇到两种不同的约束：成本既定或者是生产的产量既定。在成本既定的条件下，厂商试图寻求生产的产量最大；在生产产量既定的条件下，厂商试图寻求花费最小的成本。当厂商在成本既定约束条件下生产出最大的产量或者生产既定的产量花费最小的成本时，厂商保持这种状态不变，我们称这种状态为**生产者均衡**。在生产者处于均衡状态时，厂商所使用的生产要素达到一种最优组合。所以，**生产要素最优组合**是厂商使用既定的成本生产最大产量或者产量既定条件下成本最小的生产要素组合点。

根据上述定义，厂商处于均衡时决定生产要素的最优组合，厂商对生产要素的最优选择可以通过既定成本下产量最大化和产量既定条件下成本最小化两种方式实现。下面我们分别考察这两种情况。

（一）既定成本下产量最大化

使用既定的成本，理性的生产厂商总试图使既定的生产要素可以生产尽可能多的产量。厂商的这一选择过程可以借助于等产量曲线与等成本线加以说明。

让我们把上一节考察的等产量曲线与本节的等成本线结合在一起，共同描绘在图 4-10 中。等产量曲线表明生产要素与产量之间的技术关系，等成本线反映了各种生产要素投入量与成本之间的关系。在等成本线上的任意组合都花费相同的成本，但其生产的产量却可能各不相同。如图中的 A 点和 B 点。按 A 点的组合组织生产要素投入，其产量由过 A 点的等产量曲线 Q_1 表示出来。类似地，B 点位于等产量曲线 Q_2 上，Q_2 高于 Q_1，因而要素组合点 B 所能生产的产量高于要素组合点 A 所能生产的产量。

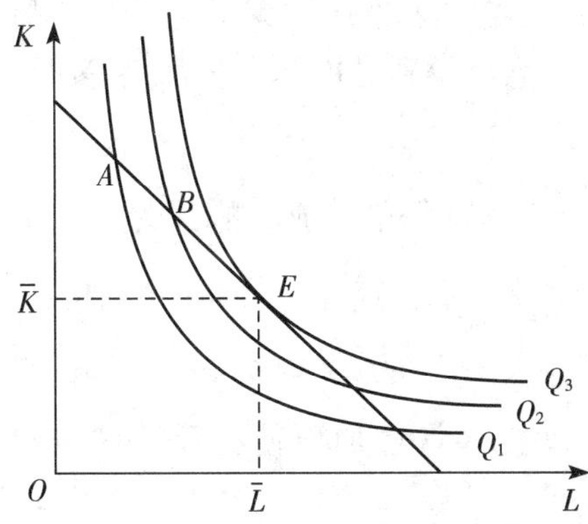

图 4-10　生产要素最优组合：既定成本下的产量最大化

对于理性的厂商而言，既然选择要素组合点 B 与 A 花费相同成本，但 B 的产量更大，那么自然会选择 B 而不选择 A。基于这种考虑，厂商在等成本线上不断地调整生产要素的组合，当要素组合点为等产量曲线与等成本线相切之点时，如图中的 E 点所示，厂商使用既定的成本实现了生产最大产量的目标，从而作为生产者的厂商处于均衡。这一点即为厂商使用既定成本生产最大产量的生产要素最优组合点。

由于厂商的生产要素最优组合点恰好位于等产量曲线与等成本线的切点，因而在生产要素最优组合点处两条曲线的斜率相等。等产量曲线的斜率绝对值由要素的边际技术替代率加以表示，而等成本线的斜率绝对值等于相应的两种要素的价格之比，因此，生产要素最优组合所满足的条件是：

$$RTS_{L,K}=\frac{r_L}{r_K} \tag{4.12}$$

（4.12）式左边是劳动对资本的边际技术替代率，它表示从技术的角度来看每增加一单位劳动可以代替的资本数量。等式的右边是劳动和资本两种生产要素价格的比率，它表示从市场价格的角度每单位劳动可以换取的资本数量。因此，（4.12）式意味着，只有当厂商从生产技术的角度考察的劳动对资本的替代率与按市场价格衡量的二者之间的替代率相等时，厂商才能用既定的成本生产最大的产量，两种要素的投入比例才是最优组合，作为生产者的厂商才能处于均衡状态。

注意到边际技术替代率与要素边际产量之间的关系式（4.10），则（4.12）式也可以表示为：

$$RTS_{L,K}=\frac{r_L}{r_K}$$

或者

$$\frac{MP_L}{r_L}=\frac{MP_K}{r_K} \tag{4.13}$$

即一种生产要素的边际产量除以该生产要素的价格，等于另一种生产要素的边际产量除以相应生产要素的价格。这表明每单位成本支出购买任意一种生产要素所获得的边际产量是相等的。因此，（4.13）式给出了生产要素最优组合的另外一个解释，即只有当每单位成本购买任意一种生产要素所得到的边际产量都相等时，厂商才能用既定的成本生产最大的产量，此时的生产要素组合才是最优的。

事实上，如果$\frac{MP_L}{r_L}>\frac{MP_K}{r_K}$，即每单位成本购买劳动所生产的边际产量大于每单位成本购买资本所生产的边际产量，那么理性的厂商可以把用于购买资本的一单位成本转向购买劳动，这样仍保持成本不变。在这一调整之后，由于资本投入量减少，厂商产量减少$\frac{MP_K}{r_K}$，但同时由于劳动投入量增加而使得厂商的产量增加$\frac{MP_L}{r_L}$，由于$\frac{MP_L}{r_L}>\frac{MP_K}{r_K}$，从而总产量增加。这意味着，在保持成本不变的条件下，厂商仍可以使得产量增加，因而原有的生产要素比例并没有达到最优状态。

反之，在$\frac{MP_L}{r_L}<\frac{MP_K}{r_K}$时，厂商也可以在保持成本不变的条件下借助于减少劳动投入量、增加资本投入量而提高产量。因此，只有当$\frac{MP_L}{r_L}=\frac{MP_K}{r_K}$时，厂商使用的生产要素数量才达到最优组合状态。

（二）既定产量下的成本最小化

在另外一些情况下，厂商的目标是生产既定产量，比如以销定产的厂商。这时，厂商使用生产要素的最优组合是生产既定的产量力求使得成本为最小。

如图 4－11 所示。厂商试图生产既定的产量，比如 Q_0，它可以运用一条等产量曲线上任意一点作为投入。在图 4－11 中，A 点所示的劳动与资本的投入组合（L_1，K_1）一定能生产 Q_0。但厂商选择不同的投入组合点所花费的成本却可能不同。假设劳动和资本的价格为 r_L 和 r_K，则厂商使用 A 点作为投入所花费的成本为 $C_1=r_LL_1+r_KK_1$。过 A 点以（$-r_L/r_K$）为斜率做一条直线 C_1。我们注意到，在要素价格既定的条件下，这条直线上任何一个投入组合点所表示的成本都相同，都等于 C_1。这样，过一点的等成本线反映了以该点作为投入时厂商所花费的成本。很显然，相应的等成本线越低，或者说越接近原点，厂商花费的成本越低。因此，生产既定产量并试图使得成本为最小化的厂商将会尽可能地使得要素投入组合点向左下方移动。结果，最优组合点再次被推到了等产量曲线与等成本线的切点，如图 4－11 中 Q_0 与 C_0 的切点 E 所示，此时作为生产者的厂商处于均衡状态。

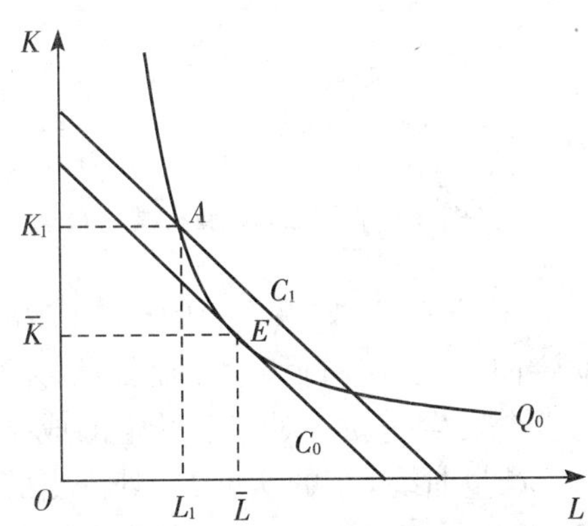

图 4－11　生产要素最优组合：既定产量下的成本最小化

除了前提条件的差异以外，我们发现，与成本既定条件下的产量最大化相同，厂商生产既定产量下的成本最小化也一定会把生产要素投入组合选择在等产量曲线与等成本线的切点之处。因此，按既定产量下的成本最小化选取的生产要素最优组合也必然满足（4.12）式或（4.13）式给出的条件：

$$RTS_{L,K}=\frac{r_L}{r_K}$$

或者

$$\frac{MP_L}{r_L}=\frac{MP_K}{r_K}$$

因此，无论是厂商实现了既定成本下产量最大的均衡，还是达到生产既定产量花费成本最小的均衡，它所选择的生产要素最优组合条件可以一般性地表述为，两种生产要素投入的边际技术替代率等于两种生产要素之间的生产要素价格比，或者说是每单位成本购买任意一种生产要素所得到的边际产量都相等。

三、生产扩展曲线

以上我们得到的生产要素最优组合是以厂商的成本保持不变或者是生产既定产量为条件的。如果厂商的成本或者厂商的计划产量发生变动，那么厂商可以适时地调整生产要素组合，以便使得生产要素投入量满足最优组合条件。

生产扩展曲线表示了厂商的扩展路径。**生产扩展曲线**表示在生产要素价格和其他条件不变的情况下，随着厂商成本或者产量的增加，由厂商的生产要素最优组合点描述出来的轨迹。生产扩展曲线由所有等产量曲线与等成本线的切点所构成，如图4-12所示。

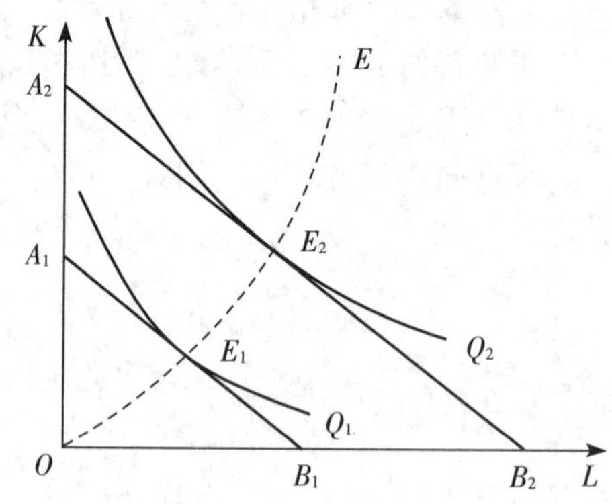

图4-12 生产扩展曲线

在生产要素价格和其他条件不变时，如果厂商的成本或者产量改变，比如厂商的成本增加，厂商的等成本线就会向右上方平行移动，比如从 A_1B_1 平行移动到 A_2B_2，则厂商的生产要素最优组合点也会发生变动。对应于既定的成本线 A_1B_1，生产要素最优组合点位于这一等成本线与等产量曲线 Q_1 的切点 E_1 处。当成本增加后，厂商将把等成本线 A_2B_2 和等产量曲线 Q_2 的切点 E_2 作为生产要素投入组合点。连接所有的生产要素最优组合点 E_1、E_2 等即得到厂商的生产扩展曲线，如图中的 OE 所示。

厂商的生产扩展曲线表示，在生产要素价格和其他条件不变的情况下，厂商实现既定成本下的产量最大或者生产既定产量花费的成本最小所遵循的扩展路径。

四、生产要素最优组合与厂商利润最大化

以上说明，厂商一种合理的经济行为是用既定成本生产出最大的产量或者在生产既定产量时花费最小的成本。这时，厂商会按照生产要素最优组合来组织生产要素的投入。但问题是，上述看似合理的行为一定导致利润最大化吗？如果厂商目标是为了追求最大的利润，它是否还会按上述最优组合条件来选择生产要素投入？答案是肯定的。

为了说明二者之间的一致性，我们假定厂商按利润最大化原则来组织生产要素投入。为了方便讨论，继续假定厂商只使用劳动和资本进行生产，其生产函数为：$Q=f(L,K)$。假定厂商所生产产品的价格为 P，而使用劳动和资本这两种生产要素的价格分别为 r_L 和 r_K，则厂商的利润可以表示为：

$$\pi=PQ-C=Pf(L,K)-r_LL-r_KK \tag{4.14}$$

这样，厂商按照利润最大化的目标选择劳动和资本的组合，必然试图使（4.14）式为最大。

假定厂商在某一生产要素组合点上考虑是否增加一单位的劳动投入。一方面，增加一单位劳动会给厂商带来产量增加，数额恰好是该单位劳动的边际产量 MP_L。这一边际产量按现有的价格 P 销售获得的收入等于 $P \cdot MP_L$。另一方面，增加一单位劳动需要增加的成本恰好等于该生产要素的价格 r_L。如果这一单位劳动为厂商带来的收入超过厂商为其支付的成本，那么厂商增加该单位产出将会使得利润量增加，从而厂商会增加劳动投入。这表明，原有的生产要素组合不能实现利润最大化。相反，如果增加一单位的劳动投入所带来的收入小于厂商为这一单位劳动支付的成本，那么厂商会减少劳动投入。因此，增加一单位劳动投入所获得的收入恰好等于厂商为该单位劳动所支付的成本，成为厂商按利润最大化目标组织生产要素投入时所必须满足的条件，即

$$P \cdot MP_L=r_L \tag{4.15}$$

同样的道理，厂商实现利润最大化所需要的最优资本投入量应该满足的条件是：

$$P \cdot MP_K=r_K \tag{4.16}$$

将（4.15）和（4.16）式相除可以得到：

$$\frac{MP_L}{MP_K}=\frac{r_L}{r_K}$$

即

$$\frac{MP_L}{r_L}=\frac{MP_K}{r_K}$$

我们再次得出了与（4.13）式相同的生产要素最优组合条件。

以上分析说明，为了利润最大化，厂商将力图使得生产要素投入量达到在既定成本下生产最大产量或既定产量下的成本最小所需要的最优组合。也就是说，厂商利润最大化目标与实现生产要素最优组合是一致的。

本章小结

在本章中，我们首先通过介绍现有厂商的基本法定形式，明确了厂商利润最大化目标。之后，我们着重分析厂商的生产决策。第二节考察生产函数的概念，然后在第三节中分析只有一种生产要素变动的生产函数及其相应变动规律，第四节和第五节则考察了

两种可变生产要素的生产函数及其生产要素最优组合。

思考题

1. 除了利润之外，你还能指出厂商的其他经营目标吗？为什么说利润最大化是厂商的基本经营目标？

2. 柯布-道格拉斯生产函数的主要特点是什么？它在经济分析方面有哪些主要应用？

3. 什么是边际收益递减规律？在现实生活中也常常会出现边际收益递增的情形。如何理解这种情形与边际收益递减规律之间的不一致？

4. 为什么说平均产量与边际产量曲线一定相交于平均产量的最大值点？

5. 你觉得在单一可变生产要素的投入区中，可变生产要素的最优投入量应该在平均产量的最大值点还是边际产量等于零的点呢？请加以说明。

6. 简要说明等产量曲线一般具有的基本特征及其相应的经济含义。

7. 你能用边际技术替代率与边际产量的关系给出边际技术替代率递减的进一步解释吗？

8. 你能根据消费者的预算约束线的变动情况，说明等成本线的变动吗？

9. 对于“以最小的投入生产最大的产出”这一说法你是如何理解的？

10. 试说明使用两种生产要素的理性生产者应如何组织生产？

11. 论证生产要素最优组合及其他与厂商利润最大化之间的关系，并指出这一分析对管理的意义。

第五章　厂商的成本与收益

为了获取利润，厂商就必须关注成本和收益。无论是大航空公司，还是小杂货店，他们都非常关注生产所带来的收益和由此而招致的成本。成本与生产可谓是形影不离。在一个经济社会中，厂商必须为生产所需要的投入进行支付。大到厂房、流水线和电脑交换机，小到螺丝、电话和灯泡，再到工程师、熟练工人和勤杂工，无一不花费厂商的成本。精明的企业家无时无刻不在考虑成本，因为每多花一分钱，企业的利润就会减少一分。是应该雇用新员工，还是给现有的员工支付加班费？是开一个新厂，还是扩大现有的厂房？所有这些问题都与成本密不可分。

厂商为寻求利润最大化需要考虑的另外一个方面是生产所获得的收益。收益是支撑厂商利润的必要条件，没有销售获得的收入，利润就无从谈起。不过，相对于成本而言，厂商收益可控的成分要更小一些。厂商的收益要受到市场需求的严格制约，而需求在很大程度上取决于消费者。面对既定的需求，厂商能够做到销售既定数量时尽可能地索要一个最高的价格。尽管如此，厂商还可以借助于对产量的选择做出对利润最大化有益的决策。所以，厂商要考虑不同产量对价格从而对销售收入的影响，要考虑增加销售量是否能够真正带来收益的增加，这种增加是否能够补偿由此所产生的成本。

厂商利润最大化选择把成本和收益两个方面联系在了一起。为了获取利润，厂商在进行决策时要考虑一个项目或者一个行为所能带来的收益和花费的成本，如果前者大于后者，则该项目可行；如果后者超过了前者，则项目不可行。权衡收益和成本的大小是厂商利润最大化决策的一般原则。对厂商利润最大化原则的分析将为我们分析厂商在不同市场条件下产量的选择，从而为最终揭示供给曲线背后隐藏的厂商行为奠定基础。

第一节　成本概念

厂商的成本又称生产成本，是指在一定时期内，厂商为了生产一定数量的产品而使用的生产要素的总费用。然而，经济学家眼中的成本与会计账户上规定的成本是不完全一样的。每个企业都有自己的会计账户，它记录了企业在过去的实际支出，因而会计账户常被用于对以往经济行为的审核和评价。而经济学家分析成本的目的却是要研究企业的决策，并进而分析资源配置。经济学要研究稀缺资源的合理配置问题，而配置是由选择来完成的。选择意味着取舍，所以经济学家谈论的一项资源或一种选择的成本的大小是以该选择所放弃的机会来衡量的。也就是说，经济学是从厂商对未来机会进行选择的角度出发来考察成本的。

一、机会成本

正如绪论中提及的那样，从经济资源的稀缺性这一前提出发，当一个社会或一个企业用一定的经济资源生产一定数量的一种或几种产品时，这些经济资源就不能同时被用在其他生产用途方面。这就是说，这个社会或这个企业所获得的一定数量的产品收入，是以放弃用同样的经济资源来生产其他产品时所能获得的收入为代价的。由此，便产生了机会成本的概念。

机会成本是指某项资源因用于某种用途而放弃掉的机会所带来的成本，它通常由某项资源在其他用途中所能得到的最高收入来衡量。厂商生产一单位商品的机会成本就是生产者所放弃的使用相同的生产要素在其他生产用途中所能得到的最高收入。例如，厂商使用他自己的大楼办公，在会计人员看来，大楼没有支出，因而没有成本。但在经济学家看来，如果将大楼出租，将会带来租金，因而这些租金应计入企业的成本。

由此看来，厂商生产的机会成本有时是明显的，有时则并不明显。因此，机会成本又分为显性成本和隐性成本两部分。显性成本是指厂商为生产一定数量的商品而用于生产要素购买的实际支出。例如，雇用工人的支出、购买原材料的支出等都是显性成本。隐性成本是指厂商使用自己所拥有的那些生产要素的机会成本。例如，使用自己拥有的资金作为投入而节省的支付给银行的利息就是隐性成本。这样，对应于一定数量的资金投入，无论是厂商自己的资金还是从银行借贷的贷款，在正常条件下都会获得利润。当厂商把这笔资金用于一种产品的生产时，它就不得不放弃在其他用途上获得等量利润的机会。因此，在经济学家看来，一笔资金的正常利润也应包含在成本之中。

为了区别起见，通常称经济学家谈论的成本为经济成本。根据上述说明，经济成本是所有显性成本和隐性成本的总和，即

经济成本＝显性成本＋隐性成本

背景资料

机会成本和会计成本

机会成本是指生产者所放弃的使用相同生产要素在其他生产用途中所能得到的最高收入。机会成本不同于会计成本，它不是生产活动中的实际货币支出，而是指做出一种选择时所放弃的其他若干种可能的选择中最好的一种。机会成本包括显性成本和隐性成本两部分，显性成本是指作为成本项目记入账上的各种支出费用，包括工资薪金、原料、材料、燃料、动力和运输等费用，以及为借入资金支付的利息；隐性成本是指厂商使用自己提供的资源所应该支付的费用。这种费用应该支付，但并没有实际支出，因此也就不反映在账目上。这种实际存在而并没有反映在账目上的支出费用就称为隐性成本。隐性成本包括：企业所有者投入企业的自有资金的利息、企业所有者为该企业提供劳务而应得的薪金、家庭可能投入的许多无偿的时间。

会计成本是会计师在账面上记录下来的成本，它只包括实际有货币流出和流入的交易，即显性成本的部分。此外，会计成本是一种历史成本，它记录了过去企业的实际

支出。

会计成本和机会成本之间的区别说明了经济学家与会计师分析经营活动之间的重要不同。会计师记录成本是为了向别人报告企业的损益情况，以便能够反映企业过去的行为。经济学家关心研究企业如何做出生产和定价决策，因此，他们衡量成本的目的是判断某个方案或者资源的某种用途的好与坏。这必然涉及不同方案或者不同用途之间的比较，因此，选定一个共同的基准是必然的，否则就难以对不同投入来源的结果做出选择。

在对成本做出上述限定之后，还有一个重要的方面需要提及。这里所讨论的成本是做出生产决策的厂商自身需要支付的成本，即厂商的私人成本。但在某些条件下，生产一定数量的产品不仅花费厂商的成本，也可能给交易以外的其他经济当事人带来影响，从而使得生产成本与厂商支付的成本不相一致。有关这一问题我们将在第九章有关市场失灵理论中加以说明。在这里，一个隐含的假定是厂商的成本是生产所需要的全部成本。

二、会计利润和经济利润

由于会计师和经济学家以不同的方式衡量成本，所以在厂商销售一定数量产品获得相同收入的条件下，按会计成本和机会成本计算的厂商的利润量就会有所差异，相应地，就出现了会计利润和经济利润的区别。

会计利润是指厂商销售收入与会计成本之间的差额；**经济利润**则是指厂商的销售收入与经济成本之间的差额。二者的差异就在于会计成本中并不包含隐性的成本支出，如图 5-1 所示。由于经济学所使用的成本是用机会成本衡量的经济成本，因而相应的利润也被称为经济利润。

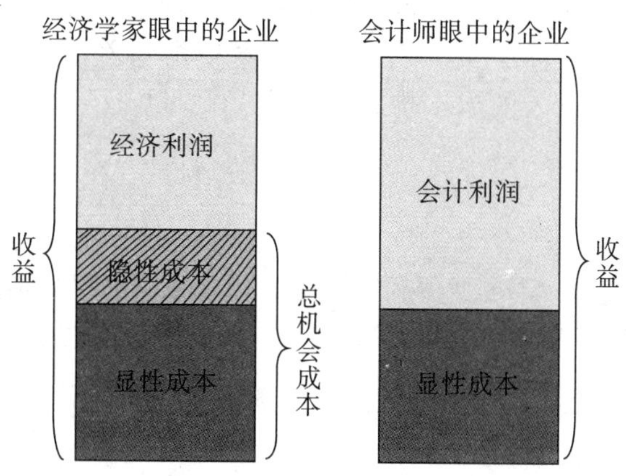

图 5-1　经济利润和会计利润

正如上文所言，由于厂商使用一定数量的资金可以获得的正常利润被计入机会成本之中，因而与会计利润不同，厂商的经济利润中不包含正常利润。这就是说，经济学中所指的利润是指超出正常水平的那一部分利润，即经济利润在会计师眼里就是超额利润。

三、短期成本和长期成本

与厂商成本有关的另外一个因素就是时间。对于一个特定的厂商而言，考察的时间不同，厂商生产一定数量产量所需要花费的成本也会有所不同。相应于生产过程中的短期和长期，成本也可以区分为短期成本和长期成本。

按照第四章中有关生产的短期和长期的区分，**短期**是指厂商来不及调整全部生产要素数量的时期，**长期**则是指所有生产要素都有调整的时期。在短期内，由于厂商不能根据需要对所有的生产要素做出调整，因而成本可以区分为不变成本和可变成本。在长期内，这种划分则不再有意义。因此，在短期和长期中厂商成本的变动会有所差异。本章接下来的内容将分别讨论短期成本和长期成本的变动情况。

第二节　短期成本曲线

本节讨论短期内生产成本与厂商所生产的产量之间的相互关系。

一、短期成本的概念

假定厂商处于短期。根据有关短期生产的界定，厂商在这期间不能对某些生产要素做出调整。短期中厂商生产所花费的成本就是短期成本。为了方便起见，继续假定厂商使用劳动和资本两种生产要素，并且在短期内劳动是可变投入，而资本是固定投入。相应于生产要素的划分，可以得出下面有关短期成本的一些概念。

第一，厂商生产既定的产量所花费的总成本由不变成本和可变成本两部分构成。**不变成本**又称固定成本，是指不随厂商的产量变动而变动的那一部分成本，它由不变投入的成本构成，简记成 FC。**可变成本**是指随着厂商的产量变动而变动的那部分成本，它由可变投入的成本构成，记成 VC。以 TC 来表示总成本，则根据上述定义有：

$$TC=FC+VC \tag{5.1}$$

第二，对应于总成本、不变成本和可变成本，有相应的平均成本、平均不变成本和平均可变成本的概念。**平均成本**是指每单位产量 Q 所花费的总成本，记成 AC。用公式表示，平均成本可以定义为：

$$AC=\frac{TC}{Q} \tag{5.2}$$

平均不变成本是指每单位产量 Q 分摊的不变成本，用 AFC 表示平均不变成本，则有：

$$AFC=\frac{FC}{Q} \tag{5.3}$$

平均可变成本是指每单位产量 Q 所花费的可变成本的数量，用 AVC 表示，则：

$$AVC=\frac{VC}{Q} \tag{5.4}$$

由于总成本等于不变成本与可变成本之和，因而根据平均成本、平均不变成本以及平均可变成本的定义有：

$$AC=AFC+AVC \tag{5.5}$$

第三，边际成本是指增加一单位产量所增加的成本，通常用 MC 表示。边际成本用公式可以定义为：

$$MC=\frac{\Delta TC}{\Delta Q} \tag{5.6}$$

其中，ΔQ 表示厂商的产量增加量，ΔTC 表示因产量增加而导致的成本增加量。由于不变成本不随产量变动而变动，因而当产量增加时，不变成本的改变量等于零。这就是说，增加产量只影响可变成本，在总成本和可变成本的意义下定义的边际成本相同，因而不加区分。这样，我们也可以把边际成本定义为：

$$MC=\frac{\Delta VC}{\Delta Q}$$

上述概念非常类似于上一章中的总产量、平均产量和边际产量的概念，但需要注意，产量概念是相应于生产要素投入量来定义的，而这里的成本概念是相应于产量而言的。

二、短期成本曲线

短期成本曲线是指厂商的短期成本随着产量变动而变动的轨迹。现在根据上述各种短期成本的定义考察这种变动关系。

厂商生产一定产量需要一定数量的各种投入，这些投入所花费的成本（含隐性成本）就构成了厂商的生产成本。因此，考察厂商的成本随产量变动而变动的规律就在于建立产量与生产要素投入从而与成本之间的关系。

现在假定厂商处于生产的短期，并且它只使用劳动和资本两种投入，劳动投入量 L 是可变的，但资本的投入量保持不变，比如取 $K=\overline{K}$。于是，厂商的生产函数可以表示为：$Q=f(L，\overline{K})$。相应于上述短期生产，厂商可变成本就是花费在劳动投入量上的支出，而不变成本是花费在资本上的支出。

假定劳动和资本投入的价格分别为 r_L 和 r_K。于是，厂商的可变成本、不变成本和总成本分别为：$VC=r_L L$、$FC=r_K K$ 和 $TC=r_L L+r_K\overline{K}$。

根据这些关系式，我们在表 4-1 的基础上建立成本与产量的关系并考察短期成本曲线的变动规律。

假定厂商的不变投入要素 $\overline{K}=10$，而劳动和资本投入的价格分别为 $r_L=20$ 和 $r_K=40$。将表 4-1 的有关数据加以扩充可以得到表 5-1。

表 5-1　　　　　　　　　　　　厂商的短期成本

(1) 劳动投入量（L）	0	1	2	3	4	5	6
(2) 资本投入量（K）	10	10	10	10	10	10	10
(3) 总产量（Q）	0	10	25	35	40	42	42
(4) 平均产量（AP_L）	—	10.0	12.5	11.7	10.0	8.4	7.0
(5) 边际产量（MP_L）	—	10	15	10	5	2	0
(6) 可变成本（VC）	0	20	40	60	80	100	120
(7) 不变成本（FC）	400	400	400	400	400	400	400
(8) 总成本（TC）	400	420	440	460	480	500	520
(9) 平均可变成本（AVC）	—	2	1.6	1.7	2.0	2.4	2.9
(10) 平均不变成本（AFC）	—	40	16	11.4	10	9.5	9.5
(11) 平均成本（AC）	—	42	17.6	13.1	12	11.9	12.4
(12) 边际成本（MC）	—	2	1.3	2	4	10	—

观察表 5-1 后可以发现有关厂商短期成本曲线的一系列特征。

首先，让我们考察短期可变成本、不变成本和总成本。表中第 6 行给出了可变成本，它是第一行中的劳动投入与劳动价格 $r_L=20$ 的乘积。从中可以看出，随着产量的增加，厂商的可变成本是递增的。这是因为，随着产量的增加，所需要的劳动投入数量是增加的，进而在劳动价格既定的条件下，厂商的可变成本是递增的。于是，我们可以知道，可变成本曲线是随着产量的增加而逐渐递增的。

表中第 7 行是不变成本，它由不变的资本投入 $\overline{K}=10$ 与其价格 $r_K=40$ 的乘积得到。由于资本的投入量和要素价格都保持不变，不变成本不随产量变动而变动，它总等于 400，因而不变成本曲线是一条平行于产量轴的直线。

表中第 8 行是厂商的短期总成本，它由第 6 行的可变成本与第 7 行的不变成本加总后得到。由于不变成本不随产量变动而变动，所以与可变成本曲线一样，短期总成本曲线也是随着产量增加而逐渐增加的。

图 5-2 描绘了可变成本曲线、不变成本曲线和总成本曲线的大致形状以及它们之间的相互关系。

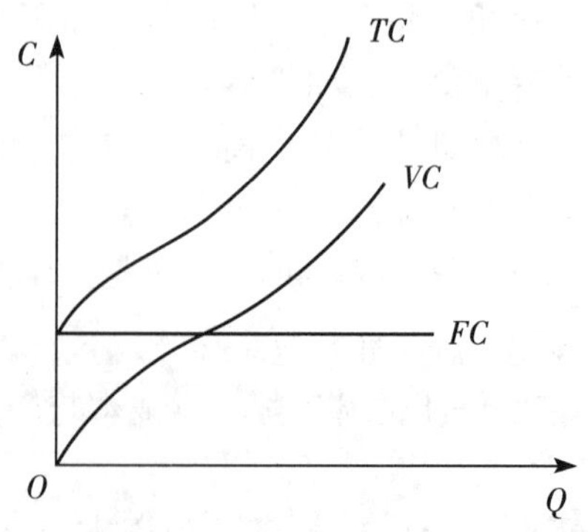

图 5-2　可变成本曲线、不变成本曲线和总成本曲线

其次，我们考察平均可变成本、平均不变成本和平均成本。平均可变成本在表 5－1 第 9 行中列出，它由第 6 行的可变成本除以第 3 行的总产量得到。由表中的数据可以看出，平均可变成本随着产量的增加先递减然后再逐渐增加，即平均可变成本曲线是一条 U 形曲线。

平均可变成本曲线之所以呈现 U 形，表面上与我们选取的数据有关，但根源却在于厂商的生产服从边际收益递减规律，这一点可以通过比较表中第 4 行与第 9 行得到说明。如果随着劳动投入量的增加，平均每单位劳动所生产的产量是递增的，那么反过来说，每单位产量所需要的劳动就是递减的，从而花费在劳动上的可变成本就会越少。如果随着劳动投入量的增加，平均产量是递减的，那么情况正好相反。因此，平均可变成本与平均产量具有相反的变动方向。由于在边际收益递减规律的作用下，厂商使用劳动的平均产量先增加后递减，因而每单位产量所需要的劳动投入量就随着产量的增加而先减后增。结果，厂商的可变成本也就随着产量的增加而先减后增。

平均可变成本曲线先减后增的原因可以由下面的关系式更直接地观察到。根据定义，可知：

$$AVC=\frac{VC}{Q}=\frac{r_L L}{Q}=\frac{r_L}{Q/L}=\frac{r_L}{AP_L} \tag{5.7}$$

由（5.7）式知道，在要素价格 r_L 不变的条件下，平均可变成本与平均产量变动方向恰好相反。在边际收益递减规律的作用下，平均产量曲线呈现倒 U 形形状，那么平均可变成本曲线就具有先减后增的 U 形形状。

表中第 10 行表示平均不变成本，它是表中第 7 行的不变成本除以第 3 行的总产量得到的结果。由于不变成本不随产量的变动而变动，因而随着产量的增加，平均每单位产量分摊到的不变成本逐渐减少，即平均不变成本曲线是一条随着产量增加而逐渐递减的曲线。

表中第 11 行是平均成本，它可以通过第 8 行的总成本除以第 3 行的总产量得到，也等于第 9 行平均可变成本与第 10 行的平均不变成本之和。注意到平均不变成本曲线是递减的，而平均可变成本先递减后递增，那么，在平均可变成本曲线下降阶段，平均成本曲线是递减的。同时，由于平均成本高于平均可变成本，因而在平均可变成本出现递增趋势之后，尽管平均成本还会出现一段下降，但随着产量继续增加，平均每单位产量所分摊到的不变成本会越来越小，最终决定平均成本大小的是平均可变成本。因此，平均成本曲线也会像平均可变成本曲线一样，呈现 U 形形状，只是其最低点对应的产量更大而已。

图 5－3 表示出了平均可变成本曲线、平均不变成本曲线和平均成本曲线的形状。

最后，考察边际成本曲线。表中最后一行给出了边际成本曲线的变动趋势。边际成本曲线随着产量的增加而先减后增。这同样是边际收益（从而边际产量）递减规律所致。在边际产量递增阶段，随着劳动投入量的增加，每增加一单位劳动所增加的产量是递增的，因而，每增加一单位产量所需要增加的劳动就是递减的，厂商为了购买劳动而增加的成本也就会是递减的。在边际产量递减阶段，情况正好相反。因此，边际收益递减规律决定了边际产量先增后减；从成本方面来看，这一规律就决定了短期边际成本曲

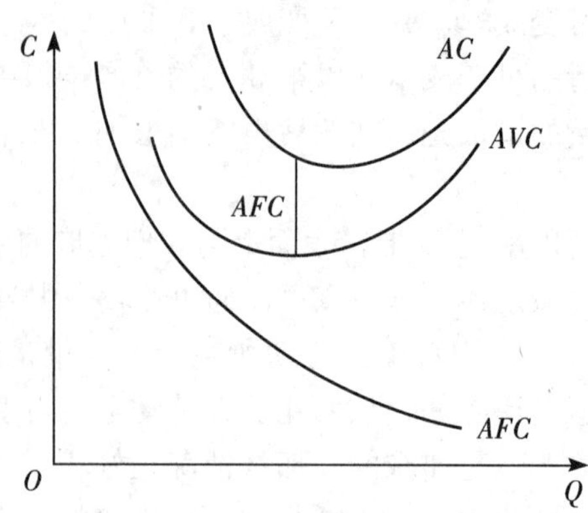

图 5－3　平均可变成本曲线、平均不变成本曲线和平均成本曲线

线先减后增，即边际成本曲线呈 U 形。

边际成本与边际产量呈反方向变动也可以用公式加以说明。根据定义：

$$MC=\frac{\Delta VC}{\Delta Q}=\frac{\Delta(r_L L)}{\Delta Q}=\frac{r_L}{\Delta Q/\Delta L}=\frac{r_L}{MP_L} \tag{5.8}$$

从（5.8）式中可以看出，由于劳动的价格 r_L 保持不变，而厂商的边际成本与可变投入的边际产量之间呈反方向变动，因而边际收益递减规律决定了边际产量先递增后递减，那么也就意味着短期边际成本先递减后递增。

边际成本曲线的形状在图 5－4 中描绘出来。

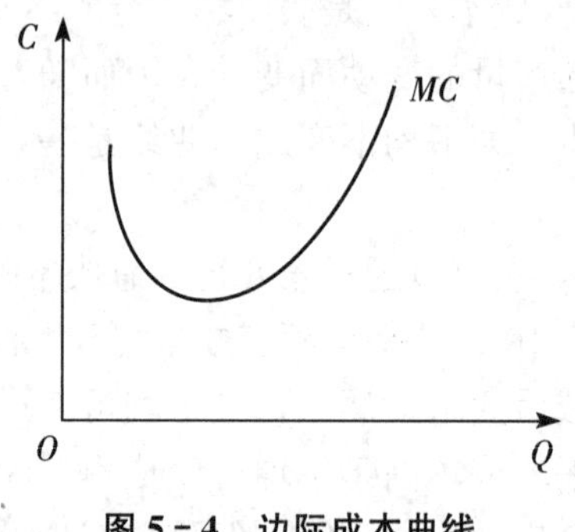

图 5－4　边际成本曲线

三、短期成本曲线之间的关系

以上分三组，对七种类型的短期成本曲线及其变动规律进行了分析，其形状在图 5－2、图 5－3 和图 5－4 中给出。这些成本曲线都是从某一个侧面反映了厂商生产不同产量时花费的各种支出，因而它们也并不是孤立的，而是存在着某种内在联系。这些联系可以概括为以下两个方面。

第一，边际成本曲线与总成本曲线和可变成本曲线之间的关系。根据定义，边际成本是增加一单位产量所增加的总成本，因而边际成本越少，总成本增加的速度就越慢。反之，边际成本越大，总成本增加的速度就越快。因此，在边际成本递减的阶段，成本增加的速度递减，即总成本曲线越来越平缓；而在边际成本递增阶段，总成本增加的速度越来越快，即总成本曲线越来越陡。

同时，由于边际成本也可以定义为增加一单位产量所增加的可变成本，因而边际成本与可变成本曲线之间的关系等同于边际成本与总成本曲线之间的关系。

上述关系确定了图 5－2 与图 5－4 之间的联系，这种联系在图 5－5 中描绘了出来。在图 5－5（b）中，由于在边际收益递减规律的作用下，随着厂商的产量由零逐渐增加，厂商的边际成本曲线递减，在产量为 Q_0 时达到最低。这之后，随着产量的增加，厂商的总成本曲线递增。对应于此，在图 5－5（a）中，随着产量逐渐增加到 Q_0，厂商的总成本曲线和可变成本曲线增长速度越来越慢，即这两条曲线越来越平缓；当产量超过 Q_0 之后，总成本曲线和可变成本曲线增长速度越来越快，这两条曲线也就越来越陡。

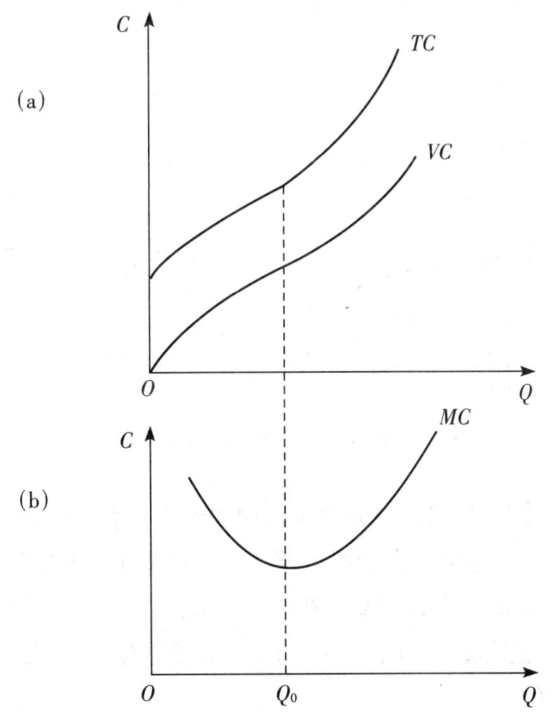

图 5－5　边际成本曲线、总成本曲线和可变成本曲线之间的关系

第二，边际成本曲线与平均成本曲线和平均可变成本曲线之间的关系。与边际产量与平均产量之间的关系一样，边际成本曲线一定与平均成本曲线和平均可变成本曲线相交于平均成本曲线和平均可变成本曲线的最低点。原因是，在平均成本曲线下降阶段，增加产量所增加的成本比平均成本要低，只有这样，才能使得平均成本进一步降低；反之，在平均成本曲线递增的阶段，边际成本肯定高于平均成本。如图 5－6 所示。

通过比较（5.7）式和（5.8）式也可以进一步理解边际成本与平均（可变）成本之间的上述关系。我们注意到，在表示平均可变成本和边际成本与平均产量和边际产量之间关系的公式中，二者的分子相同，都等于可变要素的价格，而分母分别是平均产量和

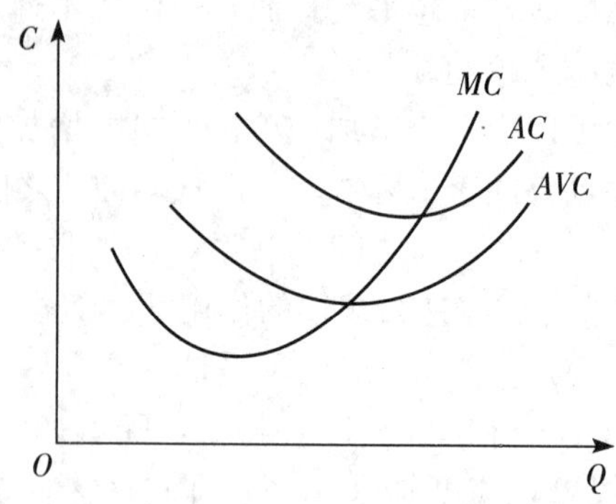

图 5-6　边际成本曲线与平均成本曲线和平均可变成本曲线之间的关系

边际产量。这样，当平均产量与边际产量相等时，平均可变成本一定与边际成本相等，并且平均产量的最大值点恰好对应着平均可变成本的最低点。如图 5-7 所示。

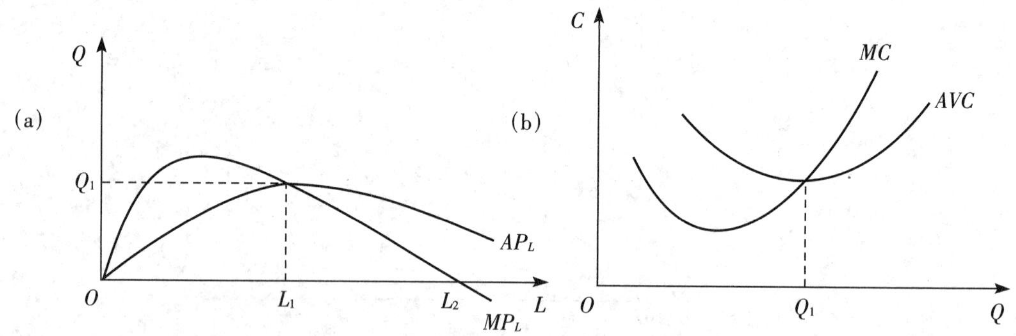

图 5-7　成本曲线与产量曲线之间的关系

图 5-7（a）来源于图 4-2，当劳动投入增加到 L_1 时，平均产量达到最大，所生产的产量为 Q_1。此时，平均每单位产量所需要的劳动量最小，从而平均可变成本最小。对应于产量 Q_1，平均可变成本最小。边际成本与边际产量之间也存在类似的关系。同时，边际产量与平均产量、边际成本与平均可变成本相交于 Q_1，因而图（b）可以认为是由图（a）整体翻转得到的。

由以上分析可以看出，正是边际收益递减规律决定了厂商的成本曲线的变动规律及其相互之间的特定关系。这里得到的厂商短期成本曲线将在第六章的分析中得到应用。

第三节　长期成本曲线

在长期内处于经营中的厂商可以根据计划产量调整所有的生产要素投入量，使得每个产量水平下都实现生产要素的最优组合。本节讨论长期内厂商的成本与其生产量之间的关系及其变动规律。

一、长期成本的概念

在长期中厂商可以对所有的生产要素进行调整，因而所有生产要素都是可变投入，长期内没有不变成本和可变成本的区分。因此，有关长期成本的讨论只涉及长期总成本、长期平均成本和长期边际成本。

长期总成本（LTC）是指厂商在长期中通过改变生产规模生产一定产量水平所能达到的最低总成本。为了区别于短期总成本，通常把长期总成本表示为 LTC。

相应于长期总成本（LTC），可以定义长期平均成本和长期边际成本。**长期平均成本**是指从长期来看，厂商平均每单位产量所花费的总成本，记成 LAC。用公式表示，长期平均成本定义为：

$$LAC=\frac{LTC}{Q} \tag{5.9}$$

长期边际成本是指从长期来看，厂商每增加一单位产量所增加的总成本，记成 LMC。用公式表示，长期边际成本定义为：

$$LMC=\frac{\Delta LTC}{\Delta Q} \tag{5.10}$$

除了应从长期调整的意义上来理解这些成本之外，这里的总成本、平均成本和边际成本的概念与上一节的定义没什么差别。

二、长期总成本曲线

长期成本与产量之间的对应关系描绘在产量与成本构成的坐标平面中就可以得到相应的长期成本曲线。下面我们首先考察长期总成本曲线以及其随产量变动而变动的特征。

为了生产既定的产量，厂商在长期内可以对所有生产要素的投入量进行调整，其中也包括短期内固定不变的投入，以便使得生产这一产量花费的成本最低。因此，厂商的长期总成本曲线可以看成是厂商不断调整短期内不变投入的结果。

假定厂商有三种生产规模可供选择，即有三种短期内固定不变的投入 K_1、K_2 和 K_3，相应的短期内固定不变的成本分别为 FC_1、FC_2 和 FC_3。为了简化分析，不妨假定短期不变投入的价格为 1。这三种短期内的生产规模对应的短期总成本曲线分别为 TC_1、TC_2 和 TC_3，短期总成本曲线 TC_1、TC_2 和 TC_3 在纵轴上的截距即 FC_1、FC_2 和 FC_3。如图 5－8 所示。

假定最初厂商处于一个特定的生产规模，比如在短期内生产的成本为 TC_1。如果厂商计划生产的产量为 Q_1，这时在三个可供选择的生产规模中，使用 FC_1 作为不变投入的成本 TC_1 是最低的，因此厂商选择按这一生产规模进行生产。在厂商选择了生产规模 FC_1 之后，如果计划产量为 Q_2，则处于短期的厂商生产成本是 Q_2 在 TC_1 上对应的数值。若给予厂商充分调整的时间，它会发现，在现有可供选择的生产规模中，若按 FC_2 作为“不变投入”进行生产所花费的成本 TC_2 低于 TC_1。于是，厂商就会把原有的不变投入 FC_1 调整到 FC_2。因而，长期中厂商生产 Q_2 的成本不是 TC_1，而是 TC_2。

由以上分析不难看出，随着厂商不断地调整短期内不变的生产要素投入数量，在长

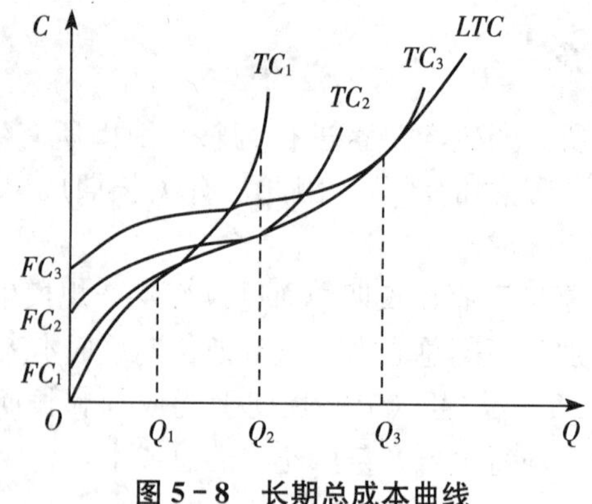

图 5-8 长期总成本曲线

期中，厂商生产任意产量时所对应的成本都是可供选择的短期生产规模中生产该产量所能达到的最低成本。这就是说，在长期中，厂商生产的每一个产量都对应着一个短期的生产规模，而这一生产规模在所有能生产该产量的生产规模中花费的成本最低。由这些成本点描绘出来的曲线就是厂商的长期总成本曲线，如图 5-8 中 LTC 所示。

如果设想，短期内固定不变的生产要素投入量有无数多个而不是只有 K_1、K_2 和 K_3 三个，厂商可以根据生产的需要在长期中任意调整它们的使用量，那么图 5-8 中的短期总成本曲线就有无数多条。厂商生产任何一个产量长期中所花费的成本，都是所有这些短期生产规模中生产该产量所能达到的最低成本。这些最低的成本点随着产量变动连成的曲线就是一条光滑的长期总成本曲线 LTC。

不难发现，长期总成本曲线 LTC 在所有短期总成本曲线的下方，并且在长期总成本曲线的每一点上都对应着一个短期总成本曲线与之相切。这就好像是长期总成本曲线把所有短期总成本曲线从下方“包起来”一样，因而，长期总成本曲线被看成是无数条短期总成本曲线的包络曲线。在连续变化的每一个产量上，长期总成本曲线都对应着与长期总成本曲线相切的某一条短期总成本曲线，该条短期总成本曲线所代表的生产规模就是生产该产量的最优生产规模，该切点所对应的总成本就是生产该产量的最低总成本。所以，**LTC 曲线表示长期内厂商在每一产量水平上由最优生产规模所带来的生产成本。**

长期总成本曲线 LTC 的形状与短期可变成本曲线相类似，是一条从原点出发向右上方倾斜的曲线，而且随着产量的增加，最初长期总成本增长较慢，而当产量增加到一定程度之后，长期总成本增加越来越快。LTC 曲线的前一个特征容易理解，即在其他条件不变的情况下，随着产量的增加，长期中厂商的成本逐渐增加，而后一个特征则需要借助于长期边际成本来说明，我们留待后面再解释。

背景资料

成本最小化与成本函数

短期成本及长期成本之间的联系和区别可以由等产量曲线分析得到进一步的说明。假设厂商只使用劳动和资本两种生产要素。进一步假设，在短期内，劳动的投入量是可变的，资本的投入量是固定的，厂商只能通过调整劳动的投入量来改变产量；在长期内，厂商通过变动生产中所使用的全部两种生产要素的投入量来实现最优生产规模。因此，厂商的长期成本与短期成本会所有不同，但二者之间又存在密切的关系。我们用扩展线的图形加以说明。

如图 5－9 所示。三条等产量曲线 Q_1、Q_2 和 Q_3 顺次与三条等成本线 A_1B_1、A_2B_2 和 A_3B_3 相切于 E_1、E_2 和 E_3 三点，连接这三点的 OE 线为厂商生产的扩展线。现假定在短期内厂商的资本投入量固定为 K_2，它用与横轴平行的直线 K_2F 表示。在短期生产的情况下，厂商只能沿着水平线 K_2F 来调整可变生产要素劳动的投入量，以适应产量的变化，由此决定的短期总成本就是 STC_2。

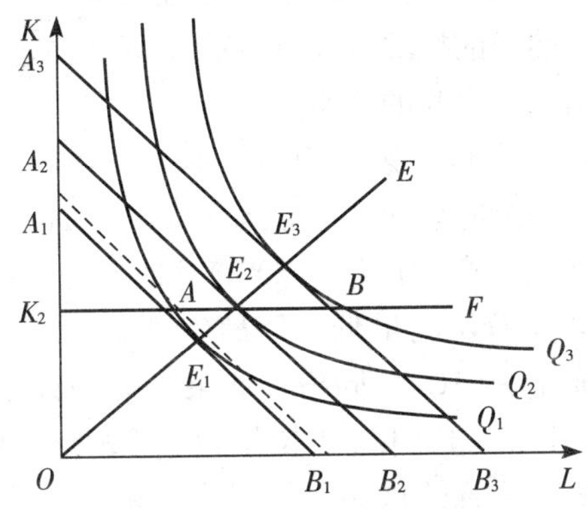

图 5－9 厂商生产的扩展线

如果厂商生产产量 Q_1，短期内由于受到不变投入 K_2 的制约，厂商只能选择 K_2F 与等产量曲线 Q_1 的交点 A 作为生产要素的投入组合点。此时，厂商所花费的成本由过这一点的等成本线表示出来，图 5－9 中以虚线表示。从长期来看，厂商选择最优要素组合点 E_1 作为投入，所花费的成本由 A_1B_1 表示出来。很显然，短期中厂商生产 Q_1 所花费的成本并不是现有生产技术条件下最低的，因为 E_1 点花费的成本更低，但这一要素组合点只能在长期中达到。在这种情况下，厂商生产 Q_1 的短期总成本 STC 高于长期总成本 LTC。

假设厂商生产的产量为 Q_2。从短期来看，厂商在 K_2F 上选择投入量，即选择 K_2F 与等产量曲线 Q_2 的交点 E_2 作为要素投入组合点。从长期来看，厂商选择的最优要素组合为 E_2 点，它恰好与厂商的短期选择相一致。这说明，由 A_2B_2 所代表的成本既是厂商生产 Q_2 时的短期成本，又是生产这一产量时的长期成本。因此，厂商的短期总成本 STC 与 LTC 在生产 Q_2 时相切。

如果厂商将产量由 Q_2 增加为 Q_3，在短期内厂商只能选择 B 点作为投入组合点，而在长期中则选择 E_3 点作为要素投入组合点。类似于生产 Q_1 时的情况，STC 再次回到了 LTC 的上方。

从以上的分析中可以清楚地看到，水平线 K_2F 与等产量曲线 Q_1、Q_2 和 Q_3 的三个相交点 A、E_2 和 B 所对应的成本，分别表示短期内生产 Q_1、Q_2 和 Q_3 产量时的短期总成本。而 E_1、E_2 和 E_3 分别为长期内生产 Q_1、Q_2 和 Q_3 产量时的长期总成本。长期总成本不高于短期总成本，同时它又是特殊的“短期总成本”：在生产一个特定产量时，长期成本恰好对应着生产这一产量的最优生产规模所花费的短期总成本。

从图形说明中我们还可以看到，对应着长期成本曲线“包络”短期成本曲线的过程事实上是厂商由一个次优到最优的选择过程。例如在生产 Q_1 时，短期内只能选择 A 点，长期中厂商将在 Q_1 上逐渐逼近于 E_1 点。

三、长期平均成本曲线

（一）长期平均成本曲线的推导

通过长期总成本曲线可以得到长期平均成本曲线。从这一意义上讲，长期平均成本曲线的推导与短期平均成本曲线的推导并没有什么不同。在这里，我们集中考察长期平均成本曲线与短期平均成本曲线之间的关系。

继续以上面提到的只有三种生产规模的情形为例。对应于图 5－8 中的三条短期总成本曲线，可以得出厂商的三条短期平均成本曲线 SAC_1、SAC_2 和 SAC_3。与长期总成本的分析相对应，如果厂商计划生产的产量为 Q_1，这时在三个可供选择的短期生产规模中，使用生产规模 K_1 的成本 TC_1 为最低，厂商生产 Q_1 的平均成本也必然是最低的，所以此时厂商长期的平均成本为 AC_1。同样，如果厂商的计划产量为 Q_2，则长期中厂商选择按生产规模 K_2 进行生产，长期总成本为 TC_2，相应的长期平均成本为 AC_2。随着厂商不断地变动其生产量，所有的这些平均成本点就连成厂商的长期平均成本曲线，如图 5－10 中的 LAC 所示。

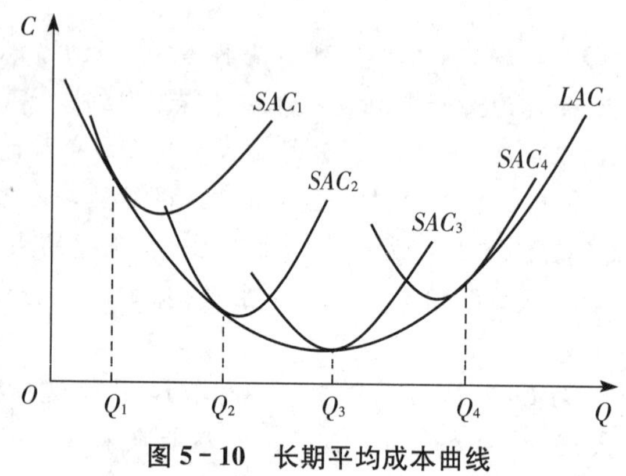

图 5－10　长期平均成本曲线

由此可见，厂商的长期平均成本曲线 LAC 由每一个产量对应的所有生产规模中最低的平均成本所构成。与长期总成本曲线一样，长期平均成本曲线也是所有短期平均成本曲线的包络曲线。在这条 LAC 曲线上，对应于每一个产量水平，都存在 LAC 曲线和一条 SAC 曲线的相切点，该 SAC 曲线所代表的生产规模就是生产该产量的最优生产规模，该切点所对应的平均成本就是相应的长期平均成本。

需要指出，**不能把长期平均成本曲线说成是所有短期平均成本曲线最低点的连线。**事实上，尽管长期平均成本曲线包含着厂商寻求成本最低，但其中最低的含义是就既定的产量而论的，即生产每一个特定的产量时，厂商都试图调整生产规模以便使得成本为最低，而不是寻求每一个特定生产规模下的最优。例如，若生产规模 1 在生产一个特定产量时恰好处于平均成本曲线的最低点，但采用生产规模 2 生产这一产量时花费的成本更低，那么生产规模 1 对应的平均成本曲线的最低点不可能位于长期平均成本曲线上。

背景资料

一个著名的错误

“长期平均成本是所有短期成本曲线最低点的连线。”初看起来，这是长期平均成本曲线的定义。的确，某些教科书将上述表述作为长期平均成本的定义。但是，这是一个著名的错误。这一错误之所以著名，一个重要的原因是它是与被称为准确阐述这一曲线第一人的瓦伊纳（1892—1970）联系在一起的。在 1931 年发表的《成本曲线与供给曲线》文章中，尽管瓦伊纳明确指出长期平均成本曲线位于所有短期平均成本曲线的下方，却把长期平均成本曲线表述为所有短期平均成本最低点的连线。当时，瓦伊纳这篇论文的制图员指出了这一表述与包络曲线之间的不一致性，因为把所有短期平均成本最低点连接起来并不能保证这条曲线不位于某些短期成本曲线一些点的上方，但是瓦伊纳并没有完全意识到这一点，以至于在这篇文章中仍保留了长期平均成本穿过所有短期平均成本最低点的图形。

不过，在随后出版的著作中，瓦伊纳更正了这一错误。他写道：“图形中的错误没有得到修正，从而使得后来的教师和学生可以从指出这些错误中感到愉悦……但我觉得我对避免一个错误表述的传播负有责任。”① 不幸的是，并不是所有的人都能获得愉悦，相反，由于当时大家对长期平均成本与短期平均成本之间的关系尚不能完全理解，以至于很长一段时期内在某些教科书中引用了这一表述作为长期平均成本的定义。

找出上述表述的错误并不困难。如果我们设想，长期平均成本曲线是一条 U 形曲线，那么，在长期平均成本曲线的下降阶段，*LAC* 曲线相切于所有相应的 *SAC* 曲线最低点的左边；在长期平均成本曲线的上升阶段，*LAC* 曲线相切于所有相应的 *SAC* 曲线最低点的右边。只有在 *LAC* 曲线的最低点上，*LAC* 曲线才相切于相应的 *SAC* 曲线的最低点。这是因为，在生产某一产量时，长期平均成本曲线一定存在着与生产这一产量相对应的短期平均成本，二者在这一点相切。如果长期平均成本曲线向右下方倾斜时，与其相切的短期平均成本曲线在这一点上也一定是向右下方倾斜，从而不可能是最低点。

那么又是什么原因致使一些经济学家把长期平均成本曲线表述为所有短期平均成本曲线最低点的连线呢？一个可能的解释是，他们混淆了长期平均成本曲线中包含的最优含义与短期平均成本曲线的最低点。的确，正如我们现在知道的那样，长期平均成本是厂商最优规模所花费的平均成本。这里的最优是对应于特定产量而言的，对应于某一产量，所有的短期平均成本曲线上生产这一产量所花费的那一最低的平均成本就是生产这一产量的长期平均成本。正是这一最低成本导致了人们在表述长期平均成本时出现了混乱。事实上，这里的最低并不是一条短期平均成本曲线的最低点，而是特定产量下所有

① J. VINER. Cost curves and supply curves//R. CLEMENCE. Reading in economic regions. Boston：Addison-Wesley，1950.

短期成本曲线的最低点。换一种方式理解，在以产量为横轴、成本为纵轴的坐标平面上，长期平均成本曲线中所包含的最低是沿纵向（即产量给定）求取的，而短期平均成本曲线的最低点则是沿横向求取的。

（二）长期平均成本曲线的形状与规模经济

长期平均成本曲线的形状与短期平均可变成本曲线具有类似的形状，即随着产量的增加，长期平均成本先递减后增加。也就是说，长期平均成本曲线也呈U形。但是，二者呈现U形的原因却并不相同。上一节我们曾经指出，短期平均成本曲线呈U形是边际收益递减规律发挥作用的结果。而在长期内由于厂商可以对所有的生产要素投入数量进行调整，因而边际收益递减规律发挥作用的条件不复存在。**长期平均成本曲线呈U形是规模经济发挥作用的结果。**

所谓**规模经济**是指若厂商的产量扩大一倍，而厂商生产成本的增加少于一倍，则称厂商的生产存在着规模经济。与规模经济相反的是**规模不经济**，即若厂商的产量增加一倍，而成本增加大于一倍，则称厂商的生产存在着规模不经济。反过来说，若厂商的成本扩大一倍，其产量扩大超过一倍，则生产存在着规模经济；若产量扩大的倍数小于成本扩大的倍数，则生产存在着规模不经济。特别是，如果成本的扩大是由于生产要素同比例增加而造成的，那么，若产量增加的倍数大于生产要素增加的倍数，则称生产是规模收益递增的；若产量增加的倍数等于生产要素增加的倍数，则称生产是规模收益不变的；若产量增加的倍数小于生产要素增加的倍数，则称生产是规模收益递减的。很显然，规模收益递增是规模经济的一个特例，而规模收益递减是规模不经济的一个特例。

背景资料

对规模收益概念的进一步说明

对于规模收益我们可以通过两种方式加以说明。

（1）假设厂商的生产函数为：

$$Q=f(L,K)$$

假设该厂商扩大生产规模，同比例增加劳动和资本两种生产要素的投入量，使之为原来的 a 倍（$a>1$），则相应的产量变为 bQ，即

$$bQ=f(aL,aK)$$

若 $b>a$，则生产是规模收益递增的；若 $b=a$，生产是规模收益不变的；若 $b<a$，生产是规模收益递减的。

（2）规模收益与齐次生产函数有关。我们首先说明齐次生产函数。假定厂商的生产函数为：$Q=f(L,\ K)$，若对于任意常数 $a(a>1)$，满足：

$$a^nQ=f(aL,aK)$$

则称这一生产函数为 n 次齐次生产函数。对应于齐次生产函数，其规模收益情况是：若 $n>1$ 时，生产是规模收益递增的；若 $n=1$ 时，生产是规模收益不变的；若 $n<1$ 时，生产是规模收益递减的。

以柯布-道格拉斯函数为例，柯布-道格拉斯函数的数学形式为：

$$Q=f(L,K)=AL^{\alpha}K^{\beta}$$

厂商扩大生产规模，要素投入量变为原来的 $a(a>1)$ 倍，有：

$$a^{\alpha+\beta}Q=f(aL,aK)=A(aL)^{\alpha}(aK)^{\beta}$$

则若 $\alpha+\beta>1$，则生产是规模收益递增；若 $\alpha+\beta=1$，则生产是规模收益不变；若 $\alpha+\beta<1$，则生产是规模收益递减。

根据经济学家的解释，随着产量的增加，厂商的生产规模逐渐扩大，最初厂商扩大规模使得生产处于规模经济阶段。产生规模经济的原因主要有以下几个方面：

第一，规模扩大有利于专业分工。大规模生产可以促进劳动的分工，提高劳动的专业化水平。

第二，规模扩大有利于发挥技术在生产中的作用。随着生产规模的扩大，厂商可以使用更加先进的生产技术。在实际中，机器设备往往具有不可分割性，有些设备只有在较大的生产规模下才能得到使用。例如，联合收割机在小块土地上就难以发挥作用，而大规模生产则可以降低平均成本。此外，规模扩大也有利于开展多级生产。大工厂可以同时完成几道工序，节约半成品运输的时间和费用。规模扩大也有利于促进现有技术的使用。一个重要的例子是容器原理。几何学原理告诉我们，生产中常用的高炉、油罐、管子等，体积的增加大于其表面面积的增加。因此，随着生产能力的扩大，这些投入所增加的成本会减少。

第三，随着规模扩大，厂商可以更为充分地开发和利用副产品。

第四，规模扩大可以降低经营和研发方面的分摊。例如，越大的企业越有能力承担设立实验室的费用，同时这些没有直接用于生产经营的费用分摊就越小。

第五，随着规模的扩大，厂商在生产要素的购买、融资和产品的销售方面也拥有更多的优势。大企业在购买生产要素和融资方面往往能得到较低的价格，从而使得成本更低。

随着厂商产量的增加，上述几个方面的优势会逐渐显示出来，导致厂商生产每单位产品的平均成本递减。

但是，厂商的生产规模也并非越大越好。对于特定的生产技术而言，当厂商的规模扩大到一定程度之后，生产就会出现规模不经济。造成规模不经济的原因主要包括以下几个方面：

第一，随着规模的扩大，信息传递失真，管理效率降低。厂商的规模越大，系统就越复杂，信息交流的层次就越多，信息传递费用增加，管理的难度也就越大，管理成本也就越高。同时，伴随着规模的扩大，信号失真，管理内部也容易滋生官僚主义，从而使得规模扩大所带来的成本增加更多。

第二，与专业分工相联系，过细的分工会导致劳动者因工作单调而降低劳动积极性。另外，如果一个人感觉自己在如此之大的企业中微不足道，也会对待工作马马虎虎。

第三，上述因素诱发劳资纠纷，导致生产成本增加。

第四，企业内部生产技术工艺的相互依赖，使得出现意外时的成本会更高，因为局部的意外更容易导致全线停产。

伴随着规模的扩大，当导致成本增加的因素占主导地位时，厂商的平均成本就会提高，这时厂商处于规模不经济的状态。一般说来，在规模较小时，促成规模经济的因素占主导。但随着规模的不断扩大，规模扩大所带来的收益增加逐渐减少，同时规模不经济的因素越来越强，从而抵消规模经济的积极影响，直至出现规模不经济。由此可见，**厂商的长期平均成本曲线呈现 U 形是由厂商的生产由规模经济逐渐转向规模不经济所致的。**

案例小品

商业银行设立分支机构的规模经济

一家商业银行是应该在我们这个城市的每个角落都设立一个储蓄所，还是把人力和物力集中于总部或者少数几家分支机构，以便获得更高的效率？这很大程度上取决于商业银行对收益与成本的分析。

金融分析师为我们设计了一个“营运比率”。他们首先将运作一个分支机构的所有成本加总，包括工资和补贴、租金、日用设备费、维修费、税收和保险、办公用具以及从计算机到灯管等其他设备费。他们往往用这些营运成本除以储蓄总额，这就得出了营运比率。

近期的研究表明，当一家商业银行分支机构的存款规模达到 5 亿元以前，随着规模的增加，营运比率就会提高。拥有两个存款规模为 2.5 亿元的分支机构，比拥有一个有 5 亿元的分支机构要多花 20％的费用。但是，当一个分支机构的存款规模超过 5 亿元时，就不再会有任何效率上的收益。

你能结合这一实际情况分析产生规模经济的原因吗？

四、长期边际成本曲线

（一）长期边际成本曲线及其形状

通过长期总成本曲线也可以得到厂商的长期边际成本曲线。由于边际成本反映了总成本的变动率，即总成本曲线的斜率，把每一个产量上对应的长期总成本曲线的斜率值描绘在坐标平面中，就可以得到长期边际成本曲线 LMC。

长期边际成本曲线的形状也是 U 形，这是由于长期平均成本曲线是 U 形所致。因此，LMC 呈 U 形可以间接地通过厂商的生产由规模经济转向规模不经济的变动过程得到解释。随着厂商生产规模的扩大，当生产处于规模经济阶段时，增加产量所增加的成本逐渐减少，因而长期边际成本曲线递减；当生产处于规模不经济时，增加的产量所增加的成本逐渐增加，从而长期边际成本曲线递增。即长期边际成本呈现先减后增的变动特征，如图 5-11 所示。

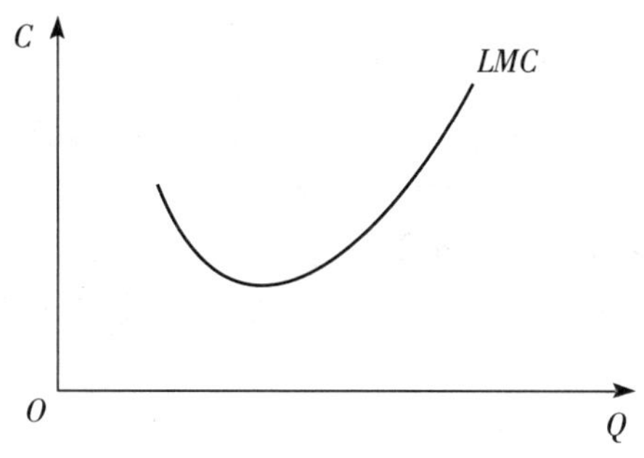

图 5-11　长期边际成本曲线

需要说明，**长期边际成本曲线并不是所有短期边际成本曲线的包络曲线。**因为有些短期边际成本曲线可能在长期边际成本曲线的左上方，而有些则在其右下方。事实上，由于在每一个产量水平上长期总成本曲线都与某一个短期总成本曲线相切，比如图 5-8 中产量为 Q_1 时长期总成本曲线与短期总成本曲线 TC_1 相切，因而长期边际成本线 LMC 与短期边际成本曲线 MC_1 在这一点相交。

（二）长期边际成本曲线与长期总成本曲线和长期平均成本曲线之间的关系

与短期一样，长期边际成本曲线与长期总成本曲线和长期平均成本曲线之间存在着相互联系。

首先，长期边际成本曲线是长期总成本曲线的斜率描绘出来的曲线，因而随着产量增加，长期总成本曲线在长期边际成本曲线递减阶段增加的速度越来越慢，而在边际成本递增阶段增长越来越快。既然长期边际成本先减后增，那么长期总成本曲线增长的速度就是先递减后递增。参见本章第二节图 5-5。

其次，无论是在短期或是在长期，只要平均成本曲线是先减后增的，那么边际成本曲线就一定与平均成本曲线相交于平均成本曲线的最低点。长期边际成本曲线与平均成本曲线之间的关系如图 5-12 所示。

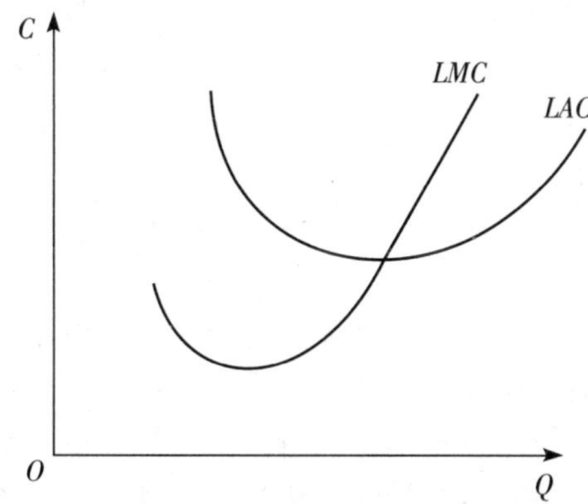

图 5-12　长期边际成本曲线与长期平均成本曲线的关系

第四节　厂商收益与利润最大化原则

在对厂商的行为做出分析之前，我们曾经指出，厂商的目标是自身的利润达到最大。厂商为了获得最大利润，除了要考察生产和成本外，还要把生产的产品拿到市场上去出售以获取收入。到目前为止，我们讨论的内容主要局限于厂商的生产及其成本。现在转向分析厂商的收益方面，并在此基础上引申出厂商的利润最大化原则。

一、收益的概念

厂商生产的产品要在市场上销售，销售产品获得的收入就是厂商收益。收益可以区分为总收益、平均收益和边际收益，并分别用它们的英文字头表示为 TR、AR 和 MR。

总收益（TR）是指厂商销售一定数量的产品或劳务所获得的全部收入，它等于产品的销售价格与销售数量之间的乘积。用 P 表示商品价格，Q 表示商品数量，则总收益可以表示为：

$$TR=P\cdot Q \tag{5.11}$$

平均收益（AR）是指厂商每单位产品平均获得的收入。借助于总收益，平均收益可以用公式表示为：

$$AR=\frac{TR}{Q}=\frac{PQ}{Q}=P \tag{5.12}$$

可见，厂商销售一定数量的商品获得的平均收益就等于价格。

边际收益（MR）是指厂商每增加一单位商品的销售所增加的收入量，用公式表示为：

$$MR=\frac{\Delta TR}{\Delta Q} \tag{5.13}$$

以上定义的收益概念与商品或劳动的销售价格和销售数量有关系，而销售商品的价格通常也与厂商销售产品的数量有一定的关系。这就是说，总收益、平均收益和边际收益都与厂商的产量有关。因此，把它们与产量之间的对应关系分别称为总收益函数、平均收益函数和边际收益函数。

二、收益曲线

把厂商的收益与数量之间的对应关系描绘成曲线就可以得到相应的收益曲线。为了分析厂商的收益曲线，继续按照第四章第一节中的约定，假定对应于计划销售的数量，理性的厂商索要它所能要到的最高价格。同时，由于厂商所能要到的最高价格受到来自消费者需求的限制，因而决定厂商收益的价格的因素就是厂商面临的需求。同时假定厂商的销售数量就等于厂商的产量。

通常，厂商面临的需求或者可以索要的最高价格与销售数量之间的关系概括为两种情况：一是厂商面临一条平行于数量轴的需求曲线，即价格对厂商而言是一个常数；二是厂商面临一条向右下方倾斜的需求曲线，即价格随着厂商销售数量的增加而递减。下面区分这两种情况说明厂商的收益曲线。

（一）厂商面临一条平行于数量轴的需求曲线

假定厂商索要的最高价格是由厂商以外的市场因素所决定，这时厂商出售产品的价格不随销售数量的变动而变动，即厂商面临一条平行于数量轴的直线，如图 5－13（a）所示。

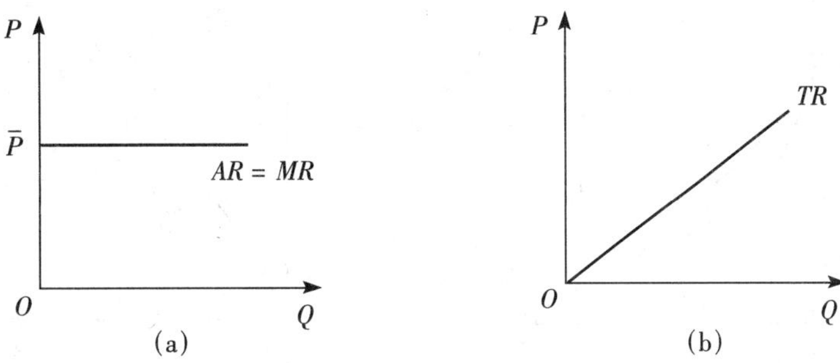

图 5－13　价格不变时厂商的收益曲线

假定厂商面对的价格 $P=\bar{P}$ 保持不变，这时厂商面临的需求曲线是一条平行于数量轴的直线。根据（5.11）式的定义，厂商的总收益可以表示为：

$$TR=\bar{P}\cdot Q \tag{5.14}$$

由于价格不随产量的变动而变动，因而在价格不变时，厂商的总收益曲线是一条从原点出发的向右上方倾斜的直线，如图 5－13（b）所示。

根据（5.12）式，厂商的平均收益表示为：

$$AR=\frac{TR}{Q}=\frac{\bar{P}\cdot Q}{Q}=\bar{P} \tag{5.15}$$

因此，厂商的平均收益等于价格，它不随产量的变动而变动，即厂商的平均收益曲线是一条等于价格的水平直线，如图 5－13（a）所示。

根据（5.13）式的定义，厂商的边际收益表示为：

$$MR=\frac{\Delta TR}{\Delta Q}=\frac{\Delta(\bar{P}\cdot Q)}{\Delta Q}=\frac{\bar{P}\Delta Q}{\Delta Q}=\bar{P} \tag{5.16}$$

这表明，在价格不变的条件下，厂商增加销售一单位数量的产量所获得的收益增加量也等于这一价格。从而，厂商的边际收益曲线也是一条等于价格的水平直线，如图 5－13（a）所示。

总之，**在价格不变的条件下，厂商的平均收益曲线与边际收益曲线重合，并且都等于价格，而总收益曲线则是一条从原点出发的向右上方倾斜的直线。**

（二）厂商面临一条向右下方倾斜的需求曲线

假定厂商面临一条向右下方倾斜的需求曲线，比如 $P=P(Q)$。这时，厂商为了销售更多的产量就不得不索要更低的价格。如图 5－14（a）所示。

根据（5.11）式的定义，厂商的总收益可以表示为：

$$TR=P\cdot Q=P(Q)\cdot Q$$

根据价格随着产量增加而递减的特征，我们可以一般性地得到总收益曲线的特征。当产量为零时，厂商的总收益等于零。之后，随着产量的增加，厂商的总收益开始增加。但是，当产量增加到一定程度之后，价格就越来越低，甚至接近于零，因而总收益开始下降。这就是说，厂商的总收益曲线是一条从原点出发先增后减的曲线，如图 5－14（b）所示。

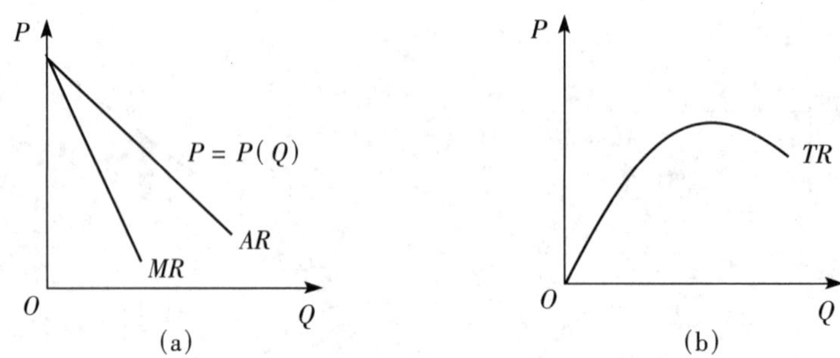

图 5－14　价格随产量增加而下降时厂商的收益曲线

根据（5.12）式，厂商的平均收益表示为：

$$AR=\frac{TR}{Q}=\frac{P(Q)\cdot Q}{Q}=P(Q)$$

厂商的平均收益等于厂商面对的市场需求，这一特征并没有改变。在这里，价格随产量增加而下降，厂商的平均收益曲线是一条与厂商的需求曲线重合的向右下方倾斜的曲线，如图 5－14（a）所示。

根据（5.13）式的定义，厂商的边际收益表示为：

$$MR=\frac{\Delta TR}{\Delta Q}=\frac{\Delta(P(Q)\cdot Q)}{\Delta Q}=P(Q)+Q\,\frac{\Delta(P(Q))}{\Delta Q} \tag{5.17}$$

在价格随着产量增加而下降的情况下，厂商增加一单位商品的销售所增加的收益不再等于价格。（5.17）式表明，增加一单位商品带来的收益首先表现为按价格增加等量的销售收入，但同时由于销售数量的增加而导致价格下降 $\Delta P/\Delta Q$，从而使得销售收入减少 $Q\cdot(\Delta P/\Delta Q)$。注意到 $\Delta P/\Delta Q$ 的负号特征，于是在这种情况下，厂商的边际收益比该产量下价格要低，也就是说边际收益曲线比平均收益曲线更低。如图 5－14（a）所示。

边际收益曲线位于平均收益曲线的下方这一点也可以以类似于以上两章涉及的“平均”与“边际”的关系做进一步的理解。事实上，由于厂商面临着一条向右下方倾斜的需求曲线，而需求曲线又是厂商的平均收益曲线，因而厂商的平均收益曲线向右下方倾斜。当平均收益递减时，只有边际收益比平均收益更低，才能使得平均收益下降。否则，在边际收益高于平均收益时，平均收益会递增。

总之，**在厂商面临一条向右下方倾斜的曲线时，厂商的平均收益曲线仍与厂商面临**

的需求曲线重合，因而它也向右下方倾斜；边际收益曲线是一条位于平均收益曲线下方的曲线；总收益曲线则是一条从原点出发先增加后递减的曲线。

三、厂商的利润最大化原则

在本章分析的厂商成本和收益的基础上，现在可以分析厂商的利润最大化问题了。

厂商的利润等于总收益减去总成本，以 π 表示利润，则：

$$\pi = TR - TC \tag{5.18}$$

由于厂商的总收益和总成本都取决于厂商的产量，因而厂商的利润也是产量的一个函数，所以，由（5.18）式定义的利润也被称为利润函数。

厂商的目标是利润最大化，它必然从边际的角度权衡收益与成本，把产量选择在边际收益等于边际成本之点，即

$$MR = MC \tag{5.19}$$

边际收益等于边际成本的条件（5.19）式被称为厂商的利润最大化原则。

追求利润最大化的厂商为什么必然把产量选择在边际收益等于边际成本之点呢？如果厂商的边际收益大于边际成本，那么这就意味着厂商每多生产一单位的产品用于销售所增加的收益大于因生产这一单位产品所增加的成本，即厂商生产这一单位的产出是有利可图的，多生产这一单位的产出将使得利润增加，因而追求利润最大化的厂商必然会把这一单位的产品生产出来。这就是说，当边际收益大于边际成本时，厂商会增加产出。

反之，如果边际收益小于边际成本，表明厂商多生产一单位产品用于销售所增加的收益低于把这一单位产品生产出来所花费的费用。这时，就这一单位产品来说，厂商是亏损的，因此厂商会减少这一单位产品的生产。也就是说，在边际收益小于边际成本时，厂商会减少生产，以便增加利润。

上述分析说明，边际收益无论是大于还是小于边际成本，厂商都会试图改变产量，以便使得利润增加。只有当厂商的产量恰好位于边际收益等于边际成本之点时，厂商才不会进一步调整产量，即厂商按边际收益等于边际成本的原则确定最优产量。

背景资料

厂商利润最大化原则的进一步说明

如果从几何意义上讲，厂商追求利润最大化也就是追求 TR 与 TC 的差额最大化。假定厂商的总收益函数为 $TR=TR(Q)$，总成本函数为 $TC=TC(Q)$，那么，厂商的利润可以表示为：

$$\pi(Q) = TR(Q) - TC(Q)$$

满足利润最大化的一阶条件为：

$$\frac{d\pi(Q)}{dQ}=0$$

$$\frac{dTR(Q)}{dQ}-\frac{dTC(Q)}{dQ}=0$$

即有：

$$MR=MC$$

由利润最大化的条件可以得到这样的结论：厂商应该选择最优的产量使得边际收益等于边际成本，即 $MR=MC$。

因此，我们说 $MR=MC$ 是厂商的利润最大化原则。

需要指出，厂商的利润最大化原则只说明了应该按照边际收益等于边际成本的原则来决定产量，但利润最大化并不表示厂商获得的利润为正数值，在厂商成本既定的条件下，这要看厂商所面临的市场需求状况。关于市场的分析将在下一章中专门讨论。

案例小品

房屋粉刷公司

房屋粉刷大都在夏季进行，这时白天又长又热，粉刷的房屋会容易晾干。因此，房屋粉刷业被认为是适合于夏季的短期生产行业。假如你打算利用学校暑假的机会赚点钱，那么开设一家粉刷公司是比较合适的。

要开设一家粉刷公司你就必须考虑投入。你需要购买一辆二手车作运输之用。你应该买一双耐磨的球鞋，毕竟不能穿着皮鞋干活。为了方便联络顾客，你还必须装一部专门的电话机。为了有更多的顾客，你还应该制作广告和宣传单，雇人散发。还要印刷名片等。你同时也要关注市场上刷子和油漆的价格，不过它们的价格一般波动不大。尤其重要的是，作为雇主，你必须留意劳动力市场的价格情况。

当了解到这些情况之后，你的公司就可以投入运营了。首先，你必须确定短期内固定不变的投入，如二手车的折损费、印制广告和名片的支出等。其次，收集从客户那里得到的信息，分析你可能得到多少业务量，你还要根据这一业务量决定雇用多少工人，购置粉刷墙壁的基本工具和辅料所需要的费用。最后，根据收集到的收益和成本，看看你是否值得去做。不过，这里需要提醒你的是，在判断收益和成本大小时，是就增加的意义而言的，一些先期的投入已经是覆水难收了。

本章小结

本章分析了厂商的成本和收益两个方面。前三节是对厂商成本的说明，从中我们得出厂商的成本概念、短期成本曲线和长期成本曲线。在对成本进行分析的过程中，我们以上一章的生产理论为基础，说明了生产过程中的边际收益递减规律是如何决定厂商短期成本曲线的特征的，厂商对生产规模的选择如何影响长期成本曲线，同时我们也建立了短期成本与长期成本之间的关系。从生产与成本之间联系的意义上说，对厂商成本的分析事实上是厂商生产理论的继续。在第四节中，我们首先明确界定了收益的概念，分析了不同市场条件下厂商的收益状况，为厂商利润最大化分析补足“两翼”。在对成本和收益进行分析之后，本章以厂商的利润最大化原则作为结束，并为下一章厂商在不同市场结构条件下的供给选择打下基础。

思考题

1. 你能说出会计成本与机会成本的区别吗？

2. 试说明短期产量曲线与短期成本曲线之间的关系。

3. 利用生产扩展曲线说明为什么短期总成本曲线并不能在每个产量上都处于最低？

4. 为什么边际成本曲线一定过平均成本曲线的最低点？

5. 以柯布-道格拉斯生产函数为例，说明长期成本函数的推导。

6. 长期平均成本曲线是所有短期平均成本曲线最低点的连线，你认为对吗？

7. 边际收益递减规律表明，随着要素投入量的增加，新增要素投入带来的收益递减。规模经济则表明，随着要素投入量的增加，新增加的要素带来的收益递增。如何理解二者的冲突？

8. 简要说明规模收益的不同情况及成因。

9. 短期边际成本曲线与长期边际成本曲线形状相似，其成因相同吗？请加以解释。

10. 既然长期总成本曲线和长期平均成本曲线都是相应的短期总成本曲线和短期平均成本曲线的包络曲线，那么长期边际成本曲线是不是所有短期边际成本曲线的包络曲线呢？

11. 边际收益一定等于商品的价格吗？请加以说明。

12. 简述厂商的利润最大化原则。

第六章　市场理论

如果你到集贸市场上看看，几乎所有摊位上的鸡蛋和大米的价格都很接近；夏季来临，当你打算购买一台空调时，你又会注意到不同厂家生产的相近性能的空调又贵贱不一，有的相差几百甚至上千元；如果不是价格法规定了听证制度，表面上看好像消费者对自来水和火车票提价是无能为力的。那么，一个出售鸡蛋的小贩为什么就不能像自来水公司那样也“当一回大爷”呢？很显然，这不是因为小贩的地位就比自来水公司的经理低，而是因为他们所处的市场不同。换一个角度来思考，在不同的市场上，厂商的决策会有所不同，消费者所看到的价格也会有所不同。

以上两章我们分别讨论了厂商的生产和成本，并得出了边际收益等于边际成本的利润最大化原则。从生产和成本的角度来看，厂商自主选择生产技术，确定生产不同产量下的成本，这在很大程度上取决于厂商的行为。而厂商出售一定数量的产品所获得的收益却取决于市场的状况。也就是说，以利润最大化为目标的厂商在对价格和产量进行选择时，其表现出来的行为取决于厂商所处的市场结构。

依照市场竞争程度的强弱，市场可以被划分为不同的类型。影响市场竞争程度的具体因素主要有以下四点：第一，市场上厂商的数目；第二，厂商之间各自提供的产品的差别程度；第三，单个厂商对市场价格控制的程度；第四，厂商进入或退出一个行业的难易程度。根据这四个要素，微观经济学把市场划分为完全竞争市场、垄断竞争市场、寡头市场和垄断市场四种市场结构。

背景资料

不完全竞争市场的含义

在有关市场结构的分类中，我们时常会遇到不完全竞争市场的概念。但是，对不完全竞争市场概念本身却有不同的理解，大致有以下几种：一是指“非”完全竞争，即相对于完全竞争而言，或多或少带有一定垄断因素的市场结构。它包括完全竞争以外的三种市场类型：垄断市场、垄断竞争市场和寡头市场。二是指“不完全的”竞争，即指具有竞争但竞争并不完全的市场结构。它包括市场上具有竞争因素但又不是完全竞争的市场结构：垄断市场和寡头市场。三是特指垄断竞争市场，即排除完全竞争市场、垄断市场和寡头市场三种情况的市场结构。所以在不同的场合，不完全竞争可能有不同的含义。

按市场竞争程度由高到低，上述不同类型的市场结构依次排列为：完全竞争市场、

垄断竞争市场、寡头市场和垄断市场，其中完全竞争市场是一个极端，而垄断市场是另外一个极端。处于完全竞争市场、垄断市场、垄断竞争市场和寡头市场上的厂商分别简称为：完全竞争厂商、垄断厂商、垄断竞争厂商和寡头厂商。在不同的市场结构条件下，由于需求存在着差异，厂商的选择也有所不同。

第一节　完全竞争市场

一、完全竞争市场的基本特征

完全竞争市场是所有市场结构中的一个极端，它具有以下基本特征：(1) 市场上有众多的消费者和众多的厂商，因而消费者和厂商都是市场价格的接受者；(2) 消费者需求和厂商供给的产品没有任何差异；(3) 从长期来看，厂商可以自由地进入或退出这一行业；(4) 市场上的消费者和厂商具有完全信息。

在上述完全竞争市场的特征中，众多的消费者和众多的厂商这一假定是指，市场上的每个消费者的需求量和每个厂商的供给量占有很少的市场份额，以至于他们在进行选择时都把市场价格视为既定，因而这一市场特征也被称为价格接受者假定；消费者需求和厂商所提供的产品无差异特征表明，对于每个完全竞争厂商来说，消费者都是一样的，厂商把产品卖给哪个消费者并无差别，而对于消费者来说，厂商提供的产品都是同质的，至少在消费者看来是没有差别的；自由进出假定是指厂商进入或者退出某个市场不存在任何障碍，有时也认为厂商可以无成本地进入或退出一个行业；最后，完全信息假定则表明，每个参与市场活动的经济单位知道现行的价格和产品的质量、性能等，同一个市场上不可能出现低买或高卖现象，因此价格是厂商决策的唯一参照标准。

由以上的四个特征可以发现，现实经济生活中很难找到完全竞争市场。一般看来，大部分农产品市场，例如土豆和大米市场，近似于完全竞争市场。

二、完全竞争厂商面临的市场需求曲线

在市场上，消费者为追求最大化的效用满足而对产品形成需求。通常假定，市场需求曲线向右下方倾斜，并且对厂商而言是既定的。市场上的另一方是厂商，它们根据市场需求确定自身的收益曲线。市场上的需求曲线向右下方倾斜，并不意味着市场上的单个厂商面对的需求曲线也向右下方倾斜，完全竞争厂商面对的需求更是如此。在完全竞争市场上，由于厂商的数目众多，每个厂商的供给只占市场份额的很小部分，以至于每个厂商都把市场价格视为既定。也就是说，它们是一个价格接受者。这就决定了对单个厂商而言，厂商面临的需求曲线不随产量变动而变动。

如图 6－1 所示，在完全竞争市场上，众多买者的需求和众多卖者的供给相互作用决定市场均衡价格。我们以市场上的一个特定厂商作为代表。对于完全竞争市场上的代表性厂商而言，它所看到的是市场上已有的这一价格。单个厂商只能按照这一价格决定利润最大化的产出水平，即首先根据这一价格确定自身的边际收益，然后按边际收益等于

边际成本的原则决定产量。也就是说，完全竞争市场上的单个厂商所面临的需求曲线是一条高度为 $\bar{P}$ 的水平直线。

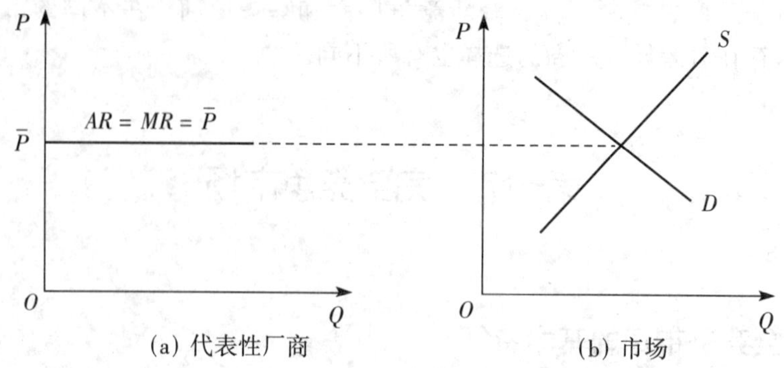

图 6-1　完全竞争市场上单个厂商面临的需求曲线

根据第五章第四节的分析，当厂商面临的价格为常数时，厂商的平均收益曲线和边际收益曲线都等于商品的价格，即

$$AR = MR = \bar{P} \tag{6.1}$$

厂商实现最大利润的均衡条件是边际收益等于边际成本，而由于厂商的边际收益等于市场价格，因而利润最大化厂商选择最优产量的条件是生产最后一单位产量时的边际成本等于产品的价格。这样，在完全竞争市场上，单个厂商的利润最大化原则可以具体地表示为：

$$\bar{P} = MC \tag{6.2}$$

完全竞争厂商将根据这一条件决定提供商品的数量。

三、完全竞争市场的短期分析

（一）完全竞争厂商的短期均衡

厂商根据（6.2）式给出的条件选择利润最大化的产量。厂商决策所依据的价格是现有的市场价格，而成本则与厂商调整生产要素投入量的时间长短有关。在短期内，厂商来不及调整机器设备、厂房之类固定不变的生产要素投入，只能调整可变的生产要素投入数量。因此，厂商依照短期成本进行决策。图 5-6 提供了有关厂商短期成本方面的信息。根据生产成本，追求利润最大化的厂商将根据市场价格（$\bar{P}$）等于短期边际成本（MC）的条件来选择产量。当厂商获得最大利润时，厂商将不改变它对产量的选择，此时厂商处于短期均衡。

为了简化分析，我们假定所有的厂商具有相同的成本曲线。对应于不同的市场价格，厂商在短期均衡状态下所生产的产量以及获得的利润量会有所不同。于是，根据厂商面临价格的高低，代表性厂商的短期均衡可以分为以下四种情况。

1. 市场均衡价格 $\bar{P}$ 高于平均成本的最低点

如图 6-2 所示。对应于市场价格，厂商的平均收益（AR）和边际收益（MR）均等于这一价格。根据厂商利润最大化的原则：$MR = MC$，厂商选择的产出数量由 $\bar{P}$ 与

MC 的交点 E 所决定。在 E 点的左边，价格高于边际成本 MC，这时厂商增加一单位产量获得的收益大于增加的成本，因而增加产量会增加厂商利润总额；反之，在 E 点的右边，增加产量所增加的成本超过增加的收益，从而减少产量会使得利润增加。因此，在 E 点，厂商获得最大利润，从而在其他条件不变的情况下厂商不会改变这一状态，即厂商处于均衡状态。

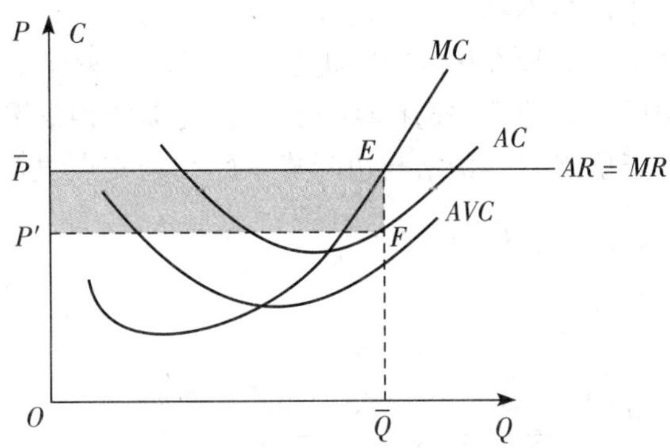

图 6-2　完全竞争厂商的短期均衡：获超额利润

在处于均衡状态时，厂商的收益为 $\bar{P}\cdot\bar{Q}$，即 $O\bar{P}E\bar{Q}$ 所组成的长方形的面积。厂商的成本为此时的平均成本与产量之间的乘积，即 $AC\cdot Q$。以 F 表示产量 $\bar{Q}$ 对应的平均成本曲线上的点，则此时厂商的总成本为 $OP'F\bar{Q}$ 所组成的长方形面积。厂商获得的超额利润总额为总收益与总成本之间的差额，即 $\bar{P}EFP'$ 所组成的长方形的面积，在图 6-2中以阴影标出。

2. 市场均衡价格 $\bar{P}$ 等于平均成本的最低水平

对应于既定的价格，此时代表性厂商的平均收益（AR）和边际收益（MR）仍为 $\bar{P}$。为了利润最大化，厂商仍会把产量选择在 $MR=MC$ 之点上。当价格恰好处于 AC 最低点时，由于边际成本（MC）与平均成本（AC）在平均成本的最低点相交，边际收益（MR）与边际成本（MC）一定在平均成本最低点相交，如图 6-3 中的 E 点所示。在 E 点，厂商处于均衡，此时厂商的产量为 $\bar{Q}$。

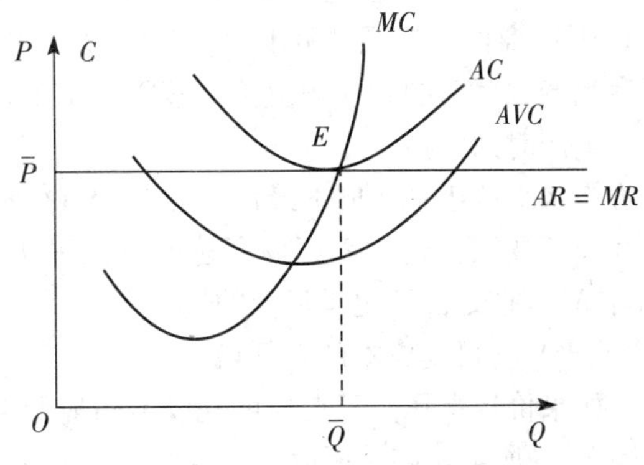

图 6-3　完全竞争厂商的短期均衡：获正常利润

当完全竞争厂商在平均成本最低点处于均衡时，厂商选择的产量对应的平均收益（即价格）与平均成本相等，此时厂商的总收益和总成本都等于 $\bar{P}\cdot\bar{Q}$，即长方形 $O\bar{P}E\bar{Q}$ 的面积，因而厂商的（超额）利润为零，它只能获得正常利润。

3. 市场的均衡价格 $\bar{P}$ 低于平均成本的最低点但高于平均可变成本最低点

当市场价格低于厂商的平均成本时，厂商生产一定是亏损的。那么，这时厂商会如何进行决策呢？无非有生产与不生产两种选择。

假设厂商选择生产。利润最大化的原则仍会是厂商的决策原则。如图 6－4 所示。厂商按照边际收益等于边际成本的条件选择产出数量。与前两种情况一样，厂商的平均收益等于边际收益，都等于价格 $\bar{P}$。价格与边际成本曲线的交点决定了 E，决定了厂商利润最大化的产量 $\bar{Q}$。

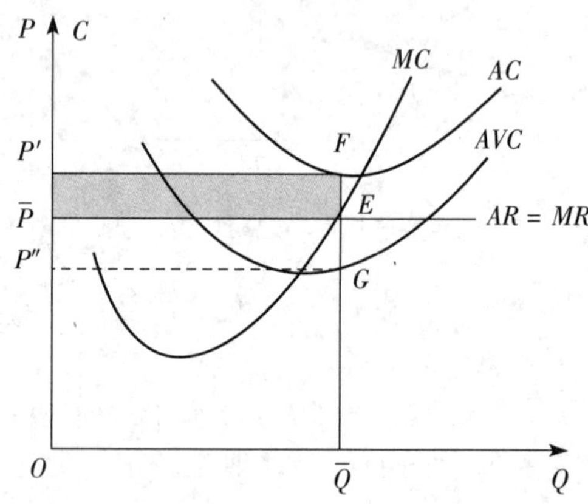

图 6－4　完全竞争厂商的短期均衡：亏损

在处于均衡状态时，厂商的总收益 $\bar{P}\cdot\bar{Q}$ 由长方形 $O\bar{P}E\bar{Q}$ 的面积表示；而厂商的总成本由长方形 $OP'F\bar{Q}$ 的面积表示。由于价格低于平均成本，因而厂商处于亏损状态，亏损额为 $\bar{P}P'FE$ 所组成的长方形的面积，但问题是，在这种状态下厂商还会继续生产吗？答案是肯定的。若厂商停止生产，由于处于短期，而厂商用于不变投入的支出已经付出，因而厂商的亏损额等于不变成本 FC。但我们知道，不变成本 FC 等于总成本 TC 减去可变成本 VC，即 $FC=TC-VC$。假定产量 $\bar{Q}$ 对应的平均可变成本曲线上的点为 G，它对应的价格为 P''，则厂商的不变成本可以由图中长方形 $P''P'FG$ 的面积加以表示。如上所述，如果厂商生产，厂商的亏损额由长方形 $\bar{P}P'FE$ 的面积表示。很显然，厂商生产时的亏损额小于不生产时的亏损。

以上分析表明，在价格水平位于平均成本最低点和平均可变成本最低点之间时，厂商停止生产比继续生产亏损还要大。这时，厂商会选择亏损最小的方式，即继续生产。因此，价格 $\bar{P}$ 与边际成本 MC 的交点 E 仍是厂商的均衡点。

4. 市场均衡价格 $\bar{P}$ 低于平均可变成本的最低点

与上面的情况类似，如果价格水平低于平均可变成本的最低点，厂商首先要就生产与不生产进行选择。如图 6－5 所示，如果厂商进行生产，它不仅处于亏损状态，而且其亏损额 $\bar{P}P'FE$ 的面积会大于不变成本 $P''P'FG$ 的面积。这就是说，如果厂商生产，它不仅损失掉了不变成本，而且其收益连可变成本也无法弥补。因此，在这种情况下厂商会停止生产。

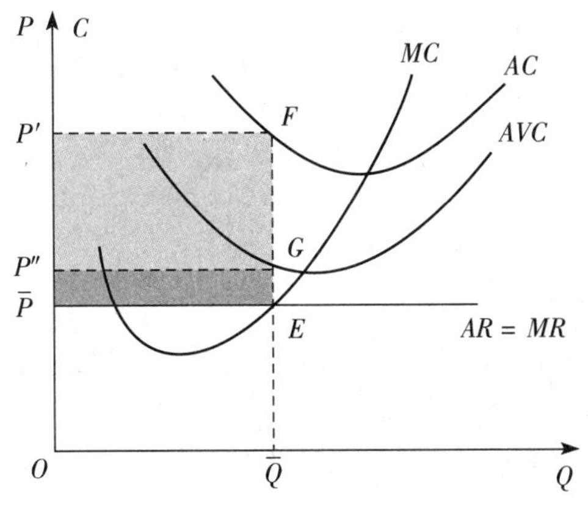

图 6-5　厂商短期内不生产的情况

结合第三和第四两种情况我们可以看出，短期内市场价格是否高于平均可变成本的最低点是厂商决定是否进行生产的关键点，只要价格高于平均可变成本的最低点，厂商生产就比停业要好。基于这一原因，平均可变成本的最低点被称为厂商的**停止营业点或关闭点**。

综合上述四种情况，当价格高于平均可变成本最低点时，厂商按边际收益等于边际成本的原则选择产出数量：如果市场价格高于平均成本，厂商处于获超额利润的均衡状态；如果市场价格处于平均成本曲线的最低点，厂商处于零利润的均衡状态；如果市场价格低于平均成本但高于平均可变成本最低点，厂商处于亏损的均衡状态。当市场价格低于平均可变成本时，厂商会停止生产。**因此，完全竞争厂商短期均衡条件为，在平均可变成本最低点的上方，边际收益等于边际成本，都等于市场价格**，即

$$AR=MR=\overline{P}=MC \tag{6.3}$$

（二）完全竞争厂商的短期供给曲线

根据完全竞争厂商的短期均衡条件，我们可以得到厂商的短期供给曲线。根据供给曲线的含义，对于任意一个价格，厂商愿意并且能够供给的产品数量就是这一价格下的供给量；供给量与价格之间的对应关系就是供给曲线。根据上述对完全竞争厂商短期均衡的分析，相应于任何给定的市场价格，为了追求最大的利润，只要价格高于平均可变成本最低点，厂商就会按边际成本与价格相等的条件确定产量。也就是说，厂商愿意提供的产出数量为边际成本曲线上对应于市场价格的产出数量。因此，厂商的短期供给曲线就是平均可变成本最低点之上的边际成本曲线。如图 6-6 所示。

根据第五章第二节有关短期成本曲线的分析，由于边际收益递减规律的作用，在平均可变成本最低点之上，边际成本随着产量的增加而递增，即边际成本曲线向右上方倾斜。既然完全竞争厂商的短期供给曲线是平均可变成本之上的边际成本曲线，因而完全竞争厂商的短期供给曲线一定向右上方倾斜。

（三）完全竞争市场的短期供给曲线

通过单个厂商的短期供给曲线可以得到完全竞争市场的短期供给曲线。

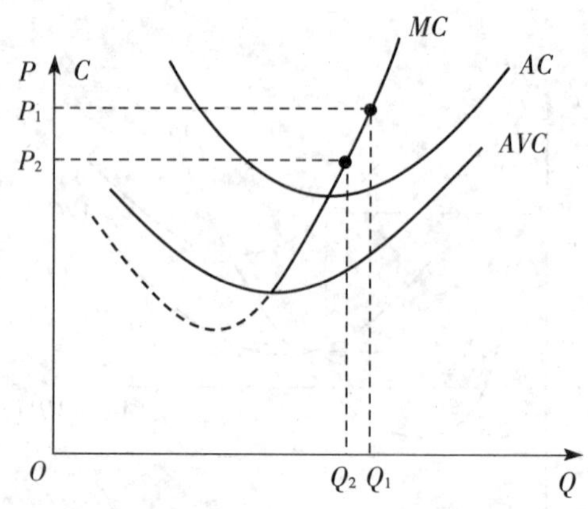

图 6－6　完全竞争厂商的短期供给曲线

如图 6－7 所示，对应于一个既定的价格，行业中的每个厂商都会在其边际成本曲线上选择最优产量，所有这些产量的总和就是该价格下的市场供给量。例如，当市场价格为 P_1 时，厂商甲根据 $P_1=MC_1$ 的原则选择的产量为 Q_{11}，厂商乙根据 $P_1=MC_2$ 的原则选择的产量为 Q_{21}，结果该价格下市场供给量为 $Q_1=Q_{11}+Q_{21}$。类似地得到价格 P_2 下的市场供给量 $Q_2=Q_{12}+Q_{22}$。（P_1，Q_1）、（P_2，Q_2）等对应的曲线就是市场供给曲线 S。

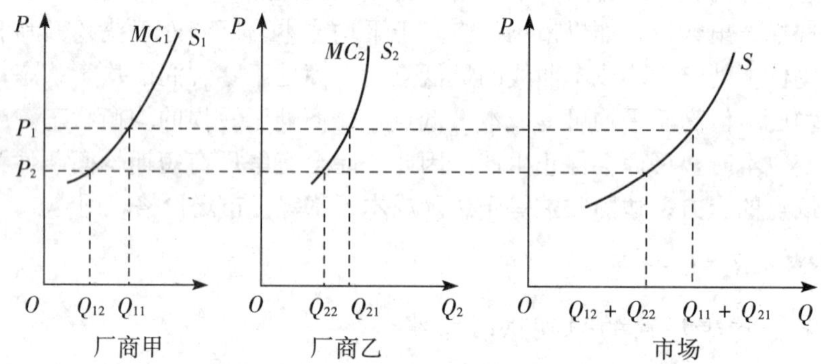

图 6－7　从单个厂商的供给曲线到市场供给曲线

由于每个厂商的供给曲线都是向右上方倾斜的，因而由整个行业决定的短期市场供给曲线也向右上方倾斜。

四、完全竞争市场的长期分析

（一）完全竞争厂商的长期均衡

长期内指导厂商行为的原则仍然是利润最大化。与短期不同，一方面，在长期内，完全竞争厂商可以变动所有的投入，不断地调整短期内那些固定投入，使得在每个产量下，生产规模都是最优的。因此，长期中厂商的所有成本都是可变成本。在长期内获得最大利润时，厂商处于长期均衡，这时，厂商将不改变生产规模和产量。另一方面，厂商所处的行业在长期中也可能出现其他厂商的进入或退出。这种变动与厂商的长期调整交织在一起决定厂商的长期均衡状态。为了简单起见，假定厂商对成本的调整与行业的调整互不影响，即行业中厂商的进入或退出并不影响厂商的成本。

由于长期中厂商所有的成本都是可变成本，因而厂商用来决策的成本是长期成本。对于一个特定的市场价格，为了获得最大的利润，完全竞争厂商将继续按边际成本等于价格的原则选择产出数量。图 6-8 中的（a）图和（b）图分别描绘了具有代表性的厂商和整个市场的状况。

图 6-8（a）描绘了一个完全竞争行业中代表性厂商的状况。除了依据长期成本进行决策之外，这一代表性厂商与短期中的行为并没有多大差异：它将按市场上决定的价格，在其长期边际成本曲线 LMC 上选择相应的产量。图（b）描绘了整个市场的状况。假定市场需求为 D，现有的市场供给为 S_1，二者决定的市场均衡价格为 P_1，它高于厂商长期平均成本 LAC 的最低点。这时，厂商将在 $P_1=LMC$ 所决定的 E_1 点选择最优产量。由于价格高于平均成本，因而厂商获得超额利润。

具有代表性的厂商获得超额利润意味着整个行业得到超过其他行业的超额利润，这必将引起其他行业中厂商的进入。随着行业中其他厂商的数量逐渐增加，行业的供给曲线将由 S_1 向右下方移动，从而导致市场价格下降。伴随着价格下降，行业中每个厂商的超额利润会逐渐减少。但是，只要代表性厂商仍获得超额利润，行业就有吸引力，其他行业中的厂商就会不断涌入，直到市场供给与市场需求所决定的价格达到厂商的长期平均成本曲线的最低点。如图 6-8（b）中的 S 与 D 所决定的 $\overline{P}$。

如果最初的市场均衡价格低于长期平均成本，例如图 6-8（b）中由 S_2 与 D 的均衡所决定的 P_2。这就意味着行业中厂商处于亏损状态。如果说短期内厂商可以在亏损状态下经营，那么不会有哪个厂商会长期忍受亏损，因而最终将会有一些厂商退出该行业的经营。随着厂商的退出，行业的市场供给曲线向左上方移动，从而价格提高，一直到长期平均成本曲线的最低点为止。

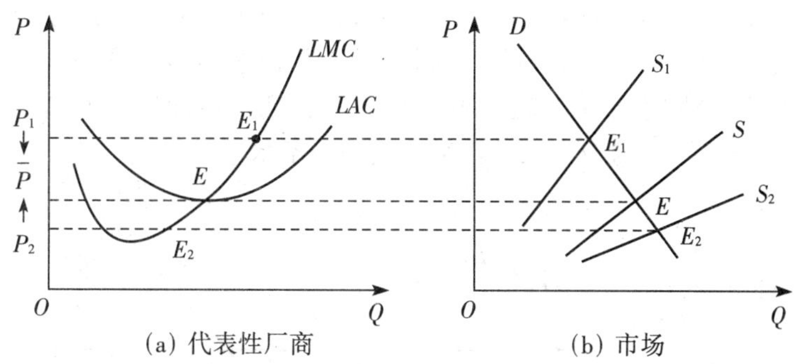

图 6-8　完全竞争厂商和市场的长期均衡

由此可见，长期内完全竞争市场决定的价格恰好位于厂商长期平均成本曲线的最低点。因此，完全竞争厂商的长期均衡条件可以表示为：

$$MR=AR=\overline{P}=LMC=LAC \tag{6.4}$$

（二）完全竞争行业的长期供给曲线

与短期的情况一样，行业中长期供给曲线是由所有厂商的供给曲线沿横向相加而得到的。但是与短期有所不同的是，长期中存在着厂商的进入和退出，因而行业中厂商的数目是变动的。这就是说，在不同的价格下，参与市场供给的厂商数量不同。不仅如此，厂商的进入或退出还可能影响到整个行业中所有厂商的成本。依照于厂商进入对行业厂商成本的影响，行业可以划分为成本递增行业、成本递减行业以及介于二者之间的成本不变行业。下面区分这三种情况分别说明完全竞争行业的长期供给曲线的特征。

1. 成本不变行业的长期供给曲线

成本不变行业是指随着行业中厂商数量（或者行业中总产量）的增加，厂商的成本不发生变动的行业。假定最初行业决定的价格恰好位于厂商长期平均成本曲线的最低点，即厂商和行业处于长期均衡。

如图 6－9 所示。市场需求 D_1 和行业供给 S_1 决定的均衡价格 P_1 位于厂商的长期平均成本曲线的最低点。在这一价格下，单个厂商在价格与长期边际成本和平均成本的共同交点 E 点决定均衡的产出数量。如果其他条件不变，厂商和行业将保持这种状态不变。

现在假定某种原因导致市场需求增加，比如由原来的 D_1 增加到 D_2。这将使得市场价格提高到 P'_1，从而使得行业中现有的厂商获得超额利润。超额利润的存在无疑会对其他行业的厂商产生吸引，导致厂商进入。不过在成本不变行业中，厂商的进入或退出不影响行业中厂商的成本，只影响到整个行业的供给。结果，厂商进入使得整个行业的供给增加，行业供给曲线向右下方移动。在这一过程中，只要行业的供给曲线与需求曲线 D_2 决定的市场均衡价格仍高于厂商的长期平均成本，行业中就存在超额利润，厂商进入就不会停止。因此，只有当行业供给曲线与市场需求所决定的均衡价格再次处于厂商长期平均成本曲线最低点时，厂商进入才会停止，如图 6－9 中 S_2 与 D_2 决定的市场均衡。这时，行业和厂商再次处于均衡状态，每个厂商获得正常利润。

如果市场需求下降，那么情况恰好相反，这将导致厂商不断退出，直到新的市场价格位于厂商长期平均成本最低点。这时，完全竞争市场再次处于均衡。

可见，从长期来看，随着需求变动引起的市场均衡价格的变动，每个厂商在长期平均成本曲线最低点提供产量，而市场价格最终处于厂商平均成本最低点。市场的长期均衡点，如 E_1 和 E_2 等描述出来的轨迹就是行业的长期供给曲线，如图 6－9（b）中的 LS。在成本不变条件下，行业的长期供给曲线是一条水平的直线。

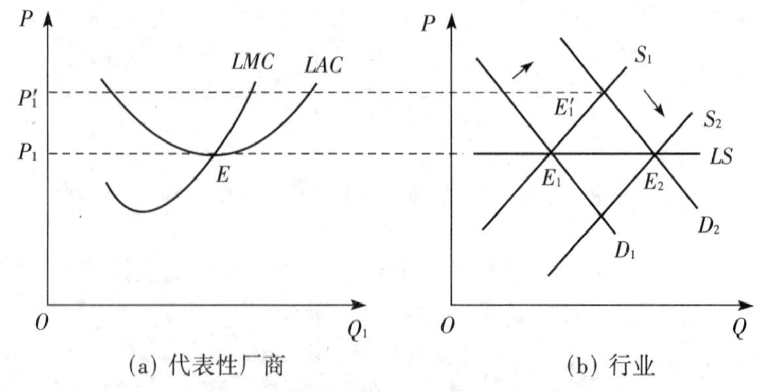

(a) 代表性厂商　　(b) 行业

图 6－9　成本不变行业的长期供给曲线

2. 成本递增行业的长期供给曲线

以上对行业长期供给的分析是以厂商的进入不引起厂商成本增加为条件的。但在某些行业中，厂商的进入或行业产量的扩大会导致单个厂商成本变动。成本递增行业就是其中情况之一。

成本递增行业是指随着行业中厂商的进入或者产量的增加，单个厂商成本递增的行业。导致行业成本递增的主要原因是，生产同类产品的厂商增加，导致对原材料需求的增加，从而使得原材料价格上扬，最终使得成本增加。现在考察这类行业的长期供给曲线。

继续假定行业中所有的厂商具有相同的成本曲线。如图 6－10 所示。最初市场需求 D_1 和行业供给 S_1 决定的均衡价格为 P_1，使得行业中的所有厂商在长期平均成本的最低点 E_{11} 处实现均衡。

现在假定市场需求由原来的 D_1 增加到 D_2。这将使得市场价格提高到 P'_1，从而使得行业中现有的厂商获得超额利润。超额利润吸引其他行业的厂商进入，导致整个行业的供给增加，行业供给曲线向右下方移动，市场价格下降，单个厂商的利润减少。与此同时，由于行业是成本递增行业，所以随着行业中厂商的进入，行业单个厂商的成本增加，平均成本曲线向上移动。这就是说，厂商利润下降是双向的。当行业供给曲线与市场需求所决定的均衡价格再次处于厂商长期平均成本曲线最低点时，厂商进入停止，如图 6－10 中 S_2 与 D_2 决定的价格 P_2，对应于 P_2，厂商在 E_{12} 点进行生产。这时，行业和厂商再次处于均衡状态，每个厂商获得正常利润。但由于厂商的成本增加，厂商的平均成本曲线最低点由 E_{11} 移动到 E_{12}，因而在市场再次处于均衡时，所决定价格 P_2 高于原有的价格 P_1。

连接所有市场长期均衡点的曲线就是行业的长期供给曲线，如图 6－10（b）中的 LS。从上面的分析可以看出，**在成本递增行业中，行业的长期供给曲线向右上方倾斜。**

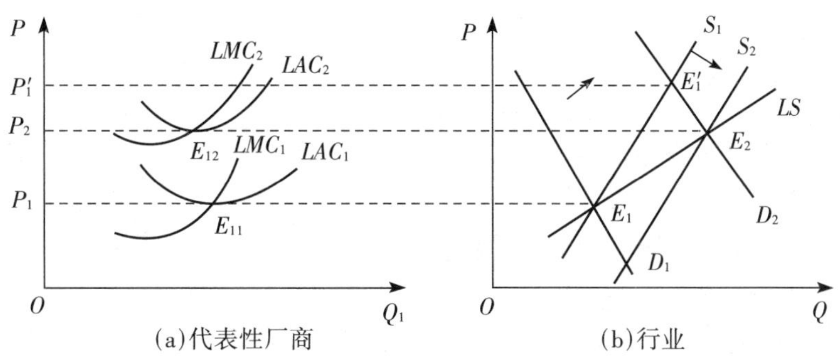

图 6－10　成本递增行业的长期供给曲线

3. 成本递减行业的长期供给曲线

成本递减行业是指，随着行业规模的扩大，行业中厂商成本逐渐减少的行业。造成行业成本递减的原因主要是行业在要素使用方面存在着规模经济，例如厂商数目增加使得每个员工的单位培训费用降低、所分摊的公共设施费用降低等。

与成本递增行业的情况类似，在成本递减中，相应于市场需求的变动，行业供给调整的同时，单个厂商的成本也会发生变动。如图 6－11 所示。

同样假定最初市场需求 D_1 和行业供给 S_1 决定的均衡价格 P_1 使得行业中的厂商在长期平均成本的最低点 E_{11} 处实现均衡。但由于某种原因，市场需求由原来的 D_1 增加到

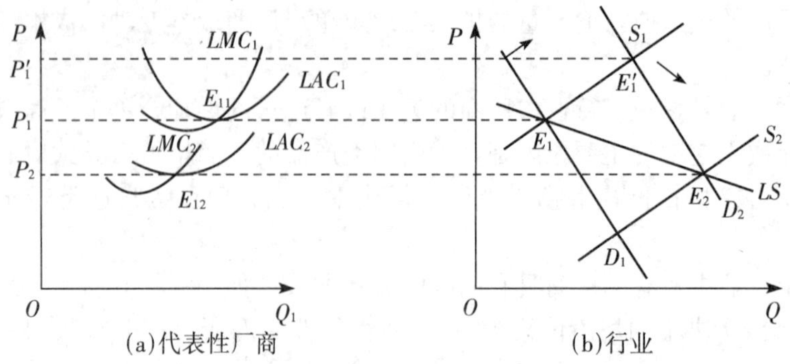

图 6-11　成本递减行业的长期供给曲线

D_2，从而使得市场价格提高到 P'_1，并导致行业中现有的厂商获得超额利润。超额利润吸引其他行业的厂商进入，致使整个行业的供给增加，行业供给曲线向右下方移动，市场价格下降，单个厂商的利润减少。

与此同时，随着行业中厂商的进入，单个厂商的成本下降，平均成本曲线向下移动，比如从 LAC_1 下移到 LAC_2。这就是说，较成本递增行业而言，随着市场价格下降，厂商的利润下降较慢。当行业供给曲线与市场需求所决定的均衡价格再次处于厂商长期平均成本曲线最低点时，厂商进入停止，如图 6-11 中 S_2 与 D_2 决定的价格 P_2。这时，行业和厂商再次处于均衡状态，每个厂商获得正常利润。但由于厂商的成本递减，因而在市场再次处于均衡时，所决定价格 P_2 低于原有的价格 P_1。

连接所有市场长期均衡点的曲线就是行业的长期供给曲线，如图 6-11（b）中的 LS 所示。从上面的分析可以看出，**在成本递减行业中，行业的长期供给曲线向右下方倾斜。**

五、完全竞争市场的效率

市场运行的经济效率是指参与市场活动的厂商利用社会资源的程度。资源利用得越充分，经济效率就越高。西方经济学认为，在完全竞争市场上，厂商处于长期均衡状态时，边际成本等于平均成本，都等于市场价格，这就决定了完全竞争市场是有效率的。

首先，从边际成本等于市场价格来分析。边际成本是增加一单位产品厂商需要支付的费用，它度量了社会生产该单位产品耗费资源的成本；而市场价格是消费者为了多购买一单位商品愿意支付的费用，它衡量了消费者这一单位商品可以获得的福利。从社会的角度来看，边际成本等于市场价格意味着，增加一单位的产量所耗费资源的价值等于该单位产量的社会福利，因而从社会净福利最大化的角度来看，完全竞争厂商的产量是最优的。

其次，从平均成本等于市场价格来看。在完全竞争市场上，单个厂商面临的市场价格是一条水平的直线，而在厂商处于长期均衡状态时，厂商的边际收益和平均收益都等于市场价格，所以，厂商提供的生产量恰好处于平均成本的最低点。这说明，在现有生产技术条件下，厂商选择最优的生产规模，使得生产成本达到最低，因而完全竞争厂商在生产技术使用方面是有效率的。

再次，完全竞争市场的长期均衡是通过价格的自由波动来实现的。当消费者的偏好、收入等因素变动引起市场需求发生变动时，市场价格可以迅速做出反应，使得厂商能供给消费者需要的产品。

尽管普遍认为完全竞争市场是有效率的，但是有关完全竞争市场的假定条件却过于严格，从而使得完全竞争条件很难达到。

首先，一个行业中有众多的厂商，假定要求每个厂商的规模很小，但小规模的厂商未必能使用大规模的先进技术。因为使用大规模的生产技术，只有在产量较大时才能发挥出降低平均成本的作用，但由于整个市场中的需求是既定的，大规模生产势必会与厂商数目众多这一假设相冲突。

其次，产品无差异的假设也不能准确地反映消费者的不同偏好。由于消费者的偏好是千差万别的，不同的偏好对应着不同的需求，因而也就要求市场提供更多种类的产品。但产品无差异的假设必然会影响到消费者获得满足的程度。此外，在无差异产品的市场上，消费者最终获得满足的程度完全取决于其支付给商品的货币选票，这就会造成支付能力低的消费者难以得到足够数量的商品。

再次，现实中较难找到对应的市场结构。

由于这些原因，通常西方经济学中把完全竞争市场当做一个理论模型。

第二节　垄断市场

一、垄断市场的特征

垄断市场是指只有一家厂商提供市场全部供给的市场结构。具体地说，这一市场结构的特征是：第一，行业中只有一家厂商，而消费者却是众多的；第二，厂商提供的产品不存在任何相近的替代品；第三，行业中存在进入障碍，使得其他行业中的厂商难以进入。

行业中出现垄断的原因主要有以下三个方面：

首先，物质技术条件特别是厂商生产过程中存在的规模经济是行业中厂商数目有限，甚至只有一个厂商的主要原因。正如我们在分析厂商出现规模经济的原因时指出的那样，一方面，在现代化的大生产过程中，一般说来，规模大的厂商可以有效地实现精细的分工和专业化，因而大规模生产的厂商在产量很大时平均成本仍是递减的；另一方面，大型的机器设备具有不可分割的特性，这就决定了一个厂商只有在相当大的规模上才能享有大规模生产带来的好处。结果，在需求既定的条件下，行业中就不可能有太多的厂商。如果只有一家厂商，那么该行业就成为垄断。

其次，人为的和法律的因素是行业中形成进入障碍从而导致垄断的不可忽视的原因。政府特许和专利制度是这类原因中最为典型的例证，关税和其他形式的贸易限制也可以禁止国外的竞争，保护厂商在国内的垄断地位。

再次，厂商所处的地理位置、拥有的稀缺资源数量等自然因素也是形成垄断的原因。由于历史的和地理的原因，某些厂商具有先天的垄断力量。例如，矿泉水生产厂商拥有含有稀有元素的水井，商店坐落在交通要道附近等，就是这方面相近的例子。

应该说在现实中，产生垄断的原因是多种多样的，垄断现象也随处可见，但严格符合上述垄断特征的行业也较为少见。与完全竞争一样，在西方经济学中，垄断也被看成是一个纯粹的理论模型。

二、垄断厂商面临的市场需求曲线

既然垄断市场上只有一家厂商，因而垄断厂商所面临的需求曲线即为整个市场的需求曲线，它向右下方倾斜。这时，垄断厂商可以在不损失全部需求的条件下提高产品的价格。因而，垄断厂商不仅要决定生产多少、如何生产和使用多少生产要素，还必须决定索要多高的价格。

从市场需求的一方来看，众多的消费者相互竞争，他们都是价格接受者，因而可以认为他们对商品的市场需求是一条向右下方倾斜的曲线。

假定市场需求曲线为 $P=P(Q)$，其中价格与需求量呈反方向变动关系。如果约定厂商销售既定产量时索要可能的最高价格，则厂商的需求曲线就是厂商的平均收益曲线。根据第五章第四节的分析，垄断厂商的边际收益曲线位于平均收益（也就是需求曲线）的下方，如图 6－12 所示。

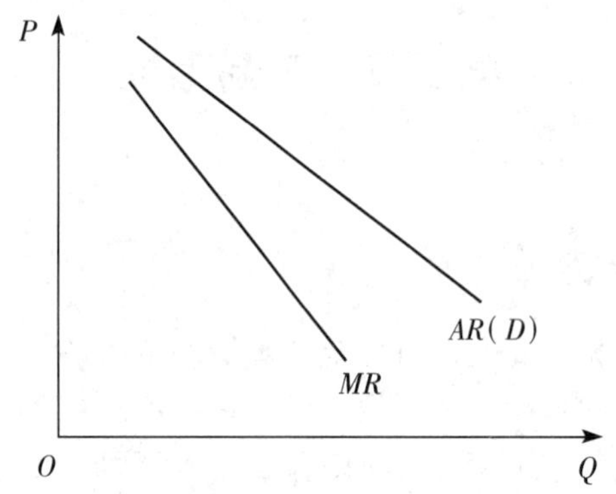

图 6－12　垄断厂商面临的需求曲线和边际收益曲线

三、垄断厂商的短期均衡

与处于其他行业中的厂商一样，垄断厂商生产的目的也是利润最大化。根据利润最大化原则，厂商会按照边际成本等于边际收益的条件选择产出数量，并同时决定索要产品的价格。在其他条件不变的情况下，当获得最大化利润时，厂商处于均衡。依照厂商调整生产要素投入的时间，垄断厂商的均衡可以区分为短期均衡和长期均衡。

（一）垄断厂商的短期均衡条件

在短期内，垄断厂商受时间的限制，来不及调整不变投入，因而厂商用于决策的成本是短期成本。与其他厂商一样，垄断厂商也是典型的 U 形成本曲线。同时，厂商面临的需求决定了厂商销售一定数量的产品可以获得的收益状况，厂商通过需求可以得到其销售不同产品数量的平均收益和边际收益。垄断厂商正是在生产成本和市场需求这二者的基础上权衡边际收益与边际成本的。

对应特定市场需求，厂商可以索要的价格可以高于、等于和低于其平均成本，因而垄断厂商可以处于获得超额利润、正常利润和亏损状态下的均衡。

1. 价格高于平均成本

假定市场需求曲线与厂商的平均成本曲线有两个交点，如图 6－13 所示。根据厂商利润最大化的原则，垄断厂商由边际收益 MR 等于边际成本 MC 的条件决定产量 $\bar{Q}$。若产量小于 $\bar{Q}$，边际收益大于边际成本，这时厂商增加产量仍可以增加利润；反之，若产量大于 $\bar{Q}$，边际收益小于边际成本，这时厂商减少产量会增加利润。因此，$\bar{Q}$ 即为厂商的均衡产量。

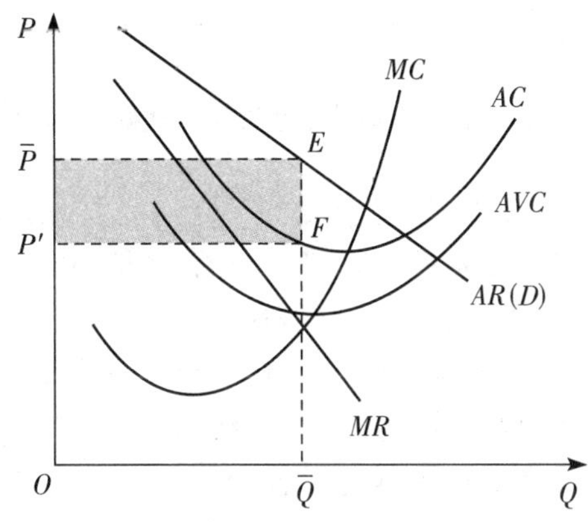

图 6－13　垄断厂商的短期均衡：获得超额利润

在决定产出数量 $\bar{Q}$ 之后，垄断厂商还必须决定价格。由于厂商在决定最优产量时，把消费者在某一数量下愿意支付的价格视为可以索要的最高价格，因而厂商选择的价格由 $\bar{Q}$ 对应的需求曲线上的 E 点所决定，如图 6－13 中的 $\bar{P}$ 所示。这一价格就是市场均衡价格。

对应于产量 $\bar{Q}$ 和相应的价格 $\bar{P}$，垄断厂商的收益为 $\bar{P}\cdot\bar{Q}$，即图中 $O\bar{P}E\bar{Q}$ 所围成的长方形的面积。厂商生产这一产量花费的成本为 $AC\cdot\bar{Q}$，即长方形 $OP'F\bar{Q}$ 的面积。由于价格高于平均成本，因而在这种情况下，垄断厂商获得超额利润，利润额为（$P-P'$）$\cdot\bar{Q}$，即长方形 $P'\bar{P}EF$ 的面积。

2. 价格等于平均成本

假定市场需求曲线与厂商的平均成本曲线只有一个交点，即需求曲线与平均成本曲线相切，如图 6－14 所示。厂商把产量选择在边际收益等于边际成本之点，即由 $MR=MC$ 决定产量，如图中的 $\bar{Q}$ 所示。

与获得超额利润的情形一样，对应于 $\bar{Q}$，厂商在需求曲线相应的点 E 上决定索要的价格 $\bar{P}$，这一价格即为市场均衡价格。在选择了产量 $\bar{Q}$ 和 $\bar{P}$ 之后，厂商处于均衡状态。

在决定了厂商的均衡过程之后，随之而来问题是，在处于均衡状态时，垄断厂商的超额利润是多少呢？我们的疑问显而易见，那就是说，E 点是否位于需求曲线与平均成本曲线的切点之处呢？答案是肯定的。一方面，由于厂商的平均成本不低于平均收益，因而厂商不可能获得大于零的超额利润；另一方面，厂商在需求曲线与平均成本曲线的切点选择产量和价格可以获得的超额利润为零。这是厂商在平均成本不低于平均收益的

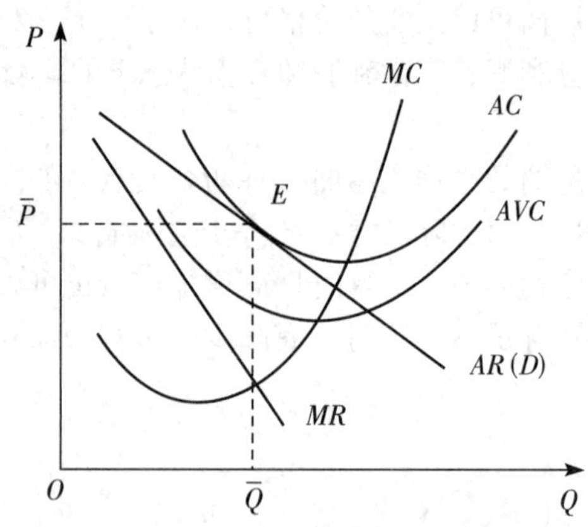

图 6-14　垄断厂商的短期均衡：获得正常利润

条件下所能得到的最大利润。如果厂商选择的产量 $\bar{Q}$ 所对应的价格无论是在 E 点的左边还是右边，厂商生产 $\bar{Q}$ 都将是亏损的，它必然与 $\bar{Q}$ 是按边际收益等于边际成本的利润最大化原则所选择的产量相矛盾。因此，在需求曲线与平均成本曲线相切情况下，厂商所选择的利润最大化的产量必然对应着切点处的价格。这表明，在需求曲线与平均成本曲线相切时，垄断厂商处于均衡状态下的超额利润为零，即它只获得正常利润。

3. 价格低于平均成本但高于平均可变成本

假定市场需求曲线与厂商的平均成本曲线没有交点，但与平均可变成本曲线有两个交点。如图 6-15 所示。如果厂商继续生产，那么，它会按照边际收益等于边际成本的原则选择产出量 $\bar{Q}$，并在需求曲线上的 E 点处决定索要的价格水平 $\bar{P}$。由于厂商生产 $\bar{Q}$ 时的价格低于此时的平均成本，厂商处于亏损状态，亏损额为（$P'-\bar{P}$）$\cdot\bar{Q}$，即长方形 $P'FE\bar{P}$ 的面积。

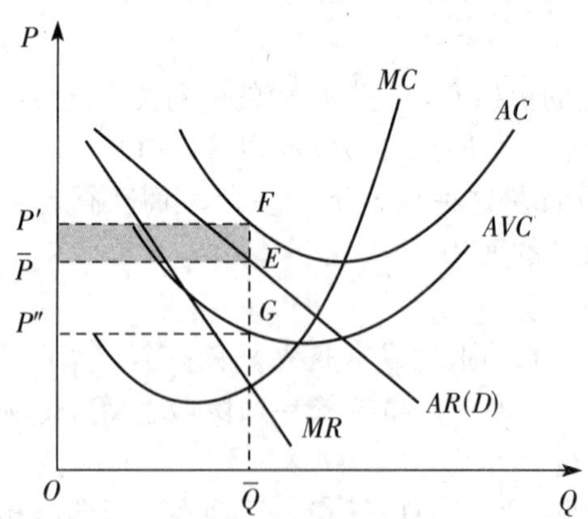

图 6-15　垄断厂商的短期均衡：亏损

在这种情况下，厂商处于亏损状态，厂商会选择停止生产吗？与完全竞争市场的情况类似，如果厂商选择停产，厂商支付的不变成本因短期内无法调整而成为厂商的亏损，即厂商选择停止生产的亏损额为全部不变成本。厂商的不变成本等于总成本与可变成本的差，在图 6-15 中表现为长方形 $P''P'FG$ 的面积。很显然，由于生产 Q 对应的价

格 P 高于平均可变成本，因而厂商生产时的亏损额小于不生产时的亏损，因此厂商选择继续生产。

4. 价格低于平均可变成本

当厂商面临的市场需求曲线低于平均可变成本时，厂商生产亏损更大。基于与上述价格高于平均可变成本的情形类似的原因，如果厂商进行生产，其获得的收益还不能补偿可变成本的支出，厂商生产比不生产亏损更大，因而厂商会选择停止生产。请读者参照图 6－15 画图加以说明，这里省略。这样，在需求与厂商的平均可变成本曲线有两个交点时，厂商才会提供正数量的产品；否则，在需求低于平均可变成本时，厂商停止生产。

综上所述，当厂商面临的市场需求曲线高于平均可变成本时，厂商按边际收益等于边际成本的条件选择产量，并在相应的需求曲线上索要价格，此时厂商处于短期均衡，条件是：

$$\bar{Q}: MR = MC; \bar{P}: \bar{P} = P(Q) \tag{6.5}$$

但市场需求低于平均可变成本时，厂商停止生产。

（二）垄断厂商的短期供给曲线

在垄断市场上，厂商不仅决定产量，而且决定索要的价格。在市场需求曲线高于平均可变成本的条件下，厂商按照边际收益等于边际成本的原则决定产量，并在需求曲线上确定索要的价格，其价格与数量的组合点位于需求曲线上。因此，垄断厂商并没有明确的短期供给曲线。

四、垄断厂商的长期均衡

在长期，垄断厂商为了获取更大的利润，会调整短期内固定不变的投入要素，以便每一个产量都能按最优规模进行，花费的成本达到所有规模中的最低。因此，长期中厂商将依照其长期成本进行决策。同时，从整个行业来看，由于垄断市场上只有一家厂商，垄断厂商没有竞争对手，因而不同于完全竞争市场的长期调整，垄断市场上没有厂商数目的变动，只有厂商成本的调整。

长期中，垄断厂商可以根据市场需求的水平，调整生产规模，使得短期成本降低到长期成本的水平。根据市场需求，垄断厂商确定平均收益 AR 和边际收益 MR 曲线。根据边际收益等于边际成本的原则，垄断厂商选择产量 Q。对应于这一产量，厂商在平均收益曲线上确定索要的价格。

对应于既定的市场需求和长期成本，如果垄断厂商处于亏损，那么它就会退出该行业。因此，一般地，垄断厂商在长期中处于获得超额利润的均衡状态。类似于图 6－13，垄断厂商的长期均衡如图 6－16 所示。长期中垄断厂商的均衡条件是：

$$Q: MR = LMC; \bar{P}: \bar{P} = P(Q) \tag{6.6}$$

与短期一样，在长期中，垄断厂商以及垄断市场也没有明确的供给曲线。

五、垄断市场的效率

垄断市场被认为是经济效率最低的一种市场结构。从资源配置角度来看，垄断使得

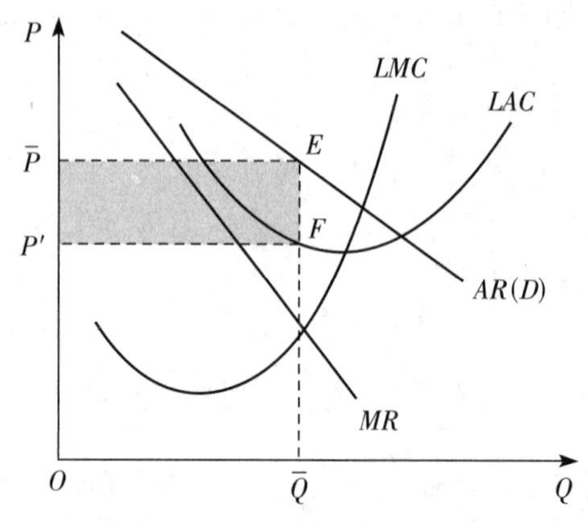

图 6-16 垄断厂商的长期均衡

产量不足，市场价格偏高，因而缺乏效率。

首先，垄断厂商为了自身的利润最大化，按照边际收益等于边际成本的原则提供产量，但由于垄断厂商面临的市场需求向右下方倾斜，因而边际收益低于平均收益，从而低于价格。而厂商按边际收益等于边际成本生产，这就决定了在垄断市场上，价格一定高于其生产的边际成本。正如我们在完全竞争市场的效率分析中指出的那样，价格是消费者给予最后一单位产品的评价，它反映了最后一单位产品给社会带来的福利；而边际成本度量了厂商生产最后一单位产品所花费的成本，也就是社会耗费资源的边际成本。因此，价格高于边际成本意味着，增加生产，社会由此获得的福利大于生产的成本，社会净福利可以得到进一步增加，但垄断厂商不会这样做。所以说，垄断市场提供的产量缺乏效率。

在现实中我们经常会看到这样的情况，一些垄断厂商生产的产品售价昂贵，但事实上高价格并不反映资源稀缺的程度，因为在引入竞争以后价格会自然下降，而且厂商也不会出现亏损。

其次，垄断市场上市场价格高于厂商最低的平均成本。这意味着厂商没有利用现有的生产技术进一步降低生产成本。因此，垄断厂商在技术使用方面也是缺乏效率的。

再次，垄断厂商获得超额利润被认为是一种不公平的收入分配。在垄断行业中往往存在着进入障碍，这使得垄断厂商可以借助于索要高价格在长期中获得超额利润。由于价格高于生产成本，因而消费者的支付大于生产者的成本，消费者受到损失，生产者获得不合理收入，从而加剧了收入分配的不公平。

最后，由于垄断厂商不存在竞争的压力，技术创新的动力不足，这无形中增加了社会的成本，阻碍了社会的进步。

此外，由于垄断利益往往与政府设置进入障碍紧密联系在一起，因此，垄断厂商为了在长期中获得超额利润，也会不惜代价地谋求政府的保护，只要其付出的代价低于所获得的额外利益。这就是通常所说的垄断厂商的“寻租行为”。寻租会在很大程度上造成政府的腐败。

基于上述原因，经济学家们普遍认为，垄断是效率最低的一种市场结构，应对其进行某种形式的限制。有关针对垄断的经济政策，我们会在市场失灵理论中加以说明。

*六、垄断厂商的价格歧视

（一）价格歧视的概念

由以上分析可以知道，垄断厂商对价格具有很强的控制力。为了获取更高的利润，垄断厂商往往借用这种对价格的控制力采取差别定价的策略。价格歧视又称差别定价，是指一家企业以不同的价格向不同的消费者提供相同成本的产品。可见，价格歧视有两个明显的特点：一是同一种产品按不同的价格出售，二是价格差别并不反映成本的差异。同一种产品在价格上存在的差异并不是生产、运输和销售等成本上存在的差异所致。

实行价格歧视必须具备一定的条件：厂商能够区分不同的消费者的需求或者同一消费者的不同数量；不同的消费者具有不同的需求弹性。第一个条件往往要求不同消费者的市场是分割的，以便厂商能够向不同的消费者索要不同的价格，比如舞场会给女士提供半票或免票的优惠，儿童乘车、到公园游玩会有优惠等。第二个条件则说明了厂商有无必要制定不同的价格。粗略地讲，如果所有的消费者具有完全相同的需求，那么厂商就没有必要按不同的价格出售产品。

（二）价格歧视的分类

实践中，依照于垄断厂商采用价格歧视程度，价格歧视被划分为三级。

第一级价格歧视是指垄断厂商按不同的购买量索要不同的价格，以至于每单位索要的价格恰好等于此时的需求价格。这种类型的价格歧视又被称为完全价格歧视。这种类型的价格歧视要求厂商区分所有的需求量和所有的消费者，因而在实践中较难做到，故是一种理论形式。

第二级价格歧视是完全价格歧视的一种近似形式，它指垄断厂商按不同购买量的一定范围进行分组，并对不同的组别索要不同的价格。在实践中，这种价格歧视相当于批发价格和零售价格。例如，夏日里出售雪糕的商贩采用 10 根以上优惠的方式销售。在这种价格歧视方式中，处于相同组别的不同的人之间并不存在价格歧视。

第三级价格歧视是指垄断厂商依照不同类型的消费者索要不同的价格。例如农用和工业用电的定价、白天和夜晚电影院的票价等。

第一级和第二级价格歧视是针对购买量的歧视性定价，而第三级价格歧视采用的定价是针对不同消费者或不同市场的。下面分别加以说明。

（三）完全价格歧视

如图 6－17 所示，假定消费者需求曲线为 D，在价格为 10、9、8、7、6、5 时，消费者选择的需求量为 0、1、2、3、4、5。垄断厂商平均成本 AC 等于边际成本 MC，都等于 5。由于消费者的需求表示了消费者在购买特定数量时愿意接受的最高价格，所以垄断厂商可以利用其垄断地位对每单位数量索要不同的价格。在我们的例子中，对消费者购买的第一个单位的产品，垄断厂商索要 9 元，对第二个单位索要 8 元，第三个单位索要 7 元等。只要是对最后一个单位索要的价格高于这一单位的边际成本，那么企业就可以从中获得好处。在这种情况下，厂商的利润为每单位的收益之和减去成本，即：

$$\pi_D = 9+8+7+6+5-5\times 5=10(\text{元})$$

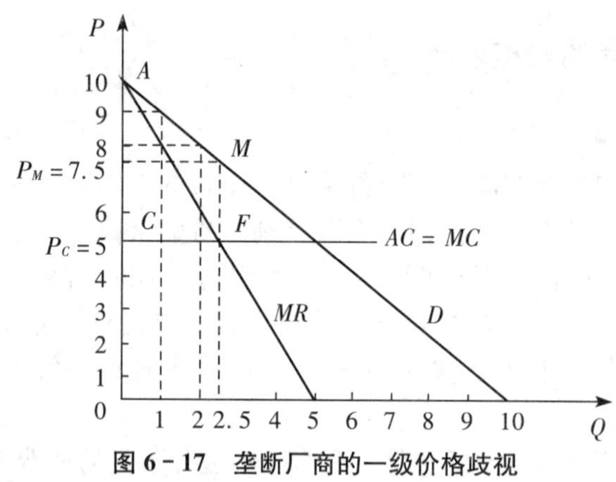

图 6-17 垄断厂商的一级价格歧视

如果垄断厂商索要统一的价格，那么根据上面对垄断厂商的分析，它会按边际收益等于边际成本的原则在 F 点确定数量，并在需求曲线上索要价格，此时数量和价格分别为 $Q_M=2.5$，$P_M=7.5$。相应地，垄断厂商获得的利润为：

$$\pi_M=7.5\times2.5-5\times2.5=6.25(\text{元})$$

可见，采用价格歧视，厂商比统一定价获得更多的利润。这也是厂商制定差别价格的动机所在。

（四）分割市场上的价格歧视

如果垄断厂商能把具有不同需求的消费者完全区分开来，它还可以在不同的市场上确定不同的价格。以企业在两个分割市场上分别规定一个价格的简单情形为例。

如图 6-18 所示，图（a）和图（b）分别表示两个分割市场上的需求曲线和边际收益曲线。对垄断厂商而言，两个市场的需求曲线沿横向相加可以得出其全部的需求，在图（c）中由 D 表示出来。相应于特定的市场需求 D，垄断厂商可以确定其边际收益 MR。图 6-18（c）中的 MR 也等于两个分割市场上的边际收益 MR_1 与 MR_2 的横向之和。

如果厂商按统一价格决策，那么它会按照 $MR=MC$ 的原则确定相应的产量，如图 6-18（c）中的 $\bar{Q}$，并在 $\bar{Q}$ 所对应的需求曲线上索要价格。现在由于两个市场是分割的，所以厂商将把 $\bar{Q}$ 分配到两个市场上。分配的方式是，对应于生产 $\bar{Q}$ 所花费的边际成本 MC，厂商在每个市场上选择的产量分别满足 $MR_1=MC$、$MR_2=MC$，如图 6-18（a）中的 $\bar{Q}_1$ 和（b）中的 $\bar{Q}_2$。对应于 $\bar{Q}_1$ 厂商在需求曲线 D_1 上索要价格 $\bar{P}_1$，对应于 $\bar{Q}_2$，则在需求曲线 D_2 上索要价格 $\bar{P}_2$。这意味着，在两个市场上销售的数量可能不同，但相应的销售量所能获得的边际收益相等，即 $MR_1=MR_2$。

上述条件是容易理解的，如果 MR_1 大于 MR_2，那么增加第一个市场的产量而减少第二个市场的产量，则在保持生产 $\bar{Q}$ 成本不变的条件下可以增加收益，从而增加利润。

问题是，以上述方式确定的价格是否一定比统一定价要好呢？为了说明这一点，我们考察下面的例子。假设垄断厂商在两个分割市场上的需求分别为 $P=7.5-\frac{1}{2}Q_1$ 和 $P=15-Q_2$，其生产的边际成本 $MC=2$。现在我们考察统一定价和差别定价条件下的利润状况。

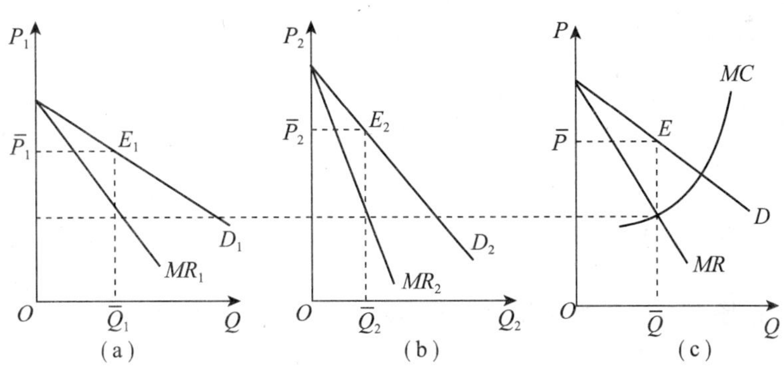

图 6-18　分割市场上的价格歧视

根据已知条件，厂商在第一个市场上的总收益为：

$$TR_1=7.5Q_1-\frac{1}{2}Q_1^2$$

相应的边际收益为：

$$MR_1=7.5-Q_1$$

厂商在第二个市场上的总收益为：

$$TR_2=15Q_2-Q_2^2$$

相应的边际收益为：

$$MR_2=15-2Q_2$$

厂商面对的全部市场需求为：

$$Q=Q_1+Q_2=(15-2P)+(15-P)=30-3P$$

或者写成为：

$$P=10-\frac{1}{3}Q$$

总收益为：

$$TR=PQ=10Q-\frac{1}{3}Q^2$$

边际收益为：

$$MR=10-\frac{2}{3}Q$$

根据 $MR=MC$ 的利润最大化原则，厂商按 $10-\frac{2}{3}Q=2$ 确定产量：

$$\overline{Q}=12$$

如果厂商采取价格歧视，那么在第一个市场上，厂商选择产量标准为 $MR_1=7.5-$

$Q_1=MC=2$，即

$$\bar{Q}_1=5.5$$

索要的价格为：

$$\bar{P}_1=7.5-\frac{1}{2}\bar{Q}_1=4.75$$

在第二个市场上，厂商按 $MR_2=15-2Q_2=MC=2$ 选择产量：

$$\bar{Q}_2=6.5$$

索要的价格为：

$$\bar{P}_2=15-\bar{Q}_2=8.5$$

厂商的总产量仍为 12，相应的利润为：

$$4.75\times5.5+8.5\times6.5-2\times12=57.375$$

如果厂商采用统一定价，则对应于 $Q=12$，价格为：

$$\bar{P}=10-\frac{1}{3}\bar{Q}=10-\frac{1}{3}\times12=6$$

相应的利润为：

$$6\times12-2\times12=48$$

可见，采取价格歧视，垄断厂商可以多获得 9.375 的利润。

第三节　垄断竞争市场

以上讨论了两种极端的情况，但通常出现在实际中的是介于二者之间的两种不完全竞争的情况，即垄断竞争市场和寡头垄断市场。其中，垄断竞争市场是一种竞争程度很高，但又存在垄断因素的市场结构，下面我们集中考察这类市场的基本特征及该市场上厂商的行为。

一、垄断竞争市场的特征

垄断竞争市场通常具有以下基本特征：（1）市场上有众多的消费者和厂商；（2）厂商生产有差异的产品，并且不同厂商的产品之间存在密切的替代性，也就是说，由于偏好的不同，在消费者看来，厂商的产品具有明显的区别，但也可以相互代替使用；（3）从长期来看，厂商进入或退出一个行业是自由的；（4）行业中存在模仿。

在上述有关垄断竞争市场的基本特征中，有别于完全竞争市场的关键性特征是该市场中的厂商提供有差异的商品。在这里，产品差异不是指不同的产品，而是指同类用途的商品在消费者看来所表现出来的差别，比如产品的商标品牌、款式、包装等因素构成的差异。有时，这种差异未必是客观存在的，它可能来源于消费者的主观想象，只要消费者认为产品具有差异，那么就符合这一特征。

一方面，产品的差异导致一个厂商对于消费者而言拥有垄断控制力；但另一方面，由于市场上厂商众多，每个厂商占有很小的市场份额，以至于当它们进行决策时可以忽略竞争对手的反应。同时每个厂商提供的产品之间又存在着密切的替代性，因而使得厂商对于市场价格的影响力很小。

现实经济中不乏这类市场，最典型的垄断竞争市场就是餐饮业。众多的餐馆和饭店无论是位置、店名、装潢，还是口味、服务，都存在较大的差异，消费者在口味上的差异使得某个餐馆拥有垄断因素，但同时密切的替代性又使得业内竞争异常激烈，加之行业中厨师的流动和品种的模仿，使得这一行业中既有垄断又有竞争。

二、垄断竞争厂商面临的市场需求曲线

根据垄断竞争市场的特征，每个厂商提供的产品在消费者看来具有一定的差异，因而对某一厂商生产的具有差别的产品来说，存在一批“忠实”的消费者，他们特别偏爱这一厂商的产品，对这些消费者而言，这家厂商就具有垄断性质。也就是说，厂商借助于供给数量对价格具有控制力量，因而垄断竞争厂商面临着一条向右下方倾斜的需求曲线。

试想，如果所有的厂商都采取相同行动，那么每个厂商都将获得自身的市场份额。但是，一个厂商的市场份额曲线并不是它的需求曲线，原因是，在垄断竞争市场上单个厂商生产的产品不仅具有替代品，而且行业中随时都有厂商进入和退出。正因为如此，当厂商提高产品价格时，其因需求量的减少造成的损失比提高价格获得的利润更大；相反，当垄断竞争厂商降低价格时，其因需求量的增加获得的利润比降低价格造成的损失更大。这就是说，垄断竞争厂商面临的市场需求曲线比垄断厂商和完全竞争厂商具有更充足的弹性。

综合以上两方面的因素，垄断竞争厂商面临着一条向右下方倾斜的需求曲线，但曲线更为平缓，如图 6-19 所示。

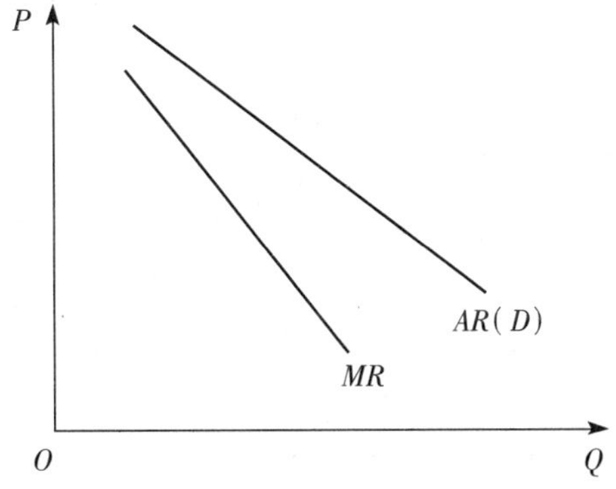

图 6-19 垄断竞争厂商面临的需求曲线和边际收益曲线

根据垄断竞争厂商面临的需求曲线，厂商会把销售一定产品数量索要的价格确定在

这一曲线上，从而厂商的平均收益曲线就是这条需求曲线。根据平均收益，厂商确定相应的边际收益曲线。由于平均收益曲线向右下方倾斜，那么边际收益曲线也位于平均收益曲线的下方。图 6-19 描绘了平均收益和边际收益曲线。

三、垄断竞争厂商的短期均衡

假定垄断竞争厂商处于短期。在短期中，从厂商内部来看，厂商对生产要素的调整只能限于可变投入，因而厂商用于决策的成本是短期成本。从市场来看，行业中没有厂商的进入和退出，行业中厂商的数目既定，单个厂商面临着一条既定不变的较为平缓但仍向右下方倾斜的需求曲线。简言之，在短期内，垄断竞争厂商是一个垄断者。

与其他市场上的厂商一样，为了实现利润最大化，垄断竞争厂商必然把产量选择在边际收益等于边际成本之点。垄断竞争厂商按照上述原则，选择产量并在需求曲线上索要价格。这样，垄断竞争厂商在短期的行为可以由类似于垄断厂商行为的短期分析得到说明。下面简单重述一下。

当垄断厂商面临的需求曲线与其短期平均成本曲线有两个交点时，垄断竞争厂商获得超额利润，如图 6-20 所示。根据利润最大化原则，垄断竞争厂商在边际收益 MR 与边际成本 MC 相等的点上决定产量 $\bar{Q}$，并索要 $\bar{Q}$ 对应的需求曲线上的价格 $\bar{P}$。由于价格 $\bar{P}$ 高于 $\bar{Q}$ 对应的平均成本 P'，因而厂商获得超额利润。

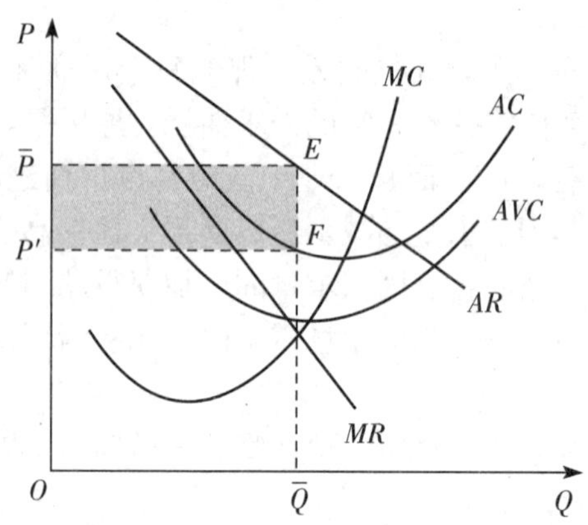

图 6-20　垄断竞争厂商的短期均衡：获得超额利润

如果厂商的需求曲线与厂商的平均成本曲线相切，垄断竞争厂商只能获得正常利润，如图 6-21 所示。厂商根据边际成本等于边际收益原则决定最优产量 $\bar{Q}$，并在需求曲线 D 上索要价格 $\bar{P}$。在厂商面临的需求曲线与其平均成本曲线恰好相切时，最优产量对应的价格恰好位于平均收益曲线与平均成本曲线的切点处，即均衡价格 $\bar{P}$ 恰好等于厂商的平均成本。这表明，在需求曲线与平均成本曲线相切时，垄断竞争厂商最优的选择是获取正常利润。

垄断竞争厂商在短期内有可能出现的另外一种情况是，需求曲线低于其平均成本曲线，如图 6-22 所示。假定市场需求曲线与厂商的平均成本曲线没有交点，但与平均可变成本曲线有两个交点，这时，厂商将继续按照边际收益等于边际成本的原则选择产量 $\bar{Q}$，并在需求曲线上决定索要的价格 $\bar{P}$。在这种情况下，如果厂商不生产，则损失不变

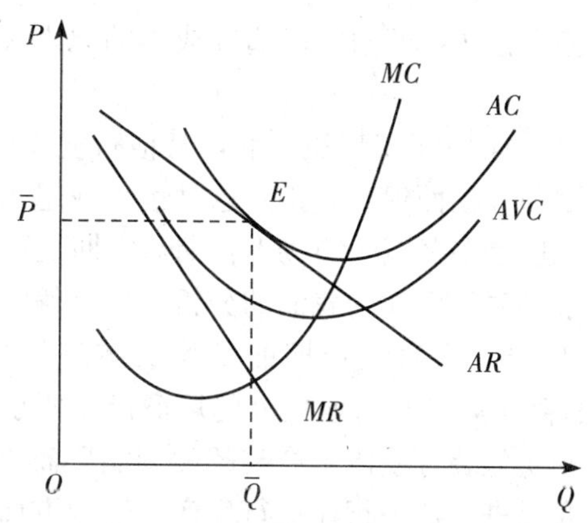

图 6-21　垄断竞争厂商的短期均衡：获得正常利润

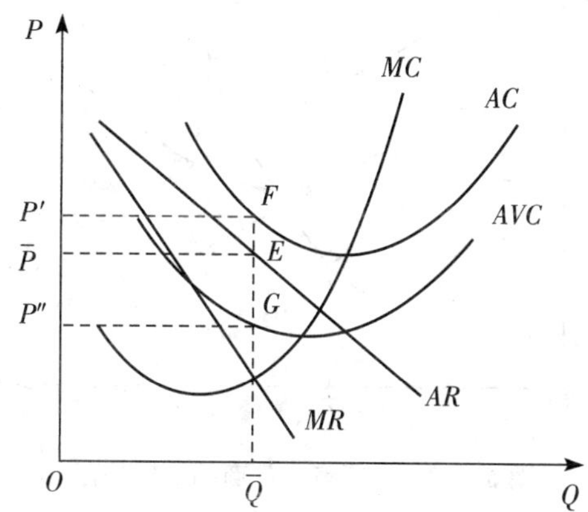

图 6-22　垄断竞争厂商的短期均衡：亏损

成本部分，因而尽管厂商处于亏损状态，但仍会生产。

如果厂商面临的市场需求曲线低于平均可变成本，厂商的收益就不能补偿可变成本的支出，此时厂商生产比不生产亏损更大，因此厂商会选择停止生产。

基于上述分析，在厂商面临的市场需求曲线高于平均可变成本曲线时，厂商提供正数量的产品。在这一条件下，垄断竞争厂商的短期均衡条件是：

$$\bar{Q}: MR = MC; \bar{P}: \bar{P} = P(\bar{Q}) \tag{6.7}$$

在需求曲线低于平均可变成本曲线时，厂商停止生产。

与垄断厂商一样，由于垄断竞争厂商对其产品的价格有一定的控制力，因而垄断竞争厂商在短期内没有明确的供给曲线。

四、垄断竞争厂商的长期均衡

在长期内，垄断竞争厂商的内部和外部都会进行调整。

首先，从内部来看，厂商可以调整生产规模，变动短期内固定不变生产要素的投入量，使得厂商在生产每一个产量时所花费成本都是在现有生产技术条件下生产该产量的最小成本。因而，长期内厂商使用长期成本进行决策。同时，只要市场需求曲线不低于其平均成本曲线，厂商就会根据边际收益等于边际成本的原则决定产出数量，并在需求曲线上确定索要价格。

其次，从整个市场来看，如果存在超额利润，其他行业中的厂商可以自由地进入，同时行业中的厂商也可能因为亏损而退出。正是这种进入或退出使得单个垄断竞争厂商面临的需求曲线发生变动。这是垄断竞争市场上长期与短期最重要的区别。

以垄断竞争市场上的某一家厂商作为我们的分析对象。假定该厂商面对的需求曲线为 D_1。对应于这一需求曲线，厂商按长期的平均成本进行生产获得超额利润，如图 6－23所示。超额利润的存在势必对行业内外的厂商产生吸引力。一方面，行业中的厂商通过改进生产工艺、变换包装等手段生产与超额利润厂商更加接近的产品；另一方面，其他行业中的某些厂商也进入这一行业进行生产。这两方面的因素都将使得我们分析的厂商所面对的需求减少。

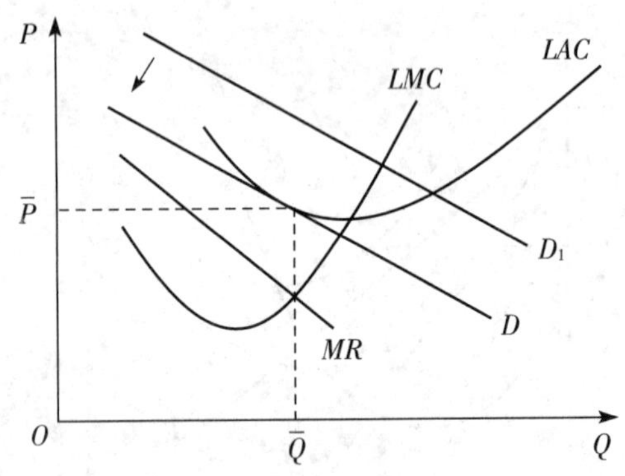

图 6－23　垄断竞争厂商的长期均衡

随着行业中生产该产品密切替代品的厂商越来越多，原有厂商面临的需求曲线 D_1 将向左下方移动，从而使得厂商的超额利润减少。但是，只要厂商获得超额利润，那么其他行业中厂商的进入和业内厂商的模仿就会继续进行。因此，当需求 D_1 下降到 D 时，需求曲线与厂商的长期平均成本曲线相切，厂商只获得正常利润时，其他行业中厂商才会停止进入，业内的厂商停止生产近似相同的产品。这时，垄断竞争行业中没有进入和退出，行业中的所有厂商处于长期均衡。

反之，当厂商在长期中处于亏损时，厂商会退出经营。由此可见，当垄断竞争厂商处于长期均衡时，厂商获得正常利润，需求曲线 D 恰好与长期成本曲线相切。类似于图 6－21的情形，对应于需求 D，厂商按长期边际收益等于长期边际成本的条件决定产量，并在需求曲线 D 上索要价格，该价格恰好等于厂商的长期平均成本。因此，垄断竞争厂商长期均衡的条件是：

$$\bar{Q}:MR=LMC;\bar{P}:\bar{P}=AR=LAC \tag{6.8}$$

即厂商的产量由边际收益等于长期边际成本所决定，而对应于平均收益上的价格恰好等于长期平均成本。

基于与短期一样的理由，垄断竞争厂商在长期中也不存在明确的供给曲线。

五、垄断竞争市场的经济效率

垄断竞争市场的经济效率介于完全竞争市场和垄断市场之间。在垄断竞争厂商处于长期均衡时，市场价格高于厂商的边际成本，而市场价格尽管等于厂商的平均成本但高于平均成本的最低点，这两个特征正是我们在上一节中评价垄断市场低效率的原因。因此，与垄断市场一样，垄断竞争市场的经济效率也低于完全竞争市场；但从程度上来看，垄断竞争市场又比垄断市场更有效率。

首先，垄断竞争市场的价格高于厂商的边际成本，因而生产的产量不能使得社会福利为最大。与垄断市场一样，由于垄断竞争厂商选择的产量对产品的价格具有影响，因而其边际收益低于价格。当厂商按边际收益等于边际成本的利润最大化原则选择产量时，这一产量将使得边际成本低于价格。此时，通过厂商增加产量所带来的社会福利增加量大于社会为此支付的成本，从而导致社会净福利的增加。但垄断竞争厂商为了自身的利润不会采取这样的行为。这表明，从社会的角度来评价，垄断竞争厂商在供给产量方面缺乏效率。

但与垄断厂商相比，由于垄断竞争市场上存在着激烈的竞争，因而每个厂商面临的需求曲线更为平缓，从而价格高于边际成本的幅度要比垄断市场小。这表明，尽管垄断竞争厂商的供给没有完全竞争市场那样有效率，但要比垄断市场有效率。

其次，从价格与平均成本最低点的关系来看，在长期中，垄断竞争厂商面临的需求曲线向右下方倾斜，并且与平均成本曲线相切，因而厂商索要的价格仍高于最低的平均成本。这表明，厂商可以进一步降低成本，从而在技术方面看垄断竞争厂商并没有达到最优。

但与垄断厂商相比较，由于垄断竞争厂商面临的需求曲线更为平缓，因而厂商索要的价格与长期平均成本曲线的最低点更为接近，从而，在技术使用方面的效率也就比垄断厂商高。

再次，在垄断竞争市场上，由于存在竞争，厂商具有降低成本的动机和压力，厂商有促进经济效率的动机，垄断竞争市场表现出来的低效率部分地被市场上积极的竞争所抵消。同时，产品差异的竞争迫使厂商不断推出新产品，改进旧产品，使得市场多样化，也就更可能满足不同消费者的偏好。鉴于此，尽管垄断竞争市场的经济效率不及完全竞争市场，但在现实经济中仍可以接受。

案例小品

产品有差异好吗

请看下面的一段辩论。

甲：垄断竞争市场给我们带来了产品的多样化，正是由于垄断竞争，我们才可以有那么多种品牌的电视机，有那么多种洗衣粉。

乙：你真的需要 40 多种洗衣粉、50 多种肥皂？据我所知，洗衣粉和肥皂的化学成分是固定的，阿司匹林也只有一个配方。

甲：没有差异就没有创新。

乙：有差异也不一定有创新，有很多是借助于广告创造出来的。

甲：请不要忘记，公开的产品竞争特别是广告还有助于宣传产品的性能，保证产品的质量。

在垄断竞争市场上，企业只有不断地制造出产品差异，才有可能获得超额利润。成功的企业是那些不断进行市场调查，充分了解消费者对于颜色、款式、大小等产品差异因素的需要，从而满足市场尚未得到满足的需求的经营者。通过产品差异的竞争，满足市场需求的产品生存下来，不满足市场需求的产品被淘汰。只有通过产品差异的竞争，才会有优胜劣汰，才会有产品的多样化，才会有产品革新和技术进步。多样化和技术进步对于我们消费者来说太重要了，以至于我们愿意接受一定程度的低效率，因为它们涉及消费者偏好的满足和生活水平的提高。

借助于广告，垄断竞争企业创造产品名牌，这也有助于产品质量的提高。为了使产品差异起作用，消费者必须知道产品的质量和适用性。在完全竞争市场上，我们假定了消费者具有完全信息，在垄断竞争市场上甚至更需要完全信息。消费者的信息来源主要是各类形式的广告。广告帮助消费者做出理性的选择。同时，企业对花费上百万元创造出来的品牌一定非常重视，会不断地改进质量以维护它。另外，新产品的出现只有通过把信息传递给消费者才能与名牌产品竞争。在这里，广告起到了限制垄断的作用。因此，广告宣传有助于市场竞争。

乙：你说得太多了。产品差异和广告浪费了稀有的社会资源，甚至产生欺骗和非质量竞争。把大把大把的钞票用于微不足道的产品差异，这有意义吗？毫无疑问，产品差异和广告对社会施加了成本，使得消费者为此支付更高甚至成倍的价格。问题是我们是否真的需要那么多的同类产品。几十种合资洗衣粉的上市，由于广告使得我们支付两倍的价格，但大多数消费者还是随便购买一种。也就是说，产品差异并不总是能提高社会净福利。

产品差异和广告使得消费者为主导的市场经济本末倒置。产品竞争的直接结果是，广告宣传改变人们的偏好，设计出消费者还不存在的欲望。经济系统的运转不再是为了消费者，倒是人们的生存为经济系统服务。广告宣传不仅左右人们的偏好，而且带有虚假成分。欺骗性的广告时有出现。这不仅浪费巨额资源，而且给消费者带来伤害。

广告宣传不仅很容易在生产者之间产生非生产性竞争，而且会造成进入障碍，从而限制竞争。即使某一家企业不愿意做广告宣传，但它没有其他选择，因为退出竞争就意味着失败，它不得不花费这一部分成本。也正因为如此，一个新企业的加入必须通过广告宣传才能参与竞争。但并不是所有的企业都能支付得起巨额广告费，结果只能是被排除在竞争行列之外。

甲：广告是一种艺术品，它可以被视为所推销产品的副产品。

乙：得了吧！你真的希望在乒乓球比赛进行到 19：20 时插入一段广告吗？

甲：如果没有广告，你恐怕连 19：20 也看不到。

从上面的辩论中我们可以看出，对于产品差别存在不同的认识，并且两种认识都具有合理性。西方经济学家认为，在完全竞争市场条件下，所有厂商的产品是完全相同的，它无法满足消费者的各种偏好；在垄断竞争市场条件下，众多厂商之间的产品是有差别的，多样化的产品使消费者有更多的选择自由，可以满足不同的需要。但是，产品的一些虚假的差别，也会给消费者带来损失。

而对于广告费用，西方经济学认为，垄断竞争市场和产品差别寡头市场的大量广告，有的是有用的，因为，它为消费者提供了信息。但是，过于庞大的广告支出会造成资源的浪费和销售价格的提高，再加上某些广告内容过于夸张，这些都是于消费者不利的。

从你自身的情况考虑，你认为产品有差异好吗？

第四节　寡头垄断市场

介于完全竞争和垄断市场之间的另一种市场结构是寡头垄断市场，从特征上来看，这类市场更偏向于垄断市场。本节考察寡头垄断市场上的厂商行为。

一、寡头市场的特征

寡头垄断市场又简称为寡头市场，是指只有少数几家厂商提供产品供给的一种市场结构。这个市场的基本特征是：(1) 行业中只有少数几家大厂商，它们的供给量均占有市场的较大份额；(2) 厂商的决策相互影响，因而任何一家厂商在做出决策时都必须考虑竞争对手对其行为所做出的反应；(3) 厂商的竞争手段是多种多样的，除了价格竞争外，也有数量竞争和其他方式的竞争，因而市场价格有时相对稳定。

依照这些特征，大多数国家的汽车行业、电信行业、航空行业都是寡头行业。

在寡头市场上，每个厂商都可以向市场上提供大量的商品或劳务，单个厂商可以在很大程度上影响市场价格，因而一家厂商的供给行为不仅对自身的产量和价格选择具有影响，而且会在很大程度上影响其他厂商面对的需求，从而促使其他厂商根据受到的影响调整自身的供给。也就是说，与供给相关的厂商行为是相互影响的。不仅如此，由于行业中只要少数几家厂商，当一家厂商采取行动时，竞争对手们如何采取应对措施将对这一厂商行动的后果产生影响。正因为如此，每个厂商采取行动时往往要把竞争对手的反应考虑在内。寡头厂商如何推测其竞争对手对其行为的反应是考察寡头市场时所面临的最大困难。

由于寡头垄断厂商的行为之间相互影响，所以有关厂商之间影响方式的假设使得有关寡头厂商的均衡分析与垄断竞争的均衡分析有不同的结论。本节介绍几个有关寡头厂商行为的模型，但这些模型只是从某些侧面反映了寡头厂商的行为。

二、古诺模型

法国经济学家古诺在1838年出版的《财富理论的数学原理的研究》一书中分析了两个寡头厂商的产量和价格决定问题，因而这一分析也被称为古诺双寡头模型，简称古诺模型。古诺模型假定行业中只有 A 和 B 两家寡头厂商，两个厂商都准确地了解市场的需求，并在将对方的产量视为既定的前提下，各自确定能够使自身利润为最大的产量的依据。

背景资料

古　诺

古诺是法国的数学家和经济学家，数理经济学的先驱者。1821 年进入巴黎高等师范学校学习数学，1831 年任巴黎大学副教授，1834 年任里昂大学数学教授。古诺最初的研究领域主要集中于数学方面，对概率论有较精深的见解。之后，古诺着力研究经济学，特别是以数学方法表述经济问题，提供市场价格决定的条件，其最主要的经济著作是 1838 年发表的《财富理论的数学原理的研究》。

古诺认为商品的交换价值量的变化同供求量的变化之间存在着相互影响、互相决定的函数关系，因而可以用函数形式表述和研究价格现象。古诺最早提出了表示价格（P）与需求量（Q）之间关系的需求函数 $Q=D(P)$；在研究需求时他实际上也提出了总收益函数和边际收益函数的概念；在分析商品成本时他提出了边际成本的概念，因而古诺也被看成是边际分析的先驱者之一。古诺借助于数学方法，研究了局部均衡意义下的垄断和竞争价格决定。他认为，垄断者为获得最大利润，势必使其商品价格处于边际收益恰好等于边际成本之点；而在无限竞争条件下，为获得最大利润，价格应等于边际生产费用。

古诺的经济学著作长期未受重视，直到 19 世纪 70 年代边际学派革命之后，古诺在经济学发展史中的地位才逐渐被人们认识和承认。

假定两个厂商的平均成本和边际成本都相等，比如都等于零，因而两个厂商的平均成本曲线和边际成本曲线重合为一条直线。假定现有的市场需求既定，比如市场需求函数为：$P=1-Q$，此时市场最大需求量 $Q_0=1$。

如图 6－24 所示。假定最初行业中只有厂商 A。对应于既定的市场需求 $P=1-Q$，厂商 A 计算其总收益 TR：

$$TR_A=P\cdot Q_A=Q_A-Q_A^2$$

根据这一总收益，厂商得到自身的边际收益为：

$$MR_A=1-2Q_A$$

为了获得最大的利润，厂商 A 按照边际收益等于边际成本的原则决定产量。在上述简化的情形中，厂商 A 的利润最大化产量决定于 $1-2Q_A=0$，即最优的产量恰好为市场容量的 1/2，如图 6－24 中的 M 点。根据这一供给量，市场价格将确定在需求曲线相应的价格水平上，在我们的例子中价格等于 0.5。

假定现在厂商 B 开始进入该市场。厂商 B 发现，厂商 A 的产量已经达到市场容量的 1/2，它所面临的市场需求量只剩下 MQ_0。对应于这一需求，厂商 B 确定自身可能获得的边际收益，并按照边际收益等于边际成本的原则决定最优产量。与厂商 A 的选择类似，厂商 B 选择的最优产量是剩余市场容量的 1/2，如图 6－24 中的 N 点，其生产数量为市场总容量的 1/4。

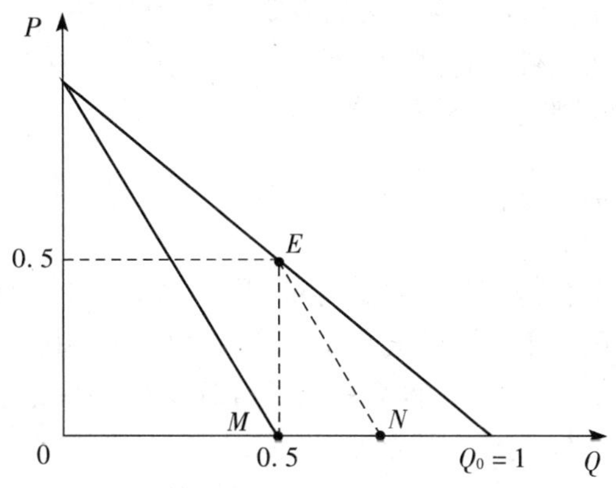

图 6－24　古诺模型

这之后，厂商 A 发现，由于厂商 B 生产了 1/4，市场供给量是（1/2＋1/4）＝3/4，市场价格由 1/2 下降到 1/4，它再继续生产 1/2 不再是利润最大化的产量。于是开始调整产量。厂商 A 把厂商 B 生产的 1/4 作为既定而予以扣除，在剩下的最大需求量（1－1/4）中再按利润最大化原则选择其中的 1/2，即 3/8，比原来减少 1/8。同样地，在厂商 B 获知厂商 A 已经把产量调整到 3/8 时，它也在剩余的市场容量中按 1/2 选择，即 5/16，比原来增加 1/16。在厂商 B 做出调整之后，厂商 A 在（1－5/16）中再选择 1/2 作为它当前的利润最大化产量，即 11/32，比原来又减少了 1/32。同样地，厂商 B 选择（1－11/32）的 1/2 作为最优产量，即 21/64，比原来增加了 1/64。这样继续下去，两个厂商的产量分别为：

$$Q_A=\frac{1}{2},\frac{3}{8},\frac{11}{32},\cdots$$

$$Q_B=\frac{1}{4},\frac{5}{16},\frac{21}{64},\cdots$$

通过不断地进行调整，厂商 A 的产量由 1/2 逐次减少 1/8、1/32 等，最终达到：

$$\begin{aligned}\bar{Q}_A&=\frac{1}{2}-\frac{1}{8}-\frac{1}{32}-\cdots=1-\left(\frac{1}{2}+\frac{1}{8}+\frac{1}{32}+\cdots\right)\\&=1-\frac{1}{2}\left(\frac{1}{1-1/2}\right)=\frac{1}{3}\end{aligned}$$

厂商 B 的产量从 1/4 逐次增加 1/16、1/64 等，最终达到：

$$\begin{aligned}\bar{Q}_B&=\frac{1}{4}+\frac{1}{16}+\frac{1}{64}+\cdots=\frac{1}{4}\left(1+\frac{1}{4}+\frac{1}{16}+\cdots\right)\\&=\frac{1}{4}\left(\frac{1}{1-1/4}\right)=\frac{1}{3}\end{aligned}$$

对应于两个厂商的产量，市场供给量为 2/3，由这一数量在市场需求曲线上对应的点确定价格，市场价格为 1/3。

上述结果表明，双寡头竞争的最终结果是每个厂商生产市场总容量的 1/3，市场价格为 1/3。这一产量与价格组合被称为古诺双寡头模型的均衡。

上述结论是在双寡头条件下得到的，但它并不局限于双寡头。在行业中寡头厂商的数量为 m 的情况，古诺模型的均衡产量为：

$$每个寡头厂商的均衡产量=市场总容量\cdot\frac{1}{m+1}$$

古诺模型通过对寡头行为的基本假定，得到了一个均衡的价格和均衡的数量。但这一模型也存在着某些缺陷。最重要的问题是，在古诺的模型中，厂商的最优行为是以竞争对手的产量不变为条件的，这显然不完全符合现实中寡头的行为。正是由于这一原因，古诺模型并不是寡头行为的一般分析。

三、折弯的需求曲线模型

折弯的需求曲线模型对寡头厂商行为的假定是，当一家厂商降低价格时，所有其他的竞争对手马上做出反应，也跟随降价；而当一家厂商提高价格时，所有其他的厂商并不随之提高价格。这样，一个厂商试图通过降低价格来促使需求量大幅度增加的意图得不到实现，而提高价格则会使得对其产品的需求量大幅度减少。即在现行价格之上，需求富有弹性，在现行价格之下，需求缺乏弹性，因而一个试图变动价格的厂商面临的需求曲线是折弯的，如图 6－25 所示。

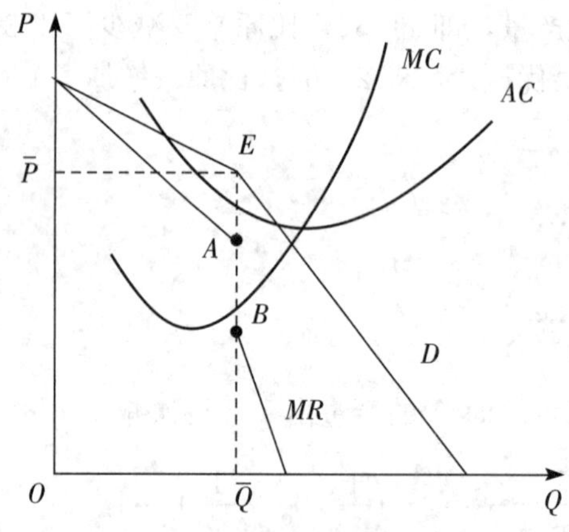

图 6－25　折弯的需求曲线模型

假定现有的市场价格为 $\overline{P}$。在这一价格上，某一家厂商提高价格会损失较多的销售量，而当它降低等量价格时却不能争取到同样多的销售量，因而该厂商面临的需求曲线在 $\overline{P}$ 上方较为平缓，即需求的价格弹性大，而在 $\overline{P}$ 的下方，需求曲线较为陡峭，即需求的价格弹性小。也就是说，寡头厂商面临的需求曲线在价格 $\overline{P}$ 处折了一个弯，如图 6－25中的 E 点。

对应于折弯的需求曲线上的价格 $\overline{P}$，假定厂商的产量为 $\overline{Q}$。在折弯点对应的产量 $\overline{Q}$ 附近，增加一单位的销售量所带来的价格减少幅度较大，因而边际收益较低；而减少一单位的销售量所提高的价格幅度较小，因而边际收益较高。例如，假设 E 点对应的价格为 10，相应的需求量为 3。E 点以上的需求相对而言富有弹性，价格提高 1 单位即由 10

提高到 11，需求量由 3 减少到 2；E 点以下的需求相对而言缺乏弹性，价格下降 2 个单位即由 10 下降到 8，需求量才能由 3 增加到 4。因此，在 $\bar{Q}$ 的左边，厂商的边际收益为 $10\times3-11\times2=8$；在 $\bar{Q}$ 的右边，边际收益为 $8\times4-10\times3=2$。可见，Q 右边的边际收益小于其左边的边际收益。这表明，厂商的边际收益曲线在 $\bar{Q}$ 处是断开的：对应于小于产量 $\bar{Q}$ 的需求曲线，厂商的边际收益曲线较高；而对应于大于产量 $\bar{Q}$ 的需求曲线，厂商的边际收益曲线较低。

假定与其他的厂商一样，寡头厂商的成本曲线是典型的 U 形。为了实现利润最大化，寡头厂商也会按照边际成本等于边际收益的原则确定最优产量。根据折弯的需求曲线模型，寡头厂商均衡的特殊之处在于，当边际成本曲线恰好从边际收益曲线的断点 AB 之间通过时，厂商的均衡产量为 $\bar{Q}$，相应的价格为 $\bar{P}$。不难发现，在需求既定的条件下，无论寡头厂商的成本发生多么大的变动，只要边际成本仍然位于两段边际收益之间，那么厂商就不会改变价格。从而，折弯的需求曲线模型说明了寡头厂商不会轻易改变价格的行为特征。这一点与许多寡头市场上价格相对稳定的现象是相一致的。

不过，折弯的需求曲线模型也存在一定的缺陷，那就是，这一模型并没有说明最初的市场价格 $\bar{P}$ 是如何确定下来的。所以，与古诺模型一样，折弯的需求曲线模型也并不能作为寡头市场均衡分析的一般结论。

四、价格领导

由于寡头行业中只有少数厂商，因而厂商之间的默契也是可能的。如果说上面的古诺模型和折弯的需求曲线模型更侧重于描述寡头的竞争，下面的价格领导模型和卡特尔模型则更注重于默契和联合。

价格领导是指行业中某一个厂商作为价格领导者，它率先制定价格，而其他厂商跟随定价的一种情况。在一个寡头竞争的行业中，作为价格领导者的厂商通常是一些具备以下特征的厂商：（1）支配型厂商。这种厂商往往是行业中规模最大或者是最为古老的厂商，因而是行业中最具有影响力的厂商，例如世界操作系统供应商中的微软等。（2）效率型厂商。这种厂商往往使用行业中最先进的技术或者是拥有行业内高端产品生产技术的垄断权，因而比其他厂商生产更有效率。（3）信息型厂商。这种厂商往往拥有更广泛或者是垄断的信息渠道，它比其他厂商的信息更准确和更灵通，其依据这些信息确定的价格在行业中就具有领导作用。

假定行业中存在一个价格领导者，该厂商知道这一点，而其他厂商则选择跟随。对行业中的其他厂商而言，它们的行为就如同是一个价格接受者，只要领导者制定了价格，它们就会按价格等于其边际成本的原则确定相应的产量。基于对这一情况的了解，行业中的价格领导者会做出最利于自身的选择。

如图 6－26 所示。假定整个市场的需求为 D，由其他厂商的边际成本横向之和构成的市场供给为 S'。价格领导者知道这一点，于是它开始从市场需求中扣除这一部分。如图 6－26（a）所示，如果领导厂商选择的价格为 P_1，则市场价格就是 P_1，相应的需求量为 Q_1，而其他厂商的供给量为 Q_1'。这意味着，在价格为 P_1 时，领导厂商所得到的市场需求量为 $q_1=(Q_1-Q_1')$。我们把 P_1 与相应的需求量 q_1 描绘在图 6－26（b）中，就得到领导厂商所面临的需求曲线上的一个点。当领导厂商选择价格 P_2 时，市场需求

量为 Q_2，而其他厂商的供给量为 Q'_2，领导厂商所能得到的市场需求量 $q_2=(Q_2-Q'_2)$。这样，我们又可以在图（b）中得到一个点（P_2，q_2）。以类似的方式，可以得到领导厂商所面临的需求曲线，在图 6-26（b）中以 d 加以表示。由于其他厂商的供给曲线向右上方倾斜，而市场需求曲线向右下方倾斜，因而领导厂商的需求曲线 d 向右下方倾斜。

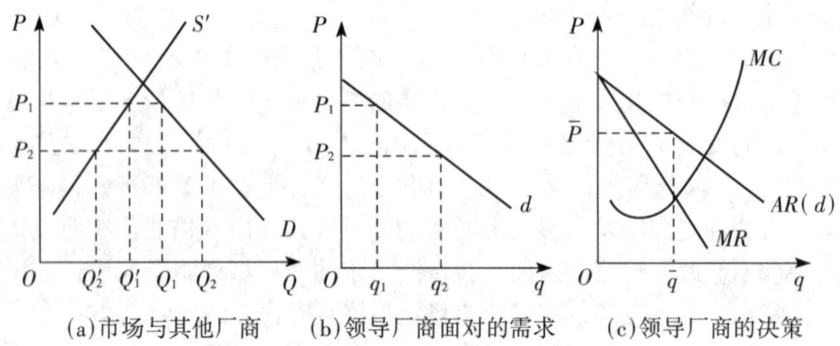

(a)市场与其他厂商　(b)领导厂商面对的需求　(c)领导厂商的决策

图 6-26　寡头行业中的价格领导

对应于需求 d，领导厂商可以确定相应的平均收益曲线和边际收益曲线。这时，如同一个垄断厂商一样，领导厂商根据边际收益等于边际成本的原则，确定自己的产量 $\bar{q}$，并在需求曲线 d 上索要价格 $\bar{P}$，如图 6-26（c）所示。

价格领导者的上述决策过程是明确的。既然其他厂商作为价格接受者会依照于领导者的价格进行选择，那么领导厂商就把这一信息纳入决策之中，并在所有可能的价格中选择对自身最有利的 $\bar{P}$。在领导厂商确定市场价格 $\bar{P}$ 之后，其他厂商会按该价格等于其边际成本的原则确定相应的供给量，所有其他厂商供给量之和恰好是图 6-26（a）中 S' 相应于 $\bar{P}$ 的数量。由图 6-26（a）和（b）的推导过程可以看出，此时的市场供给量恰好满足市场需求。

同其他模型一样，价格领导模型给出了寡头市场某些行为的描述，但它也不是寡头市场的基本概括。

五、卡特尔模型

在寡头市场上，由于厂商数目较少，因而它们之间也很容易形成勾结。寡头厂商勾结的一种极端形式是卡特尔。卡特尔是指厂商明确签订有关市场活动的合作组织。在卡特尔组织中，参与市场活动的各个厂商要签订有关价格、产量和销售区域等事项的明确协议。实践中，最典型的卡特尔组织是石油输出国组织，即欧佩克。

背景资料

欧佩克

欧佩克（OPEC）即石油输出国组织。1960 年 9 月 10 日，伊拉克、伊朗、科威特、沙特阿拉伯和委内瑞拉的代表在伊拉克首都巴格达开会，决定联合起来共同对付西方石油公司，维护自身的石油利益。14 日，会议宣告成立石油输出国组织，简称“欧佩克”。OPEC 的宗旨是协调和统一成员国的石油政策，并确定以最适宜的手段来维护它们各自和共同的利益。OPEC 的成员国现有 11 个：除了 5 个创始成员国以外，还有阿尔及利亚、阿拉伯联合酋长国、卡塔尔、利比亚、尼日利亚和印度尼西亚。厄瓜多尔、加蓬分别于 1992 年、1996 年退出。OPEC 的总部设在奥地利的维也纳，它的组织机构包括大会、理事会和秘书处。大会是 OPEC 的最高权力机构。大会的成员一般由成员国石油部长率领代表团组成，OPEC 每年至少开会两次，以制定总政策、通过理事会提交报告和建议、批准成员国委任的理事和选举理事会主席，必要时 OPEC 也可召开特别会议。理事会负责执行大会决议和指导该组织的管理。理事会由各成员国派一名代表组成，任期两年，每年至少开会两次。秘书处则在理事会的指导下履行执行职能。秘书长是该组织依法授权的代表，任期两年。秘书处内还设有一个经济委员会，协助该组织把国际石油价格稳定在公平合理的水平上。该组织成立后，展开了坚持不懈的斗争，其成员国夺回了制定油价和控制石油生产的权力。

由于有明确的约定，卡特尔组织往往以一个垄断者的身份出现。首先，卡特尔根据整个组织所面临的需求曲线确定卡特尔的边际收益曲线；其次，卡特尔将各个成员国的边际成本曲线沿横向相加得出卡特尔的边际成本曲线；再次，它将根据边际收益等于边际成本的利润最大化原则确定产量，并在需求曲线上索要价格。如图 6－27 所示。图 6－27（a）和（b）中分别给出了两个厂商的边际成本 MC_1 和 MC_2，两个厂商的边际成本横向相加得到图（c）中卡特尔的边际成本 MC。相应于市场需求 D，厂商得到自身的边际收益 MR。在此基础上，卡特尔按边际收益等于边际成本的原则确定总产量，并在需求曲线 D 上索要价格，如图 6－27（c）所示。在这里，卡特尔扮演了一个垄断厂商，其行为与我们在本章第二节中的分析并无不同，因而有关图 6－27（c）的详细说明请读者参见图 6－13～图 6－16 自行给出，这里不再重述。

在确定了总产量之后，卡特尔组织会按照事先达成的协议向各个成员国分配产量配额。一般说来，为了整个卡特尔组织的利润最大化，卡特尔组织会按照所有成员国的边际成本都相等的原则分配产量。在图 6－27 给出的卡特尔中，卡特尔的总产量是 E 点所决定的 $\bar{Q}$。这时，卡特尔按生产这一产量的边际收益决定每个厂商的生产量。如图 6－27（a）中的 E_1 所对应的产量 $\bar{Q}_1$ 和图（b）中的 E_2 所对应的 $\bar{Q}_2$。很显然，两个寡头的产量之和等于卡特尔的总产量 $\bar{Q}$。顺便指出，如果两个寡头分别面对两个分割的市场，卡特尔还可以在两个市场上选择两个不同的价格，如图 6－27（a）中的 $\bar{P}_1$ 和图（b）中的 $\bar{P}_2$。关于差别价格的分析，请参阅本章第二节第六小节。

关于上述卡特尔的行为，我们有两点值得说明：第一，卡特尔组织内部的厂商都倾向于破坏联盟。这一点可以从我们本节介绍的古诺模型中看到。事实上，在古诺模型中，如果两个厂商联合，则联盟的最优产量是 1/2，即每个厂商生产 1/4。但是，如果允许自主决策，那么在竞争对手生产 1/4 产量的条件下，另外一个厂商的最优产量是 3/8，而不是 1/4。因此，为了使得产量约束有效，卡特尔组织往往要制定对违反卡特尔有关产量限定的厂商进行惩罚的措施。第二，尽管卡特尔可以按最优的行为确定产量和不同

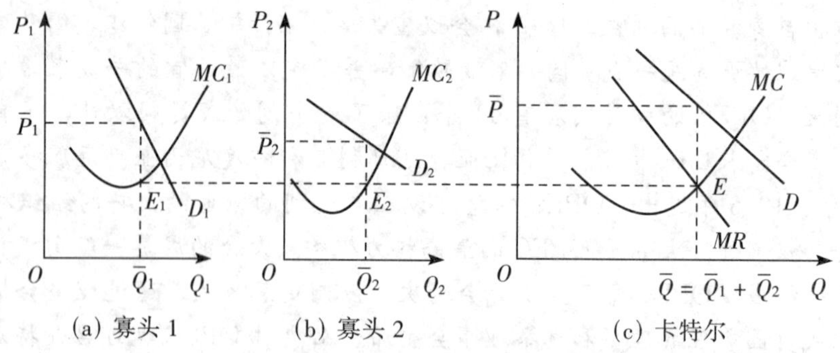

图 6－27　卡特尔组织的产量和价格决定

成员国的产量份额，但由于各个成员国的实力不完全相同，因而实践中各成员国获得的产量配额也就取决于各种不同的因素，包括政治因素。

综观上述有关寡头市场行为的模型，不仅没有一个模型可以一般地概括寡头市场上的均衡，而且在每一个模型中寡头厂商对价格都具有一定的市场支配力，因而一般认为寡头厂商和寡头市场并没有明确的供给曲线。

六、寡头市场的经济效率

西方经济学认为，寡头市场的经济效率介于垄断竞争市场和垄断市场之间。一般认为，在寡头市场上，市场价格高于边际成本，同时价格高于最低平均成本，因此，寡头厂商在生产数量和技术使用方面是缺乏效率的。但从程度上来看，由于寡头市场存在着竞争，有时竞争还可能是激烈的，因而其效率要比垄断市场高。

但从另一方面来看，寡头市场上往往存在着产品差异，从而满足消费者的不同偏好，此外，由于寡头厂商生产规模较大，便于使用大型先进的生产技术，而激烈的竞争又促使厂商加速产品和技术革新，因此，寡头厂商又有有效率的方面。在许多国家，人们试图通过限制寡头厂商低效率的方面进一步鼓励寡头间的竞争。

案例小品

欧佩克和世界石油市场

由于寡头市场只有几个卖者，所以，寡头的关键特征是合作与利己之间的冲突。如果寡头集团合作起来并像一个垄断者那样行事——生产少量产品并收取高于边际成本的价格，状况会变好。但由于每个寡头只关心自己的利润，所以有一种强大的激励在起作用，这使企业集团很难维持垄断的结果。我们看欧佩克的例子。

欧佩克力图通过减少产量来提高其产品的价格，以获得更大的利润，它力图确定每个成员国的生产水平。但是欧佩克和其他垄断集团一样面临着合作和利己之间的冲突。卡特尔的每个成员国都受到增加生产以得到更大总利润份额的诱惑。欧佩克成员国常常就减少产量达成协议，而后又私下违背协议。

在 1973 年到 1985 年，欧佩克最成功地维持了合作和高价格。原油价格从 1972 年的每桶 2.64 美元上升到 1974 年的 11.17 美元，然后在 1981 年又上升到 35.10 美元。但在 20 世纪 80 年代初，各成员国开始扩大生产水平，欧佩克在维持合作方面变得无效率了。到了 1986 年，原油价格回落到每桶 12.52 美元。

现在虽然欧佩克组织仍然定期开会，但该组织在控制石油产量方面的作用已变得非常有限，结果，欧佩克成员国主要是相互独立地做出生产决策，世界石油市场是相当有竞争性的。

由欧佩克的例子我们可以看出，当寡头企业个别地选择利润最大化的产量时，它们生产的产量大于垄断的产量水平，但小于竞争的产量水平。寡头价格小于垄断价格，但大于竞争价格。那么，你对寡头市场是如何看的呢？为什么希望合作的寡头厂商又有违背协议的企图呢？

*第五节　博弈论与寡头行为

正如我们已经看到的那样，在寡头市场上，厂商决策时面临的环境既不像垄断厂商那样简单，也不像完全竞争厂商（或许还应该包括垄断竞争厂商）那样复杂到难以理清，以至于不得不把自身作为一个价格接受者，寡头厂商在竞争中往往采用策略化行为。寡头市场上的竞争有时是惨烈的，例如，19 世纪末，美国的范德比尔特（Vanderbilt）和德鲁（Drew）两家铁路运输公司就曾经在两条近乎平行的铁路线上竞相压价。为了达到垄断的效果，寡头市场上有时也会出现合作，因为商场没有永恒的敌人。但这种合作又往往是短命的，我国 20 世纪 90 年代由激烈的价格战催生的彩电价格联盟就是一个典型的例证。寡头市场上这类行为可以借助于博弈论得到进一步的说明。

一、博弈论概述

博弈论（Game Theory），又称对策论，是研究在行为相互影响的条件下决策者如何进行选择的一门学问。现代对策论开始于天才的美籍匈牙利数学家冯·诺依曼，他与美籍奥地利裔经济学家摩根斯坦 1944 年合作的《博弈论与经济行为》标志着这一学科的诞生。20 世纪 50 年代，博弈论取得了巨大发展，其中纳什给出的纳什均衡概念以及塔克对"囚犯两难处境"的分析为这门学科奠定了基础。20 世纪 60 年代，泽尔腾在纳什均衡概念中引入了动态分析，提出了"精炼的纳什均衡"概念，海萨尼则引入不完全信息问题，提出了"贝叶斯纳什均衡"概念，从而使得博弈理论的研究领域扩展到了动态的不完全信息条件之下。

作为一种分析方法，博弈论最初被认为是数学的一个分支。不过，由于博弈论的方法适合于经济学的研究，而经济活动中的策略化行为又为博弈论提供了丰富的例证，因而从 20 世纪 70 年代之后，博弈论在经济学中的应用研究获得了长足的进步，以至于被看成是经济学的一个分支而成为主流经济学内容的一部分。

一个简单的博弈包含以下基本要素：局中人、行动、策略、信息、局势和支付。局中人是参与竞争活动的经济当事人。在博弈模型中，局中人可以是两个及两个以上的有限或无限个经济单位，如个人、公司、国家、集团等。通常我们假定，在博弈过程中，所有局中人都是机智的和经济上理性的，即他们选择的目的是使自身的利益最大化。对于特定的决策量而言，局中人选择自身的行动。比如，在两个各持有一种花色的纸牌进行游戏的博弈中，每个人可以采取的行动是十三张牌中的某一张。局中人可采取的行动可以是离散的，如选择十三张纸牌中的一张，也可以是连续的，如厂商选择的产量。在特定的规则下，局中人选择一个完整的行动计划，这构成了该局中人的策略。例如，纸牌游戏中一个人选择“先出小，后出大”就是一种策略。在一个策略中，局中人在每一步上都有应对行动。每个局中人可能的对策一般不止一个。

在选择策略的过程中，局中人拥有信息多少是至关重要的。通常，信息是指局中人在对局中所拥有的有关其他局中人的特征和行动的知识，知识的多少决定了局中人策略针对性的强弱。在既定的信息条件下，每个局中人都有自己的策略，所有局中人策略的一个组合就构成了博弈的局势。局势决定了局中人的支付。支付反映了局中人的赢得，其判别标准由局中人确定，例如它可以是效用、利润、收益，也可以是成本，它是局势的一个函数。对于特定的局势而言，一个局中人的支付可能是正数值也可能为负数值，正数值的支付表示一个局中人具有净所得，而负数值表示局中人具有净支出。

这样，一个博弈模型可以看成是一些具有特定的支付的局中人所采取行动的整个过程及其相应的结果。

为了认识博弈模型的基本要素，我们来考察被称为“囚犯两难处境”的博弈。在这一模型中有两个犯罪嫌疑人甲和乙，目前警方已经掌握了确凿的证据，证明他们非法藏有枪支，他们因此要在狱中度过一年。同时，警方也怀疑他们合谋抢劫，但缺乏有力证据。警察在审讯两名犯罪嫌疑人时分别向两人提出了如下的交易：“现在我们可以轻易地让你们坐上一年牢，但是如果你有立功表现，说明抢劫的详细情况并供出同伙，就可以免于监禁，而你的同伙将会在监狱里度过 15 年。如果你不马上招供，到时即使你们两个都坦白了，也会被判 6 年。”这时，两个犯罪嫌疑人面临的选择如图 6－28 所示。

在上述博弈中，两个犯罪嫌疑人甲和乙就是两个局中人，他们的行动是坦白或抵赖，这也构成了两个可能的策略，判别其支付的指标是坐牢的时间。在做出选择之前，甲和乙都知道所有有关信息，他们选择的策略所构成的局势分别为（坦白，坦白）、（坦白，抵赖）、（抵赖，坦白）和（抵赖，抵赖），这些局势所对应的两个局中人的支付分别为（－6，－6）、（0，－15）、（－15，0）和（－1，－1）。很显然，图 6－28 给出了这一模型的基本信息。

		嫌疑人乙	
		坦白	抵赖
嫌疑人甲	坦白	－6，－6	0，－15
	抵赖	－15，0	－1，－1

图 6－28　囚犯两难处境

在了解了构成博弈的基本要素之后，我们考察博弈的分类。事实上，博弈可以从不同的角度加以分类。例如，从局中人是否形成有约束力的协议来看，博弈可以区分为合作博弈与非合作博弈；从局中人的数目角度，博弈可分为二人博弈和多人博弈；在非合作博弈中，依据局中人行动的顺序，博弈可区分为静态博弈和动态博弈；从局中人拥有知识的角度来看，博弈可分为完全信息博弈和不完全信息博弈等。对上述类型进行交叉分类又可以形成更多的博弈类型。在下文我们对博弈论和寡头行为的说明中将主要集中于完全信息条件下的非合作博弈。

二、占优策略均衡和纳什均衡

正如我们在前文中对单个消费者、生产者和市场的分析一样，均衡是对这些经济载体行为活动的一种合理预测，于是我们需要了解一个博弈模型的均衡概念。一个博弈的均衡是指所有局中人最优策略的一个组合。但是，局中人选择最优策略时的条件却使得博弈模型的均衡概念有所差异。本小节我们讨论博弈的均衡概念。为了分析简单起见，依照完全信息博弈所要求的条件我们假定，每个局中人对其他所有局中人的基本特征包括策略空间和支付函数等都有完全的知识，只是对具体的行动缺乏了解。同时，假定博弈过程中所有局中人同时行动，并且他们只能选择一次。这就意味着每个局中人就唯一一个策略进行最优选择。

（一）占优策略均衡

依照自身的支付函数，处于博弈中的每个局中人都试图使得自身利益为最大。由于每个人的支付取决于其他局中人的策略选择，因而这里的最优有可能是多个，从而对不知道对手策略的局中人而言很难决定选择何种策略是最优的。但对于某些特定的博弈而言，可能的最优与对手的选择没有关系。例如，在图 6－28 给出的囚犯两难处境的博弈中，每个犯罪嫌疑人都有坦白和抵赖两种选择。对于甲而言，如果乙选择了坦白，那么甲选择坦白时获得的支付为－6，选择抵赖获得的支付为－15，因而甲的最优选择是坦白；如果乙选择了抵赖，那么甲选坦白时的支付为 0，选择抵赖时的支付为－1，因而甲的最优选择仍是坦白。可见，对于甲而言，无论乙做出何种选择，其最优选择都是坦白。同样地，乙也有类似的最优选择。

对于某一特定的局中人而言，无论对手选择何种策略，他都选择唯一的最优策略，那么我们就称这一最优策略为该局中人的**占优策略**。一个局中人的占优策略是一个以不变应万变的策略，即不管你做什么，我选择的上策是我所能做到的最好的。在博弈中，如果所有的局中人都有占优策略，那么博弈将在所有局中人选择占优策略的基础上达成均衡，我们称这一均衡为**占优策略均衡**。

不难看出，在囚犯两难对策中，（坦白，坦白）是博弈的占优策略均衡。

（二）重复剔除的占优策略均衡

占优策略均衡是以博弈的每个局中人都有占优策略为条件的。但在许多对策中，这一条件并不一定能得到满足。下面我们以“智猪博弈”作为例子考察这一点。

参与智猪博弈的有大猪和小猪，它们共同被圈养在猪圈中。猪圈的一头安装有一个控制猪食供应的按钮。按一下将有 8 单位的食物进入猪食槽，供两头猪共同食用。可供两头猪选择的策略有两种：一是自己来按，二是等待对手去按。不过，按控制按钮是有代价的：不仅本身要耗费成本，而且因为跑回到食槽需要一定的时间而少吃到一定数量的食物。在这一博弈中，大猪和小猪的策略和扣除了成本之后所得到的净支付如图 6－29所示。

		小猪	
		按	等待
大猪	按	3，1	2，4
	等待	7，－1	0，0

图 6－29　智猪博弈

考察图 6－29 后可以发现，对大猪而言，如果小猪选择了按控制按钮，则大猪的最优选择是不按；如果小猪选择等待，则大猪的选择是按。可见，大猪不存在占优策略，因而这一博弈也就没有占优策略均衡。但是，当我们进一步考察小猪的策略时却发现了这样的结果：如果大猪选择按，小猪的最优选择是等待；如果大猪选择等待，小猪的选择仍是等待。这就是说，小猪不会选择按这一策略。聪明的大猪注意到这一点，则会把小猪选择按这一前提剔除，它会在小猪等待的条件下进行选择，即选择按。因此，智猪博弈的均衡是大猪选择按控制按钮，小猪选择等待，相应的结果是大猪获得 2 单位支付，小猪获得 4 单位。

智猪博弈的均衡结果可以看成是一个多劳不多得的例子。在现实经济生活中，存在许多这种情况。例如，在一个实力并不对称的寡头竞争中，对于某种新产品比如液晶电视，最初并不为消费者所了解，这时厂商可以选择自己做广告，也可以等待对方。如果某一厂商选择自己做广告，它会承担一定的成本。在这种情况下，小厂商可能只有被动地等待大厂商来做广告，但最终结果则是自己获得的利润未必就小。

上述例子也从博弈“求解”的思路上给我们一些启发。一个不存在占优策略均衡的对策的“求解”过程是，把那些不可能出现的下策剔除掉，然后在新的简化的对策中寻找占优策略，通过不断地重复剔除，得到唯一的占优策略即为这一对策的均衡解。例如，我们知道小猪不可能选择按，则可以首先把小猪按这一策略剔除掉，然后在小猪选择等待的条件下考察大猪的最优选择，最终得到均衡策略为（按，等待）。通常，我们把通过重复剔除得出的唯一占优策略解称为博弈的重复剔除的占优策略均衡。

（三）纳什均衡

重复剔除的占优策略均衡扩展了博弈均衡解的概念，但并不是所有的博弈都有重复剔除的占优策略均衡。一个典型的例子是“两性之争”。处于恋爱中的男女双方各自的兴趣不同，男方喜欢看足球，女方喜欢看芭蕾，但在周末相聚时又不希望分开单独行动。他们的选择所产生的得失如图 6－30 所示。

在这一博弈中，对男方而言，若女方选择看足球，他的最优选择是看足球；若女方选择看芭蕾，他的最优选择是看芭蕾。可见，男方没有占优策略。类似地，女方也没有占优策略。由于双方都没有可以剔除的策略，因而两性之争的博弈没有重复剔除的占优策略均衡。

	女方	
男方	看足球	看芭蕾
看足球	3，1	0，0
看芭蕾	0，0	1，3

图 6-30 两性之争

比重复剔除的占优策略均衡更为一般的均衡概念是“纳什均衡”。20 世纪 50 年代，纳什等人曾经证明了一般对策中纳什均衡的存在。纳什均衡是这样一个“协议”，只要对方不违反协议，那么违反协议将不是局中人的最优选择。换句话说，在纳什均衡中，每个局中人的策略都是其他局中人保持策略不变条件下的最优选择。在图 6-30 给出的博弈中（看足球，看足球）和（看芭蕾，看芭蕾）是两个纳什均衡。例如，对（看足球，看足球）而言，如果女方选择看足球，那么男方选择看足球将是最优的，因而也就不会改变相应的策略；同样地，女方也会如此。

（四）古诺寡头模型的纳什均衡

我们知道，博弈论最重要的应用领域是对寡头行为的分析，上一节我们给出的大部分模型都可以以博弈论的语言描述出来。在这里我们以古诺模型说明纳什均衡在经济学分析中的应用。

在古诺模型中，可供每个厂商选择的策略是某一特定的产量，支付函数就是厂商的利润函数。对应于特定的市场需求，每个厂商在竞争对手产量既定的条件下，选择最优产量。假定两个厂商共同面临的市场需求为 $P=P(Q)=P(Q_A+Q_B)$，其中 Q_A 为 A 厂商的产量，Q_B 为 B 厂商的产量。假定两个厂商的生产成本分别为 C_A 和 C_B。于是，某厂商比如 A 选择最优策略的行为可以表述为：

$$\max_{Q_A} \pi_A = P(Q_A+Q_B)\cdot Q_A - C_A(Q_A)$$

为了利润最大化，厂商 A 按边际收益等于边际成本的原则选择产量 Q_A。但是我们注意到，由于厂商 A 的利润函数中包含厂商 B 的产量，所以并不能从利润最大化条件中直接得出厂商 A 的最优选择。这意味着，厂商 A 的最优选择是以厂商 B 的选择为条件的，或者说是相应于厂商 B，厂商 A 所做出的反应。因此，我们把这一条件表示为 $Q_A=f_1(Q_B)$，并称之为厂商 A 的反应函数。很显然，如果 $Q_A=f_1(Q_B)$ 是一个常数，那么意味着无论厂商 B 的产量为多少，厂商 A 都选择这一产量，因而这就是厂商 A 的占优策略。如果 $Q_A=f_1(Q_B)$ 不是常数，则意味着厂商 A 不存在占优策略。

同样地，对厂商 B 而言，按边际收益等于边际成本的原则决定的最优策略或者反应函数为 $Q_B=f_2(Q_A)$。假定两个厂商的反应函数均不是常数，我们求解下面的方程组：

$$\begin{cases} Q_A=f_1(Q_B) \\ Q_B=f_2(Q_A) \end{cases}$$

从中得到的解，比如 $(\bar{Q}_A, \bar{Q}_B)$，即为古诺模型的纳什均衡解。这是因为，既然 $(\bar{Q}_A, \bar{Q}_B)$ 满足两个厂商的反应函数，那就意味着，当厂商 B 选择 $\bar{Q}_B$ 时，厂商 A 的最优策略

为 $\bar{Q}_A$。因此，在厂商 B 不改变产量的条件下，厂商 A 也不会改变这一产量。同样地，$\bar{Q}_B$ 是厂商 B 在厂商 A 选择 $\bar{Q}_A$ 条件下的最优策略。因而，$(\bar{Q}_A, \bar{Q}_B)$ 构成了古诺双寡头博弈的纳什均衡。

以上一节的数字为例。假设厂商面临的需求曲线为 $P=1-(Q_A+Q_B)$，而两个厂商的成本均为零，则厂商 A 的利润函数为：

$$\pi_A=[1-(Q_A+Q_B)]\cdot Q_A=Q_A-Q_A^2-Q_BQ_A$$

边际收益等于边际成本的条件为：

$$1-Q_B-2Q_A=0$$

所以，厂商 A 的反应函数为：

$$Q_A=(1-Q_B)/2$$

同样地，厂商 B 的反应函数为：

$$Q_B=(1-Q_A)/2$$

于是，两个反应函数的公共解为（1/3，1/3）。当厂商 A 选择产量 1/3 时，那么厂商 B 面对的需求就是 $P=1-(Q_A+Q_B)=2/3-Q_B$，其最优产量为 $Q_B=1/3$。同样地，厂商 B 的选择也有同样的结果。因此，（1/3，1/3）即为古诺模型的纳什均衡解。

古诺模型的纳什均衡可以由图 6－31 加以表示。在图 6－31 中，两条反应曲线的交点 E 决定了古诺双寡头对策的均衡解。当厂商 B 没有进入市场或其产量为零时，厂商 A 的最优产量由其反应函数 $Q_A=f_1(Q_B)=f_1(0)$ 确定，恰好是其反应曲线与横轴的交点，产量为 1/2。当厂商 A 选择了产量 1/2 之后，厂商 B 的最优产量选择由反应函数 $Q_B=f_2(Q_A)$ 加以确定，数量为 1/4。当厂商 B 选择了 1/4，则根据 $Q_A=f_1(1/4)$，厂商 A 选择 3/8，如此等等。当两个厂商均选择 1/3 时，博弈处于均衡状态。

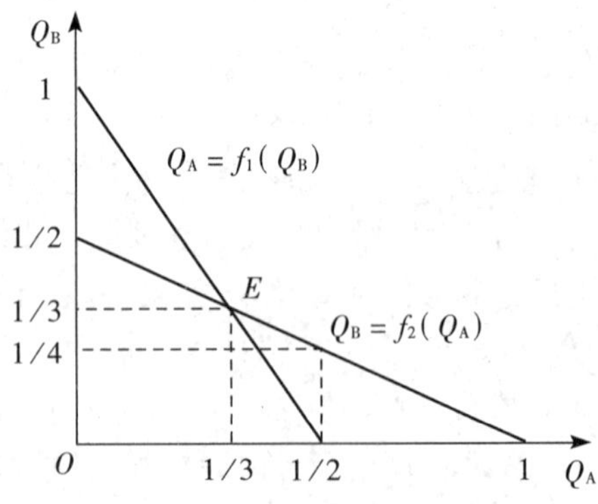

图 6－31　古诺模型的纳什均衡

三、动态对策

到目前为止，我们所讨论的博弈中，所有局中人同时行动，并且对策只有一次。但在许多情况下，局中人的行动是有先后顺序的，而且后进入者可以观察到先进入者的某些特征。比如，一个厂商先做出一个广告决策，然后其竞争对手再做出反应；一个已有的厂商先进行防止竞争对手进入的决策，而竞争者再决定是否进入市场。另外，对策也可以是重复进行的。比如，寡头垄断厂商之间的定价就是重复的。这些例子都属于动态博弈的范围，前者被称为序贯博弈，后者则被称为重复博弈。下面我们在完全信息条件下考察这类博弈。

（一）序贯博弈

首先让我们分析一个简单的序贯博弈的例子。假定两个生产快餐食品的寡头厂商就产品的特性进行决策，比如选择生产软的还是脆的产品。两个厂商可以获得的利润情况如图 6－32 所示。

厂商 B

厂商 A		软	脆
	软	0，0	10，20
	脆	20，10	0，0

图 6－32　寡头厂商的产品品质决策

现在假定厂商 A 可以先于厂商 B 推出它的快餐食品。这样，厂商 A 在做出选择时要考虑厂商 B 所做出的反应，而厂商 B 只能根据厂商 A 的选择来决定其推出哪一种食品。于是，我们可以得到一个序贯的对策。这一博弈可以由策略矩阵形式表示出来，如图 6－33 所示。

厂商 B

厂商 A		若厂商 A 选择软		若厂商 A 选择脆	
		软	脆	软	脆
	软	0，0	10，20	0，0	10，20
	脆	20，10	0，0	20，10	0，0

图 6－33　寡头厂商的序贯博弈

如果假定厂商 B 在开始决策时已经知道厂商 A 的选择，比如说是软食品，那么 B 可能的选择是，生产软的或脆的食品。于是，我们得到一个新的博弈，如图 6－34 所示。

厂商 B

厂商 A		软	脆
	软	0，0	10，20

图 6－34　序贯博弈的子博弈

图 6－34 给出的博弈恰好是原博弈从头自尾的一个分支，因而被称为原博弈的子博弈。显然，在我们的例子中，对应于厂商 A 选择脆的策略，还有另外的一个子博弈。

现在我们来考察博弈的解。既然厂商 A 知道厂商 B 只能在它所限定的条件下进行选择，那么厂商A会设想，如果它自己选择软（即得到图6-34给出的子博弈），则厂商B的最优选择是生产脆食品，如果厂商A选择脆，则厂商B会选择生产软食品。这样，在假定厂商B理性的条件下，厂商A会在（软，脆）和（脆，软）两个策略组合中选择自身的最优策略。对应于这两个策略组合，厂商A的最优选择是生产脆食品。因而，这一博弈的纳什均衡是（脆，软）。

上述分析给我们的启发是，在一个完全信息条件下的序贯对策中，可以采用所谓"逆向递归"方法寻找纳什均衡点。这一过程可以概括为：相应于倒数第二个局中人的某一个行动，最后的决策者在所有可能的行动中剔除劣策略，选择最优的策略；对倒数第二个局中人而言，它知道下一个局中人会以理性的方式进行选择，从而在最后一个人可能的最优选择中确定自己的最优策略；如此反向递推，逐步得到所有局中人选定的最优策略。这一按行动先后顺序排列的策略组合即为序贯对策的纳什均衡。

（二）先入优势与威胁

从上面的分析中可以看出，不同于静态的情形，在序贯博弈中，先采取行动的厂商可以把后入者可能的选择考虑在内，而后入者只能接受先入者所创造的条件。这意味着，先入者拥有一定的先入优势。作为一个例子，我们考察双寡头的斯塔克尔伯格模型。

斯塔克尔伯格模型的基本假设等同于古诺模型，只是其中有一个厂商比如A具有先入优势。为了简单起见，继续假设两个厂商面临的市场需求为$P=1-(Q_A+Q_B)$，而两个厂商的成本均为零。现在厂商A知道，如果它选择，那么厂商B就会把这一数量视为决策的前提，即厂商B在决定下面的利润为最大时把Q_A视为常数：

$$\pi_B=[1-(Q_A+Q_B)]\cdot Q_B=Q_B-Q_B^2-Q_AQ_B$$

结果，厂商B根据边际收益等于边际成本的条件决定的反应函数等同于古诺模型，即

$$Q_B=\frac{1-Q_A}{2}$$

现在的问题是，厂商A知道这一点，并把它纳入了决策信息之中。因而，厂商A的利润函数变成为：

$$\pi_A=[1-(Q_A+Q_B)]\cdot Q_A=\left[1-Q_A-\frac{1-Q_A}{2}\right]\cdot Q_A=\frac{1}{2}(Q_A-Q_A^2)$$

于是，厂商A按利润最大化目标决定的最优产量为：

$$\bar{Q}_A=\frac{1}{2}$$

厂商B根据自身的反应函数得到的最优产量为：

$$\bar{Q}_B=\frac{1}{4}$$

两个厂商的产量共同决定的市场价格等于：

$$P=1-\left(\frac{1}{2}+\frac{1}{4}\right)=\frac{1}{4}$$

它们的利润分别为：

$$\pi_A=\frac{1}{4}\times\frac{1}{2}-0=\frac{1}{8};\pi_B=\frac{1}{4}\times\frac{1}{4}-0=\frac{1}{16}$$

与古诺模型相比，在两个厂商的成本相同的条件下，上述动态博弈均衡状态中，厂商 A 的产量更大，利润更多。这表明，先入者具有某种优势，它迫使后入者选择的范围变小。

不过，这里涉及的另外一个重要问题是，厂商 B 会不会选择生产 1/4 呢？如果厂商 B 生产其他产量，那么厂商 A 生产 1/2 就不是最优选择。于是，厂商 B 借此来威胁厂商 A。在这种情况下，博弈的结果取决于厂商 B 所发出威胁的可信程度。首先，这取决于厂商 B 是否理性。如果厂商 B 是经济上理性的，那么在厂商 A 做出选择之后，事实上厂商 B 已经没有其他更好的选择了。但是若厂商 B 是非理性的，情况就另当别论了。其次，威胁的可信程度也取决于厂商 B 所处的其他条件。比如，厂商 B 已经建立了能生产更大产量的厂房等。在这种情况下，厂商 A 就必须考虑这一信息，而把厂商 B 将生产比 1/4 更多的产量作为决策的前提。很显然，如果威胁是可信的，厂商 A 的先入优势可能会部分或全部丧失。

（三）重复博弈

以上所讨论的动态博弈的特征是前面一个人的行动决定了之后所有阶段的行动选择，但有些博弈是重复进行的。例如，在囚犯两难处境的对策中，如果参与对策的是两个寡头厂商，比如它们就高价和低价进行选择，那么这一静态博弈可以重复进行。在这一类博弈中，尽管以前的对策结果是已知的，但前一次博弈并不影响后一阶段博弈的结构，每一阶段都是独立出现的，每一阶段博弈有一个特定的结果，而最终的结果是所有过去结果的“总和”。

在完全信息条件下，影响重复博弈结果最关键的因素是博弈重复的次数。在重复对策中，每个局中人在一局中进行选择，但在下一局中，对手将会根据他在上一局的表现做出选择。一个好行为可能会得到回报，而一个坏行为则可能受到惩罚。如果博弈只进行几次，每个局中人就会关心短期利益，但如果博弈重复多次，局中人可能会为了长期利益而牺牲当前利益。

继续以厂商博弈的重复为例。假定两个厂商可以选择高价和低价两种策略，如图 6－35所示。

显然，图 6－35 给出的博弈中存在唯一的纳什均衡：（低价，低价），而合作解（高价，高价）则不会出现。现在假定两个厂商不断重复地进行着定价选择，并且两个局中人知道这种博弈要进行 10 次。很显然，当对策进行到第 9 次后，下一局每个局中人都有不合作的动机，从而选择低价。既然如此，第 9 局又何必合作呢？这时，如果对手选择了低价，选择高价仍能得到更多的支付。因此，第 9 局可能的均衡仍将是（低价，低价）。以此类推，这一重复博弈的均衡策略是在每一阶段都会出现（低价，低价）。

		厂商 B	
		高价	低价
厂商 A	高价	10，10	0，20
	低价	20，0	8，8

图 6 - 35　寡头厂商的定价博弈

上述重复博弈的均衡结果是在博弈重复有限次条件下得到的。如果博弈重复无限次，情况则会发生很大的变化。在有限次重复博弈中，局中人不合作的原因是他们都试图在最后一局中“背叛”，从而争取到更多的支付，结果使得倒数第二局也没有办法合作。然而，如果对策无限重复下去，每个局中人都会考虑其不合作的后果，因为他的背叛行为会在下一阶段遭到报复。因此，由于双方都关心将来的支付，无限次重复博弈的结果可能与有限次重复博弈不尽相同。

假定图 6 - 35 给出的博弈无限重复下去，那么对厂商 A 而言，在厂商 B 选择高价时也选择高价，则可以得到一连串的收益 10、10、…但是，如果在厂商 B 选择高价时厂商 A 按不合作方式选择低价，则厂商 B 不会在随后再选择合作，从而使得厂商 A 的收益变成为 20、8、8、…可见，厂商 A 若选择不合作将会招致惩罚而得不偿失。

这里，两个厂商都选择了一种“冷酷战略”，即我以合作的姿态出现，如果对手采取不合作的态度，那么我将针锋相对，予以报复。很显然，如果两个厂商都选择这一策略，那么双方都会因为对手的“冷酷”而积极维护合作。

以上我们在完全信息条件下说明了博弈论的基本概念以及它在经济学中的应用。应该说博弈论为经济学分析提供了独特的视角，也开辟了一些新的研究领域，进一步的了解需要读者参阅更为专门的文献。

本章小结

在本章中，我们依照完全竞争市场、垄断市场、垄断竞争市场和寡头市场的顺序，考察了不同市场的特征，分析了不同市场结构下的厂商如何根据利润最大化原则对产量和价格进行选择，说明了产品的价格决定问题，从而揭示了厂商供给背后隐藏的利润最大化行为。在本章的最后，我们也简要论述了博弈论这一分析寡头行为的新方法。

思考题

1. 市场结构有几种形式？划分的依据是什么？

2. 在市场均衡论中，需求曲线向右下方倾斜。为什么在分析完全竞争厂商均衡时，使用水平的需求曲线？

3. 为什么完全竞争厂商的停止营业点和收支相抵点不一致？

4. 完全竞争市场厂商的短期供给曲线是如何得到的？这条曲线为什么向右上方倾斜？

5. 完全竞争市场的供给曲线一定向右上方倾斜吗？

6. 市场垄断的原因是什么？举出两个垄断的例子，并解释各自的原因。

7. 为什么在完全竞争市场上平均收益等于边际收益，而在垄断市场上却不是？

8. “由于垄断厂商可以任意定价，所以不可能亏损。”这种说法对吗？为什么？

9. 解释垄断者是如何选择产量和价格的。

10. 垄断厂商为什么能采取价格歧视策略？它是如何定价的？

11. 为什么说产品差异是形成垄断竞争的主要因素？

12. 简述垄断竞争厂商的长期均衡条件。

13. 试分析比较完全竞争、垄断和垄断竞争条件下的价格决定及其效率的优劣。

14. 典型的寡头市场具有哪些特点？给出一个例子。

15. 用规模经济对寡头市场的形成做出解释。

16. 古诺模型的核心思想是什么？古诺模型最主要的缺陷是什么？

17. 试述折弯的需求曲线模型的基本内容，并指出其主要缺陷。

18. 寡头市场上的价格领导者是如何确定价格的？

19. 如果寡头行业中的厂商单独行动，那么行业中的产量与这些厂商形成卡特尔后的产量相等吗？

20. 囚犯两难处境问题告诉我们有关寡头的什么道理？

21. 什么是纳什均衡？为什么古诺解是一个纳什均衡解？

第七章　要素市场理论

为什么一名足球运动员的工资比一名排球运动员的工资高？我国女足的成绩比男足要好得多，但男足俱乐部主力队员的年薪超过百万，替补队员也有四五十万元，而女足的孙雯在美国大联盟一年的税前收入也就 5 万美元。工资的数量似乎与他们的付出并不成比例。类似地，同样的住房，为什么学校周围的房租要高出很多？为什么有时我们会增加劳动量，而有时我们又会更注重闲暇？总之，在经济社会中，我们的收入是如何决定的，本章将给出说明。

在前面内容中，我们从对家庭的需求理论分析中得出了消费者对产品的需求，从对厂商的生产、成本及供给理论分析中得出了生产者对产品的供给，从而揭示了产品市场上价格和数量决定背后所隐藏的家庭和厂商的经济行为，说明了通过这种行为资源被用于生产什么产品、生产多少以及如何生产的问题。这也就完成了我们在流程图中所描绘的上半部分，如图 7-1 所示。然而，产品市场上的讨论是以生产要素的价格既定为前提的。在我们分析家庭的需求行为时，通常假定消费者的收入保持不变；同样地，在分析厂商供给行为时，又假定厂商使用的生产要素的价格保持不变。事实上，生产要素市场上的价格不仅决定了家庭的收入，从而决定消费者对产品的需求，而且也决定了厂商的生产成本，从而决定生产者对产品的供给。因此，要完成这张循环图，说明厂商所生产产品的最终归属问题，我们还必须说明收入的决定问题，即要讨论生产要素的价格是如何决定的。这就构成了图 7-1 给出的流程图中的下半部分。

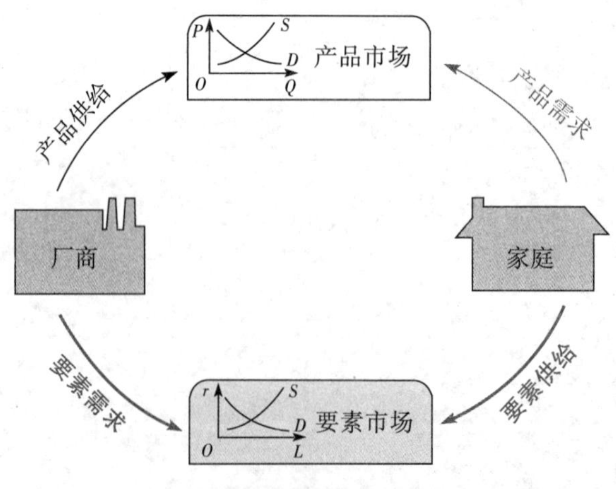

图 7-1　要素市场价格决定

第一节 厂商对生产要素的需求

一、引致需求

市场上对生产要素的需求来源于厂商。但是，不同于消费者对产品的需求，厂商购买生产要素并不是为了自己的直接需要，而是为了生产和出售产品以获得收益。由消费者对产品的需求而引发的厂商对于生产要素的需求被称为**引致需求**。

在产品市场上，消费者为了自身的吃、穿、用等直接的需要而对产品产生需求。与此不同，在生产要素市场上，厂商对生产要素的需要却不是直接的，它并不会通过消费生产要素直接获得满足。换而言之，厂商对生产要素的需求或者是特定价格下的需求量并不取决于其自身的需求，而是取决于消费者对其产品的需求。为了实现利润最大化，厂商向市场提供产品，为了能把产品生产出来，厂商才需要生产要素。如果消费者对其产品的需求大，厂商就对生产要素产生较大的需求；如果消费者对其产品没有需求，那么厂商也就不会购置生产要素。由此可见，消费者对产品的需求引发了厂商对生产要素的需求。为了区别于消费者的直接需求，我们把厂商对于要素的需求称为引致需求。

与在产品市场一样，厂商面临着调整生产要素投入所需时间的约束。在短期内，厂商只能调整部分生产要素的投入数量，而在长期内，厂商可以调整所有生产要素的投入数量。因此，厂商对于生产要素的需求有短期与长期之分。为了简化分析，我们集中考察短期内厂商对生产要素的需求，分析单一生产要素变动的情形。

二、完全竞争厂商的要素需求

（一）完全竞争厂商使用生产要素的原则

假设我们所论及的厂商处于完全竞争市场。上一章我们曾经涉及完全竞争市场，不过在这里，由于厂商对生产要素的需求是引致需求，所以厂商对某种要素的需求不仅会涉及该要素的市场，而且也与厂商使用这一要素所生产的产品市场密切相关。为了简单起见，我们约定，不特加指明，完全竞争厂商是指在产品和要素市场都处于完全竞争条件下的厂商。

根据上一章对完全竞争市场基本特征的说明，在完全竞争的市场上，存在大量的买者和卖者，卖者提供无差异的产品或要素，买卖双方具有完全信息，他们可以根据各个市场状况自由地进入或退出市场。基于这些假定，在完全竞争的产品市场上，厂商只能按照现有的市场价格出售自己选择的产品数量，或者退出经营；同样，在完全竞争的要素市场上，厂商也只能按照现有的市场价格购买自己需要的生产要素投入量。

继续假定厂商的目标是为了利润最大化，那么利润最大化原则将继续支配着厂商在要素市场上的行为。因此，厂商使用一种市场要素的条件是，该要素的“边际收益”等于要素的“边际成本”。

假定厂商只使用劳动和资本两种生产要素，其中劳动投入量是可变的，而资本的数量保持不变。于是，厂商对使用劳动的最优数量做出选择。一方面，厂商为了生产而使用劳动，生产出来的产品可以给厂商带来收益；另一方面，厂商使用的生产要素需要到要素市场上购买，从而花费厂商的成本。当增加一单位劳动投入时，若该单位劳动投入所增加的产品为厂商带来的收益增加量大于厂商为此支付的成本，那么增加该单位劳动就会增加厂商的利润，于是厂商就会使用它；反之，若使用该单位劳动带来的收益增加量小于为此支付的成本，那么不使用该单位劳动就会增加利润。因此，厂商使用生产要素的利润最大化原则仍是“边际收益”等于“边际成本”。

现在考察完全竞争条件下厂商使用要素的边际收益和边际成本。从收益的角度来看，增加生产要素投入量首先带来产量，然后这些产量再在产品市场上销售获得收益。以要素的边际收益来衡量，增加一单位生产要素所增加的产量为该要素的边际产量，在完全竞争的产品市场上，这一边际产量按既定的产品价格出售。因此，要素的边际收益等于该要素的边际产量乘以产品的价格。例如，劳动的“边际收益”就是劳动的边际产量乘以产品的价格。从边际成本的角度来看，在完全竞争的要素市场上要素以不变的价格出售，因而增加一单位要素所增加的成本等于该要素的价格。这样，在完全竞争市场上，厂商使用生产要素的利润最大化原则是，要素的边际产量乘以产品的价格等于该要素的价格。

为了表述方便，西方经济学中把增加一单位生产要素使用量所增加产量的价值称为该要素的**边际产品价值**，并简记为 VMP。如果产品的价格用 P 表示，要素的边际产量用 MP 表示，则要素的边际产品价值可以用公式表示为：

$$VMP=P\cdot MP \tag{7.1}$$

如果用 r 表示要素的价格，则完全竞争厂商使用要素的利润最大化原则可以概括为：

$$r=VMP=P\cdot MP \tag{7.2}$$

例如，在完全竞争市场上，劳动的“边际收益”是增加一单位劳动所增加产量的价值，即劳动的边际产量价值，而劳动的“边际成本”是增加一单位劳动所增加的成本，在完全竞争的产品市场上，它由劳动的价格即工资率来衡量。所以，厂商使用劳动的最优条件可以表示为：

$$r_L=VMP_L=P\cdot MP_L \tag{7.3}$$

式中，r_L 表示劳动的价格，VMP_L 表示劳动的边际产品价值。

（二）厂商对要素的需求曲线

在特定的生产要素价格下，厂商使用生产要素的利润最大化原则（7.2）式给出了厂商使用生产要素最优数量的条件。随着生产要素市场价格的变动，厂商将根据这一条件决定相应的要素使用量。因此，（7.2）式也给出了要素价格与厂商愿意并且能够使用的生产要素数量之间的对应关系。根据这一关系我们可以得出厂商对于要素的需求曲线。

如图 7－2 所示，曲线描绘出了劳动这一生产要素的投入量与其边际产品价值之间的关系。在完全竞争市场上，由于产品价格 P 既定，而要素的边际产量 MP 又服从边际收益递减规律，因而要素的边际产品价值曲线与边际产量曲线一样，随着劳动投入量的逐渐增加，劳动的边际产品价值曲线向右下方倾斜。

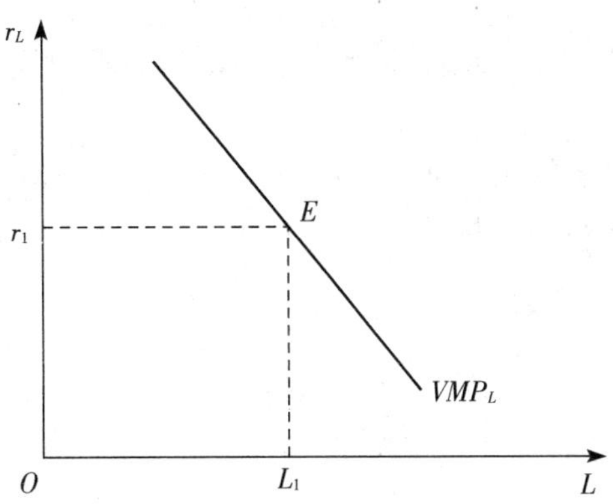

图7-2　完全竞争厂商对要素的需求曲线

对于任意给定的生产要素价格，比如劳动的工资率 r_1，它反映出了增加一单位劳动使用量的“边际成本”。与 r_1 等高的一条水平直线在 E 点与要素的边际产品价值曲线相交，并在横轴上决定劳动投入量 L_1，这一劳动投入量对应的边际产品价值恰好等于劳动的价格 r_1。在 L_1 的左边，劳动投入量对应的边际产品价值高于要素的价格，即增加一单位劳动所增加的产量可以获得的收益大于增加该单位要素的支出，因而厂商会增加劳动使用量；而在 L_1 的右边，劳动投入量对应的边际产品价值低于要素的价格，即每增加一单位劳动所增加的产量可以获得的收益小于增加该单位要素的支出，因而厂商会减少劳动使用量。由此可见，厂商会把劳动投入量选择在 L_1 上。这表明，对应于生产要素价格 r_1，厂商对劳动的需求量等于 L_1。

如果生产要素的价格发生了变动，那就意味着要素的边际成本发生了变动，因而厂商使用劳动的最优数量也会随之变动。在任意要素价格下，厂商对要素的需求量都是该价格对应的要素边际产品价值曲线上相应的数量，即厂商对于要素的需求曲线就是要素的边际产品价值曲线。由于要素的边际产品价值曲线向右下方倾斜，因而在完全竞争条件下，厂商对于要素的需求曲线向右下方倾斜。

由于厂商对要素的需求曲线由要素的边际产品价值曲线反映出来，因而厂商对要素的需求取决于要素的边际产量和要素所生产产品的价格。要素的边际产量取决于厂商的生产技术状况，而产品价格由市场所决定。特别是，在要素的边际产量既定的条件下，产品的价格变动将引起要素需求曲线的变动：产品价格提高，厂商的要素需求曲线向右上方移动，厂商对要素的需求增加；产品价格下降，要素需求曲线向左下方移动，厂商对要素的需求减少。请读者自行画图加以说明。

三、生产要素的市场需求曲线

以上得到了完全竞争厂商对一种生产要素的需求曲线。通过需要同一种生产要素的所有厂商的要素需求曲线可以得到要素的市场需求曲线。

继续以劳动市场为例，并且假定只有两个厂商使用劳动这种生产要素。如图7-3所示。当劳动的价格为 r_1 时，厂商1根据劳动的边际产品价值等于劳动价格的原则决定劳

动的使用量为 L_{11}，厂商 2 根据同样的原则决定劳动使用量 L_{21}；于是，当劳动价格为 r_1 时对应的市场需求量就是 $L_1=L_{11}+L_{21}$。变动劳动的价格，以类似的方式，可以相应地得出一系列劳动的市场需求量，从而得到劳动的市场需求曲线，如图7－3（c）中的需求曲线 D 所示。

由于单个厂商的生产要素需求曲线向右下方倾斜，因而由单个厂商的要素需求曲线沿横向相加得到的市场需求曲线也向右下方倾斜。

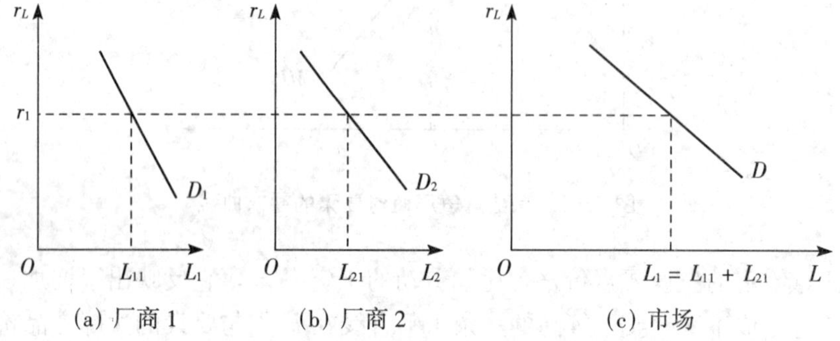

图 7－3　生产要素的市场需求曲线

需要注意，由于单个厂商对生产要素的需求曲线来源于要素的边际产品价值，因而影响产品的价格和生产要素边际产量的因素都将影响到要素的边际产品价值，从而引起生产要素的市场需求曲线发生移动。与单个厂商的情形相同，若产品价格提高，要素的市场需求曲线向右上方移动，市场需求增加；反之，若产品价格下降，要素的市场需求曲线向左下方移动，市场需求减少。

第二节　劳动的供给和工资率的决定

劳动是厂商生产所使用的最重要的生产要素之一。在日常经济活动中，劳动这一生产要素的价格表现为每单位劳动时间的工资，即工资率。与其他的生产要素一样，劳动的均衡价格，即均衡工资率，取决于劳动市场需求与供给的均衡。上一节已经说明，在完全竞争市场上，劳动的需求由厂商使用劳动的边际产品价值所决定。本节我们将说明劳动的供给，并在劳动的需求和供给的基础上说明均衡工资率的决定。

一、劳动的供给

劳动的供给来源于劳动者或者家庭。对应于特定的工资率，劳动者提供劳动的数量是由劳动者的最优选择行为所决定的。

（一）劳动供给的决定

正如我们已经注意到的那样，家庭既是产品的消费者，又是生产要素的所有者。在劳动市场上，家庭是劳动的供给者，扮演着劳动者的角色。尽管角色有所不同，但家庭试图寻求自身效用最大化的动机并没有改变。作为消费者，劳动者可以选择消费各种商品，但同时，消费商品又需要收入，因而他不得不提供劳动。一般来说，劳动给劳动者带来痛苦，而与劳动相对应的闲暇却可以给劳动者带来快乐，也就是说，劳动产生负效用，而闲暇产生正效用。于是，当劳动者在决定供给多少劳动时，事实上是在获取收入以便购买各种商品与直接获得闲暇之间做出选择。

为了集中分析劳动者提供劳动的数量，现在假定劳动者只消费一种商品，这种商品的价格等于1，从而消费者获得的收入就等于消费者可以消费的该商品的数量。闲暇的数量可以由休息时间加以衡量。劳动者的闲暇时间越长，他所获得的满足程度就越大；消费商品的数量取决于收入的多少，收入越多，可以消费的商品数量就越多，由此获得的效用满足就越大。在工资率既定的条件下，劳动时间的长短决定了消费者可以消费的商品数量。因此，劳动者在要素市场上表现出来的经济行为就是如何在消费商品和闲暇之间进行选择，以便使得自身的效用为最大。

一方面，劳动者试图尽可能多地消费商品和闲暇；另一方面，劳动者用于劳动和闲暇的时间是有限的，例如一天只有24小时，一个月只有30天等。劳动者可支配的时间构成了劳动者选择商品和闲暇数量的约束条件。于是，劳动者在生产要素市场上提供劳动的最优化行为可以描述为：在既定的时间约束（比如24小时）条件下，选择收入和闲暇时间，以便使得由此获得的满足为最大。

假定以m表示消费者劳动的收入，从而在没有其他收入的条件下，它就是劳动者可以消费的其他商品数量；以l表示消费者闲暇时间，L表示劳动时间。由消费闲暇和收入（代表其他商品的数量）获得的满足程度表示为$U(l, m)$，那么劳动者的效用最大化行为可以表示为：

$$\begin{cases}\max\limits_{l,m} U(l,m) \\ \text{s. t. } l+L=24\end{cases} \tag{7.4}$$

在完全竞争的劳动市场上，劳动者面临着既定的工资率，比如r_L，从而劳动量L与收入m之间的关系可以表示为$m=r_L L$。于是，由（7.4）式给出的劳动者供给劳动的行为可以表示为：

$$\begin{cases}\max\limits_{l,m} U(l,m) \\ \text{s. t. } l+\dfrac{m}{r_L}=24\end{cases} \tag{7.5}$$

与消费者在不同商品数量组合之间进行选择一样，根据（7.5）式，对应于劳动市场的工资率，在既定的时间约束条件下，劳动者追求最大效用满足的行为决定唯一的收入和闲暇时间，从而决定唯一的收入和闲暇时间组合。当市场工资率变动时，劳动时间也会随之变动，从而得到工资率与劳动时间之间的对应关系，这一对应关系即为劳动者的劳动供给曲线。

（二）劳动供给的无差异曲线分析

劳动者在消费商品和消费闲暇之间进行权衡并最终决定劳动供给的过程也可以由无差异曲线分析方法得到说明。如图7-4所示。

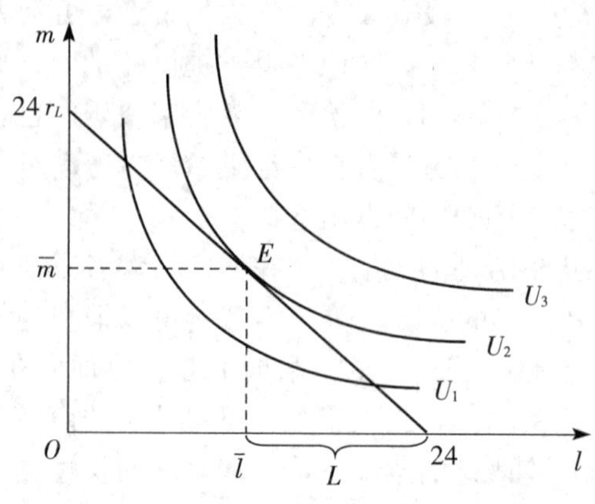

图 7-4 劳动供给决策

在图 7-4 中，无差异曲线表示给劳动者带来相同满足程度的商品（或收入）与闲暇时间的不同数量组合。与表示商品选择时的无差异曲线一样，商品与闲暇组合带来的无差异曲线满足第三章第二节中提到的特性：无差异曲线有无数多条，离原点越远，收入越多，闲暇时间越长，所能实现的效用值就越高；它们两两不相交；收入和闲暇都是“意愿”商品，它们之间可以相互替代，因而无差异曲线向右下方倾斜；闲暇对收入的替代服从递减规律，因而无差异曲线凸向原点。其中，无差异曲线的斜率为：

$$RCS_{l,m}=-\frac{\Delta m}{\Delta l}\bigg|_{U\text{不变}} \tag{7.6}$$

它表示，在保持效用不变的条件下，劳动者增加一单位闲暇时间而愿意放弃的收入量。

同时，劳动者受到时间的约束。在工资率既定的条件下，劳动者的时间约束在图 7-4 中表示为一条向右下方倾斜的直线，其斜率为（$-r_L$）。这一时间约束线与横轴的交点是 24，它表示所有时间全部用来休息；约束线与纵轴的交点是 $24r_L$，它表示全部时间都用于工作。

当无差异曲线与时间约束线相切时，劳动者获得最大满足，并决定消费收入和闲暇时间的数量。由于无差异曲线的斜率绝对值是闲暇对收入的边际替代率，而时间约束线的斜率绝对值为工资率，因而，两条曲线相切所决定的收入和闲暇的最优数量满足的条件是：

$$RCS_{l,m}=r_L \tag{7.7}$$

(7.7) 式表明，为了实现效用最大化，劳动者按闲暇对收入的边际替代率等于劳动价格这一条件选择闲暇时间。不难理解，增加一单位闲暇意味着损失一单位时间的劳动，从而损失掉的收入量为 r_L。如果 $RCS_{l,m}>r_L$，则表明在劳动者看来，为了一单位的闲暇可以放弃的收入超过单位时间的工资 r_L。这就是说，劳动者觉得休息 1 小时比劳动 1 小时获得工资 r_L 会更好，因而劳动者会减少劳动时间，增加闲暇时间。同样的道理，如果 $RCS_{l,m}<r_L$，则消费者会减少闲暇时间，增加劳动时间。

在既定的工资率下，由（7.7）式决定了劳动者的闲暇时间 l，从而也就决定了劳动时间 $L=24-l$。随着工资率的变动，劳动者的时间约束条件也会变动，从而决定不同的劳动时间。不同工资率与劳动时间之间的对应关系描述出来的一条曲线就是劳动供给曲线。如图 7－5 所示。当现行的工资率 $r_L=r_1$ 时，劳动者在 E_1 处选择闲暇时间 l_1，相应地决定劳动时间 $L_1=24-l_1$；当现行工资率 $r_L=r_2$ 时，劳动者在 E_2 处选择闲暇时间 l_2，决定劳动时间 $L_2=24-l_2$；同样地，当工资率 $r_L=r_3$ 时，劳动者决定劳动时间 L_3。把工资率与劳动时间的对应点（r_1，L_1）、（r_2，L_2）和（r_3，L_3）等描绘在图 7－5（b）中，即可得到劳动者的劳动供给曲线。

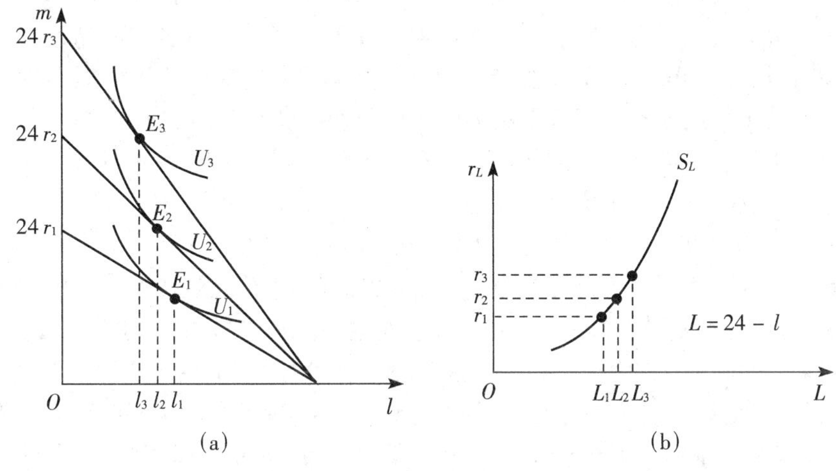

图 7－5　劳动供给曲线的推导

一般说来，随着工资率的提高，人们的劳动时间会逐渐增加，即劳动的供给曲线向右上方倾斜。但是对单个劳动者而言，由于可供选择的总时间是固定的，因而当工资率提高一定程度之后，劳动量会趋向于不变，甚至向后弯曲。如图 7－6 所示。

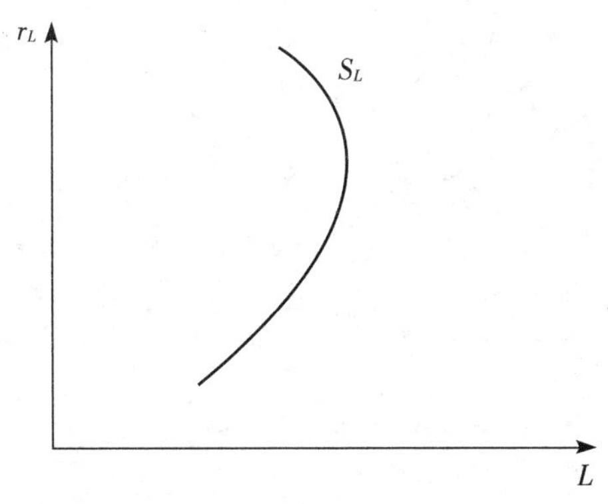

图 7－6　劳动的供给曲线

＊二、工资率变动的收入效应和替代效应

劳动者的劳动供给量取决于工资率的高低，而劳动供给曲线的形状则取决于工资率变动的替代效应和收入效应的大小。

工资率变动的替代效应是指工资率变动对于劳动者消费闲暇与其他商品之间的替代

关系所产生的影响。较高的工资率意味着闲暇变得相对昂贵，因而若工资率提高，则劳动者倾向于用消费其他的商品来代替闲暇。所以，工资率提高的替代效应使得劳动者减少闲暇时间，增加劳动时间，即工资率提高的替代效应使得劳动供给量增加。同样的道理，若工资率降低，替代效应使得劳动者增加闲暇时间，即工资率降低的替代效应使得劳动供给量减少。

工资率变动的收入效应是指工资率变动对于劳动者的收入进而对闲暇（或者劳动）时间及消费商品的数量所产生的影响。如果劳动者的工作时间保持不变，那么工资率的提高使得劳动者的收入提高。收入提高将使得劳动者能够购买更多的商品，其中包括消费更多的闲暇时间。闲暇时间增加意味着劳动时间减少。因此，工资率提高的收入效应使得劳动时间减少。反之，工资率下降的收入效应使得劳动者增加劳动时间。

这表明，工资率变动所产生的替代效应和收入效应对闲暇时间从而对劳动时间所生产的影响方向相反。因此，工资率提高是否会引起劳动时间的增加，取决于工资率变动所产生的替代效应和收入效应的大小。如图 7－7 所示。假定工资率 r_L 由 r_1 提高到 r_2，则劳动者的时间约束线围绕着 A 点由 I_1 沿顺时针旋转到 I_2。最初，当工资率为 r_1 时，劳动者在 I_1 与某一无差异曲线 U_1 的切点 E_1 处达到均衡，并决定闲暇的最优数量 l_1，从而决定劳动时间 $L_1=24-l_1$。当工资率提高到 r_2，时间约束线变动为 I_2。对应于 I_2，劳动者在无差异曲线 U_2 与该预算约束线的切点 E_2 上实现均衡，并相应地决定闲暇时间 l_2，从而决定劳动时间 $L_2=24-l_2$。工资率提高对劳动者选择闲暇数量的总效应为 (l_2-l_1)，对劳动时间所产生的总效应就是 $(L_2-L_1)=-(l_2-l_1)$，二者数量相同而符号相反。

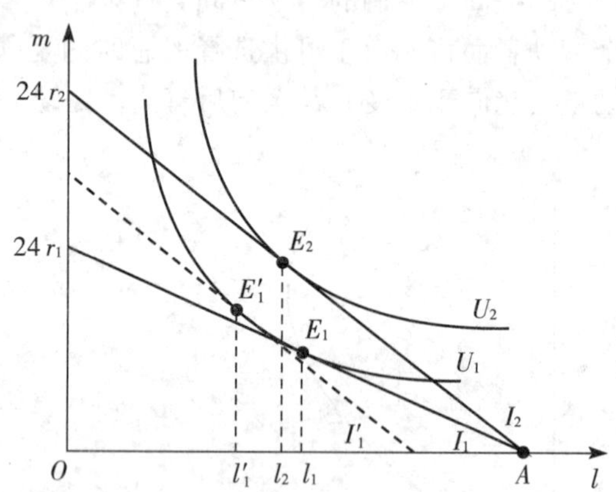

图 7－7 工资率提高的替代效应和收入效应

在图 7－7 中做一条补偿的时间约束线 I'_1，它与工资率变动后的时间约束线 I_2 平行，并且与 U_1 相切。在这条时间预算线上劳动者于 E'_1点上选择闲暇时间 l'_1。根据第三章第五节的分析，工资率变动的总效应可以分解为替代效应和收入效应。其中，总效应使得消费者均衡点由 E_1 点移动到 E_2 点，替代效应使得均衡点由 E_1 点移动到 E'_1点，收入效应使得均衡点由 E'_1点移到 E_2 点。特别是，工资率提高所产生的替代效应对闲暇的影响为 (l'_1-l_1)，收入效应对闲暇的影响是 $(l_2-l'_1)$。因此，工资率提高的总效应 (l_2-l_1) 的符号取决于替代效应 (l'_1-l_1) 和收入效应 $(l_2-l'_1)$ 数值的大小。

当工资率提高时，替代效应使得劳动者减少闲暇时间的消费，即 $(l_1'-l_1)<0$；收入效应则使得劳动者增加闲暇时间的消费，即 $(l_2-l_1')>0$。这表明，工资率提高的替代效应和收入效应方向相反，因此，工资率提高是否使得闲暇时间减少，取决于替代效应和收入效应的强度。如果工资率提高的替代效应强度超过收入效应，那么工资率提高将使得劳动者减少闲暇，从而劳动时间增加，即劳动的供给曲线向右上方倾斜；反之，如果工资率提高的替代效应强度小于收入效应，那么工资率提高将使得劳动者增加闲暇，从而劳动时间减少，即劳动供给曲线向右下方倾斜。

一般来说，当工资率较低、劳动时间较少时，工资率提高对于劳动者的收入影响较小，工资率提高的收入效应弱于替代效应，因而劳动的供给曲线向右上方倾斜。但是，当工资率上升到一定程度以后，劳动时间较长，工资率提高的收入效应强度逐渐增加，最终会超过替代效应，从而使得劳动供给曲线开始向左上方倾斜。因此，正如图 7-6 所示的那样，随着工资率提高，单个劳动者的劳动供给曲线呈现向后弯曲的形状。

三、劳动的市场供给曲线

与产品的供给一样，通过单个劳动者的劳动供给曲线沿着横向相加，可以得到劳动的市场供给曲线。

假定所有提供同种劳动的劳动者只有两个。当工资率 r_L 为 r_1 时，劳动者 1 提供的劳动数量为 L_{11}，劳动者 2 提供的劳动数量为 L_{21}，于是，工资率为 r_1 时，劳动的市场供给量就是 $L_1=L_{11}+L_{21}$。通过变动劳动的价格，可以相应地得出一系列劳动的市场供给量，从而得到劳动的市场供给曲线，如图 7-8 所示。

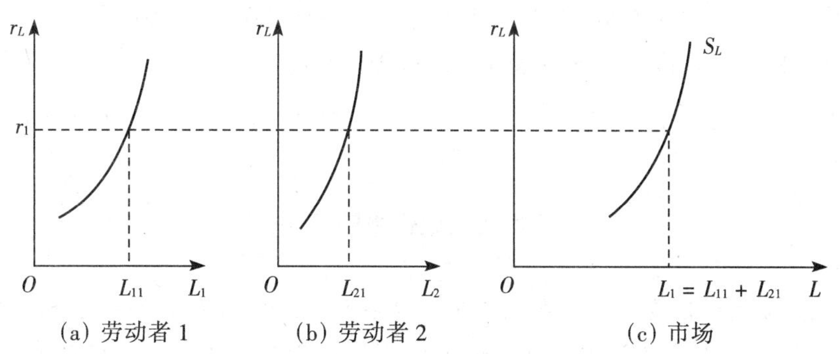

图 7-8　劳动的市场供给曲线

需要说明，尽管单个劳动者的劳动供给曲线可能会向后弯曲，但市场供给曲线却通常并不具有这种形状。在完全竞争市场上，当工资率提高时，单个劳动者可能减少劳动量，但随着新工人的加入，市场劳动供给量一般会有所增加，因而劳动的市场供给曲线通常向右上方倾斜。

四、市场均衡工资率的决定

劳动市场的均衡工资率是由劳动的需求和劳动的供给相互作用所决定的。图7-9表示出了劳动市场的均衡工资率的决定。

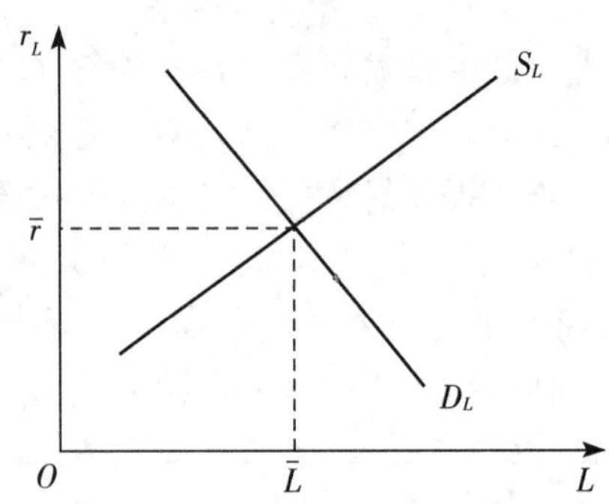

图 7-9　均衡工资率的决定

在劳动市场上，劳动的市场需求曲线与供给曲线的交点决定均衡的工资率 $\bar{r}$。如果现行的市场工资率 r_1 高于 $\bar{r}$，那么劳动供给量大于劳动需求量。于是，有一些愿意工作的劳动者找不到工作，他们就会愿意在更低的工资水平上提供劳动，从而使得市场工资率趋于下降。反之，如果工资率 r_2 低于 $\bar{r}$，那么工资率趋于上升。因此，只有工资率恰好使得劳动的供给等于劳动的需求时，劳动市场才处于均衡，由此决定均衡的市场工资率 $\bar{r}$ 和均衡劳动就业量 $\bar{L}$。

如果劳动的需求和供给发生变动，则均衡工资率和均衡劳动就业量也会发生变动。这一分析与产品市场的分析完全相同，这里我们不再赘述。

最后需要注意，在完全竞争条件下，一种要素的需求曲线反映了该要素的边际产品价值，所以，当劳动市场处于均衡时，劳动的工资率恰好等于此时要素的需求量，即均衡工资率恰好等于厂商所雇用劳动所得到的边际产品价值。这表明，在完全竞争市场上，要素获得的收入恰好等于该要素在生产过程中作出的贡献。

案例小品

黑死病灾难带来的富裕

14 世纪的欧洲，鼠疫的流行在短短几年内夺去了大约 1/3 人口的生命。这个被称为“黑死病爆发”的事件为检验刚刚提到的要素市场理论提供了一个可怕的自然实验。首先，黑死病使人口锐减，从而劳动力的数量大规模减少，劳动力的供给十分紧张。在黑死病发生以前，大约每公顷土地平均由 2 个人耕种，但黑死病发生以后，平均 1 公顷土地 1 个人还不足。同时，以前土地供应紧张，要不断开垦新的土地，但是在黑死病发生以后，不仅不再需要开垦新的土地，相反，有很多质量较差的已经开垦的土地又重新被废弃，即使是那些肥力优质的耕地还缺人耕种，土地的租金大幅度下滑。据统计资料表明，在这一时期，劳动者的工资将近翻了一番，而土地租金减少了 50％甚至更多，黑死病给农民带来了经济繁荣，而减少了土地拥有者的收入。

由于农民收入的上升，又逐渐产生了一种现象，越来越多的人倾向于减少劳动时间，耕种更少的土地，这使得劳动的供给量进一步减少了。

上述事例再次表明，均衡工资率取决于劳动的需求和供给。黑死病导致劳动供给减少，从而工资率提高。同时，在既定的劳动供给条件下，均衡工资又与劳动的边际产量价值同方向变动。随着劳动投入量的不断减少，劳动的边际产量上升。另外，优质的土地被用于生产，劳动的边际产量也会相应地增加。这些原因导致了工资率提高。

劳动者工资增加反而导致劳动供给量的减少。实际上就是说，随着工资的上升，出现了劳动的供给曲线向后弯曲的现象。出现这一现象是替代效应和收入效应共同作用的结果。

第三节　资本的供给和利息率的决定

一、资本和利息率

资本是厂商生产所需要的另外一类生产要素，它是指经济系统中生产出来的又被用于继续生产商品和劳务的产品。资本的形态有有形和无形之分。有形资本主要包括用于居住和非居住的建筑、机器设备以及厂商的各种存货等，如公寓和厂房；无形资本是指以非物质形态提供生产性服务的那些商品，如厂商的商标、厂商所采用的组织形式。

根据上述定义，资本有以下两个特点：一是资本是在生产过程中被生产出来的，因而它的数量是可以改变的；二是资本作为投入要素，目的是获得更多的商品和劳务。其中，资本的第一个特点表明，资本随着时间的变动而变动，资本的形态可以持续一定的时间，并随时间的变动不断地为生产提供服务。所以，衡量资本的大小只能在一定时点上进行。

由于资本的形态千差万别，因而不可能使用同一个物质标准加以衡量。通常使用资本存量的市场价值来衡量资本的大小。

资本存量在一定时间内受投资和折旧的影响。投资是增加资本存量的一个流量，厂商通过投资形成资本，增加资本总额。厂商的投资主要用于建立新厂房和居住建筑、购置新机器等耐用设备、增加存货等方面。折旧是资产随着时间的流逝在经济价值上降低，它是减少资本存量的一个流量。事实上，厂商使用的各类资本随时间的流逝发生有形或无形的磨损。例如，厂商使用的汽车一天天变旧，或者新型汽车的出现使得原有的汽车变得不值钱，这些都会使得厂商的资本存量减少。投资和折旧对资本存量产生相反的作用，资本存量就如同一个蓄水池中的水量，投资相当于往蓄水池中注水，而折旧则相当于从蓄水池往外漏水，投资与折旧抵消之后的余额就是蓄水池中水量变动的净值。我们把投资减去折旧后的余额称为净投资，它对应着资本存量的改变量。换句话说，厂商的总投资等于净投资与折旧之和，即总投资中一部分用于补偿折旧，另一部分则使得资本存量产生净“增加”。

与其他产品一样，一项资本品的买卖在生产厂商与需要用这些资本品生产其他产品的厂商之间进行，相应的市场价格就是该项资本品的价格。但是，一项资本品可以在长时间内提供生产所需要的服务。这样，在服务期内某一单位时期中生产过程所投入的资本，事实上是该项资本品所提供的服务。因此，生产过程中所投入的资本的价格并不等同于该项资本品的价格。理解这一问题最简单的方法是把厂商使用的资本品解释为租用而来，或者把资本品看成可以无限加以分割的物品。这样，租用资本品的厂商在单位时间内向出租方支付的租金就是该项使用资本品所提供服务的价格。

那么，可供出租的资本品又是从何而来呢？它来源于家庭垫付的资金。在实践中，借助于金融市场，家庭储蓄转化为厂商购买那些可供出租的资本品的资金。所以，生产产品的厂商租用资本品又可以理解为借用家庭资金，租用资本品的租金就是借用家庭资金的利息。这样，以市场价值度量的每单位资本品的价格就可以由利息率加以表示。

省略金融市场的转换过程，上述有关资本品价格、资本品使用价格和利息率之间的关系可以由下面的例子得到说明。假定一项资本品的价格为 1 000 元，厂商使用 1 年需要向租赁公司支付 100 元的报酬，如果机器没有折旧，那么这 100 元就是该机器在一年中的利息，而该项资本品的利息率就是 10%。一般地，如果在单位时期（比如 1 年）内，一项价值为 P 的资本品获得的收益量为 Z，则该项资本品的利息率（r）为：

$$r=\frac{Z}{P} \tag{7.8}$$

如果一年中该机器的价格发生了改变，其改变量为 ΔP，那么出租资本品所获得的收入就演变为 $Z+\Delta P$。于是，上述确定利息率的公式就变为：

$$r=\frac{Z+\Delta P}{P} \tag{7.9}$$

需要注意，机器可以升值，也可以贬值。如果机器价值提高，则 ΔP 为正数值，如果机器折旧，则 ΔP 取负数值。

二、资本品的供给

正如我们在上面说明的那样，在现实经济生活中，资本的形成是通过厂商的投资完成的，而投资又是由家庭部门的储蓄转化而来的。因此，新增资本的供给来源于家庭部门，来源于家庭收入中的储蓄。

储蓄是家庭收入中积累的部分。家庭之所以提供资本所需要的资金是因为可以在将来为家庭带来更多的收入。对于既定的收入（对应着产品）而言，家庭可以选择马上消费，也可以选择储蓄，即把一部分收入转化为资本，租借给厂商，由此获得一定的报酬。一般来说，对同一数量的商品，如果人们现在消费这些商品获得的效用大于未来消费使用的效用，那么，人们倾向于消费所有的收入，除非未来能得到补偿。因此，家庭最优储蓄的数量是现期消费和未来消费之间进行最优选择的结果。

假定家庭现有的收入为 m，它可以用于消费又可以储蓄起来作为资本品。现在，作为家庭的消费者选择今年（现期）的消费数量为 C_1，而把余下来的一部分收入 S_1 用作储蓄，以便明年（下期）能获得更多的消费 C_2。消费者总试图合理地安排今年和明年的消费数量 C_1 和 C_2，以便在较长的时期内（两年）获得最大的满足。假定消费者在两期内选择 C_1 和 C_2，获得的效用为 $U(C_1, C_2)$。

但同时，家庭收入 m 是既定的，家庭现期消费数量 C_1 和储蓄量 S_1 必然会受到来

自 m 的限制。这样，家庭或消费者储蓄决策的行为可以描述为：在现有收入 m 的限制条件下，试图使得两期消费组合所获得的效用满足 $U(C_1, C_2)$ 为最大，即

$$\begin{cases}\max\limits_{C_1,C_2} U(C_1,C_2) \\ \text{s. t. } C_1+S_1=m\end{cases} \tag{7.10}$$

假定现有的市场利息率为 r，则现期的储蓄 S_1 在下期获得的收入为 $(1+r)S_1$，它成为下期消费 C_2 的收入，即 $C_2=(1+r)S_1$ 或者 $S_1=C_2/(1+r)$。这样，家庭的储蓄行为就可以表示为：

$$\begin{cases}\max\limits_{C_1,C_2} U(C_1,C_2) \\ \text{s. t. } C_1+\dfrac{1}{1+r}C_2=m\end{cases} \tag{7.11}$$

如图 7－10 所示，横轴表示现期消费商品的数量 C_1，纵轴表示下期消费商品的数量 C_2，则消费者消费 C_1 和 C_2 获得的效用 $U(C_1, C_2)$ 可以由无差异曲线表示出来。其中，无差异曲线斜率的绝对值是现期消费对下期消费的边际替代率 $RCS_{1,2}$，即

$$RCS_{1,2}=-\frac{\Delta C_2}{\Delta C_1}\bigg|_{U\text{不变}} \tag{7.12}$$

它反映了家庭为了现期多消费一个单位商品愿意在下期放弃的消费数量。

同时，消费者的选择又受到收入 m 的限制，这一预算约束线可以表示为 $C_1+S_1=m$ 或者 $C_1+C_2/(1+r)=m$，其斜率为 $-(1+r)$，在图 7－10 中以 I 加以表示。这样，消费者的效用最大化行为可以在图 7－10 中表述为：**对应于既定的预算约束线 I，与这一预算约束线相切的无差异曲线是消费者在现有条件下所能实现的最大效用，均衡点 E 决定了消费者现期和下期消费商品的数量 C_1 和 C_2，从而得到现期的储蓄数量 S_1。**家庭达到均衡时的条件为：

$$\begin{cases}RCS_{1,2}=1+r \\ C_1+\dfrac{1}{1+r}C_2=m\end{cases} \tag{7.13}$$

(7.13) 式第一个条件表明，只有当现期消费对未来消费的边际替代率恰好等于放弃这一单位收入的消费在未来所能获得的收入 $(1+r)$ 时，在两个时期内消费者对收入的配置才能达到最优。

进一步，如果消费者面临的市场利率 r 发生变动，那么消费者面临的预算约束线也会随之变动。对应于新的预算约束线，消费者将决定不同的现期消费的数量，进而我们得到相应于不同利息率的储蓄量。这表明，家庭的储蓄量取决于利息率 r。

与分析劳动供给的情形一样，利用利息率提高的替代效应和收入效应可以说明储蓄曲线的形状。利息率提高，对家庭现期消费产生替代效应和收入效应。一方面，利息率上升使得现期消费变得昂贵，从而消费者会减少现期消费以增加储蓄，即利息率提高的替代效应使得储蓄量增加；另一方面，利息率提高使得提供储蓄的家庭变得更为富有，从而增加两期的消费，即收入效应使得现期消费增加，储蓄量减少。这样，与劳动的供给曲线

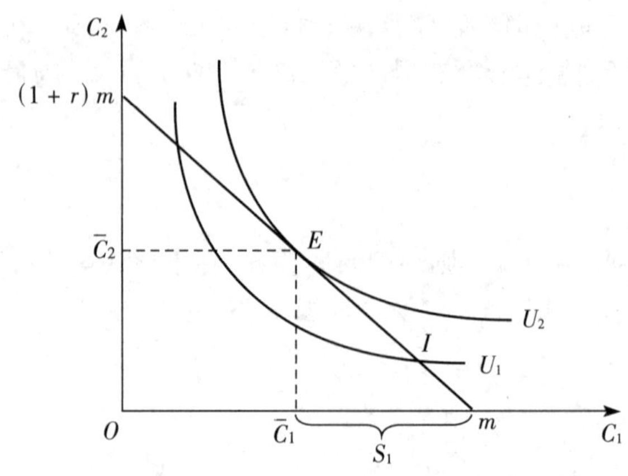

图 7-10　消费者的储蓄决策

类似，储蓄曲线也可能具有向后弯曲的形状。但一般认为，由于利息率 r 的变动幅度较小，替代效应大于收入效应，因而随着利息率的提高，储蓄量增加，即储蓄曲线向右上方倾斜。

以上分析得到了单个消费者的储蓄曲线，对所有消费者储蓄沿横向相加即可得到市场的储蓄曲线。与单个消费者曲线一样，市场储蓄曲线向右上方倾斜。

三、利息率的决定

资本的需求来源于厂商，而资本的供给来源于作为消费者的家庭。资本的市场需求与市场供给之间的相互作用决定市场的均衡利息率。为了说明方便，我们假定资本以无限可分的形式进入生产过程，从而资本在单位时间内被消耗完毕，这样投资就等同于资本。根据本章第一节的分析，厂商对资本的需求由资本的边际产品价值所决定，而资本的供给则由家庭的储蓄所决定，二者的相互作用决定利息率。

如图 7-11 所示，资本的需求曲线 D_K 与供给曲线 S_K 的交点 E 决定均衡的利息率。如果市场利息率高于均衡利息率，那么厂商使用资本的数量小于家庭的储蓄量。这时，就会有一些资本品卖不出去，结果导致资本的价格下降，厂商使用资本的数量增加，从而利息率趋向于均衡水平。同样，低于均衡利息率的市场利息率最终也趋向于均衡水平。在均衡点，资本的边际产品价值正好等于厂商给予储蓄人的报酬。

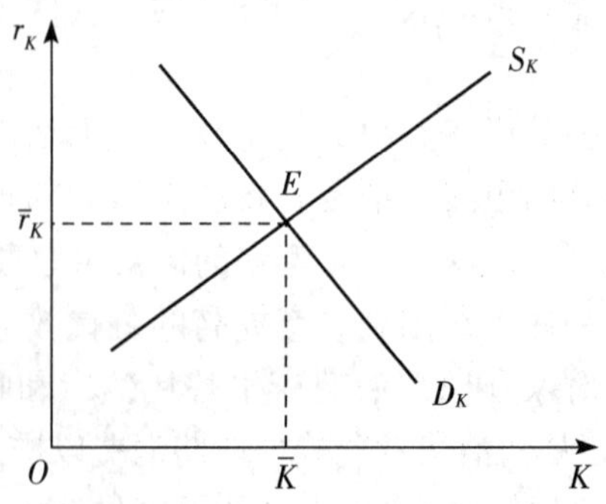

图 7-11　市场利息率的决定

同样，如果资本的需求或供给发生变动，均衡利息率也会随之变动。例如，资本的需求增加，均衡利息率提高，而资本的供给增加，均衡利息率下降。请读者自行画图说明。

第四节　土地的供给和地租率的决定

土地是大自然提供给人类的一种生产资源，它区别于劳动和资本的显著特点是具有固定的供给。与其他生产要素一样，土地的价格取决于土地的需求和供给的均衡。但是需要指出，这里所论及的土地的价格是指厂商租用土地的价格，而非土地本身的价格。土地的价格由地租率加以衡量，它是一定时期内每单位土地需要支付给土地所有者的报酬。

一、土地的供给与地租率的决定

与其他生产要素的价格一样，地租率也是由土地的供给和需求的均衡所决定的。

首先考察土地的供给。为了简单起见，假定土地只有一种用途，由于土地具有不能生产、不能移动等特点，因而就一种用途而言，土地的供给量是固定不变的。假定土地的数量为 $\overline{N}$，则土地的供给曲线是一条经过 $\overline{N}$ 而与数量轴垂直的直线，它不随地租率的变动而变动，如图 7－12 中的 S_N 所示。

其次考察厂商对土地的需求曲线。与其他的生产要素需求曲线一样，在完全竞争市场上，厂商对土地的需求由使用土地的边际产品价值所决定。由于每个厂商使用土地的边际产量服从递减规律，因而土地的市场需求曲线向右下方倾斜，如图 7－12 中的 D_N 所示。

土地的需求和供给的相互作用决定均衡地租率 $\bar{r}$。在图 7－12 中，土地的需求曲线 D_N 和供给曲线 S_N 的交点 E 决定了均衡地租率 $\bar{r}_N$。相应于这一地租率，$\bar{r}_N \cdot \overline{N}$ 即为地租总额。

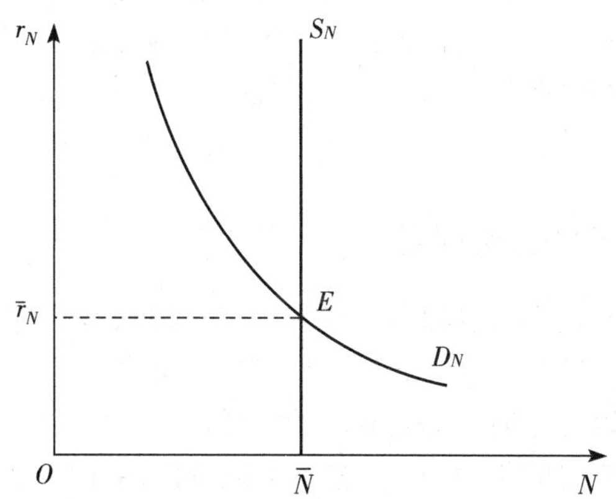

图 7－12　均衡地租率的决定

从图 7－12 可以看出，由于土地的供给量固定不变，因而土地的价格（地租率）只与土地的市场需求曲线 D_N 有关，即地租率完全由厂商对于土地的需求所决定：需求越大，地租率越高；需求越小，地租率越低。由于土地的需求取决于土地的边际产量与土地上生产的产品价格的乘积，因而地租率取决于土地的边际产量和产品的价格。首先，土地的边际产量受到土地本身质量和生产技术的影响。例如，肥沃的土地可以使得农业生产率提高，所以肥沃土地的地租就高。其次，土地上生产出来的产品的价格影响地租率：产品价格越高，地租率越高；反之，产品价格越低，地租率也就越低。

背景资料

亨利的单向税

亨利·乔治，美国经济学家和社会哲学家，是 19 世纪后期单一税运动的倡导者。当时，由于世界各地的许多人都向美国移民，美国的人口迅速增长。随着人口的增长和铁路向美国西部延伸，西部的地价飞涨，为那些预先购买了土地的人带来了丰厚的利润。对此，乔治在 1879 年出版的《进步与贫穷》一书中认为，政府所有收入的增加都应该来自土地税，应向地主单向征收。他声称，这是唯一既公正又有效率的税负。乔治对土地征税的建议主要出于对经济福利分配的关注，由于当时对土地的控制，地主获得了大量的财富，而同时却有大量贫困者基本的生活需要得不到满足。

由于土地具有供给数量既定这一特征，土地的供给弹性是零，因而地主别无选择，只能把土地提供给市场，并缴纳税收。这样，对地主征税，既满足了政府开支的需要，又不会改变市场配置，从社会来说，没有任何损失，政府的税收收入正好等于地主的损失。

乔治的单向税被认为适用于向固定供给要素的所有者征税的情况。例如，对一个流行乐歌手征收高额的税收被认为不会影响到歌迷的福利水平，因为即使在交纳了税收之后，这位歌手所获得的收入仍要高于其唱歌的机会成本。

不过在实践中，乔治这一主张会遇到一定的问题。问题的来源主要是因为，土地的供给不完全是固定不变的，在土地有多种用途或者具有可开垦的土地时，征税会影响到用于耕种的土地数量。此外，通过这种税收也不可能满足政府的庞大支出。因而，这种政策只能作为一种收入分配政策。

二、多用途条件下的土地供给

在以上分析地租率的决定的过程中，我们假定土地只有一种用途，因而其供给曲线是一条垂直于数量轴的直线。不过，如果土地可以有多种用途，比如两种，其用于某种特定用途的供给曲线可以具有向右上方倾斜的特征。

假定家庭部门拥有既定的土地 N_0，这些土地可以用作消费品自用，也可以出租给他人。很显然，如果自己使用则可以直接获得效用满足，而出租给他人却可以获得收入，从而用来购买其他商品。这样，家庭可以把土地分割成两个部分，其中 N_1 用于自身消费，N_2 用来出租。家庭供给土地的行为表现为，在现有土地数量既定的条件下，合理地分割自用和出租的数量，以便获得的效用为最大。

假定现有的租金率为 r_N，那么家庭由此获得的收入 $m=r_N N_2$。家庭直接消费自用土地 N_1 和消费出租土地带来的收入 m 所获得的效用为 $U(N_1, m)$。于是，家庭的最大化行为可以表示为：

$$\begin{cases}\max\limits_{N_1,m} U(N_1,m) \\ \text{s. t. } N_1+N_2=N_0\end{cases} \tag{7.14}$$

或者

$$\begin{cases}\max\limits_{N_1,m} U(N_1,m) \\ \text{s. t. } N_1+\dfrac{1}{r_N}m=N_0\end{cases} \tag{7.15}$$

比较（7.15）式与（7.5）和（7.11）式不难发现，家庭供给生产要素的行为具有完全类似的结果。对应于特定的土地租金率，家庭按自用土地对收入的边际替代率等于土地价格的原则决定自用土地的数量，并随之决定出租土地的数量。如果市场上土地的租金率 r_N 发生变动，那么家庭会相应地调整出租土地的数量，从而决定土地的供给。

与分析劳动和储蓄供给的情形一样，利用地租率提高的替代效应和收入效应可以说明土地供给曲线的形状。地租率提高，对家庭直接消费土地的数量产生替代效应和收入效应：替代效应使得家庭减少土地的自用数量，增加出租数量；而收入效应则使得自用数量增加，出租数量减少。因此，随着地租率的提高，用于某种特定用途的土地的供给也可能具有向后弯曲的形状，但一般认为，此时土地的供给曲线向右上方倾斜。

由此可见，当土地有多种用途时，用于一种特定用途的供给曲线也具有向右上方倾斜的特征，因而在我们分析某种特定产品投入市场的均衡时，有关土地的供给也被描绘成向右上方倾斜。

三、租金和准租金

（一）租金

在土地只有一种用途的情况下，由于土地的供给量既定，所以土地所有者可以索取的地租量完全取决于土地的需求。只要土地的边际产品价值能抵补地租，准备使用土地的厂商就会租用土地。相应地，只要有需求，土地所有者就会得到地租作为收入，需求越大，地租越高。

有关地租决定的分析可以推广到其他固定供给量的生产要素的价格决定。例如，一名流行歌手所提供的劳动就具有这种特性。在一种要素的供给数量不能变动的条件下，该要素的供给曲线是一条垂直于数量轴的直线，其价格完全由需求所决定。由于这类要素的价格类似于地租（率）的决定，因而固定供给量的一般资源的价格也被称为租金。所以，租金并不只局限于土地的价格。

（二）准租金

当把生产要素固定不变的含义在短期内加以理解时，租金的概念又被进一步推广到准租金。**准租金**是指短期内固定不变的资源或生产要素所获得的收益（率）。

准租金可以由图 7-13 中所示的厂商的短期成本曲线加以说明。AC、AVC 及 MC 分别表示厂商的短期平均成本曲线、平均可变成本曲线和边际成本曲线。假定产品价格为 $\bar{P}$，则厂商在边际成本曲线与价格线的交点 E 上选择生产产量 $\bar{Q}$。这时，厂商的总收益为长方形 $O\bar{P}E\bar{Q}$ 的面积。对应于这一产量，厂商的可变成本为长方形 $OP'F\bar{Q}$ 的面积。从而相对于可变成本而言，总收益与可变成本的差额就是“利润”，它相当于参与经济活动的不变要素投入所得到的报酬。因此，长方形 $\bar{P}EFP'$ 的面积表示了厂商所使用的不变要素的准租金。

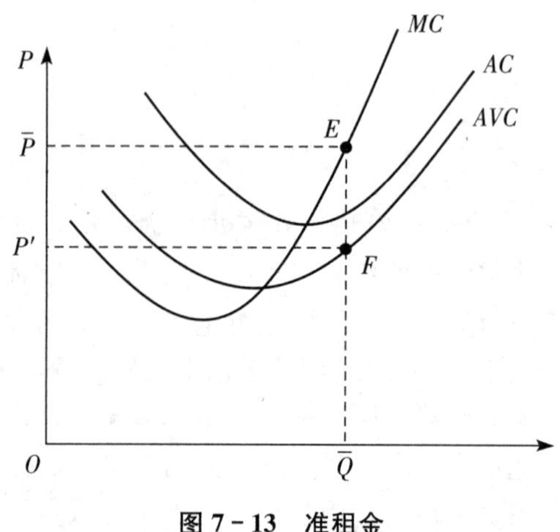

图 7-13 准租金

从图 7-13 还可以看出，准租金与经济利润之间的差额是不变成本，即准租金等于不变成本与经济利润之和。因此，当准租金最大时，经济利润也达到最大。同时，由上一章关于完全竞争厂商的短期均衡分析可以知道，当厂商的准租金大于零时，厂商就会进行生产；否则，厂商就会停止生产。这表明，以准租金大于零为条件，厂商是按准租金最大化来选择产量的。这正是推广准租金的意义之一。

背景资料

边际生产率分配理论与产品分配净尽定理

边际生产率分配理论是 19 世纪末美国经济学家克拉克提出的一种分配理论，是边际学派经济学的一个重要组成部分。克拉克把传统经济学中的资本生产力论，即资本具有生产能力并参加产品及产品价值创造的理论与边际效用论相结合，说明生产要素投入的价格决定及财富的分配。他认为，边际效用的原则可以应用到生产要素的生产力上，劳动的工资、资本的利息就是由劳动和资本的最后生产力，即边际生产率所决定的。边际生产率分配理论也因此得名。

克拉克在《财富的分配》一书中首创“边际生产力”这一名词，并系统地论述了这一理论。他的论述包括以下三个方面：首先，他认为，资本（包括土地上的投资）和劳动一样具有生产力。其次，当资本量不变而相继增加劳动时，每单位增加劳动量所增加的产量（产值）依次递减；同样，当劳动量不变而追加资本时，单位资本生产力也递减。再次，厂商充分权衡劳动和资本的使用量，最终决定工资的必定是劳动的边际生产力即最后增量劳动所增加的产量（产值），决定利息的也必定是资本的边际生产力。克拉克断言，这就是充分自由竞争的静态条件下的分配法则，它表明劳动和资本均按自己对生产的贡献得到了应得的报酬。克拉克否认在静态条件下资本利润的存在，他认为平均利润是企业家执行组织职能的劳动报酬，而超额利润不过是由于技术进步而引起的暂时现象，因而属于动态范畴。

在现代西方经济学中，克拉克的边际生产率分配论及其所暗含的“公平结果”得到了进一步的诠释。在完全竞争条件下，如果生产过程中规模收益不变，按要素的边际产品进行分配，则全部产品恰好足够分配给各个生产要素，不多也不少。这一结论被称为**产品分配净尽定理**。由于这一定理是借助于数学中的欧拉定理来说明的，因而，产品分配净尽定理也被直接称为欧拉定理。

现在用两种生产要素的情况来说明欧拉定理。假设生产函数为：

$$Q=f(L,K)$$

它具有规模收益不变特征，其中，Q 为产量，L 和 K 分别代表劳动和资本两种不同的生产要素投入数量。生产的规模收益不变意味着生产函数 $Q=f(L, K)$ 是一次齐次的，于是根据欧拉定理的结果可以得出：

$$Q=L\cdot\frac{\partial Q}{\partial L}+K\cdot\frac{\partial Q}{\partial K}$$

在上述欧拉定理的结论中，$\frac{\partial Q}{\partial L}$表示劳动的边际产量（也被称为边际产品），即 MP_L；$\frac{\partial Q}{\partial K}$表示资本的边际产量，即 MP_K。在要素市场处于均衡状态时，劳动的价格等于劳动的边际产品价值。等式的右面第一项恰好表示了以产品价格衡量的劳动的报酬总额，即按产品计量的工资总额。同样，等式的右边第二项是资本按其边际产品价值所得到的收入总额。因此，欧拉定理表明，在所给条件下，按要素的边际产品价值取得报酬，全部产品 Q 恰好足够分配给劳动要素 L 和资本要素 K，并且没有任何剩余。

应当指出的是，产品分配净尽定理只有在规模报酬不变（或生产函数为一次齐次式）的条件下才是适用的。在报酬递增的情况下，产量会不够分配给各个生产要素之用；在报酬递减的情况下，产量在分配给各生产要素之后又会有剩余。

案例小品

房地产的价格

每天从各种报纸杂志以及派送广告中我们不难看到，大城市的房价远远高于中小城市。在房价高企的今天，我国西北部地区中小城市尚可以买到每平方米3 000元以下不错的住房，而在大型城市，每平方米 3 万元以上的住房已属平常。

在小城市，大街上会有许多小商店。在一些商业街，其中一些商店是空的，有一部分似乎已经空了很长一段时间了。相反，在大城市中，到处是高楼林立，几乎看不见低矮的小商店，一般日常用品主要是在超市中销售，有的品牌商品的价格高得惊人，但仍然看起来生意很好，顾客不断。

类似地，如果你能在北京的海淀高校区拥有一套住房，利用出租得到的月租金足以应付在不太远的地区购买更大面积住房的贷款月供。

房屋的价格和租金为什么会有如此之大的差异呢？经济学的原理可以帮助你做出解释。请试一试。

*第五节　不完全竞争市场的生产要素价格决定

以上我们在完全竞争条件下讨论了生产要素价格的决定问题。然而，在现实经济中，大多数的市场结构都存在某种形式的垄断。本节我们在厂商拥有垄断优势的三种市场上以劳动为例分别讨论要素的价格决定问题。这三种市场类型包括：产品市场卖方垄断，而生产要素市场完全竞争；产品市场完全竞争，而要素市场买方垄断；产品市场卖方垄断，并且要素市场买方垄断。

一、厂商使用生产要素的利润最大化原则

与完全竞争条件下的厂商一样，在不完全竞争市场上厂商的经营目标仍然是利润最大化，所以厂商会按照要素的“边际收益”等于要素的“边际成本”的原则使用生产要素。在完全竞争市场上，这一原则表现为要素的边际产品价值等于要素的价格，前者是要素的“边际收益”，后者是要素的“边际成本”。下面我们把这一原则推广到不完全竞争的情形中，在不完全竞争条件下考察生产要素价格的决定。为了简单起见，我们使用只有劳动这一种生产要素变动的情形作为例子。

假定厂商只使用劳动和资本两种生产要素，其中只有劳动投入量是可变的，而资本的投入量保持不变。于是，厂商对使用劳动的最优数量做出选择。一方面，厂商为了生产而使用劳动，生产出来的产品可以给厂商带来收益；另一方面，厂商使用的生产要素需要到要素市场上购买，从而花费厂商的成本。当增加一单位劳动投入时，若该单位的劳动投入所增加的产品为厂商带来的收益增加量大于厂商为此支付的成本，那么使用该单位劳动就会增加厂商的利润，从而厂商就会使用它；反之，若使用该单位劳动带来的收益增加量小于为此支付的成本，那么使用该单位劳动就会减少厂商的利润，从而厂商就不会使用它。因此，厂商使用生产要素的利润最大化原则仍然是“边际收益”等于“边际成本”。

首先让我们以劳动为例考察生产要素的“边际收益”。要素的“边际收益”被称为要素的边际收益产品，简记为 MRP，它表示增加一单位生产要素使用量为厂商带来的

收益增加量，等于要素的边际产量与产品的边际收益的乘积，即 $MRP=MR\cdot MP$。以劳动投入为例，根据定义，劳动的边际收益产品为增加一单位劳动为厂商带来的收益增加量。增加一单位的劳动为厂商带来产量的增加，其增加的产量就是劳动的边际产量 MP_L，而增加一单位产量为厂商带来的收益增加量是厂商的边际收益 MR，所以产量增加量 MP_L 为厂商增加的收益就等于 MR 与 MP_L 之间的乘积。因此，增加一单位劳动所增加的收益恰好等于产品的边际收益乘以劳动的边际产量，即劳动的边际收益产品，可以表示为：

$$MRP_L=MR\cdot MP_L$$

对于一般生产要素，边际收益产品可以表示为：

$$MRP=MR\cdot MP \tag{7.16}$$

(7.16) 式给出了要素的“边际收益”。很显然，如果厂商在产品市场上是完全竞争者，那么厂商生产产品的边际收益就等于产品的价格，从而边际收益产品就等于产品价格乘以要素的边际产量，即边际收益产品就等于边际产品价值，因此，MRP 是 VMP 的一个推广。

其次，考察要素的“边际成本”。要素的“边际成本”被称为边际要素成本，简记为 MFC，它表示增加一单位生产要素使用量所增加的成本。例如，劳动的边际要素成本表示增加一单位劳动使用量所增加的成本，表示为 MFC_L。在完全竞争市场上，对单个厂商而言，生产要素的价格保持不变，因而增加一单位生产要素所增加的成本就等于该要素的价格。但是，如果厂商处于不完全竞争的市场，其使用生产要素的数量对要素的价格就会产生影响，那么边际要素成本不再等于要素价格。因此，边际要素成本是完全竞争市场中要素价格的一个推广。

这样，厂商使用生产要素的利润最大化原则可以一般地表示为：

$$MRP=MFC \tag{7.17}$$

或者

$$MR\cdot MP=MFC$$

例如，厂商使用劳动的最优数量满足条件：

$$MRP_L=MFC_L$$

二、产品市场卖方垄断而要素市场完全竞争条件下的要素价格决定

正如我们在上一小节分析的那样，厂商在使用生产要素过程中会权衡要素的收益和成本。从要素给厂商带来的收益角度来看，要素的边际收益产品等于产品的边际收益乘以生产要素的边际产品。在产品市场卖方垄断的条件下，厂商在出售产品时面临着一条向右下方倾斜的需求曲线。根据第六章第二节对于垄断厂商的平均收益和边际收益的有关分析我们知道，此时厂商的平均收益曲线仍等于市场需求曲线，但边际收益则位于平均收益的下方，即边际收益要素所生产产品的边际收益低于价格。这意味着，卖方垄断厂商使用要素的边际收益产品不再等于要素的边际产品价值。

上述分析表明，在产品市场卖方垄断的条件下，生产要素的边际收益产品曲线（*MRP*）与边际产品价值曲线（*VMP*）分离，并且，由于产品的边际收益低于平均收益，要素的边际收益产品一定低于边际产品价值。另外，由于厂商的边际收益服从递减规律，因而，厂商使用要素的边际收益产品曲线向右下方倾斜。图 7－14 描绘出了劳动的边际收益产品曲线。

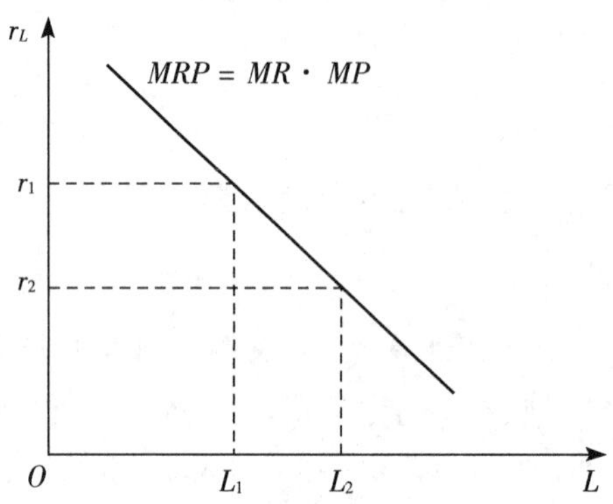

图 7－14　劳动的边际收益产品曲线

从要素的成本方面考察，由于生产要素市场是完全竞争的，因而要素的价格对单个厂商而言是既定不变的，厂商增加一单位要素所增加的成本就是该要素的价格。假定现有的要素市场价格为 r，则此时要素的边际成本为：

$$MFC=r$$

综合上述两方面的分析，厂商使用生产要素最优数量的条件为满足要素的边际收益产品等于边际要素成本，即

$$MRP=r \tag{7.18}$$

如图 7－14 所示，对应于劳动价格 r_L，厂商根据要素的边际收益产品是否大于这一价格决定增加还是减少劳动的使用量。当厂商使用劳动所获得的边际收益产品恰好等于劳动价格时，厂商就获得最大化的利润。这就是说，对应于劳动价格，厂商在劳动的边际收益产品曲线上选择劳动投入的数量，比如当劳动的工资率为 r_1 时，厂商选择的劳动投入量为 L_1。

顺便指出，对应于不同的劳动价格，厂商选择的劳动投入量都位于要素的边际收益产品曲线上。例如，在图 7－14 中，当劳动的工资率为 r_1 时，厂商在边际收益产品曲线上选择的劳动投入量为 L_1，当工资率为 r_2 时，厂商在边际收益产品曲线上选择的劳动投入量为 L_2。这表明，要素的边际收益产品曲线就是厂商对要素的需求曲线。由于边际收益产品曲线向右下方倾斜，因而厂商对要素的需求曲线也向右下方倾斜。

把需要同一种要素的所有厂商对该要素的需求曲线沿横向相加得到要素的市场需求曲线。请读者自行画图说明。很显然，由于单个厂商的要素需求向右下方倾斜，因而要素的市场需求曲线也向右下方倾斜。

现在我们可以说明要素价格决定了。在我们所分析的市场结构中，由于要素市场是

完全竞争的，因而要素的市场价格由要素的市场需求和市场供给相互作用的均衡所决定。

在产品卖方垄断的条件下，要素的需求由要素的边际收益产品曲线表示出来，它是一条向右下方倾斜的曲线。要素的供给来源于要素所有者，由要素供给曲线加以表示。通常要素的供给曲线向右上方倾斜。以劳动为例，劳动的市场需求曲线 D_L 与市场供给曲线 S_L 相互作用，当劳动市场处于均衡时，决定均衡的工资率水平 $\bar{r}$，如图 7－15 所示。

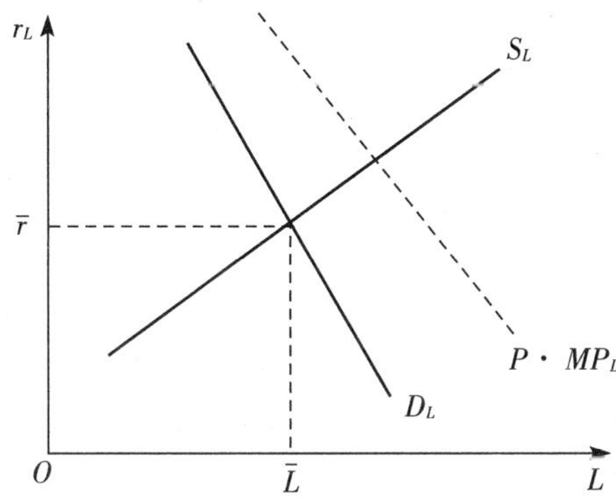

图 7－15　产品市场垄断要素市场完全竞争条件下的要素价格决定

与完全竞争市场相比，由于在产品市场具有垄断的条件下，劳动的市场需求曲线 D_L 低于完全竞争的产品市场下的劳动需求曲线 $VMP_L(=P \cdot MP_L)$，因而产品市场卖方垄断条件下的均衡工资率水平较低，均衡劳动使用量也较少。

三、产品市场完全竞争而要素市场买方垄断条件下的要素价格决定

在产品市场完全竞争而要素市场买方垄断条件下我们再次分析厂商使用要素的收益和成本。首先，从要素的收益看，如果产品市场是完全竞争的，那么与我们在本章第一节中的分析完全相同，厂商使用生产要素的收益取决于要素的边际产品价值。例如，厂商使用劳动的边际收益等于劳动的边际产品价值 VMP_L。而且，随着劳动使用量的增加，劳动的边际产品价值逐渐降低，劳动的需求曲线向右下方倾斜。参见图 7－2 和图 7－3。

其次，我们考察厂商使用生产要素的成本。生产要素市场买方垄断是指在某种生产要素市场上只有一家厂商购买该种生产要素的市场结构。例如，某一地区唯一的一家大医院可能成为雇用护士的买方垄断者，一个唯一招收残疾人的福利工厂则是这些人所提供劳动的买方垄断者。就买方垄断的生产要素市场而言，由于市场上只有一家厂商购买生产要素，所以其购买量直接影响到生产要素的价格。换句话说，由于买方垄断厂商面临的生产要素供给曲线就是市场供给曲线，而要素的市场供给曲线又具有向右上方倾斜的特征，因而厂商的边际要素成本不再是不变的数值。

如图 7－16 所示，假定劳动的供给曲线 S_L 向右上方倾斜，即随着工资率的提高，劳动者愿意提供的劳动数量增加。对于买方垄断厂商而言，它面临着劳动的市场供给曲线。对应于某一劳动投入量，厂商可以支付的最低价格将由劳动的供给曲线所决定。由

于厂商使用一定劳动数量的成本等于劳动的数量乘以劳动的价格，所以平均每单位劳动所花费的厂商成本就等于劳动供给曲线上的工资率。这说明，随着劳动投入量的增加，厂商按使用要素的数量平均的成本是增加的。在要素的平均成本增加时，每增加一单位要素所增加的成本必然高于这一平均成本。这就是说，对应于递增的要素供给曲线，厂商的边际要素成本曲线高于要素的供给曲线。

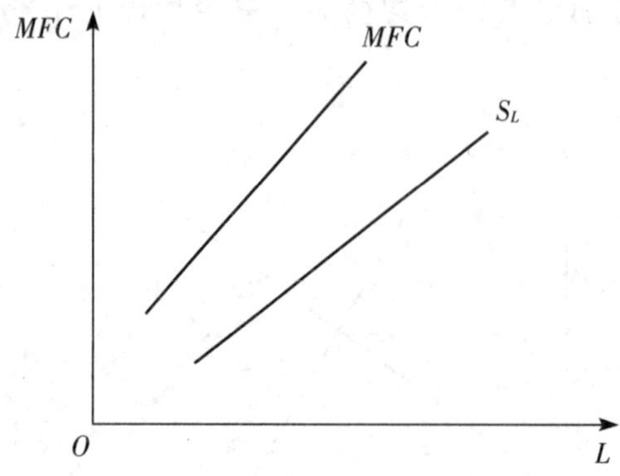

图 7 - 16　买方垄断厂商的边际要素成本曲线

在生产要素市场上，买方垄断的厂商也会依照于要素的边际收益等于边际要素成本的原则决定该要素的使用量。在产品市场完全竞争的条件下，厂商使用要素的原则表现为：

$$VMP = MFC \tag{7.19}$$

如图 7 - 17 所示，把劳动的边际产品价值曲线 VMP 和买方垄断厂商面临的劳动供给曲线 S_L 以及相应的边际要素成本曲线 MFC 描绘在劳动投入量和工资率的坐标平面中。当厂商选择的劳动量恰好使得厂商的边际产品价值等于边际要素成本时，买方垄断厂商处于最大利润的均衡，即在 VMP 与 MFC 的交点 F 处，厂商决定均衡的劳动使用量 $\bar{L}$。

但这不意味着厂商就把价格确定在 F 点上。由于要素市场上只有一家厂商使用劳动，因而厂商不仅要选择劳动使用量，而且要决定支付给工人的工资率。对应于均衡的劳动使用量 $\bar{L}$，厂商会把价格压到最低，即劳动者愿意接受的最低工资率。这就是说，厂商会在 $\bar{L}$ 对应的劳动供给曲线上的 E 点处选择支付给工人的工资率，如图 7 - 17 中的 $\bar{r}$ 所示。

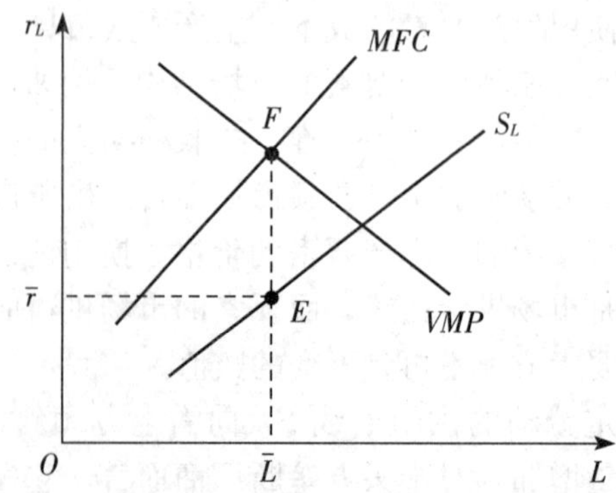

图 7 - 17　产品市场完全竞争而要素市场买方垄断条件下的要素价格决定

在买方垄断的要素市场上，厂商不仅要决定要素的使用量，而且要决定支付给要素的价格，因而在这类市场上，厂商并没有明确的要素需求曲线。

此外我们也注意到，如果要素市场是完全竞争的，那么市场将会在要素的市场需求曲线 VMP 与供给曲线 S_L 的交点处决定均衡的要素数量和要素价格。在要素市场买方垄断的条件下，由于劳动的边际要素成本曲线高于劳动的供给曲线，所以与完全竞争的生产要素市场相比，买方垄断市场上的劳动量较少，而工资率也更低。

四、产品市场卖方垄断而要素市场买方垄断条件下的要素价格决定

如果厂商在产品市场上是卖方垄断者，而在生产要素市场上又是买方垄断者，那么有关要素价格决定问题的分析即是上述两种垄断情形的综合。

从要素的收益方面来看，由于产品市场上厂商是卖方垄断者，其增加一单位要素使用量所增加的产品按边际收益为厂商带来收益增加，因而厂商使用要素的边际收益是要素的边际收益产品。同时，由于厂商的边际收益低于产品的价格，因而在产品卖方垄断的条件下，厂商使用要素的边际收益产品曲线低于要素的边际产品价值曲线。参见图 7－14和图 7－15。

从要素的成本来看，由于厂商是买方垄断者，其面临着整个市场的要素供给曲线，因而其使用要素的边际成本曲线高于要素的供给曲线。参见图 7－16。

厂商根据 $MRP=MFC$ 的原则决定要素使用量。如图 7－18 所示。在劳动市场上，厂商选择的劳动使用量由劳动的边际收益产品曲线与边际要素成本曲线的交点 F 所决定，如图中的 $\bar{L}$。对应于这一劳动使用量，厂商压低价格，在相应的劳动供给曲线上的 E 点处选择支付给工人的工资率 $\bar{r}$。

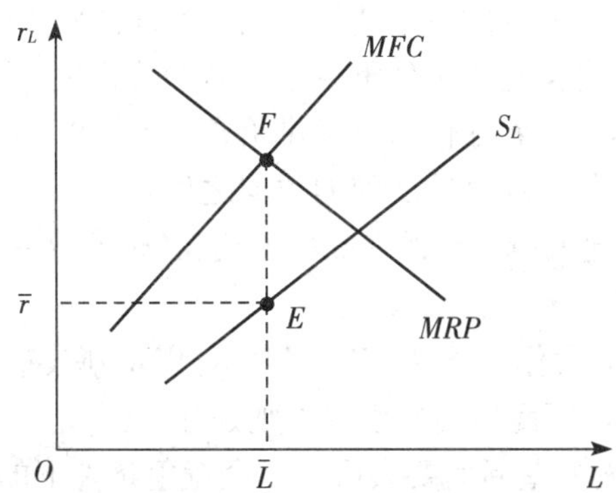

图 7－18　产品市场卖方垄断而要素市场买方垄断条件下的要素价格决定

同样地，在这类市场结构条件下，由于要素市场存在垄断，因而厂商并没有明确的要素需求曲线。

与产品市场完全竞争或（和）生产要素市场完全竞争的情形相比，产品市场上的卖方垄断使得产品的边际收益小于平均收益或者说小于价格，厂商使用要素的边际收益产品曲线低于其边际产品价值曲线，同时，要素市场上买方垄断又使得厂商使用要素的边际要素成本高于生产要素的价格，所以，在产品卖方垄断而要素买方垄断条件下所决定的要素价格和数量不仅低于完全竞争市场的情形，而且也是我们本节讨论的三种市场结构中最低的一种情况。

本章小结

生产要素的价格取决于厂商对要素的需求和家庭对要素的供给。本章我们转向了生产要素市场，分析生产要素价格的决定问题。与产品市场一样，在不同类型的要素市场上，要素价格决定会有所差异。我们所探讨的大部分内容集中于完全竞争市场。首先，我们在完全竞争市场条件下，分析了厂商对于生产要素的需求和家庭对生产要素的供给。第一节我们分析了厂商的利润最大化行为在要素市场上的具体表现，并最终得出厂商及市场的要素需求。在随后的第二节、第三节和第四节中，我们分析了家庭的效用最大化行为在要素市场上的表现，得到劳动、资本、土地等生产要素的供给。一种特定生产要素的需求和供给的相互作用决定了该要素的价格。借助于要素价格的决定，我们说明了劳动、资本、土地等要素所有者所能获得的收入。其次，我们在完全竞争分析的基础上把要素价格决定问题的讨论推广到不完全竞争情形。这是第五节的内容。

思考题

1. 说明生产要素理论在微观经济理论框架中的地位。

2. 简要说明完全竞争厂商对生产要素的需求曲线是如何得到的。

3. 简要说明影响劳动需求的因素。

4. 为什么劳动这种生产要素的供给曲线是向后弯曲的?

5. 以劳动为例，说明完全竞争条件下生产要素的价格决定。

6. 效用最大化的资本所有者如何向市场供给资本要素?

7. 你能说明储蓄行为与劳动供给之间的类似之处吗?

8. “地租率取决于土地上所生产的产品的价格”，你对这一句话是如何理解的?

9. 简述准租金的含义。

10. 为什么厂商利润最大化的条件 $MC=MR$ 可以重新表达为 $MFC=MRP$? 假如产品市场是完全竞争，那么，厂商使用要素的原则是什么?

11. 试推导产品市场卖方垄断而要素市场完全竞争条件下的要素需求曲线。

12. 以劳动市场为例，分析比较完全竞争与产品卖方垄断条件下的生产要素价格决定。

13. 以劳动市场为例，分析比较完全竞争与要素买方垄断条件下的生产要素价格决定。

14. 在要素市场上，如果厂商出卖产品时是卖方垄断的，而在购买生产要素时是买方垄断的，那么，该市场的要素价格是如何决定的? 试画图并加以说明。

第八章　一般均衡论和福利经济学

今天电话已经成为我们相互沟通的重要方式。电话的普及，一方面是由于家庭收入逐渐提高，另一方面新技术特别是光纤传输技术的应用大大降低了安装电话的成本。这种现象完全可以用供求分析加以说明。但是，我们发现电话在城乡普及所引起的影响远不止这么简单。就我们所提及的方面而论，电话的普及导致人们对信件邮递服务的需求急剧减少，电报更是很少有人问津。随之而来的是邮递员的工作职位减少，收入降低，生产和维修电报机的工厂倒闭。这些问题显然在电话服务的供求分析中并没有得到说明。本章我们将考察这种联系。

让我们再次回到经济的循环流程图上，如图 8-1 所示。通过对消费者行为、厂商行为的分析，我们得到了产品的需求和供给、要素的需求和供给，并说明了产品市场和要素市场的价格决定。但是，在分析某种产品或要素市场的价格决定问题时，我们通常假定该商品的供求是既定的，即我们把价格以外的影响供求数量的因素视为不变，这就忽略了不同市场上价格之间的相互影响。现实经济中的所有市场是共同存在、相互影响的，一个因素导致某一种商品市场上的需求或者供给发生了变化，必然会引起该商品市场价格的变动，而这种商品价格的变动又会成为另外一种商品需求或者供给变动的原因，进而导致其他商品的市场价格发生变化。那么，如果决定某种商品市场需求或者供给的因素发生了变动，所有的市场能同时达到均衡吗？

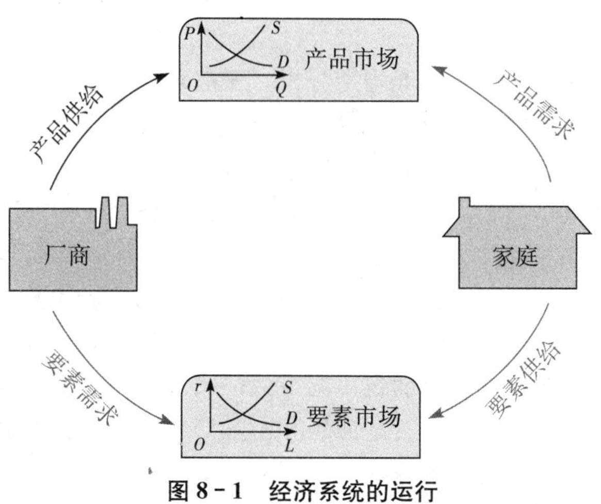

图 8-1　经济系统的运行

另外，若市场果真能使得所有市场同时处于一种稳定的状态，供求均衡，那么这种均衡到底好还是不好呢？谈到好与不好的问题，引入判断标准是必然的。本章要考察这些问题。

第一节　一般均衡理论概述

一、局部均衡和一般均衡

到目前为止，西方微观经济学分析的是单个市场、单个消费者和单个厂商的行为。通过对消费者效用最大化行为的分析，得出了消费者对商品的需求曲线。通过对厂商使用生产要素数量的分析，得出的结论是，厂商以既定的成本生产最大的产量或者生产既定的产量花费最小的成本是实现利润最大化的必要条件；同时，在产品市场上，厂商按边际成本等于边际收益的原则决定产量，从而确定了产品的供给曲线。对应于一个特定的产品价格，厂商把按边际收益等于边际成本的原则确定的产量视为既定，按生产要素最优组合方式调整各种要素投入量，也就决定了要素的需求曲线。作为要素供给一方，消费者在生产要素市场上的效用最大化行为表现为要素供给曲线。在产品和要素市场上，需求与供给的相互作用决定市场均衡价格和数量。这样，我们就已经对图 8－1 所示的经济系统的运行给出了一个全面的分析，并初步建立了各个市场之间的联系。

然而，尽管我们注意到了不同市场上的相互联系，但在对消费者、厂商和市场行为进行分析的过程中，一个隐含的假定是除了所论及的对象之外，所有的其他条件保持不变。通常，在其他条件不变的情况下考察单个经济单位或市场的分析是局部分析，这些被考察对象达到的均衡状态被称为局部均衡，与此相关的理论属于局部均衡理论的范畴。特别是，在对某一市场进行局部均衡分析时，一种商品的价格被看成是仅仅受该商品需求和供给的影响，而该商品的供求与其他市场无关，在这种情况下市场供求相等所决定的价格就是局部均衡价格。

与局部均衡分析相对应的是一般均衡分析。**一般均衡**是指经济中所有经济单位及其市场同时处于均衡的一种状态，这种均衡状态下所有市场上的价格就是一般均衡价格。把经济中的所有经济单位和所有市场相互联系起来加以考虑，分析其达到均衡及其相互影响，这种分析方法就是一般均衡分析，相应的理论就是一般均衡理论。

例如，消费者消费面包，从而对面包形成需求；厂商生产面包，则对面包形成供给。利用局部均衡分析，面包市场的供求均衡决定面包的市场价格，这一供求相等的状态就是局部均衡。但是，需要面包的消费者购买面包需要收入，而收入又来源于要素市场，比如劳动市场。因此，如果把面包市场与劳动市场联系在一起加以考察，这就突破了局部均衡分析的范围。如果不仅考察面包和劳动市场，也考察粮食、其他商品和要素市场，则这种分析就是一般均衡分析。

一般均衡理论扩展了局部均衡的分析，其核心是一般均衡价格的决定问题。下面我们简要说明一般均衡理论的基本思想及其主要结论。

二、一般均衡理论的基本思想

一般均衡理论的基本思想是考察经济系统所有市场的相互联系，分析所有市场同时均衡的状态。早在1874年，法国经济学家瓦尔拉斯在《纯粹经济学要义》一书中就建立了被后人称为瓦尔拉斯一般均衡理论的分析框架，用以说明不同市场的供求对价格的相互影响。这一分析框架，至今仍被沿用。

背景资料

瓦尔拉斯与一般均衡理论

瓦尔拉斯是数理学派中洛桑学派的创始人，也是边际效用论的首创者之一。瓦尔拉斯在边际效用价值论的基础上，提出了一般均衡理论。他认为，市场上所有各种商品的供给、需求和价格是相互影响、相互依存的，因此，不仅要研究两种商品交换时的价格决定，更重要的还必须考察市场上所有商品的供给和需求同时达到均衡状态时的价格的决定，即必须建立一般均衡价格理论体系。

从供求相等的思想出发，瓦尔拉斯认为，任何一种商品的供给与需求，不仅是这一商品价格本身的函数，而且也是所有其他商品价格的函数。因此，一般均衡的理论框架就在所有市场上供求函数相等基础上建立起来了联立方程组。瓦尔拉斯不仅第一个提出了一般均衡的数学模型，而且也试图在这一模型的基础上解决一般均衡的存在性问题。同时，借助于“拍卖者假设”，瓦尔拉斯说明了市场均衡的实现过程。在他看来，当市场需求量大于供给量时，拍卖者就提高价格，从而使得需求量减少，供给量增加，这种不断竞价的过程将使得所有市场的需求等于供给。

除此之外，瓦尔拉斯对一般均衡的唯一性、稳定性及最优性等问题也做出了开创性的探索。

一般均衡分析是建立在每个经济当事人和市场达到局部均衡基础之上的。

首先从产品需求的角度来看，在既定的收入约束条件下，每个消费者按效用最大化的原则选择消费不同商品的组合，在达到均衡时决定对不同商品的需求量。消费者对某一种商品的需求量不仅取决于该商品本身的价格，也取决于其他商品的价格，并且与消费者的收入有关。但是消费者的收入又取决于消费者提供的生产要素的数量和价格。因此，在要素数量既定的条件下，每个消费者对商品的需求取决于所有产品和所有生产要素的价格，商品的市场需求也是如此。一言以蔽之，当局部均衡扩展到一般均衡时，一种商品的需求取决于所有的价格。

其次从产品的供给的角度来看，厂商按边际收益等于边际成本的利润最大化原则决定产品的供给量。在均衡状态下，厂商的供给量取决于该商品的价格，也与生产的成本密切相关。一方面，在既定的成本下，如果厂商生产不止一种产品，则其他商品的价格会影响到一种特定商品的供给量。另一方面，厂商的成本又取决于生产要素的使用量和要素价格，这样，在要素数量既定的条件下，厂商对于产品的供给也取决于生产要素的价格。因此，厂商对一种产品的供给以及市场供给也取决于所有产品和生产要素的价格。

再次从要素需求方面来看，厂商按不同产品的价格决定产品的生产量，同时根据要素最优组合条件按不同的要素价格决定不同要素的使用量。因此，厂商使用要素的数量也取决于所有产品和各种生产要素的价格。

最后从要素的供给方面考察，要素的供给来源于家庭或者消费者。与产品的需求一样，寻求效用最大化的家庭把提供要素看成是获取收入并由此取得其他消费的过程，因而他也会根据产品价格和要素价格决定自身供给要素的数量。

由此可见，无论是在产品市场上，还是在要素市场上，每种产品或者要素的需求量和供给量都最终取决于所有商品和要素的价格。

假定经济系统中共有 n 种产品和生产要素，它们的市场价格分别为 P_1，P_2，…，P_n。则根据上面的分析，某一种商品或要素的市场需求可以表示为：

$$Q_i^D=D_i(P_1,P_2,\cdots,P_n),i=1,\cdots,n \tag{8.1}$$

同样地，每种商品或者要素的市场供给可以表示为：

$$Q_i^S=S_i(P_1,P_2,\cdots,P_n),i=1,\cdots,n \tag{8.2}$$

当市场需求等于市场供给时，一种产品的市场处于均衡状态。比如，第一种商品的均衡状态表示为：

$$Q_1^D=Q_1^S \tag{8.3}$$

如果所有的商品和要素市场同时处于均衡，那么经济处于一般均衡。此时，每个市场的供求处于均衡：

$$Q_i^D=Q_i^S,i=1,\cdots,n \tag{8.4}$$

于是，满足条件（8.4）式的价格 P_1，P_2，…，P_n 使得经济处于一般均衡，而这一系列价格相应地被称为**一般均衡价格**。

以上分析说明，如果说局部均衡分析是讨论由一个产品的需求和供给相等决定一个均衡价格的话，那么一般均衡分析则是用 n 个需求等于供给的条件决定 n 个价格。这反映出了一般均衡分析的基本思想。

三、一般均衡的存在性问题

既然一般均衡分析的基本思想是考察 n 个市场供求相等的均衡条件决定 n 个价格的问题，那么这 n 个价格是否存在的问题就成为一般均衡理论需要解决的问题。

那么，当把 n 个市场供求相等的均衡条件所决定的一般均衡模型看成一个联立方程组时，一个最基本的问题就是这一联立方程组是否有解，这取决于 n 个方程是否相互独立。但是，从经济学的角度来看，当我们把所有的市场联系起来加以考察时，有一个基本的现象，那就是无论商品的价格有多高，经济中所有的支出总和一定等于所有的收入总和，这与是否均衡无关。这一结论被称为**瓦尔拉斯定律**。用公式表示为：

$$\sum_{i=1}^{n}P_iQ_i^D=\sum_{i=1}^{n}P_iQ_i^S \tag{8.5}$$

上述等式对任意的价格都相等，因而是一个恒等式。理解瓦尔拉斯定律并不困难，如果市场上只有一家水果店，那么它一天的营业收入一定等于这一天所有在这一商店购买水果的消费者的支出总和，并且无论价格是多少，也不管是否打折，水果店的收入等于大家的支出这一点总是成立的。在整个经济中也是如此。

对于试图回答（8.4）式给出的联立方程组是否有解的一般均衡理论而言，瓦尔拉斯定律所产生的影响是消极的。因为通过瓦尔拉斯定律成立，我们可以知道（8.4）式中的 n 个方程不可能相互独立，其中有一个方程可以由其他的方程所表示。这也就是说，我们不可能借助于 n 个商品或要素的市场均衡条件直接求出唯一的 n 种商品的价格，一般均衡价格存在与否还没有答案。

但是从整个经济系统看，如果假定一种商品的价格为 1，即把该商品作为“一般等价物”，即把它看成货币，则不影响整个分析。在经过上述处理之后，（8.4）式所决定的方程个数可以被简化为 $n-1$ 个。据此，瓦尔拉斯得出结论：在完全竞争条件下，存在着 n 个价格（其中货币的价格为 1），它们恰好使得经济中所有的市场同时处于均衡，即一般均衡价格是存在的。

背景资料

一般均衡理论及其发展

正如我们所理解的那样，瓦尔拉斯的一般均衡理论可以概括为以下几个方面：第一，在特定的一系列价格下，每个消费者追求最大化的效用满足，从而决定消费每种商品的需求；第二，每个厂商为了自身的利润最大化，在一系列价格下选择提供产品的数量，并决定每种商品的供给；第三，当商品的需求等于供给时，该商品的市场处于均衡；第四，所有的商品或要素市场处于均衡时，经济处于一般均衡状态，这种状态下所有市场的均衡价格构成的一系列价格就是一般均衡价格。因此，一般均衡问题最终归结为由 n 种商品的供求相等所决定 n 个方程的联立方程组是否存在 n 种商品价格的问题。但是，由于瓦尔拉斯定律成立，由市场均衡所决定的 n 个方程构成的方程组不可能有唯一解。在选择了一般等价物之后，瓦尔拉斯断言，一般均衡价格是存在的。

瓦尔拉斯的一般均衡理论尽管是基础性的，但其结果并没有说服力，甚至可以说是错误的。事实上，未知量的个数等于方程个数的条件，既不是一个方程组有解的必要条件，也不是充分条件。退一步说，即使这些方程有解，也不能断定这些解一定是正数值。因此，现代西方经济学的一般均衡论首先要解决的是一般均衡价格存在与否的问题。

大约在 20 世纪 40 年代，证明一般均衡存在性的数学理论有了长足的进步，集合论、拓扑学等数学方法的应用，特别是不动点定理为证明存在性奠定了基础。于是，后来的阿罗、德布鲁等人应用这些数学结论在严格的假设条件下给出了一般均衡存在性的精确论述。证明**所需要的假设条件**主要有：任何厂商都不存在规模报酬递增；每一种商品的生产至少必须使用一种原始生产要素；任何消费者所提供的原始生产要素都不得大于它的初始存量；每个消费者都可以提供所有的原始生产要素；每个消费者的序数效用函数都是连续的；消费者的欲望是无限的；无差异曲线凸向原点；等等。粗略地说，在完全竞争条件全部得到满足的情况下，一般均衡体系就有均衡解存在。

西方经济学一般均衡论的扩展主要体现在以下几个方面：一是把生产引入一般均衡

存在性证明之中，在既包括生产又包括交换的经济模型中证明了一般均衡解的存在性；二是把存在性证明所要求的条件进一步降低，上面已经说过，在现在证明的结论中，只有在非常严格的假定下，一般均衡解才会存在，但这些假设条件在现实生活中是很难得到满足的，西方经济学家力图证明，在更宽松的假设条件下，一般均衡解仍会存在；三是把不确定性引入一般均衡分析框架中。另外，一般均衡的发展还要引入时间因素，分析动态的一般均衡情况。

第二节　经济效率和帕累托最优标准

到目前为止，西方微观经济学的讨论主要限于对市场机制运行状况的描述。主要结论是，在完全竞争条件下，市场机制可以使得经济处于供求相等的一般均衡状态。本章余下的部分集中考察市场机制运行结果的优劣问题。

一、判断市场效率的标准

判断某一经济行为后果的优劣需要设立一个标准。通常可以作为评判经济运行效果的标准是效率、公平、稳定和增长。效率侧重于对资源配置结果的评价，公平则主要用于收入分配结果的评判，而稳定和增长则是对经济总体运行状况的评价，这属于宏观经济学研究的范畴。就资源配置而言，效率是判断经济行为后果的首要标准。

从资源配置的角度理解，经济运行富有效率一般是指一个经济以最小的成本生产出人们所需要的产品。也就是说，在经济社会资源既定的条件下，经济体系生产的目的是满足消费者的需求，并且，如果人们的欲望和需求能以更低成本的方式得到满足，那么经济体系就会选择这种方式。在有效率的经济中，既定的资源通过市场的配置生产出来的产品使得人们获得最大满足。

在现代西方经济学中，经常作为判别经济效率的标准是由 19 世纪意大利著名经济学家帕累托提出来的，故名帕累托效率标准，简称为**帕累托标准**。依照帕累托效率标准，最优状态是指经济社会不可能在不损害其他成员境况的条件下通过资源的重新配置来使得某些人的境况得到改善。例如，李明有一个梨，而王新有一本书，但王新喜欢吃梨，而李明喜欢看书，那么李明吃梨而王新得到书这种配置就不是帕累托最优的，因为他们二人把梨和书交换一下，双方都会感到比原来更好。这就意味着存在着一种重新配置资源的方法，这种再配置可以在不使得李明感到不愉快的条件下使得王新得到“好处”。同样就上述配置而言，如果王新喜欢书而不喜欢吃梨，尽管李明也喜欢书，那么二者交换可以使得李明的境况得到改善，但却使得王新的境况受到损害。这时，原来李明拥有梨而王新得到书这种配置就是帕累托最优的。

根据帕累托最优状态的定义，我们还可以定义帕累托增进的概念。如果经济社会通过资源重新配置可以在不使得他人境况受到损害的条件下使得某些人的境况得到改善，则社会福利得到增进。如果一种资源的再配置使得一些人的福利状况得到改善，却使得其他人福利状况受到损害，那么这种资源的再配置就不能使得社会福利得到增进。由此可见，帕累托最优状态是社会福利不可能再得到进一步增进的一种状态。

背景资料

帕累托与帕累托最优标准

帕累托是19世纪意大利经济学家，洛桑学派的代表人物之一。帕累托将统计资料和数学工具结合起来分析经济理论问题，改进并发展了洛桑学派的一般均衡理论。帕累托一个重要的贡献是提出了福利经济学中最著名的帕累托标准。在研究一个经济体系的效率时，主要问题是资源是否得到了合理的配置，使产品能最大限度地满足人们的需要。用于分析这一问题的概念就是"经济效率"。对经济效率的高低做出评价，就要涉及种种价值判断，就要依据一定的标准。在这些判断标准中，最常用的标准就是帕累托最优标准。

假设整个社会只有两个人，且只有两种可能的资源配置状态A和B，西方经济学者经过分析认为，两人社会在两种可能的资源配置状态中的一种选择标准为：如果两人中至少有一人认为A优（或劣）于B，而没有人认为A劣（或优）于B，则认为从社会的观点看，亦有A优（或劣）于B。如果两人都认为A与B无差异，则认为从社会的观点看，亦有A与B无差异。帕累托把上述思想用于说明社会的最优状态，即不可能进一步得到改进的状态就是帕累托最优状态，这一标准简称为帕累托最优标准。

利用帕累托最优标准，经济学家可以对资源配置状态给出评判：满足帕累托最优状态的经济运行结果就是有经济效率的；反之，不满足帕累托最优状态的结果就是缺乏经济效率的。

二、经济符合帕累托最优标准的条件

以上说明的帕累托最优状态仍较为抽象，下面考察这种状态在各种特定经济条件下的表现，说明实现帕累托最优所应满足的条件，从而给出帕累托最优标准的"细则"。

（一）交换符合帕累托最优标准的条件

假定经济处于纯粹交换的状态，其中只有A和B两个消费者，他们消费两种商品1和2。假定整个经济社会拥有的两种商品的数量分别为Q_1和Q_2。于是，社会可以就这两种商品进行交换和配置。对应于两个消费者消费既定的商品数量组合，当不可能在不损害一个人境况的情况下使得另外一个人的境况得到改善时，那么经济中的交换处于帕累托最优状态。为了得到交换符合帕累托最优标准的条件，西方经济学中采用埃奇沃斯框图作为工具加以说明。

如图8-2所示，横轴表示商品1的数量，纵轴表示商品2的数量。长方形的长恰好等于社会拥有的第一种商品的数量Q_1，长方形的宽表示社会拥有的第二种商品的数量Q_2。进一步，假定长方形的左下角横轴和纵轴表示消费者A消费两种商品的数量，而右上角表示消费者B消费两种商品的数量。则埃奇沃斯框图中的任何一点都是对社会既定

的商品数量 Q_1 和 Q_2 的一个分配。

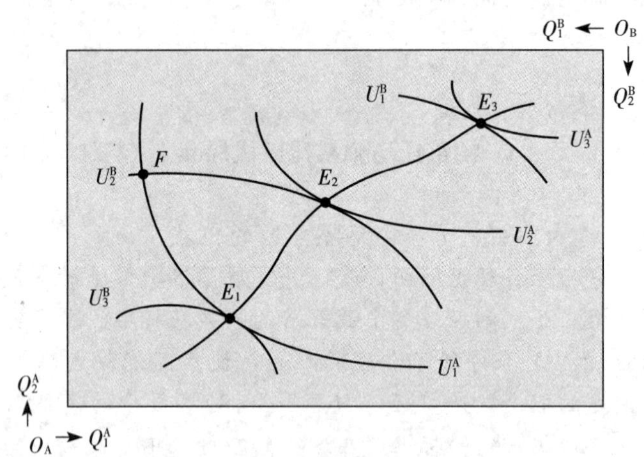

图 8－2　交换符合帕累托最优标准的条件

对于消费者 A 而言，他自身的境况可以由他消费两种商品获得的满足程度加以表示。利用我们在第三章中表述的无差异曲线，以 O_A 作为原点，消费者 A 的境况可以由一系列无差异曲线表示，如图 8－2 中的 U_1^A 和 U_2^A 等。随着 A 拥有两种数量的增加，无差异曲线 U^A 由左下方向右上方延伸逐渐远离原点 O_A，消费者 A 获得的满足也就越来越大。同样地，对于消费者 B 而言，以 O_B 作为原点，消费者 B 的境况由无差异曲线 U_1^B 和 U_2^B 等加以表示。随着 B 拥有两种数量的增加，无差异曲线 U^B 从原点 O_B 出发向左下方延伸，B 获得的满足也就越来越大。

对应于经济社会对两个商品的一个特定配置，在埃奇沃斯框图中有一点比如 F 与之对应。过 F 点，消费者 A 消费相应的两种商品的数量可以获得的满足由 U_1^A 表示。同样，在 F 点，消费者 B 获得其余的消费数量，由此得到的效用满足由 U_2^B 表示。那么，F 点所对应的配置是经济社会的帕累托最优状态吗？

在图 8－2 中，两个消费者的无差异曲线 U_1^A 与 U_2^B 在 F 点相交。这时，沿着 U_2^B 变动对两个商品的配置，那么对 B 而言无差异，这就是说，消费者 B 境况没有因为这种变动而受到损害。但对消费者 A 而言，由于 U_2^B 凸向 B 的原点 O_B，因而沿这条无差异曲线变动使得 A 的效用水平提高。这就意味着，相应于 F 点而言，存在着在不损害消费者 B 的境况的条件下改善 A 的途径。因而，F 点所表示的对两种商品的配置不是帕累托最优的。

通过重新配置资源，我们可以发现：只有当 A 和 B 两个消费者的无差异曲线相切时，经济社会对两种商品的配置才不存在帕累托增进的可能。也就是，当资源沿着 U_2^B 进行重新配置过程中使得 A 达到的效用满足水平 U_2^A 恰好与 U_2^B 相切时，对两种商品的配置达到帕累托最优状态，如图 8－2 中的 E_2 点。在 E_2 点，两个消费者的无差异曲线相切，因而其斜率的绝对值相等。而无差异曲线斜率的绝对值又是消费两种商品的边际替代率，因此，**交换符合帕累托最优标准的条件是，A 和 B 两个消费者消费两种商品 1 和 2 的边际替代率相等**，即

$$RCS_{1,2}^{A} = RCS_{1,2}^{B} \tag{8.6}$$

上述条件也可以由一个数字例子加以说明。假定消费者 A 关于商品 1 对商品 2 的边际替代率等于 1，消费者 B 关于商品 1 对商品 2 的边际替代率等于 2。这意味着消费者 A 愿意以 1 单位商品 1 与 1 单位商品 2 相交换，而消费者 B 愿意以 1 单位商品 1 与 2 单位商品 2 相交换，这种交换都不会使得他们各自的境况受到损害。现在，假定将消费者 A 的 1 单位商品 1 转给消费者 B，将消费者 B 的 2 单位商品 2 交换给 A，那么对于 B 来说，他的境况没有受到任何的损害，但这种重新配置对 A 来说却是有利的，因为 A 认为补偿给他 1 单位的商品 2 即可。这说明，当两个消费者消费两种商品的边际替代率不相等时，通过对消费数量的重新分配，社会可以在不损害他人境况的条件下使得某些人的境况得到改善，因而两个消费者消费两种商品的边际替代率相等是交换处于帕累托最优状态的条件。

上述条件是在社会只有两个消费者，而他们只消费两种商品的情况下得到的，但交换处于帕累托最优状态的条件可以很容易被推广到多个人消费多种商品的情形。在一般情形中，交换处于帕累托最优状态的条件可以表述为：任何两个消费者消费任何两种商品时的边际替代率都相等。

此外，在埃奇沃斯框图中我们还可以看出，满足帕累托最优标准的配置不止一个，两个消费者无差异曲线相切的所有的点都符合这一条件。通常，把所有切点连成的一条曲线称为**交换契约曲线**。

（二）生产符合帕累托最优标准的条件

现在考察经济社会利用既定数量的生产要素生产多种商品的处于帕累托最优状态的条件。与交换的情形类似，同样为了简单起见，假定社会只使用劳动 L 和资本 K 两种生产要素生产两种商品，它们生产的两种商品的数量分别为 Q_1 和 Q_2。于是，社会可以将一定数量的两种生产要素组合分别配置在两种商品的生产上。对于一个特定的配置而言，社会不可能在不减少一种产品产量的条件下使得另外一种产品的产量得到增加，那么生产处于帕累托最优状态。同样，生产符合帕累托最优标准的条件，也可以借用埃奇沃斯框图加以说明。如图 8-3 所示。

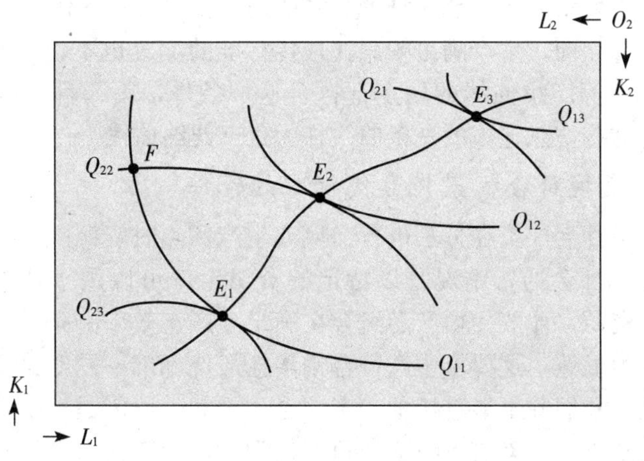

图 8-3　生产符合帕累托最优标准的条件

在图 8-3 中，横轴表示劳动 L 的数量，纵轴表示要素 K 的数量，并且长方形的长和宽恰好等于社会拥有的劳动和资本的总量 $\bar{L}$ 和 $\bar{K}$。进一步，假定以埃奇沃斯框图的左下角 O_1 为原点向右上方延伸的坐标平面表示投入于商品 1 的两种生产要素组合，其中 L_1 和 K_1 分别表示投入于商品 1 的劳动和资本的数量；以右上角 O_2 为原点向左下方延伸的坐标平面表示投入于商品 2 的两种生产要素的组合，其中 L_2 和 K_2 分别表示投入于商品 2 的劳动和资本的数量。位于埃奇沃斯框图中的任何一点都是对既定生产要素和用于商品 1 和商品 2 两种产品生产的一个配置。

对于商品 1 而言，生产要素投入量与产出量之间的关系可以由等产量曲线加以表示。根据第四章第四节的说明，商品 1 的等产量曲线有无数多条，每一条代表一个产量值，并且离原点越远，代表的产量值越高；任意两条等产量曲线不相交；等产量曲线向右下方倾斜，并且凸向原点；如图 8-3 中的 Q_{11} 和 Q_{12} 所示。其中，等产量曲线的斜率绝对值反映了生产产品 1 时劳动对于资本的边际技术替代率 $RTS^1_{L,K}$。同样地，对于商品 2 而言，在以埃奇沃斯框图右上角为原点的坐标平面中，也有类似的等产量曲线 Q_{21} 和 Q_{22}。

对于生产要素的任意配置，如埃奇沃斯框图中的 F 点，它对应着分别用于商品 1 和商品 2 的投入数量。过 F 点，如果两种产品的等产量曲线相交，如图 8-3 中 Q_{11} 与 Q_{22}，这时，沿商品 2 的等产量曲线 Q_{22} 移动，则可以在不减少第二种商品产量的条件下使得商品 1 的产量增加。当生产要素的组合点在 Q_{22} 上移动到与商品 1 的等产量曲线 Q_{12} 相切的 E_2 点时，不可能在不减少一种产品产量的条件下增加另外一种产品的产量了。这时，生产达到帕累托最优状态。

根据上述分析，只有当两种产品的等产量曲线相切时，生产处于帕累托最优状态，此时，两种产品的等产量曲线相切，从而斜率相等。而等产量曲线斜率的绝对值又是两种要素的边际技术替代率，因此，**生产符合帕累托最优标准的条件是，两种生产要素生产两种产品时的边际技术替代率相等**，即

$$RTS^1_{L,K}=RTS^2_{L,K} \tag{8.7}$$

在多种生产要素生产多种商品的情形中，生产处于帕累托最优状态的条件可以一般地表述为：任何两种要素生产任意两种产品时的边际技术替代率都相等。

与纯交换的情形相同，生产满足帕累托最优标准的配置也不止一个，在埃奇沃斯框图中，两种产品所有等产量曲线的切点都符合这一条件，因而都是帕累托最优状态的点。通常，把所有这些切点连成的一条曲线称为**生产契约曲线**。

（三）生产与交换符合帕累托最优标准的条件

以上分别讨论了社会成员在分别进行交换或生产商品时资源配置符合帕累托最优标准的条件。不过经济社会通常情况是以特定的资源生产可以用于消费的产品组合，那么，社会如何配置资源，才能使得产品组合在满足生产有效率的条件下使得交换符合帕累托最优标准呢？很显然，这要求生产符合帕累托最优标准，同时又要满足交换的帕累托最优标准。但是，我们并不能直接把二者综合到一起，原因是，上述生产符合帕累托最优状态的标准是从生产要素投入组合的角度得到的，而交换符合帕累托最优状态的标准则要求产品组合达到最优。要解决这一问题，我们需要说明第一章中就已经提到的生

产可能性曲线中所隐含的生产符合帕累托最优以及产品的转换性质。

正如我们已经知道的那样，生产可能性曲线表示社会使用既定生产资源所能生产的各种产品的最大数量组合。如图 8-4 所示。假定社会用既定的生产资源生产两种商品，两种商品的生产量分别为 Q_1 和 Q_2。对应于商品 1 的某一特定生产数量，社会可以生产的商品 2 的最大数量位于生产可能性曲线上。如图中生产可能性曲线上的 A 点，社会在生产商品 1 的数量 Q_{11} 保持不变的条件下所能生产的商品 2 的最大数量为 Q_{21}。生产可能性曲线所隐含的“最大”事实上说明，在这一曲线上生产符合帕累托最优，因为不可能在不减少一个产品产量的条件下增加另外一种商品的产量了。

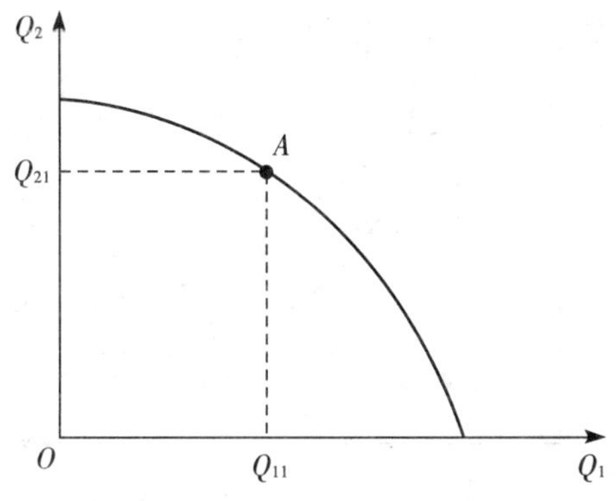

图 8-4　生产可能性曲线

图 8-4 所示的生产可能性曲线具有两个突出的特点：一是它向右下方倾斜；二是它由原点向外凸出。生产可能性曲线的第一个特点表明，在生产资源既定的条件下，沿着生产可能性曲线，增加一种产品的产出量会导致另一种产品产出量下降。这种反方向变化的关系说明两种产出之间的“转换”关系，即减少第一种商品的产出量可以多生产第二种商品，因而生产可能性曲线又被称为产品转换曲线。

生产可能性曲线的第二个特点需要借助于产品边际转换率的概念加以解释。**产品的边际转换率**也简称为产品转换率或边际转换率，它表示在社会资源既定的条件下，增加一单位商品 1 而必须放弃的商品 2 的产量，通常简单地表示为 $RPT_{1,2}$。在生产可能性曲线某一特定点上，假定商品 1 的产量增加量为 ΔQ_1，相应地，商品 2 的改变量为 ΔQ_2，则在这一点两种产品的边际转换率用公式表示为：

$$RPT_{1,2}=-\frac{\Delta Q_2}{\Delta Q_1} \tag{8.8}$$

在生产可能性曲线上，增加一种商品的生产必然要减少另外一种商品的生产量，因而式中的负号是为了使得产品转换率取正数值，即产品的边际转换率是生产可能性曲线或产品转换曲线的斜率的绝对值。

生产可能性曲线的第二个特点意味着，随着第一种商品生产数量的增加，多生产一单位该商品需要减少的另外一种商品的数量逐渐增加。也就是说，一种产品产量的增加，该产品对另外一种产品的边际转换率逐渐递增。产品的边际转换率何以递增呢？事实上，这再次是由于要素的边际产量递减规律在发挥作用。假定社会生产两种产品所需要的劳动是既定的，那么随着商品 1 产量的增加，需要投入的劳动数量增加，相应地，用于商品 2 生产的劳动投入就会减少。由于劳动的边际产量服从递减规律，因而随着商品 1 的产量增加，每增加一单位该产品所需要增加的劳动数量就会增加，从而用于商品 2 生产的劳动减少量增加，并最终使得商品 2 产量的减少量越来越大。因此，产品的边际转换率 $RPT_{1,2}$ 逐渐增加，这就说明生产可能性曲线必然是由原点向外凸出。

在重新表述的生产可能性曲线所隐含的产品转换性质之后，现在我们转而考察经济社会用于交换的两种产品既达到生产的最优状态又达到交换的最优状态的标准，即分析符合交换和生产同时最优的帕累托最优标准的条件。如图 8-5 所示。

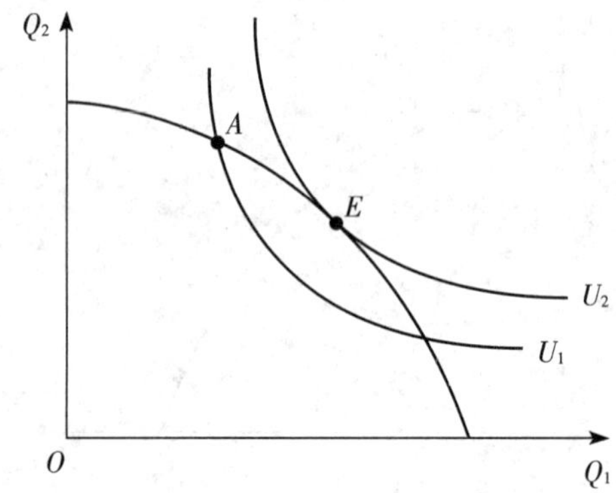

图 8-5　生产与交换符合帕累托最优标准的条件

假定社会使用既定的资源生产两种商品，而消费者又消费这两种商品。社会生产这两种商品的帕累托最优状态由生产可能性曲线表示出来。消费者消费这两种商品获得的满足程度则由消费者的无差异曲线表示出来。在生产可能性曲线上的某一点比如 A 处，生产处于最优状态，但它未必是消费者最需要的商品组合。描绘出过 A 点的消费者的一条无差异曲线，比如 U_1，它与生产可能性曲线相交。那么，沿着生产可能性曲线移动，可以找到使得消费者获得更高效用的商品组合。特别是，当消费者的无差异曲线与生产可能性曲线相切时，社会不可能实现再改善消费者境况的商品组合了，如图 8-5 中的 E 点。这时，生产和交换同时达到了帕累托最优状态。

由以上分析可以看出，**生产与交换符合帕累托最优标准的条件是产品转换曲线的斜率与消费者的无差异曲线的斜率相等：**

$$RCS_{1,2}=RPT_{1,2} \tag{8.9}$$

即，消费者消费两种商品时的边际替代率等于厂商生产这两种商品时的边际转换率。

以一个数字例子来看，如果经济社会生产两种产品的转换率为 1，而消费者对这两种商品的边际替代率为 2，那么社会放弃 1 单位第二种商品就可以等量地生产出 1 个单位的第一种商品。而在消费者看来，保持效用水平不变，1 单位第一种商品可以代替 2 单位第二种商品。这样，社会增加 1 单位第一种商品的生产并把它补偿给消费者，而消费者愿意放弃掉的 2 单位第二种商品中只有 1 单位被用于生产第一种商品就足够了，即社会可以在不损害消费者的条件下多得到 1 单位的第二种商品。因此，在两种产品的转换率不等于这两种商品的边际替代率时，社会利用多得到的 1 单位第二种商品使得社会成员的福利得到进一步提高。

同样，(8.9) 式表示的生产与交换符合帕累托最优状态的条件是在经济社会只有一个消费者消费两种产品的情形中得到的，但这一条件可以推广到更广泛的情形中。生产与交换符合帕累托最优状态的条件可以一般性地表述为：任意两个消费者消费任意两种商品时的边际替代率都等于这两种商品生产中的边际转换率。

案例小品

航空预订机票方式的改良

为了方便乘客，同时也为了更好地确定航班计划，几乎所有的航空公司都会采取预订机票的方式。但是，在预订了机票的乘客当中，经常会有一些人临时改变行程，而航空公司却不能事先知道这一点。这就会导致航班因此空着一些座位。尽管收取一定数量的订票费，航空公司可以获得一定数量的补偿，但对航空公司来说，出现空位不仅对自身有损失，对需要乘机但未能买到票的乘客也是一种损失。为了解决这一问题，可能的方案是：

第一种解决方案是，乘客全部承担费用。不过在这种情况下，航班空座位的情况并没有消除。

第二种方案是由航空公司在实践中创造出来的方式。在合理估计的基础上，卖出比实际座位数更多的机票数量，即多售票。航空公司采取多售票的方法产生的问题是，有时可能出现一些购买到机票的乘客因没有座位而耽误行程的情况。

过去对于没有座位的预订了机票的乘客，航空公司采取的方案是取消最后到达的乘客的座位，安排其乘坐下一趟航班，但一般没有补偿。这种方式引起了乘客的广泛不满。

在竞争日益激烈的今天，航空公司采取的策略是，给预订机票但没有拿到座位的乘客升舱，即在头等舱空位的情况下，让这些人乘坐。如果头等舱也没有空位，就提供下次航班的打折（或者免费机票）让所有的乘客选择。这样就极大地减少了乘客的抱怨。

那么请思考：采用超额售票以前，航空业的资源配置是不是达到了帕累托最优状态？采取超额售票和相应灵活策略是不是能实现帕累托增进？

第三节　完全竞争市场符合帕累托最优标准

本章第一节已经说明，在完全竞争经济中，存在着所有市场同时均衡的状态。现在要说明的是，这种一般均衡状态符合帕累托最优标准，从而也就证明完全竞争的一般均衡达到了帕累托最优状态。

一、完全竞争市场符合帕累托最优标准的证明

由一般均衡理论的基本结论可以知道，在完全竞争市场上存在一系列价格，这些价格恰好使得经济社会中所有的经济单位处于自身最大化的状态，所有的市场处于供求相等的均衡状态。对应于这一特定的市场均衡状态和一般均衡价格，如果它们能使得交换、生产以及交换与生产均符合帕累托最优标准的条件，那么完全竞争市场的一般均衡状态就是帕累托最优状态。下面验证完全竞争的一般均衡状态是否符合上一节中提到的帕累托最优标准的条件。

首先，从交换的角度来看，对于任意一个消费者而言，为了自身的效用最大化，消费者在既定收入约束条件下选择的消费两种商品的最优数量满足的条件是商品的边际替代率等于相应商品的价格比，即

$$RCS_{1,2}=\frac{P_1}{P_2} \tag{8.10}$$

式中，P_1 和 P_2 分别是消费者消费的第一种商品和第二种商品的价格。

在完全竞争市场上，每一个消费者都是价格接受者，因而在一般均衡状态下，所有消费者面对的产品价格相同，因而（8.10）式意味着，所有消费者消费任意两种商品的边际替代率都相等，即交换符合帕累托最优标准的条件（8.6）式成立。

其次，从生产方面来看，每个厂商生产的目的都是利润最大化。从第四章第五节的分析中我们知道，为了获得最大化的利润，厂商将把生产要素投入确定在最优组合点上，即厂商将使得生产要素的边际技术替代率等于相应要素价格之比，即

$$RTS_{L,K}=\frac{r_L}{r_K} \tag{8.11}$$

式中，r_L 和 r_K 分别是厂商使用的生产要素劳动 L 和资本 K 的市场价格。

同样，由于在完全竞争市场上，厂商都是价格接受者，因而所有生产者面对的生产要素价格都相同。于是，当经济处于一般均衡时，任意两个生产者使用任意两种生产要素的边际技术替代率都相同。这样，（8.11）式意味着生产符合帕累托最优标准的条件（8.7）式成立。

最后，从交换与生产两个方面同时考虑，在完全竞争市场上，消费者按（8.10）式决定的商品数量选择两种商品的消费组合。厂商为了获取最大的利润按边际收益等于边际成本的原则把产品生产出来并提供给市场。在完全竞争市场上，厂商的边际收益等于产品的价格，因而厂商将把每种产品的产量选择在价格等于边际成本之点。

如果厂商使用既定的资源生产两种产品，那么由于厂商面临的生产要素市场是完全竞争的，因而厂商的总成本也就是既定的。这时，厂商增加一种商品的生产所增加的成本就等于减少另外一种产品生产的成本。因此，增加一单位产品 1 所放弃掉产品 2 的产量与产品 1 的边际成本成正比，与产品 2 的边际成本成反比，即

$$RPT_{1,2}=\frac{\Delta C}{\Delta Q_1}\cdot\frac{\Delta Q_2}{\Delta C}=\frac{MC_1}{MC_2} \tag{8.12}$$

式中，MC_1 和 MC_2 分别表示厂商生产商品 1 和商品 2 的边际成本。

在完全竞争市场上，厂商为了利润最大化，将使得每种产品的边际成本等于该产品的价格，即 $MC_1=P_1$ 和 $MC_2=P_2$。结果，在一般均衡状态下，(8.12) 式可以表示为：

$$RPT_{1,2}=\frac{P_1}{P_2} \tag{8.13}$$

这意味着，厂商选择产品数量最优组合使得两种商品的边际转换率等于两种商品的价格之比。

把消费者效用最大化的条件 (8.10) 式和厂商产品最优组合的条件 (8.13) 式结合起来考虑，则有 $RCS_{1,2}=RPT_{1,2}$，即任意消费者对任意两种商品的边际替代率都等于这两种商品的边际转换率。从而，交换与生产符合帕累托最优标准的条件。

由此可见，完全竞争的一般均衡状态符合帕累托最优条件，因此，完全竞争市场在帕累托最优标准的意义下是有效率的。

二、"看不见的手"原理

早在 1776 年，英国经济学家亚当·斯密出版了他的名著《国富论》。在这部著作中，亚当·斯密提出了著名的"看不见的手"原理。正如我们在引言中提到的那样，斯密在"看不见的手"原理中宣称，经济社会中的每个人都在力图追求个人满足，一般说来，他并不企图增进公共福利，也不知道他所增进的公共福利为多少，但在这样做时，有一只看不见的手引导他去促进社会利益，并且其效果要比他真正想促进社会利益时所得的效果更大。

背景资料

"看不见的手"原理与"看不见的手"

亚当·斯密提出的"看不见的手"曾经而且还在不断地吸引着许多市场经济的追随者，因而不可避免地成为西方经济学所阐述的基本原理。

"看不见的手"正式出现于斯密 1759 年出版的《道德情操论》一书中。在论及生活必需品的消费和分配时，斯密认为，富人在满足自己的欲望过程时，被一只"看不见的手"所引导，导致社会福利增加和人类繁荣。在《国富论》中，斯密去掉了它的道德主义神秘色彩，赋予它确切的经济含义：自由竞争下的市场机制自发地发挥作用。斯密指出："他通常既不打算促进公共的利益，也不知道他自己是在什么程度上促进哪种利益……由于他管理产业的方式目的在于使其生产物的价值能达到最大，他所盘算的也只是他自己的利益。在这种场合，像其在其他许多场合一样，他受着一只看不见的手的指导，去尽力达到一个并非他本意想要达到的目的。也并不因为是非出于本意，就对社会有害。他追求自己的利益，往往使他能比在真正出于本意的情况下更有效地促进社会的利益。"斯密认为，在商品经济中，每个人都以追求自己的利益为目的，在一只"看不见的手"的指导下，即通过市场机制自发作用的调节，各人为追求自己利益所做出的选择，自然而然地会使社会资源获得最优配置。

斯密的“看不见的手”与“看不见的手”原理反映了自由竞争经济中社会内部各经济主体之间相互连接、相互制约所形成的内在团聚力量，个人经济动机和社会经济目标的内在协调功能，它可以保证和调节社会生产赖以存在的必要条件。

尽管斯密提出了“看不见的手”原理，但并没有真正证明它。综观现代西方微观经济学的基本内容，其主要目的正是要证明这一结论。

第一，从本书第三章的分析可以知道，消费者从效用最大化的利己动机出发，在既定的收入约束条件下选择不同商品的数量组合，使得任意两种商品的边际替代率等于相应的价格之比。

第二，为了获得最大的利润，厂商向市场供给消费者需要的商品。在完全竞争市场上，厂商把产量确定在价格等于边际成本的水平上。这是第六章中涉及的内容。

第三，为了能够把上述确定的产量生产出来，以便实现利润最大化，厂商按生产要素最优组合来决定生产要素投入量，使得任意两种生产要素的边际技术替代率等于相应的要素价格之比。这一点在第四章中得到了说明。

第四，在生产要素市场上，厂商按既定的要素价格选择生产所需要的要素，并按照要素的边际产品价值支付给要素所有者。同时，要素所有者根据自身的效用最大化，决定相应的要素供给量。有关这方面的内容构成了第七章要素价格理论。

第五，市场协调需求和供给双方。市场机制的自发作用使得经济处于一般均衡状态。在这一状态下，社会以最低的成本进行生产，消费者从消费产品中获得最大满足，厂商获得最大利润，生产要素按各自在生产中的贡献取得报酬。按照帕累托最优标准，这种状态是社会最优的。这正是本章论证的结论。

由以上分析可以看出，斯密颂扬的“看不见的手”在完全竞争市场中发挥作用，实现资源有效率的配置，最终导致社会不可能在不损害他人境况的条件下再使得某些人的境况得到改善，即在“看不见的手”的指导下，追逐个人利益的经济单位最终使得社会福利达到最大。整个微观经济学论证的主要结论就在于此。

本章小结

本章可以说是以上各章的一个总结。在第一节中，我们在产品和要素市场需求和供给分析的基础上，建立这些市场联系，考察所有市场同时处于均衡这样一个一般均衡状态存在的可能性。第二节给出了一个用于评价市场一般均衡状态好与坏的标准——帕累托最优状态，并对满足这种最优状态的条件逐一进行说明，以便得出评判市场效率的细则。在第三节中，我们利用这些细则评价了处于均衡状态的完全竞争市场，对市场一般均衡状态的优劣给出了一个判断。

思考题

1. 局部均衡和一般均衡有何异同?

2. 简要说明一般均衡理论的基本思想。

3. 瓦尔拉斯是如何解决一般均衡存在性问题的? 其主要不足之处何在?

4. 整个经济原处于一般均衡状态，但现在生产商品 X 的技术水平提高导致其市场供给（S_X）增加，试考察：

（1）在 X 商品市场中，其替代品市场和互补品市场会有什么变化?

（2）在生产要素市场上会有什么变化?

（3）分析收入分配的变化。

5. 何为判别经济效率的帕累托标准? 为什么说完全竞争市场符合这一标准?

6. 你认为以帕累托最优状态作为判断经济效率的标准有哪些局限性或缺陷?

7. 解释符合帕累托最优标准的条件。

8. 什么是产品转换曲线? 对它的特点给出解释。

9. 你能明确区分产品的边际转换率、边际技术替代率和边际替代率这三个概念吗?

10. 西方微观经济学是如何论证“看不见的手”原理的?

第九章　市场失灵与微观经济政策

20 世纪末期，我们国人对电信部门颇有微词，安装电话在交纳了初装费之后还要等上几个月。如果说那时的我国处于向市场经济过渡的时期，这种事情不完全具有代表性，那么使用计算机的人都知道，在操作系统供应商中，美国的微软公司一家独大，大家对它的高价格极为不满，却又无可奈何，因为我们找不到更好的替代品。与这类问题性质不完全相同的例子是国防和警察，在发达的市场经济国家，国防和警察这类服务也并非由私人部门提供，而是由政府供给。由于过度的废气排放，环境污染日趋严重，全球气候变暖，沙尘暴频现，但又有几家企业主动降低污染物的排放呢？在这些方面，市场好像不再起作用了。

上一章我们分析了完全竞争市场的一般均衡，并且说明，在帕累托最优标准下，经济的一般均衡状态是社会最优的。然而，上述有关一般均衡实现经济效率的分析是建立在一系列严格假定之下的。如果缺失某些条件，那么市场运行有效率的结论就可能不成立，市场就会失灵。在市场出现失灵的条件下，我们就试图依靠市场以外的力量，特别是政府的干预。

第一节　垄　断

正如我们在第六章第二节中指出的那样，受到厂商所使用的生产技术、人为的和制度方面的因素以及自然条件等因素的影响，在现实经济活动中，垄断现象到处存在。行业的垄断会或多或少地破坏市场机制运行的效率。

一、垄断的社会成本

从第六章对于不同市场结构条件下厂商和市场的均衡分析中我们可以知道，与完全竞争市场相比，在垄断市场上，厂商生产较少的产量，索要较高的价格，消费者因此会受到损害。从社会的角度来看，如果垄断厂商生产的产量更大并索要更低的价格，那么消费者的境况会得到改善，社会福利会因此增加。由此可见，垄断使得社会福利受到损害。那么，由此造成的社会损失到底有多少呢？

为了简单起见，假定行业中只有一家厂商，它是该行业的垄断者。为了说明行业的垄断对社会福利的影响，假定垄断厂商的平均成本与边际成本相等，都是一个既定的常数，从而平均成本曲线和边际成本曲线是一条直线，在图 9－1 中由 $\bar{P}$ 加以表示。假定厂商面临的市场需求曲线为 D，相应的边际收益曲线为 MR，那么为了获得最大化的利润，厂商会根据边际收益等于边际成本的原则把产量决定在 Q_m 处，并在需求曲线 D 的相应位置上索要价格 P_m。

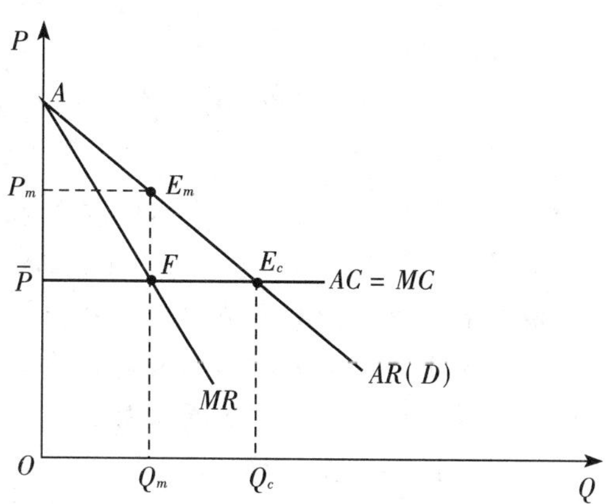

图 9-1　垄断造成的社会福利损失

设想这个厂商处于完全竞争市场上，那么厂商会按照边际成本等于价格的原则决定产量，并按现有的市场价格出售。于是，这一完全竞争厂商确定的产量为 Q_c，索要的价格为 $\bar{P}$。与完全竞争的厂商相比，垄断厂商索要高于竞争性价格 $\bar{P}$ 的价格 P_m。

根据需求曲线的定义，需求曲线反映了每一个价格下消费者愿意并且能够购买的商品数量，即需求量。反过来，需求曲线也可以理解为对每一单位需求量消费者为了获得该单位数量的商品而愿意支付的价格，或者说是以货币形式衡量的消费者消费这一单位的商品获得的“效用满足”。因此，对应于一个特定的数量，需求曲线下相应的面积反映了消费者消费这一数量的商品所获得的总效用。比如，当消费者消费的商品数量为 Q_c 时，其获得的总效用为 OAE_cQ_c 的面积。从商品的供给方面考察，厂商的平均成本 $\bar{P}$ 以下的面积就是社会的生产成本。这样，社会获得一定数量商品的消费获得总效用与总成本之间的差额反映了社会的（净）福利水平。

利用上述度量标准，我们来比较完全竞争市场和垄断市场的社会福利大小。在完全竞争的市场条件下，厂商的产量为 Q_c，消费者的总效用为 OAE_cQ_c 的面积，而厂商的生产成本为 $O\bar{P}E_cQ_c$ 的面积，因此社会的净福利等于三角形 $\bar{P}AE_c$ 的面积。在垄断市场条件下，厂商的产量为 Q_m，消费者由此获得的总效用为 OAE_mQ_m 的面积，而厂商的生产成本为 $O\bar{P}FQ_m$ 的面积，从而社会净福利等于四边形 $\bar{P}AE_mF$ 的面积。比较完全竞争市场和垄断市场两种情况不难发现，完全竞争市场条件下社会的净福利比垄断条件下要多，多出的部分恰好是三角形 FE_mE_c 的面积。因此，三角形 FE_mE_c 的面积度量了垄断所造成的社会福利损失。由于上述分析源于哈伯格 1954 年发表在《美国经济评论》上的“垄断和资源配置”一文，因而度量社会福利损失的三角形 FE_mE_c 也被称为“**哈伯格三角**”。

另外，我们也注意到，在完全竞争市场上，社会净福利 $\bar{P}AE_c$ 部分，完全由消费者获得，而在垄断条件下，社会净福利 $\bar{P}AE_mF$ 的面积中，消费者获得的福利为三角形 P_mAE_m 部分，厂商以超额利润的形式获得 $\bar{P}P_mE_mF$ 部分，这后一部分有时也被看成是厂商因垄断而对消费者的“剥削”。

背景资料

消费者剩余与哈伯格三角

消费者剩余是指对于一件商品，消费者所愿意做出的最大支付与它的实际支付之间的差额。例如，假定一个消费者愿意为一斤鸡蛋最多支付3元钱，而他实际只支付2元，那么这节省的1元就是他的消费者剩余。把所有消费者剩余加总起来，就得到社会总的消费者剩余。消费者剩余的产生是由于消费者对同一种商品的不同数量评价不同，他对这种商品的不同数量所愿意做出的最大支付也就不同。对应于一个特定的数量，消费者增加一单位的购买愿意支付的最高价格由该消费者需求曲线上对应的价格所决定。在厂商不能对消费者索取差别性价格的条件下，消费者每增加一单位商品所需要支付的价格却是一个确定的数值。这样，意愿的支付与实际支付之间的差额就是消费者获得的额外“津贴”，这就产生了消费者剩余。如图9-2所示，当商品的价格为$\bar{P}$时，三角形APE的面积就是消费者剩余。

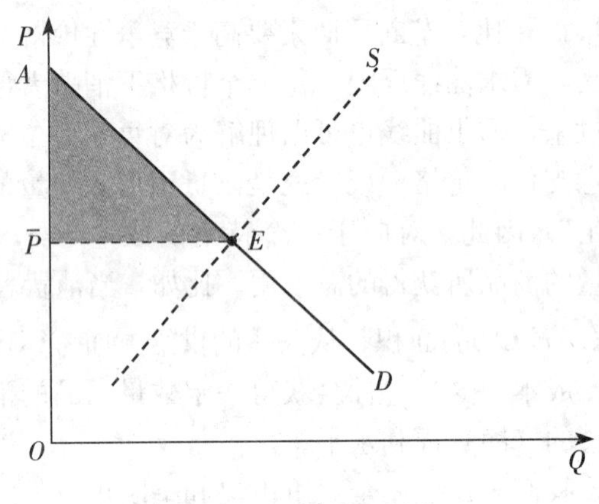

图9-2 消费者剩余

在1954年《美国经济评论》上刊登的一篇经典的文章中，阿诺德·哈伯格证明：如果有关需求的数据能够得到，那么垄断所造成的福利成本实际上就可以加以衡量。哈伯格方法实际上涉及通过有关实际需求曲线的数据计算上述三角形的面积，所以，这种用来衡量社会福利净损失的三角形被称为“哈伯格三角”。

除了图9-1所示的社会损失以外，垄断对社会还有可能有其他方面的损害。例如，垄断缺乏降低成本和进行技术革新的动力，从而社会生产既定的产量花费较多的成本。此外与垄断的弊端相联系的还有“寻租”。由于垄断可以使得厂商获得更多的利润，但通常垄断并不能自然形成，往往需要试图形成或保持垄断的厂商采取阻碍竞争的行动，其中包括游说政府制定更有利于自身的政策。为了获取超额的垄断利润，厂商往往在一些活动上花费大量的资源，如建立过剩的生产能力、为敦促政府制定保护政策而行贿等。这种为了寻求额外的利润而使用稀缺资源所进行的非生产性寻利活动被称为寻租。从图 9-1 中我们可以看出，只要寻租行为的成本小于 $\bar{P}P_mE_mF$ 的面积，厂商在经济上就有寻租的动机。因此，实践中寻租行为是经常可以看到的。寻租的社会后果也是显而易见的，它不仅本身需要花费成本，而且也会滋生政府腐败。这被看成是垄断的又一弊端。

因此，经济学家断言，垄断是缺乏效率的，建议政府采取反垄断政策。

二、反垄断政策与反垄断法

为了矫正垄断造成的市场失灵，政府可以采取反垄断政策。针对不同形式的垄断，政府可以分别或同时采取行业的重新组合和处罚等手段，而这些手段往往是依据反垄断法而制定的。

（一）行业的重组

行业重组是指政府为了消除垄断而对一个垄断行业所采取的拆分和重新组合。如果一个垄断的行业被重新组合成包含许多厂商的行业，那么厂商之间的竞争就可以把市场价格降下来。被重新组合的行业竞争程度越高，市场价格就越接近于完全竞争价格。政府采取的手段可以是分解原有的垄断厂商、扫除进入垄断行业的障碍、为进入厂商提供优惠条件等。

如果一个行业的垄断是通过行业中的厂商兼并或者一家厂商依靠自身较大的规模来设置进入障碍而形成的，那么就可以依靠政府的力量把行业中的垄断厂商分解成几个或多个较小的厂商。例如，在 1983 年以前，美国电话电报公司（AT&T）是一家具有垄断力量的厂商，美国全国范围内 95%以上的长途电话服务和 85%的地方电话服务都是由该公司提供的，另外该公司在电信设备供给方面也有很强的实力。为了加强这一部门的竞争，美国政府迫使美国电话电报公司将地方电话电报公司卖掉，使其规模减少了 80%，从而降低了电信市场的垄断程度，增强了竞争。通过行业的重新组合，各地方电话公司可以自由地选购电信设备，消费者也可以更加自由地在不同的电话公司之间选择。

一般说来，对垄断行业的重新组合并不马上形成完全竞争的市场结构，即使大厂商被分解后形成的小厂商也具有一定程度的市场支配力。但重要的是，把竞争因素引入了垄断行业。作为配合措施，为了让新加入一个垄断行业经营的厂商有能力与原有的厂商竞争，政府往往对新厂商给予一定的优惠。例如，给予新厂商一定的税收减免，在新员培训、技术咨询等方面提供便利和优惠。

背景资料

中国电信业的行业重组

我国的电信业是在计划经济体制中产生出来的。行业中，原中国电信集团是最大的垄断厂商，特别是在固定电话领域。为了适应市场经济的需要，打破垄断，促进竞争，在国务院有关部门的主持下，我国电信业不断进行着艰难的行业重组。

政府政策的主导思想是，一方面大力扶持中国电信的竞争对手，另一方面对中国电信公司进行拆分。1994年中国联通公司、中国吉通公司成立，中国电信市场第一次引入竞争，特别是中国联通公司的成立打破了中国电信在移动通信方面的垄断。中国网通的成立，为打破中国电信在互联网接入服务方面的垄断奠定了基础。2000年年底成立的中国铁通公司打破了中国电信在固定电话方面的垄断。同时，原中国电信集团还进行了自我分拆，成立了几家不同业务的通信公司。1999年，移动业务、寻呼业务开始从中国电信剥离。2000年，中国电信集团和中国移动集团正式挂牌。

但是直到2001年，中国的电信市场虽然不是计划经济时代的“只此一家，别无分号”，但新成立的几家小通信公司根本无法与“老大”抗衡。经过几十年的独家经营，原中国电信集团（包括中国移动）积累了巨大的人力、财力和物力以及无与伦比的网络资源。别说难以竞争，甚至几家新公司的很多业务也必须依赖中国电信才能开展。如中国联通的IP电话和中国铁通公司的固定电话等业务必须租用中国电信的光缆，这决定了几家小公司必须看中国电信的脸色行事。在这种情况下，如果不借助于行政干预，垄断着电信光缆的中国电信完全可以不给中国联通、中国铁通等提供、出租线路和接入口，或者采取提高出租费用的措施，那么几家小公司势必会难以为继，最终退出市场。作为竞争对手，中国联通的移动电话业务更是离不开中国移动的“支持”，如果不与中国移动网连接，以当时的联通手机用户数量，不会（至少是很少）有人入网联通。发生在局部的中国移动切断与中国联通连接的事，已经充分显示出了中国联通的竞争劣势。中国电信以业务为单位进行的分拆，对竞争意义也不大。拆分后的公司在各自的领域内仍然具有垄断地位，竞争还远远没有形成。

为了进一步打破中国电信的垄断地位，形成真正的竞争格局，2001年，信息产业部就在探讨更加深入的行业重组。2002年5月，原中国电信集团按地域南北拆分，新的中国电信和网通集团正式挂牌。按此方案，中国电信长途骨干网按照光纤数和信道容量进行分家，其中北方十省与网通、吉通合并后的中国网络通信集团公司占有30%，南方和西部21省组成新的中国电信占有70%。本地接入网将按照属地原则划分，即北方十省的本地网资源归中国网通，南方和西部21省的本地网归新的中国电信。另外网通在南方的分公司将继续存续，而新的中国电信也被允许到北方发展业务。

这样，拆分后的国有大型电信运营商将形成中国电信、中国网通、中国移动、中国联通、中国铁通五大家，加上中国卫星通信集团，就是“五加一”的结构，从而形成一个较为有效的竞争局面。

但是，随着技术的变革，原有侧重于经营范围的公司分割再次制约了竞争。2008年工信部等三部委发布通告，以发放三张3G牌照为契机，重组国有大型电信运营商。形成中国电信、中国联通和中国移动三家拥有全国性网络资源实力相近的竞争主体，使得电信资源配置得到进一步优化，竞争框架得到完善。

（二）对垄断行为的制止

对行业进行重新组合可以说是对已有垄断行业的一种矫正手段，它关注于现有的市场结构。在现实经济生活中，防止垄断的产生更为重要。如果一个行业不存在进入障碍，那么一般说来垄断厂商不会在长期内获得超额利润。因此，已经或试图取得垄断地位的厂商总是千方百计地设置进入障碍，或者采取不正当的竞争手段排挤竞争者，以维护自身的市场支配力。为了防止这种行为的出现，政府往往利用各种处罚手段加以制止。制止垄断行为可以借助于行政命令、经济处罚或法律制裁等手段。

对垄断行为的制止重点在于清除进入障碍，鼓励更多的厂商参与竞争。一家垄断厂商为了长期保持垄断利润，总试图设置进入障碍。例如，从 20 世纪 80 年代以来，世界最大的软件产品生产商美国微软公司利用其垄断的地位，在与购买者签订的有关用户在 PC 机上安装操作系统和视窗的合同中，迫使用户按每个微机处理器支付最低特许费用，并要求用户在 3～5 年内承诺排斥其他的系统软件进入市场或利用微软的专有技术为其他竞争性系统软件做工作。利用这些手段，美国微软公司从 80 年代中期以来一直维持着计算机操作系统市场的垄断地位，市场份额始终保持在 70%以上。为了加强竞争，减少计算机操作系统市场的进入障碍，促进操作系统及相关应用软件的发展和创新，美国政府有关部门于 1994 年 7 月迫使微软公司做出让步，在一年以后不再要求每个微机处理器均必须获得微软的许可证，即使使用微软公司产品的处理器的许可证，排他期限也不能超过 1～2 年，同时降低获得许可证的最低条件，并且保证不要求 PC 机制造商把购买微软公司的其他产品作为获得操作系统许可证的一项条件。

对不执行反垄断规定的厂商或个人，政府可以对其实行经济制裁，包括对垄断行为受害者支付赔偿金和罚金，对情节严重者还可以移交司法部门惩处。而具体的处罚则由各种法规做出详细规定。例如，美国地方法院曾于 1981 年 8 月对克利夫兰的三家食品店的垄断行为做出裁决，指控斯托帕、费希尔和皮克食品店非法勾结，制定垄断价格，判处违法厂商向消费者支付消费损失补偿金，并缓期支付 200 万美元的罚金。法院规定，违法厂商必须向消费者发放 2 000 万美元的购物券，允许受损失的消费者于 5 年内在规定的商店内使用这些购物券，到期未使用的部分捐献给慈善机构。

（三）反垄断法

反垄断法又称反托拉斯法，是政府反对垄断及垄断行为的最重要的法律手段，也是规范市场经济中各个经济主体行为的根本大法，因此在西方发达资本主义经济中也被称为经济宪法。

许多西方发达的市场经济国家都在不同程度上制定了反垄断法，特别是美国，经过一系列的修正之后，基本上形成了一个完整的反托拉斯的法律体系。在 19 世纪末，面对日益增加的垄断企业和各种各样的垄断行为，美国国会于 1890 年通过了《谢尔曼法》，规定以托拉斯或其他形式出现的旨在限制州际贸易、对外贸易或一般商业贸易的合同、兼并或勾结行为为非法。每一个将要垄断、企图垄断或者与他人联合或勾结起来垄断了州际贸易、国际贸易或者一般商业往来的人都被认为是犯罪。根据法庭裁决，犯有上述罪行的人将被处以 5 000 美元以下的罚款或 1 年以下的监禁，或被同时给予以上两种处罚。

《谢尔曼法》尽管对垄断的非法性做出了一系列规定，但并不禁止所有限制自由贸易的行为，只禁止那些在当时看起来不合理的行为，而且该法对不合理垄断行为的界定也模糊不清，给反垄断法的执行带来较大的困难。针对《谢尔曼法》表现出来的漏洞和不足，美国国会又于 1914 年通过了《克莱顿法》，对于违法的垄断行为给出了具体的规定。法律规定，严格禁止附带购买其他商品的合同，严格禁止旨在垄断的购买竞争者股票的行为，严格禁止采取价格歧视。《克莱顿法》既强调事前的预防，又强调事后的惩罚。同年美国国会通过的《联邦贸易委员会法》，规定建立联邦贸易委员会，负责调查采取不正当竞争和兼并的厂商的行为，并有权做出停止营业的命令。

继1914年对《谢尔曼法》做出修正之后，国会又先后通过了1936年的《罗宾逊-帕特曼法》、1938年的《惠勒-李法》、1950年的《塞勒-凯弗维尔法》，把反垄断扩大到禁止不公平和欺骗性行为的范围。法律禁止厂商通过购买竞争者有形资产来实现垄断的行为，并授权联邦贸易委员会处理不真实的和欺骗性的广告宣传。这些法律扩大了政府禁止企业间合并的权限，政府不仅可以限制生产同一产品的厂商之间进行的横向合并，而且限制同一产品不同生产阶段过程上的厂商之间进行的合并。利用上述法令，美国最高法院不仅命令像美国烟草公司和美孚石油公司一类的垄断厂商拆成几个独立的公司，阻止了美国电话电报公司和国际商用机器公司一类厂商的垄断行为，而且每年还要受理1 000件以上的私人反垄断案件。

三、行业的管制

对于垄断所采取的另一种可供选择的矫正手段是对垄断厂商实行管制。管制的措施主要包括价格管制或者价格和产量的双重管制、税收或补贴以及国家直接经营等。下面我们主要说明政府的价格管制以及价格和数量管制。

（一）价格管制

正如我们在第六章第二节中分析的那样，对于一个垄断厂商而言，在不受管制的条件下，它根据既定的需求曲线确定边际收益曲线，依照边际收益等于边际成本的原则确定利润最大化的产量，并在该产量所对应的需求曲线上索要价格。如图 9-3 所示。面对既定的需求 D，厂商的平均收益和边际收益分别为 AR 和 MR。按 $MR=MC$ 的原则，厂商选择的产量为 Q_1。对应于 Q_1，厂商会把市场价格 P_1 确定在需求曲线 D 上的点 E_1 相对应的高度。

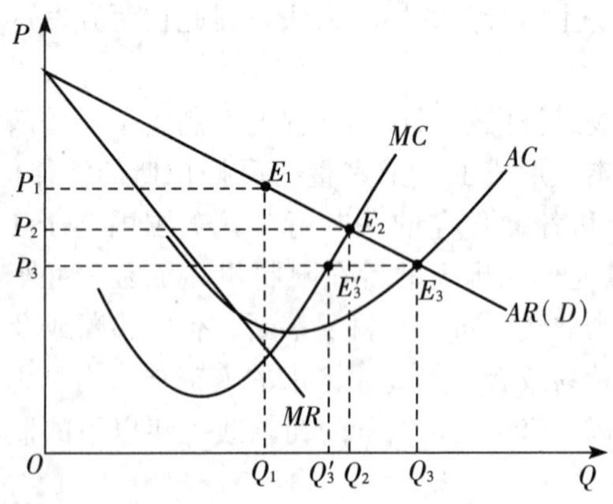

图 9-3　垄断厂商的价格管制

假定政府对垄断行业只实行价格管制，即只规定一个低于垄断市场价格的管制价格或最高限价，那么政府会如何选择呢？可能的选择只可能出现在需求曲线 D 上的 E_1、E_2、E_3 等对应的价格上，因为只有这样才可能使得消费者获得满足。下面我们考察政府制定不同的管制价格所产生的后果。

假如政府把管制价格选择在图 9－3 中的 P_2。对应于价格 P_2，市场需求量为市场需求曲线 D 上的点 E_2 所对应的数量 Q_2。这时，垄断厂商的边际收益不再是图中 MR 表示的边际收益曲线，而是由价格 P_2 所限定的一条直线。根据边际收益等于边际成本的利润最大化原则，垄断厂商所选择的供给量只能是 P_2 对应的边际成本曲线所决定的数量，如图 9－3 中的 Q_2。对应于价格 P_2 和产量 Q_2，垄断厂商会获得一定数量超额利润，但这一利润额低于垄断厂商自主定价时决定的超额利润。

假如政府试图进一步消除垄断厂商的超额利润而把最高限价确定在 P_2 以下，如图 9－3中的 P_3，此时价格恰好对应着厂商长期平均成本曲线的最低点。如果说政府这一价格管制的目的是消除厂商的超额利润，也是把厂商的产量确定在平均成本曲线的最低点，那么从厂商的角度来看，在这一管制价格下，垄断厂商会把产量确定在边际成本等于管制价格之点，即 $MC=P_3$ 的 E'_3点对应的产量 Q'_3。但是，这一管制价格并不理想，原因是对应于管制价格 P_3，消费者会在需求曲线上 E_3 点确定需求量，如图 9－3中的 Q_3。很显然，P_3 对应的需求量 Q_3 大于厂商的最优供给量 Q'_3。结果，消费者的需求得不到满足，从而极有可能出现黑市交易，从而市场价格要比 P_3 更高。

类似地，如果政府试图把价格确定在厂商长期平均成本曲线的最低点，那么尽管这看起来似乎是合理的，但存在着需求得不到满足的缺陷，因而这并不是最好的选择。

以上的分析说明，**政府在规定低于厂商自主定价的最高限价时，一个适当的选择是按市场需求等于厂商边际成本的原则决定管制价格。**

（二）对自然垄断行业的管制

为了进一步削减垄断厂商的超额利润，政府还可以对厂商的价格和产量进行同时控制，也就是说，既规定厂商索要的产品价格，又控制厂商的产量。

对垄断厂商进行价格和数量管制的另外一个原因是针对技术原因造成的垄断而提出来的。正如我们在第六章第二节中指出的那样，物质技术条件是造成垄断的重要原因。由于大型的机器设备具有不可分割的特性，厂商在生产规模很大时才可能达到与大型机器设备相适应的要素最优组合。同时，规模大的厂商也可以更有效地实现精细的分工和专业化，因而大规模生产的厂商在产量很大时仍存在着规模经济。特别是，如果在行业中，规模经济在很大的产量范围内存在，以至于相对于市场需求而言，随着产量的增加，厂商的平均成本逐渐减少，那么我们就称这类行业为**自然垄断行业**。实践中，这类行业通常需要大型的资本设备和大量的固定要素，比如城市自来水公司、公用电话局等。

在自然垄断行业中，任何低于市场需求量的产量所需要的生产成本都较高。如图 9－4所示。如果行业中只有一家厂商，那么厂商在 $MR=MC$ 处选择产量 Q_1，并在需求曲线上的 E_1 点选择价格 P_1，此时厂商获得一定数量的超额利润。如果厂商把产量扩大到 E_3 所对应的 Q_3 处，那么厂商也能获得正常利润。现在设想有一个使用类似生产技术的厂商进入该行业，并与原有的厂商形成竞争，那么由于两个厂商共同满足原有的市场需求，那么单个厂商的产量必然低于 Q_3，比如是原有产量的 1/2。我们发现，生产 Q_3 的 1/2 时的成本要高于生产 Q_3 时成本。这就意味着，新加入的厂商难以与生产 Q_3 的厂商进行竞争。因此，这类行业中“自然”就会形成只有一家厂商的垄断，故名自然垄断。在自然垄断行业中，试图通过竞争来消除垄断是不现实的，如果进行竞争，就会花费更大的固定投入量，从而使得生产能力过剩。比如，自来水公司之间的竞争极有可能出现多条输水管线。因此，在自然垄断行业中，过度的竞争对资源也是一种浪费。

由于自然垄断行业并不适应竞争，因而我们转向政府对该行业的管制。然而，对自然垄断行业并不能采取上面提到的价格管制。按上面提到的制定价格管制的思想，合适的价格应该确定在需求曲线与厂商边际成本的交点 E_2 所对应的 P_2 的水平上。但是不难看出，对应于价格 P_2，垄断厂商按边际收益等于边际成本的产量 Q_2 进行生产一定处于亏损状态。这就意味着，该价格将最终把垄断厂商逐出该行业的经营。

基于上述分析，政府对自然垄断行业的管制不能只是价格管制。可供选择的管制政策措施是既管制价格又管制厂商的产量。从理论上来说，在市场需求曲线上的任何一个价格与产量组合都可以作为政府对垄断厂商的管制。但在实践中，政府往往采取把价格确定在需求曲线与厂商平均成本曲线的交点 E_3 之处，即按平均成本定价，如图 9－4 中的价格 P_3 和产量 Q_3。对应于这一价格和产量，厂商只获得正常利润。

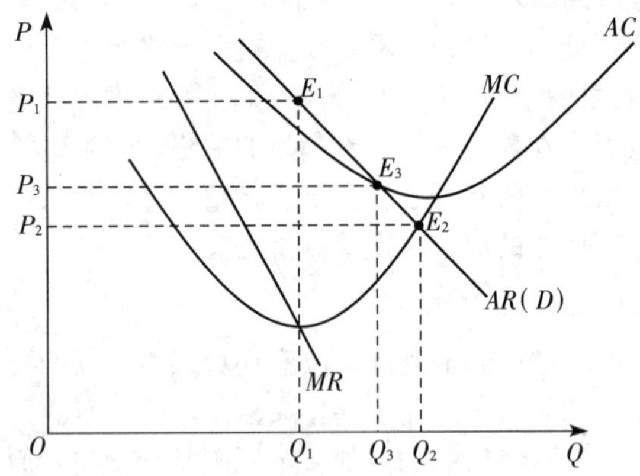

图 9－4　自然垄断及其价格与产量管制

需要说明，之所以要对厂商施加产量限制，是因为在这一价格下，如果允许厂商自主决策，它会按照价格等于边际成本的原则决定产量，从而使得产量并不等于市场需求量。此外，以上说明的价格和产量管制选择，不仅适用于自然垄断，也同样适用于一般垄断行业，请读者参照图 9－3 给出价格和数量管制的说明。

（三）对垄断行业的其他管制措施

在实践中，政府管制所遵循的原则是“对公道的价值给予一个公道的报酬”。为了实现这一原则，配合价格管制以及价格和数量管制，政府也往往采取补贴或税收手段。如果垄断厂商因为政府的价格管制或者价格和数量管制而蒙受损失，政府应给予适当的补贴，以便垄断厂商获得正常利润；如果在政府管制以后，厂商仍可以获得超额利润，那么政府就应征收一定的特殊税收，以利于收入的公平分配。

例如，政府把管制价格确定在图 9－3 中 P_3 的水平上但不规定生产的最低数量，那么厂商会提供生产数量 Q_3'，这时，市场供给量小于需求量 Q_3。为了防止出现黑市，政府可以征收一定量的销售税，使得市场价格（管制价格＋销售税）所决定的市场需求等于 Q_3'。同样，如果政府把管制价格确定在 P_2 的水平上，那么垄断厂商会获得一定的超额利润，这时政府可以征收一定量的收入所得税，以减少垄断利润。对自然垄断厂商而言，如果政府把管制价格限定在 P_2，而把最低产量限定在 Q_2，那么厂商会处于亏损，这时政府应给予一定的补贴，以保证厂商至少获得正常利润。

对于垄断行业，政府也可以采取直接经营的方式来解决由于垄断所造成的市场失灵。由于政府经营的目的不在于利润最大化，所以可以按照边际成本或者平均成本决定价格，以便部分地解决由于垄断所产生的产量低和价格高的低效率问题。例如，英国和日本都曾经对铁路部门实行国有化管理，由国家直接经营。

第二节　公共物品

一、公共物品的特性

公共物品是与私人物品相对应的一个概念。顾名思义，私人物品是供个人单独消费的物品（包括商品和劳务），公共物品是供集体共同消费的物品。由于公共物品具有一些有别于私人物品的特性，私人部门生产它们无利可图，因而导致市场失灵。

与私人物品不同，公共物品具有两个密切相关的特征。这两个特征是**非排他性和（或）非竞争性**。通常经济学中把具有非排他性和（或）非竞争性的商品称为公共物品，其中又称那些具有非排他性的商品为纯公共物品。

排他性是指某个消费者在购买并得到一种商品的消费权之后，就可以把其他的消费者排斥在获得该商品的利益之外。私人物品具有排他性。例如，张明购买一块巧克力，他就获得了消费这块巧克力的权利，这时他人就不能再消费这块巧克力了，除非获得张明的允许。与私人物品不同，大部分公共物品不具有排他性。例如，国防使我们免受外敌的侵略，很显然，我们大家共同享受国防提供的保护，并没有因为我是这个国家的公民在享受保护的同时把其他公民排除在外。警察的服务、洁净的空气等也具有类似的特性。

公共物品的非排他性使得通过市场交换获得这些物品消费权利的机制出现失灵。对于追求最大利润的私人厂商而言，生产者必须能把那些不付钱的人排斥在消费商品的范围之外，否则，他就很难弥补生产成本。对于一个消费者而言，市场上的购买行为显示了他对于商品的偏好。同需要衣服、食品一样，消费者需要诸如国防、洁净的空气之类的公共物品，需要较低的犯罪率，但是他们并不需要显示对于这些物品的偏好，因为隐藏偏好采取不付钱的方式也可以获得这些商品。正是由于公共物品这种非排他性，公共物品一旦被生产出来，每一个消费者可以不支付就获得消费的权利。这就是说，在消费公共物品时，每一个消费者都可以做一个“免费乘车者”或者“逃票人”。这意味着，生产公共物品的厂商很有可能得不到抵补生产成本的收益，长期来看，这些厂商不会继续提供这种物品。可见，公共物品很难由市场得到供给，至少是供给不足。

公共物品经常具有的另一个特性是非竞争性。竞争性是指对一定数量产品而言，一个消费者消费该商品会影响到另外一个人对该商品的消费数量，从而需要厂商增加供给量。私人物品具有竞争性。例如，一盒巧克力，我吃掉一块，你就只能少吃一块，如若不减少你的消费，生产者就必须多生产一块，而多生产的这一块巧克力需要花费厂商一定数量的成本，从而减少用于其他商品的资源，这就对其他产品的生产形成竞争。但是，大多数公共物品却不具有这种竞争性。例如，广播、电视、公路、桥梁等是提供集体服务的物品，它们共有的特点是，在一定范围内消费者人数的增加并不对生产成本产生影响。例如，增加一些人听广播、看电视并不会影响到我在收听同样的节目，电台也不会因这些人的加入而增加额外的成本。一些汽车通过一座桥梁，只要不是过于拥挤，那么它们就是非竞争性的，因为每一辆车对桥造成的折旧很小，以至于桥梁为每辆车所提供服务的边际成本几乎等于零。

公共物品的非竞争性特性说明，尽管有些公共物品的排他性可以很容易就能实现，例如在桥头设立收费站，但是，这样做并不一定是有效率的。依照于效率的条件，厂商的定价原则应该是价格等于边际成本。如果桥梁由私人部门提供，它们会索要等于边际成本的费用，既然每辆车花费厂商的边际成本等于零，那么厂商的价格也应该等于零，因此私人不可能供给这些产品。

二、公共物品的最优供给量

所有的经济社会都面临着公共物品的供给问题。在公共物品的私人供给出现问题时，通常政府负责公共物品的供给。那么，政府对公共物品的最优供给量是多少呢?

我们已经知道，私人物品的最优供给量由市场需求和市场供给的均衡所决定。同样，公共物品的最优供给量也由该物品的需求与供给所决定。从供给的角度来看，生产公共物品与生产私人物品并没有多大区别。例如，从经济学的角度来看，由政府部门制造一辆军用坦克与企业生产一辆私人轿车差别不是很大。因此，决定公共物品的最优使用量的关键因素在于需求。

从概念上说，与对私人物品的需求一样，消费者对公共物品的需求源于消费者对这些物品的偏好，消费这些物品可以使得自身的偏好得到满足。对应于某一特定的价格，消费者选择使自身效用满足为最大的对公共物品的需求量。但是，当涉及公共物品的市场需求时，我们并不能像私人物品那样通过在每一价格下对所有消费者需求数量的加总得到市场需求。例如，假定某一电视台的娱乐频道每小时收费 0.1 元，消费者 A 愿意每天看电视的数量为 8 小时，B 愿意消费 9 小时，C 愿意消费 10 小时。那么，在价格为 0.1 元时，市场需求量为 27 小时，这已经超过了一个频道在一天 24 小时内可以提供的数量。很显然，在现实经济中，我们大家对一个频道的需求量之和一般是多于 24 小时的，但电视台在一个频道不可能每天提供大于 24 小时的节目，可是我们的消费者也确实在按自己的需要选择看电视的时间。这说明，像私人物品那样把所有对公共物品的需求量横向加总并无多大意义。

产生上述问题的原因是消费者在同一时间同时消费同一数量的公共物品，也就是说，公共物品不具有排他性和竞争性使得从单个消费者沿消费数量的方向加总失去意义。也正是由于人们在消费公共物品时表现出来的这一特性，我们得出的解决方案是，把所有消费者的需求曲线沿价格方向加总。假定公共物品的数量既定，那么消费者的需求曲线可以理解为，消费者为了消费这一数量而愿意支付的费用。于是，我们把所有消费者在这一水平下愿意支付的价格纵向相加，可以得到社会为了得到这一既定的公共物品数量愿意支付的（总）价格。

如图 9－5 所示。假定只有两个消费者需求公共物品，第一个消费者的需求曲线为 d_1，第二个消费者的需求曲线为 d_2。如果公共物品的供给量为 Q_1，需求曲线 d_1 上的价格 P_{11} 表示了第一个消费者为得到这一消费量愿意支付的价格。同样，第二个消费者的需求曲线 d_2 上相应于 Q_1 的价格 P_{21} 表示了第二个消费者愿意支付的数量。$P_{11}+P_{21}$ 即为社会愿意对公共物品的数量 Q_1 支付的价格。以此方式，可以得到不同的公共物品数量下所有消费者愿意支付的价格，从而得到公共物品的市场需求曲线 $D=d_1+d_2+\cdots+d_n$。

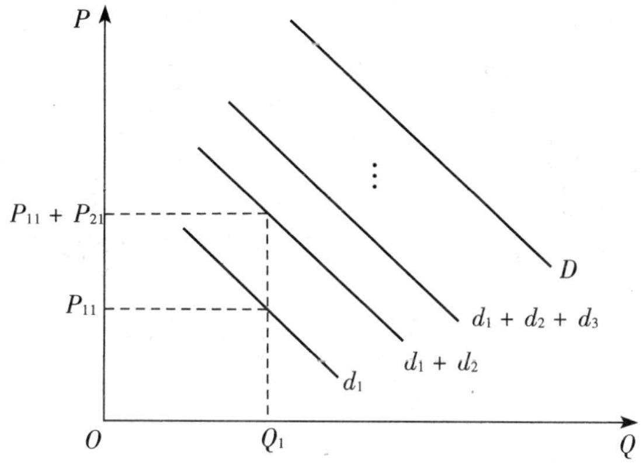

图 9－5　公共物品的需求曲线

与私人物品的供给曲线一样，公共物品的供给曲线由生产公共物品的边际成本曲线所决定。一旦知道了公共物品的市场需求曲线和市场供给曲线，就可以决定公共物品的最优供给量。如图 9－6 所示，D 表示公共物品的市场需求曲线，S 表示公共物品的供给曲线。于是，D 与 S 的交点决定了公共物品的最优供给量 $\overline{Q}$。

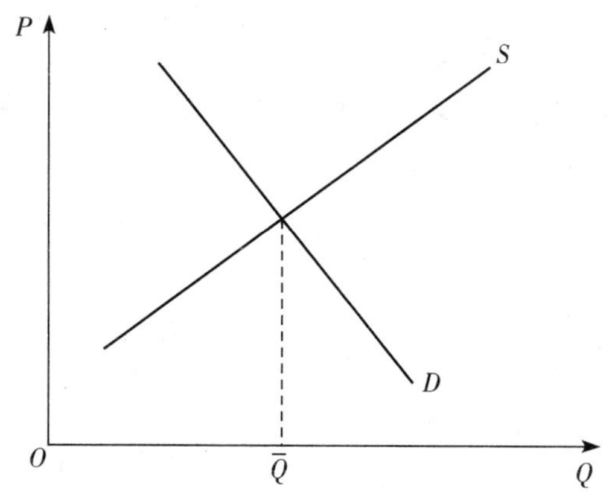

图 9－6　公共物品的最优供给量

三、市场失灵

尽管我们可以从理论上得出公共物品的市场供给与市场需求，从而借助于市场均衡得到公共物品的最优数量，但是公共物品所具有的特征使得上述分析充其量是概念上的。这是因为，既然每个消费者都是经济上理性的，而公共物品又具有非排他性，那么每个消费者都将利用这一点。以国防这种公共物品为例，如果经济当事人知道不纳税也能享受到国防给予的保护，那么自愿纳税条件下经济当事人就不会纳税，即人们都试图在公共物品的消费上做一名“免费乘车者”，在公共物品的消费者众多的情况下更是如此。这就意味着，即使单个消费者能准确地了解自己对公共物品的偏好程度，从而确定自己的需求曲线，在需要为他们的偏好付费的条件下，消费者没有动机自主反映他们的偏好。这就使得公共物品最优数量的决定因需求曲线是虚假的而没有意义。因此，依靠市场机制供给公共物品最终出现失灵。

四、公共物品的公共选择

在市场机制无法显示消费者对公共物品的真实需求从而无法解决公共物品供给的情况下，一些经济学家建议利用非市场的集体决策方式直接决定公共物品的供给。

公共物品供给的直接决策就是在一定的规则限制下通过投票决定公共物品的供给数量。在现行的民主体制下，直接的集体决策通常通过投票机制来进行。把公共物品的不同供给数量设定为一些议案，由集体投票，按一定规则选择最优的议案。以此方式选择公共物品的供给数量，其中首要的问题是投票规则。下面的几个规则都是实践中常用的。

第一，**全体一致同意规则**。所谓全体一致同意规则是指，在对某一备选方案进行选择时，必须经全体经济当事人一致投票赞成方能通过。具体的投票过程可以在不断修正中完成。如果一项议案有些人投了反对票，则该议案不能获得通过。这时，作为主持人的“拍卖者”可以不断收集投票人的信息，在赞同者不反对的前提条件下，增加反对者的意见，直到修正案获得通过为止。

全体一致同意规则的优点在于，与没有获得通过的议案相比，获得通过的议案一定是帕累托增进的。由于一致同意意味着所有的经济当事人都赞成该议案，因而所有的人都会因为该议案的通过而获得净福利。如果对所有的议案进行投票，那么获得一致通过的议案一定是帕累托最优的。这意味着一致同意规则与帕累托最优是等价的。这同时也意味着，所有按非一致同意规则进行决策均会导致帕累托标准意义下的非最优决策。

全体一致同意规则固然重要，但当经济当事人的偏好存在差异时，按一致同意规则可能会得不到最优的结果。在这种情况下，不断修正议案可能会花费高额的成本。因此在实践中多采用多数票规则。

第二，**简单多数票规则**。简单多数票规则又称过半数规则。依照这一规则，一项议案在超过半数以上的赞成票时即可获得通过。对于一个特定的议案而言，由于结果只有通过与不通过两种，在投票人是奇数的条件下，一项议案的决策是有确定结果的，因而相对于一致通过规则来说可以节约决策成本。

尽管简单多数票规则简单易行，但也存在着一定的缺陷。简单多数票规则的实质是以多数人的偏好代替集体的偏好。一个获得通过的议案对投反对票的少数人而言意味着福利的损失。因此，以帕累托效率为标准，在简单多数票规则下获得通过的议案通常是缺乏效率的。

第三，**比例多数票规则**。与简单多数票规则一样，比例多数票是多数票规则的一种。一项议案只有获得超过半数以上的某一比例，比如 2/3 赞成时才能获得通过。按比例多数票规则进行决策与简单多数票规则是一样的。

很显然，比例多数票规则是一致通过规则与简单多数票规则的一个折中。比例多数规则在降低成本、选择确定议案方面优于全体通过规则，并进一步减少了受多数人“压迫”的少数人所占的比例。

尽管投票可以作为公共物品供给决策的一个方式，但投票决策也会遇到问题。下面的例子说明了即使采用简单多数票规则，也可能得不到公共物品的供给数量。

例如，经济社会中有 A、B 和 C 三个投票人就 X、Y 和 Z 三个方案进行投票。多数人（即两人以上）所偏好的方案获得通过。如果经济当事人的偏好呈现某种结构，那么表决结果就会出现循环。假设投票人 A 对 X、Y 和 Z 的偏好次序是 X 优于 Y，Y 优于 Z；B 的偏好次序是 Y 优于 Z，Z 优于 X；C 的偏好是 Z 优于 X，X 优于 Y。现在首先就 X 优于 Y 进行投票，则 A 和 C 会投赞成票，而 B 投反对票，从而根据多数票规则，方案 X 会获得通过。同样，如果就 Y 优于 Z 进行投票，方案 Y 会获得通过。这时，集体的选择是 X 优于 Y，Y 优于 Z，从而 X 一定优于 Z。但是如果对 X 优于 Z 再进行一轮投票，那么该方案将不能获得通过，结果是 Z 优于 X 获得通过，从而出现一个循环结果。如表 9－1 所示。因此，在这种情况下根本无法显示最优议案。

表 9－1　　循环投票

	X 优于 Y	Y 优于 Z	X 优于 Z
A	赞成	赞成	赞成
B	反对	赞成	反对
C	赞成	反对	反对
集体	通过	通过	不通过

背景资料

公共选择理论

公共选择理论是一门介于经济学和政治学之间的新兴交叉学科。它以新古典经济学的基本假设（尤其是理性人假设）、原理和方法作为分析工具，研究和刻画政治市场上的选民、利益集团、官员和政治家等经济当事人的行为和政治市场的运行。美国马里兰大学教授丹尼斯·缪勒给公共选择理论定义为：“公共选择理论可以定义为非市场决策的经济研究，或者简单地定义为把经济学应用于政治科学。公共选择的主题和政治科学的主题是一样的：国家理论，投票规则，投票者行为，政党政治学，官员政治等。公共选择的方法仍然是经济学的方法。像经济学一样，公共选择理论的基本行为假设是，人是一个自利的、理性的、追求效用最大化的人。”

公共选择理论认为，人类社会由两个市场组成，一个是经济市场，另一个是政治市场。在经济市场上，需求者是消费者，厂商是供给者；在政治市场上，需求者是选民和利益集团，而政治家和官员则是供给者。在经济市场上，人们通过货币选票来选择能给他带来最大满足的私人物品；在政治市场上，人们通过民主选票来选择能给其带来最大利益的政治家、政策法案和法律制度。前一类行为是经济决策，后一类行为是政治决策。公共选择理论试图把两种决策统一起来加以分析，从而使得传统的经济学与政治学在一个新的政治经济学体系中统一起来。

公共选择理论产生于20世纪40年代末，在60年代末70年代初形成一种学术思潮。英国北威尔士大学的经济学教授邓肯·布莱克于1948年发表的《论集体决策原理》一文为公共选择理论奠定了基础，因而被尊为“公共选择理论之父”；公共选择理论的领袖人物当推美国著名经济学家詹姆斯·布坎南，他因在公共选择理论方面的建树而获得1986年度诺贝尔经济学奖。

第三节　外部经济影响

一、外部经济影响的含义

外部经济影响，又称为外在性，是指某一经济单位的经济活动对其他经济单位所施加的“非市场性的”影响。这里所说的“非市场性的”影响是指一种活动所产生的成本或利益未能通过市场价格反映出来，而是无意识地施加于他人的影响。施加这种成本或利益的人并没有为此付出代价或因此得到收益。外部经济影响有正的外部影响和负的外部影响之分。一个经济单位或经济活动所产生的正的外部影响对其他经济单位产生积极的影响，无偿为他人带来利益。相反，产生负的外部影响的经济活动给其他经济单位带来消极影响，对他人施加了额外的成本。

外部经济影响可以发生在生产领域，也可以出现在消费领域。在现实经济生活中，外部经济影响的例子随处可见。例如，一个养蜂的生产者与栽种果树的农场主之间相互施加了外部的正效果。农场主为蜜蜂提供了蜜源，提高了养蜂生产者的产量；同时，蜜蜂采蜜过程中会加速果树的授粉，提高水果的产量。但他们二者之间往往没有收支结算，不是因为他们的经济正效果相互抵消，而是因为他们是无意识地给对方带来好处。钢铁厂释放的污染给附近居民施加的外部经济影响是负效果的例子。钢铁厂的污染使得居民的衣服变脏，增加了洗衣服的成本。更有甚者，污染使居民患上各种疾病，增加了医疗支出。在这一例子中，我们看不到钢铁厂会把居民的成本计算在厂商的成本之中。

一般地，如果经济单位A从事经济活动X的成本不仅取决于X数量的大小，而且取决于经济单位B从事经济活动Y的数量，那么经济单位B给A施加了外部经济影响。如果随着Y的数量的增加，A的成本逐渐减少，那么B给A施加了外部正的经济影响；反之，如果A的成本随Y的增加而增加，那么B给A施加了外部负的经济影响。

二、外部经济影响对效率的影响

外部经济影响对经济效率的影响在于它使得私人行为与社会需要的数量出现差异。这一点可以借助于私人成本和社会成本或者是私人收益和社会收益之间的比较加以说明。

私人成本是指一个经济单位从事某项经济活动所需要支付的经济成本。一项经济活动的社会成本是指全社会为了这项活动需要支付的费用，其中既包括从事该项经济活动的经济单位花费的私人成本，也包括这一活动给其他经济单位施加的经济成本。很显然，如果一项活动产生负的外部经济影响，那么该项活动对其他经济单位施加正成本，从而社会成本大于私人成本；反之，在存在正的外部经济影响的条件下，社会成本小于私人成本。

同样，一项经济活动的外部影响也可以由私人收益和社会收益加以说明。私人收益是指一个经济单位从事经济活动所获得的收益。社会收益是指全社会通过一项经济活动获得的收益，它包括从事经济活动的单位获得的私人收益，也包括其他经济单位因此获得的收益。如果私人收益大于社会收益，则表明该经济单位对他人施加了负的外部影响；如果私人收益小于社会收益，则该经济单位对他人施加了正的外部影响。

我们知道，边际收益等于边际成本是经济单位实现经济效率的条件，外部经济影响就在于使得经济单位按此原则所采取的行为与社会按此标准所要求的不一致。正因为如此，我们可以认为，无论是正的还是负的外部经济影响都会导致社会收益或者社会成本与行为人的收益或成本出现差异。在分析问题时，通常为了明确起见，假定正的外部经济影响使得私人成本高于社会成本，负的外部经济影响使得私人成本低于社会成本，而社会收益和私人收益相等。

现在我们分析外部经济影响对资源配置效率的影响。假定一家厂商对其他经济单位产生负的外部经济影响，从而私人成本低于社会成本。用 PMC 表示厂商的边际成本，SMC 表示社会的边际成本，则 $PMC<SMC$。进一步，假定私人的边际收益等于社会收益，它为一个不变的常数 $\bar{P}$。由于厂商忽略其产生的外部经济影响，因而追求利润最大化的厂商会按照实际支付的成本与可能得到的收益确定产量，即由私人边际成本 SMC 等于边际收益 $\bar{P}$ 的条件决定最优的生产数量 Q_P。此时，私人生产者处于最优状态。见图 9－7。

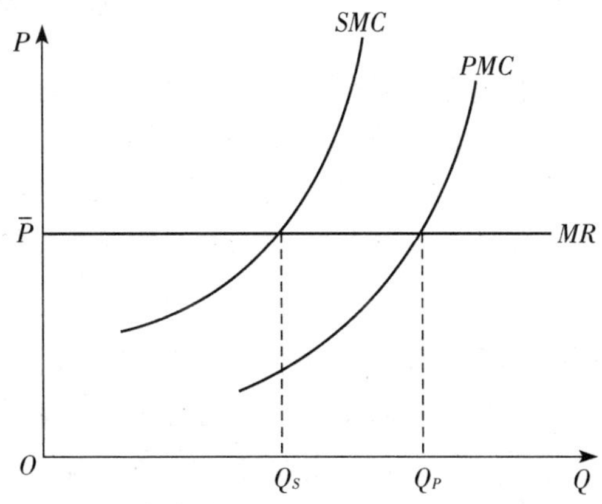

图 9－7　外部经济影响对效率的影响

但是，从社会的角度来看，产量 Q_P 并不是最优的。Q_P 对应的社会边际成本大于边际收益，因而减少生产会提高社会福利。从图 9－7 中可以看出，由于社会成本高于私人成本，所以由社会边际成本 SMC 与社会边际收益 P 所决定的最优数量 Q_S 小于私人厂商决定的最优数量 Q_P。由此可见，在存在负的外部经济影响的情况下，私人厂商的最优产量大于社会最优数量。即在负的外在性条件下，市场自主决策下的产量过大。

同样的道理，如果厂商对其他经济单位产生正的外部经济影响，那么，社会的边际成本低于私人的边际成本，从而私人厂商的最优产量小于社会的最优产量。即在正的外在性下，市场自主决策下的产量不足。

因此，无论一个经济单位所产生的外部经济影响是正还是负，私人自主决策所决定的最优产量是缺乏效率的。

三、矫正外部经济影响的政策

如上所述，外部经济影响造成资源配置缺乏效率的原因在于，私人部门用于决策的成本与社会实际付出的成本之间出现偏离。因此，设计矫正外部经济影响政策的指导思想是，将外部经济影响内在化，使得决策者所考虑的成本或收益与按社会衡量的相同。具体说，解决外部经济影响的政策手段主要有税收和补贴、企业合并以及明确产权等。

（一）税收和补贴政策

迫使厂商考虑外部成本或外部利益的一种手段是政府采取税收和补贴政策，即向施加负的外部经济影响的厂商征收恰好等于外部边际成本的税收，而给予产生正的外部经济影响的厂商等于外部边际收益的补贴，以便使得厂商的私人边际成本与社会边际成本相等，从而诱使厂商提供社会最优的产量。由于该方案是由庇古在 1920 年出版的《福利经济学》一书中加以阐述的，故又被称为“庇古税”方案。例如，在图 9－7 所示的情形中，如果向厂商征收等于（边际）损害成本的税收，那么厂商的边际成本曲线将从 PMC 上升到 SMC。于是，厂商按边际成本等于边际收益确定的产量就等于 Q_S。

税收和补贴对促使厂商提供社会最优的产量起到直接的作用。但是，这种方法遇到的最大问题是如何准确地以货币形式衡量外部经济影响的成本或利益。比如，钢铁厂释放污染对附近居民的财产、健康造成的损害是难以度量的。在实践中，政府或有关部门往往是近似地估计这些成本。

此外，对施加外部成本的行为课税不可能消除外部损害，因为厂商的最优决策是减少产量而不一定是减少损害。一个修正的政策方案是按照造成外部经济影响的程度征收税收或给予补贴。例如，在厂商释放污染物的例子中，如果税收反映污染的外部成本，并且随着污染的降低而减少，那么钢铁厂会使用最优的技术，把污染量控制在有效率的水平。

（二）企业合并

第二种矫正外部经济影响的手段是将施加和接受外部成本或利益的经济单位合并。如果外部经济影响范围较小，比如只有两家工厂，那么就可以采取这种方法。例如，一家餐馆给一家洗衣店造成了污染，那么政府出面进行调节，以合适的价格把洗衣店卖给这家餐馆，以便餐馆能考虑到给洗衣店所造成的污染成本。通过这种合并，企业的外部成本被内部化，从而合并后的企业所决定的产量等于社会的最优产量。

这种方案的缺陷是不适用于外部影响范围大的情况。例如，一家工厂污染了一条河流，那么沿岸居民和企业就会受到负的外部经济影响。但在这种情况下，采用合并的方案就是不可行的。

案例小品

买卖污染许可证

随着现代工业社会的发展，环境破坏问题日益严重，在许多国家为了追求经济的增长出现了严重的河流和空气的污染、热带雨林大面积的消失和破坏，许多自然资源面临枯竭，人们的生活环境日趋恶化。这一问题越来越引起人们的重视，许多国家都制定了明确的法律来保护环境，同时采取各种措施来控制环境污染的进一步加剧。

大多数环境管制都是通过限制企业或个人排放污染物，但是这种方法并不是很有效，它并不适合所有污染物的排放，并且，它只是政府的一种强制管制，并没有考虑到排放量和治污成本之间的关系，没有考虑到激励因素，所以在一定程度上，可能会产生低效率。

1990 年，美国政府在它的环境控制计划中，宣布了一种用以控制二氧化硫这一最有害的环境污染物的全新方法。在 1990 年《空气洁净修正法案》中，政府发行了一定数量的许可证控制全国每年二氧化硫的排放量，到 90 年代结束排放量应当减少到 1990 年的 50%。这一计划的创新之处就在于许可证可以自由交易。电力产业得到污染许可证，并被允许进行交易。那些能以较低成本降低硫化物排放的厂商会这样做，卖出他们的许可证。另外一些需要为新工厂争取更多额度许可证的，或没有减少排放余地的厂商会发现，比起安装昂贵的控污设备或是倒闭来说购买许可证或许更经济一些。

排污许可证的买卖产生了非常良好的效果。最初，政府计划在开始几年许可证的价格应在每吨二氧化硫 300 美元左右。然而到了 1997 年，市场价格下降到每吨仅 60～80 美元。成功的原因之一是这一计划给了厂商足够的创新激励，厂商发现使用低硫煤比早先预想的要容易，而且更便宜。这个重要的试验为那些主张环境政策应以市场手段为基础的经济学家们提供了强有力的支持。

请结合上面的资料谈谈你对纠正外部经济影响政策的看法。

（三）明确产权并进行谈判

最近流行于经济学界的西方产权理论提出了解决外部经济影响的市场化思路。这种思路最初体现于罗纳斯·科斯 1960 年发表在《法律和经济学》杂志上的《社会成本问题》一文中。依照科斯的分析，解决外在性问题的方案是：在交易费用为零的条件下，只要产权初始界定清晰，并允许经济当事人进行谈判交易，那么，自由交易可以导致资源有效率的配置。这一方案后来被斯蒂格勒命名为“科斯定理”。

产权是法律规定的对某一资源的所有及使用方式。按照科斯定理，如果产权是明确界定的，那么通过市场交易解决外在性问题是可行的，由于交易是在完全竞争条件下进行的，因而结果是帕累托最优的。下面的例子说明了科斯定理的基本思想。

假定张三和李四同住学校的一间宿舍，张三非常喜欢安静，而李四则非常活跃，总喜欢打开录音机收听迪斯科音乐。很显然，李四给张三施加了负的外部经济影响。为了使得选择简单化，假定让张三忍受李四的吵闹或者让李四不听音乐，他们都无法忍受，但李四戴耳机收听迪斯科音乐却没有什么损失。

根据科斯定理，假如学校规定张三有权保持安静，他可以向学校有关部门报告，要求李四不要干扰他。这时，为了能继续收听音乐，李四就只好花钱购买一个耳机。进一步，科斯定理指出，最初权利的规定对最终结果并不是至关重要的。如果学校规定，李四有权听音乐，那么张三在不堪忍受迪斯科音乐噪声的情况下，与李四谈判，给他购买一个耳机。可见，最终的结果仍然是李四戴上耳机听音乐，噪声污染由此得到消除。

科斯定理在解决外部经济影响问题上的政策含义是，政府无须对外部经济影响进行直接的调节，只要明确规定施加和接受外部成本或利益的当事人双方的产权，那么经济当事人就可以通过市场谈判解决这一问题。

需要指出，尽管科斯定理的结论是非常诱人的，但是其隐含的条件却限制了科斯定理在实践中的应用。首先，谈判必须是公开的、无成本的，这在大多数外部经济影响的情况下是很难做到的。例如，在上面的例子中，如果李四有权听音乐而又非常不愿意合作，结果未必就是李四戴耳机收听音乐。其次，与外部经济影响有关的当事人只能是少数几个人。在涉及多个当事人的条件下，不仅谈判成本增加，而且上一节提到的“免费乘车者”问题又会出现，因为某些人又会不参与谈判而获得好处。因此，科斯定理并不能完全解决外部经济影响问题。

背景资料

科斯与科斯定理

罗纳德·科斯是当代美国著名经济学家，新制度经济学的重要代表人物，1991年诺贝尔经济学奖获得者。他的两部代表性著作《企业的性质》（1937）和《社会成本问题》（1960）是新制度经济学的经典性作品。

科斯对西方经济学的主要贡献是：（1）第一次将交易费用概念引入经济分析之中，建立了著名的交易费用理论。科斯否定了传统经济学所做的“交易费用为零”的假设，认为交易过程中存在各种费用，例如发现和通知交易者的费用、谈判费用、签订合同以及保证合同条件的履行而进行必要的检查费用等，这些费用使得资源配置的效率降低。进一步，科斯认为不同的制度安排决定了交易费用的高低，从而将制度分析与资源配置问题联系起来。（2）提出了薪新的企业理论。科斯认为，在一个交换经济中出现企业的根本原因是企业可以比自发的价格机制更节约交易费用。（3）提出了著名的科斯定理。科斯在研究外在性（即外部经济影响）问题时提出，外在性事实上是一种特定的产权，但如果这种产权明确，那么作为一种交易对象，产权也可以在交易中得到最优的配置。这种思想就是著名的“科斯定理”。

科斯定理的基本思想最早是由科斯在《社会成本问题》一文中提出的，后由斯蒂格勒命名。对于科斯定理，至少存在以下三种不同的解释：第一，从强调自由交换对资源配置的促进作用的角度看，科斯定理可以解释为：只要产权明晰并且可以自由交换，法定产权的初始界定将不影响资源配置效率。第二，从强调市场机制配置资源的成本即所谓的交易成本对资源配置效率的影响的角度看，科斯定理可以解释为：只要交易成本为零，产权初始界定就对资源配置没有影响。第三，从强调市场结构对资源配置效率的影响的角度看，这时科斯定理可以解释为：只要产权交换是在完全竞争的市场中进行的，产权的初始界定并不影响资源配置效率。

上述思想用于解决外在性问题则意味着，即使存在着外在性，只要产权初始界定清晰，并允许经济当事人进行谈判交易，在交易费用为零的条件下，市场机制也会导致资源的有效配置。

*第四节　不完全信息

信息不完全是导致市场失灵的又一重要原因。在纯粹的竞争性经济中，家庭和厂商拥有完全信息，他们知道交易双方的偏好或成本，了解现行价格下可供选择的商品及其质量。然而，现实经济中信息不完全是随处可见的，其中尤其表现为信息不对称。例如，销售者有关产品质量的知识会比消费者更多；工人对其自身的技术和生产能力比他们的雇主更了解；而受雇于各大公司的经理们对企业外部和内部条件的知识显然比也关心公司的那些股东们更丰富；我们聘请的为我们处理法律事务的律师远比我们自己知道得更多。文献中，一般称拥有私人信息的经济当事人为“代理人”，而称不拥有私人信息的一方为“委托人”，前者处于信息优势地位，而后者则处于劣势。

委托人与代理人之间的信息不对称可以出现在事先，也可能发生在事后，它们都会造成市场失灵。下面我们分别举例加以说明。

一、逆向选择

次品市场是一个有代表性的信息不对称的例子。假如你以总价 15 万元购买了一辆轿车。在你使用了 3 个月后，轿车运行良好。但由于缺钱或者其他什么原因，你想把它卖掉，这时你会发现，这辆车可能最多能卖到 13 万元。你会感到非常痛心，因为你明白，这车并没有如此“破旧”。不过反过来，如果你想买一辆使用 3 个月的二手车，你可能也不愿意花费比 13 万元更多的钱。

为什么会出现这样的情况呢？似乎用过 3 个月的一辆新车还不至于“旧”到如此地步。乔治·阿克洛夫在 1970 年的一篇经典论文中根据信息的非对称性给出的一个所谓次品原理解释了这种情况。[①] 旧车之所以比新车售价低很多，是因为在买卖双方存在着产品质量信息的不对称性。通常，卖者对旧车质量比买者更了解。一辆二手轿车的瑕疵

① AKERLOF，G. The market for lemons：quality uncertainty and the market mechanism. Quarterly journal of economics，1970（89）：488－500.

只有在购买者使用一段时间以后才会充分显示出来。这辆二手车的主人一般知道它们的缺陷，但通常为了把次品推销出去而不愿意告诉购买者。结果，质量高的和质量低的轿车出现在同一个市场上，按相同的价格出售。买者只会按一个平均质量支付价格。这样一来，高质量的旧车就不愿意出售。结果，只有低质量的旧车充斥在市场上，导致买者进一步压低价格。最终只有质量最低的旧车留在了市场上，并最终成交。这就是所谓的次品市场及其逆向选择。

如图 9－8 所示。为了简单起见，假定在旧车市场上只有两种类型的轿车，一种质量高，而另一种质量低。在图 9－8 中，S_H 表示高质量轿车的供给曲线，S_L 是低质量轿车的供给曲线，S_H 高于 S_L。假定消费者对高质量和低质量二手车的需求由同一条需求曲线 D 表示。那么，如果买卖双方拥有完全信息，则市场均衡决定高质量和低质量轿车的价格分别为 P_H 和 P_L。现在假定卖方知道轿车的质量，但买方不知道这一点。于是，买者就会按一定的平均状况来推断轿车的质量，从而得到一个平均质量的轿车供给曲线 S_A。在这种情况下，市场均衡价格为 P_A。对应于这一价格，只有较少的高质量车成交。

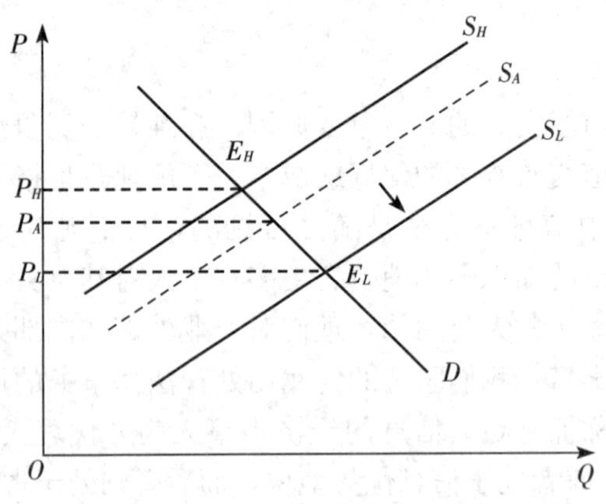

图 9－8　次品市场和逆向选择

接下来发生的事情更为不妙，当消费者明白，大多数出售的旧车都是低质量产品时，他们必然进一步降低轿车的平均质量，从而使得供给曲线 S_A 向右下方移动，所决定的市场均衡价格更低。极端地，这种移动会持续下去，高质量的轿车被逐出市场，只有低质量轿车成交。

尽管图 9－8 中给出的高质量的轿车完全被逐出的情形是一种极端，但可以肯定的是，在均衡时消费者购买到的高质量的车所占的比例要比事先知道的要少。次品市场上的不对称信息对市场有效运转产生影响。如果消费者能在低质量和高质量轿车之间进行选择，那么将会有人选择低质量车，而另外一些人愿意为高质量车支付较高的价格。然而，由于信息的不对称，市场上消费者在购买以前不能容易地确定旧车的质量。结果，低质量商品把高质量商品逐出市场，从而使得市场运行失效。

类似于旧车市场的例子还有很多，例如保险公司为火灾提供保险，对两个不同的人而言，发生火灾的可能性不一样，而保险公司却不知道这一点。于是，保险公司就会依照平均发生火灾的可能性来测算保险费，这就使得那些知道自己不太可能发生火灾的人不购买保险。这反过来又会使投保人平均发生火灾的可能性增加，从而迫使保险公司提高其保险费。极端的情况是，只有那些很可能会遭受火灾损失的人才会选择投保。如此一来，保险公司就会无利可图，从而最终使得出售保险不可行。

二、道德风险

信息不对称造成市场失灵的另外一类情况是在事后出现的。再次以保险市场为例。在上一小节中我们已经说明了因保险公司事先不能准确地区分不同投保人的情况而导致的市场失灵，现在我们假设保险公司了解投保人的现有情况，并与投保人签订了投保协议，例如，你为你的爱车购买了一份盗窃险，那么情况又会如何呢?

通常，一个人在购买了盗窃险前后的行为会有所不同。如果没有购买保险，那么你会精心照料你的爱车，哪怕是在夜里，只要有风吹草动，你也会起来看一下。但是，在购买了盗窃险之后，你往往会疏于防范。我们经常听到一些购买了全额保险的人半开玩笑地说："反正有保险公司兜着呢!"一般说来，保险公司对于一个投保人的这种变化是难以知晓的。于是，事后的信息不对称随之出现。通常称行为人在事后隐藏其行动所产生的信息不对称为道德风险。

我们知道，保险公司以特定的出险的可能性确定保费，保险公司获得正常利润。但是，由于道德风险问题的出现，出险的可能性提高，以至于保险公司在履行合同后出现亏损，因而不得不提高保费。于是，我们在前面提到的逆向选择问题再次出现，最终导致保险市场失灵。

在劳动市场上也存在着类似于保险市场上的道德风险。例如，股东很难了解到他所聘任的总经理是否能全力以赴为公司工作，公司也难以了解雇员是否努力。在这种情况下，劳动市场也会出现失灵。

三、纠正不完全信息的对策

在信息不对称的条件下，具有信息优势和劣势的一方都可以采取相应的对策。

从拥有信息优势的一方来看，提供有关产品或服务质量的信号是必要的。比如，产品的"三包"条件就提供了有关产品质量方面的信息。在次品市场上，如果一家公司向客户提供5年及5万公里以内的保修，那就反映出厂家对其产品质量的信心。因为对厂家而言，车的质量越高，维修保证的预期成本就越低，因而高质量产品的厂家越能够提供较长时期的保修。对消费者而言，这一保证减少了未来可能的修车费用，同时这一保证也使得潜在的购买者相信，该公司所生产的汽车次品率很低。这样的信号就可能把高质量和低质量产品区分开来，从而使得市场保持原有的效率水平。

传递市场信号的另一种方式是由缺少信息的一方设计的。例如在保险市场上，投保人处于信息优势地位，保险公司往往不知道投保人的风险类型，但投保人并不愿意提供信息以证明自己是高风险的。在这种情况下，保险公司可以提供两类保险单，一种是适用于高风险投保人的，比如规定较高的价格同时赔偿额也较高，另一种则适用于低风险的投保人。保险公司也可以在合同中订立应变条款，比如与投保人按比例赔偿出险后的损失。

即使这样，我们也不能寄希望于市场解决所有的信息不对称问题，这时我们通常求助于政府。政府维持市场的效率也体现在促使消费者和生产者能够得到充分和正确的市场信息方面。例如，工商部门制定的有关产品质量的“三包”规定、防止虚假广告宣传的规定、上市公司的信息披露制度等，都属于这方面的政策。

背景资料

行为经济学

如果说市场失灵是对市场机制作用的质疑，那么另外一个更为基本的问题则动摇了整个新古典理论的根基。那就是，人们的行为是理性的吗？例如，一个准备出发去观看球赛的家庭，面对恶劣的天气是否出发这一决策时，在球票是来自赠送的与自家花钱购买的这样不同的前提下，会做出不同的选择。类似地，研究发现，通常人们针对不同来源的收入制定的消费选择也会有很大的不同；人们的选择也受到自身现状的影响，在不同时点上的行为会表现出相当的不一致性；人们不仅关心自己，有时也会关心公平。这些现象都极大地激发着经济学对非理性行为的研究。

20 世纪 70 年代以来，西方经济学对非理性经济行为的分析取得了一系列重要研究成果，并逐渐形成较为统一的理论框架和核心观点，被称为“行为经济学”。虽然与实验经济学有着很大的区别，但因其研究方法多采用实验和调查等小样本方法，行为经济学有时也会被混称为“行为与实验经济学”。行为经济学对传统理论的革新至少可以追溯到卡托纳（George Katona）20 世纪 40 年代对宏观预期的分析，而 1978 年诺贝尔奖得主卡耐基·梅隆大学的赫伯特·西蒙教授（H. A. Simon）在 50 年代提出的“有限理性假说”为行为经济学分析提供了新的视角。20 世纪 70 年代，卡尼曼（D. Kahneman）和特维斯基（A. Tversky）把心理学和经济学有机结合起来，提出了完整的有限理性决策模型，并激发了行为经济学研究向经济学其他主要分支的扩展，从而形成了真正意义上的“行为经济学”。与此同时，乔治梅森大学教授史密斯（Vernon Smith）开创了经济学的实验方法研究，为行为经济学的发展提供了方法支撑。行为经济学和实验经济学的产生，对经济学形成了重大冲击，也构成了西方经济学的最新进展。

一般认为，行为经济学从三个不同于传统经济学的方面发展了自身的理论：第一，认为经济学的假定必须以现实为基础，尤其是要符合已知的心理事实；第二，以有限理性为基本出发点，强调偏好的社会属性；第三，采取实验和调查等小样本研究方法。同时，行为经济学也保留了传统经济学中效用最大化和均衡分析等基本的理论内核，扩展了对某些“异常行为”的解释力，因而获得了学界的认同并渗透到不同的分支学科。与行为经济学和实验经济学相关联，西蒙于 1978 年、泽尔腾（Reinhard Selten）于 1994 年、阿克洛夫（George Akerlof）于 2001 年、卡尼曼和史密斯于 2002 年、席勒（Robert J. Shille）于 2013 年、塞勒（Richard H. Thaler）于 2017 年，分别获得诺贝尔经济学奖；行为博弈、行为金融、行为福利经济学、行为公共经济学等也在各自研究领域获得了长足进步。

本章小结

严格来说，如果完全竞争的条件得不到满足，市场机制转移资源的能力将不足，这种现象被称为市场失灵。造成市场失灵的原因是多方面的，其中主要包括垄断、公共物品、外部经济影响以及不完全信息对市场效率造成的不良影响。在本章中我们依次讨论了这四个主要因素如何造成经济效率下降，并在此基础上提出了矫正市场失灵的某些经济政策。

思考题

1. 什么是市场失灵？导致市场失灵的原因是什么？
2. 在现实经济中，垄断产生的原因是什么？
3. 垄断有哪些副作用？
4. 给出两个自然垄断的例子，说明它们形成自然垄断的原因。
5. 政府应该如何对垄断厂商进行价格管制？
6. 公共物品的基本特征是什么？给出两个例子说明公共物品的特征，并指出它们为什么会导致市场失灵。
7. 公共物品的市场需求曲线如何得到？
8. 举出一个负的外部经济影响和一个正的外部经济影响的例子。解释为什么受到外部经济影响的市场结果是无效率的。
9. 简述科斯定理的基本内容，并加以评论。
10. 什么是逆向选择？为什么二手车市场上会造成逆向选择？你还能给出一些其他的例子吗？
11. 经济学家用道德风险来说明什么问题？
12. 举例说明信息不对称所产生的问题。你对解决这些问题有什么建议？
13. 试从微观经济学角度论述市场机制的效率、局限性及调节政策。

图书在版编目（CIP）数据

西方经济学．微观经济学部分/刘凤良编著．—3 版．—北京：中国人民大学出版社，2019.1
新编 21 世纪远程教育精品教材．经济与管理系列
ISBN 978-7-300-26552-0

Ⅰ.①西… Ⅱ.①刘… Ⅲ.①西方经济学-远程教育-教材②微观经济学-远程教育-教材 Ⅳ.①F091.3 ②F016

中国版本图书馆 CIP 数据核字（2018）第 291528 号

新编 21 世纪远程教育精品教材·经济与管理系列
西方经济学（第三版）
（微观经济学部分）
刘凤良 编著
Xifang Jingjixue

出版发行	中国人民大学出版社		
社　　址	北京中关村大街 31 号	**邮政编码**	100080
电　　话	010－62511242（总编室）		010－62511770（质管部）
	010－82501766（邮购部）		010－62514148（门市部）
	010－62515195（发行公司）		010－62515275（盗版举报）
网　　址	http：//www. crup. com. cn		
	http：//www. ttrnet. com（人大教研网）		
经　　销	新华书店		
印　　刷	中煤（北京）印务有限公司	**版　　次**	2005 年 7 月第 1 版
规　　格	185 mm×260 mm　16 开本		2019 年 1 月第 3 版
印　　张	17. 75	**印　　次**	2019 年 1 月第 1 次印刷
字　　数	412 000	**定　　价**	39. 00 元